AF327957

DICTIONNAIRE

DE LA

LANGUE FRANÇAISE

AU XIIe ET AU XIIIe SIÈCLE

PARIS. — IMPRIMERIE DE E. MARTINET, RUE MIGNON, 2

DICTIONNAIRE

DE LA

LANGUE FRANÇAISE

AU XIIe ET AU XIIIe SIÈCLE

Par C. HIPPEAU

TOMES I ET II

PARIS

AUGUSTE AUBRY, LIBRAIRE

18, rue Séguier. 18

1873

BIBLIOTHÈQUE NATIONALE
R. F.
IMPRIMÉS

GLOSSAIRE

CAEN.—IMPRIMERIE NIGAULT DE PRAILAUNÉ.

COLLECTION

DE

POÈMES FRANÇAIS

DU XIIᵉ ET DU XIIIᵉ SIÈCLES

Par C. HIPPEAU

BIBLIOTHÈQUE NATIONALE
Collon
RISTELHUEBER
Nᵒ 10462
IMPRIMÉS.

GLOSSAIRE

(PREMIÈRE PARTIE)

PARIS

AUBRY, LIBRAIRE

16, rue Dauphine, 16

—

1866

INTRODUCTION

Si de persévérants efforts n'ont pu parvenir encore à po-
pulariser en France la connaissance de notre vieux langage
national, il ne faut pas s'en prendre aux difficultés, plus
apparentes que réelles, qu'offre l'étude des textes, mais à
une négligence pour laquelle nous ne saurions trouver d'excuse. Nous ne sommes cependant plus au temps où les littérateurs regardaient comme non avenus, au point de vue de
la langue, tous les écrits antérieurs au seizième et surtout
au dix-septième siècle. C'est alors que la langue française,
s'était, disait-on, fixée ; on croyait, avec Balzac, que les bons
exemples sont renfermés dans un certain cercle d'années
« hors duquel il n'y a rien qui ne soit, ou dans l'imperfection de ce qui commence, ou dans la corruption de ce qui
finit. » On ignorait que les langues, participant au mouvement progressif, c'est-à-dire à la vie de sociétés, ne s'arrê-
tent pas plus que les sociétés elles-mêmes, qu'elles se modi-
fient sans cesse, et qu'il n'y a pas plus de raisons pour donner exclusivement le nom de langue française à celle que parlèrent Bossuet et Racine, qu'à l'idiome dans lequel est écrite
la chanson de Roland, ou telle autre composition de la même
époque. Depuis les premières altérations subies par la langue
latine dans les Gaules jusqu'à nos jours, il est impossible de
ne pas reconnaître que c'est toujours cette même langue latine qui se perpétue en se transformant, et qui, après s'être
appelée à un moment donné la *langue romane*, s'appelle
aujourd'hui la *langue française*. On peut affirmer que celui-
là seul connaît bien sa langue qui peut en suivre les modifications successives, soit en remontant à son origine, soit en

a

descendant depuis l'instant où il peut assister pour ainsi dire à son éclosion jusqu'à l'époque de son plus large et plus complet développement. L'intelligence des productions littéraires de toutes les époques devrait donc être le complément obligé d'une véritable éducation libérale, et il faut bien convenir que rien n'est devenu plus facile.

On sait combien de travaux sur les origines et la formation de la langue française ont été publiés depuis trente ans en France et en Allemagne. L'imprimerie a fait revivre un assez grand nombre de compositions en langue romane, dont on est allé chercher les manuscrits dans les principales bibliothèques de l'Europe, et des poëmes de toute espèce, attestant la puissante fécondité du génie national à des époques longtemps considérées comme barbares, ont révélé tout grand cycle littéraire, correspondant au plus brillant épanouissement de la société féodale, dont il est la vivante image et la plus complète expression.

Ces recherches, ces publications nous ont mis en possession de tous les éléments dont se composait, à partir du neuvième siècle, l'idiome encore informe devenu la langue qui s'écrit et se parle aujourd'hui.

La science est en état de compter et de suivre à travers la longue série de leurs transformations les mots, les expressions, les tournures dont s'est depuis successivement enrichie la langue française. Elle peut expliquer d'une manière déjà satisfaisante l'origine de ses beautés et de ses imperfections, rendre raison de ses irrégularités et de ses bizarreries, indiquer enfin ce qu'a perdu et ce qu'a gagné, pendant la longue carrière qu'elle a déjà parcourue, cette noble héritière des langues gréco-latines, filles elles-mêmes des antiques idiomes de l'Orient.

Il est temps que l'étude des langues cesse d'être le partage d'un petit nombre d'érudits. De savantes grammaires (il nous suffira de mentionner celles de MM. Diez, Burguy et de Chevallet) ont constaté les lois et établi d'une manière ingénieuse les règles qui ont présidé à la formation des mots et à la construction grammaticale. Après s'être longtemps égarée dans le champ des hypothèses, la science, entrant dans une voie plus sûre, a recueilli et mis en lumière des faits sur lesquels les bons esprits sont à peu près d'accord. Elle n'a besoin, pour achever heureusement la tâche qu'elle a si bien commencée, que de la poursuivre, sans se lasser. On ne peut avoir qu'une haute idée de l'importance des résultats qu'elle a déjà obtenus, lorsqu'on se rappelle tout ce dont elle est redevable depuis un demi-siècle aux travaux philologiques de MM. Raynouard, de la Rue, Roquefort, Fauriel, Méon, Fallot, V. Leclerc, Ampère, Génin, du Méril, Guessard, Champollion, Paulin Paris, Francisque Michel, Jubinal, Leroux de Lincy, P. Tarbé, Michelant, de Chevallet, Chabaille, Littré, en France (1). Immanuel Bekker, Bopp, Fuchs, Grimm, Wolf, Diez, Diefenbach, Ideler, etc.. en Allemagne, Th. Wright, Fr. Madden, etc., en Angleterre.

En nous associant, dans la mesure de nos forces, à tant de maîtres illustres, parmi lesquels nous sommes heureux de compter quelques amis, nous avons toujours considéré beaucoup plus le but que nous désirons atteindre que la considération qui s'attache de préférence aux recherches et aux travaux de première main. Nous n'avons ambitionné que le rôle modeste de vulgarisateur. C'est ainsi que nous avons publié et que nous continuerons à publier encore les textes de nos anciens poëmes du treizième siècle, de manière à en rendre la lecture facile, et sans songer à appliquer à une langue soumise dans son principe à des variations infinies, une critique aussi rigoureuse que s'il s'agissait d'une tragédie de Sophocle ou d'un livre retrouvé de Tacite. Nous remercions les savants qui, comprenant nos intentions, ont applaudi à notre œuvre. Nous n'avons rien à répondre à ceux qui y ont relevé quelques erreurs de détail, inséparables de pareils travaux. Il nous serait facile d'en relever un bien plus grand

---

(1) Les travaux plus récents de quelques jeunes écrivains : MM. Siméon Luce P. Meyer, Gaston Paris, Michel Bréal, Baudry, Léon Gautier, etc., prouvent que nos érudits français ne manqueront pas de successeurs.

nombre dans des publications dues à des hommes dont les noms ont beaucoup plus d'autorité que le nôtre. Mais à quoi bon ?

On nous a prié de rendre plus facile encore la lecture des nombreux ouvrages en langue d'oil déjà publiés et de ceux qui sont en préparation, au moyen d'un dictionnaire spécial, destiné aux personnes encore étrangères à ce genre d'étude. Les trois volumes de Roquefort ne se trouvent plus dans la librairie, et les autres glossaires, ceux de MM. Burguy, Gachet, par exemple, et celui qui s'est formé à l'aide des textes cités dans le grand ouvrage de Ducange, sont ou incomplets ou trop volumineux.

Nous avons voulu produire, sous un format commode, analogue à celui des poëmes que nous éditons, un lexique où nous nous sommes borné à faire connaître la signification des mots tels qu'ils se présentent dans les textes, avec leurs diverses formes dialectales, en en donnant, autant que possible, l'étymologie la plus autorisée.

Telle est, réduite à sa plus simple expression, l'œuvre sans prétention que nous offrons aujourd'hui, non à ceux qui savent, mais aux lecteurs qui veulent apprendre.

Nous ne nous faisons aucune illusion sur les imperfections de notre œuvre. Nous n'avons pas la prétention d'avoir recueilli tous les mots dont se composait la langue d'oil au XIIe et au XIIIe siècles, et il en est un grand nombre dont la forme diffère assez peu de celle qu'ils ont aujourd'hui pour que nous eussions pu, sans inconvénient, les négliger.

Nous aurions dû aussi nous dispenser d'indiquer les diverses origines qui nous ont paru offrir le plus de probabilité. Les unes sautent aux yeux, les autres ne sont que conjecturales. En nous abstenant, ce qui eût été plus habile, nous aurions évité les erreurs et les méprises auxquelles nous nous sommes volontairement exposé et qui seront sans doute relevées par les philologues de profession, assez peu disposés à l'indulgence.

Nous leur ferons d'ailleurs remarquer, à ce propos, qu'en

constatant d'une manière générale l'origine des mots, nous n'en avons pas prétendu établir scientifiquement la formation. Si on nous objecte, par exemple, que c'est *œtaticum* et non pas *œtas* qui a donné le mot français âge ; que c'est d'*acicula* et non d'*acus* que vient directement le mot aiguille, nous répondrons : Nous avons laissé à de plus savants que nous le soin de serrer de plus près l'étymologie et de trouver ou d'imaginer la forme précise qui a donné régulièrement le mot qui en est dérivé. C'est un travail, sans doute, extrêmement intéressant ; mais nous ne le croyons nullement nécessaire au but modeste que nous avons voulu atteindre. Il s'agit tout simplement ici de faciliter l'explication des auteurs du moyen âge aux lecteurs, encore malheureusement trop peu nombreux qui se décident à en aborder l'étude.

Quant aux mots que nous avons fait entrer dans ce glossaire, les uns ont été tirés des divers lexiques généraux ou particuliers qui ont été successivement publiés depuis que l'on s'est mis à éditer les œuvres de nos écrivains du moyen âge ; les autres sont empruntés aux poëmes, imprimés ou manuscrits, que nous avons eus entre les mains. La valeur scientifique de l'ouvrage eût été moins consestable, si nous avions indiqué pour chaque mot la page du livre ou du manuscrit où il se trouve. Nous savons très-bien que la possibilité d'une pareille vérification eût été la garantie la plus sûre de l'exactitude de la signification que nous lui avons donnée. Mais c'est là, nous le répétons, un travail d'une tout autre valeur et s'adressant à d'autres lecteurs que ceux auxquels nous destinons celui-ci. Nous avons cherché avant tout à leur être utile et nous avons compté pour peu de chose l'avantage d'attacher aujourd'hui notre nom à un ouvrage moins élémentaire ou plus ambitieux.

Nous croyons devoir faire précéder ce lexique d'un résumé des travaux les plus récents sur les origines et la formation de la langue dont nous travaillons avec ardeur à propager l'étude. Cet abrégé de grammaire sera encore un moyen d'atteindre d'une autre manière le but que nous poursuivons.

ORIGINE LATINE DE LA LANGUE FRANÇAISE.

Lorsque, sans se laisser entraîner par l'esprit de système, qui a attribué les origines les plus diverses à notre langue française, l'on met un de ses premiers monuments en regard d'une traduction latine, on est frappé du peu de différence qui existe entre les deux idiomes. Non-seulement les mots pris isolément sont les mêmes, sauf de légères altérations ; mais il est évident que la phrase, dans l'un et l'autre, est construite d'après le même système grammatical. Ce simple rapprochement ne laisse aucun doute sur l'origine latine de la langue française et suffit à montrer l'identité des deux langues au point de départ, identité qui serait plus évidente encore si nous pouvions soumettre à cette expérience, non pas seulement quelques rares vestiges de notre langue primitive, dérobés au neuvième ou au dixième siècle, mais des documents écrits à des époques antérieures. Les mêmes rapprochements entre le latin et les divers dialectes des autres langues qui, comme le français, en ont été dérivées, c'est-à-dire le provençal, l'italien, l'espagnol et le portugais, conduisent à une conclusion semblable.

C'est la conséquence toute naturelle de la rigueur avec laquelle Rome, devenue maîtresse du monde, imposa sa langue aux peuples vaincus.

De toutes les nations qu'elle avait soumises, la Gaule peut-être devait se faire le plus facilement romaine. César nous a représenté ses habitants comme doués d'une merveilleuse facilité pour apprendre ce qu'on leur enseignait et pour imiter ce qu'ils voyaient faire aux autres. Avaient-ils, d'ailleurs, une langue commune ? on peut en douter. Ce que l'on a désigné sous le nom de langue celtique semble bien n'avoir été, à l'époque de la conquête, et surtout sous le gouvernement des Romains, qu'une multitude de dialectes différents, ayant subi, selon les lieux, des modifications profondes ; et l'adoption rapide de la langue latine sur tous les points de la Gaule s'explique ainsi de la manière la plus simple.

Tant de villes, divisées d'intérêts et séparées par un esprit d'indépendance qui n'avait laissé subsister entre elles qu'un faible lien fédéral, devaient éprouver le besoin de se mettre en rapport les unes avec les autres et de s'entendre au moyen d'une langue commune.

Ce fut un bien grand service rendu à nos ancêtres les Gaulois par la *cité* impérieuse, qui, selon l'expression de saint Augustin, imposait aux nations vaincues non-seulement le joug de son autorité, mais encore sa langue, pacifique symbole d'alliance et de fraternité.

Dès le siècle d'Auguste, Strabon nous l'atteste, les Gaulois avaient adopté les usages, les mœurs et la langue des Romains.

Les Espagnols, ce type généreux de l'attachement à la patrie et au sol natal, avaient fini par oublier leur propre idiome. Au temps de Plutarque, le latin était devenu la langue universelle.

Mais quel était ce latin ? Mille témoignages l'attestent : Ce n'était pas seulement le latin officiel employé par les écrivains en vers et en prose qui s'étaient modelés, autant qu'ils l'avaient pu, sur les auteurs du grand siècle. A côté de la langue latine qui s'écrivait, il en exista toujours à Rome, dans l'Italie et par suite dans le reste l'Empire, une autre qui se parlait, et que les grands personnages eux-mêmes employaient en s'adressant à leurs esclaves, à leurs enfants, à leurs épouses ; nous en trouvons de nombreuses traces dans les poètes comiques, et surtout dans les fragments de pièces populaires que le temps nous a pu conserver.

Ce latin *vulgaire*, transmis par la parole, véhicule plus puissant et plus rapide que l'écriture, avait fait beaucoup plus promptement que la langue des littérateurs le tour du monde romain et plus il s'était repandu, plus il avait subi d'altérations.

Déjà formée du mélange de vingt peuples, Rome n'avait-

elle pas servi de refuge à tous les aventuriers de l'univers ?
N'était-elle pas habitée (Cicéron s'en plaint quelquefois) par
une multitude venue de mille lieux différents et apportant
un latin déjà corrompu ? Quintilien distinguait dans la langue deux sortes de mots ; les uns d'origine latine, les autres
étrangers, c'est-à-dire (comme la plupart des institutions de
Rome), empruntés aux autres nations.

L'invasion de locutions étrangères fut aussi l'inévitable
conséquence des guerres civiles. Les chefs ambitieux appe-
lèrent en Italie une foule de soldats levés chez les peuples
vaincus et qu'ils établirent au cœur même de la républi-
que, asservie à leur despotisme militaire. César avait déjà
ouvert les curies à des Gaulois à peine initiés à la connaissance du latin. Le décret de l'empereur Claude étendit cette
faveur à toute la Gaule. Chaque jour introduisit dans le langage usuel des expressions, soit renouvelées de l'antique
idiome, dont quelques hommes lettrés regrettaient les naïves
formules, soit empruntées aux locutions étrangères, si chères
à ceux qui se plaisaient, comme Auguste, dans ce néologisme
barbare.

Que de modifications étranges dut subir le latin dans les
provinces ! Combien l'ignorance ou l'oubli des règles grammaticales dut altérer une langue dont chaque peuple se servait en la pliant aux formes de son langage habituel et en
la faisant entrer de gré ou de force dans son moule grammatical ! Il n'y avait donc plus seulement une langue latine ;
la langue vulgaire, celle de la conversation, devait se subdi-
viser en une multitude infinie de dialectes différents. Nous
croyons beaucoup trop modestes ceux des grammairiens
latins de la décadence qui en ont compté douze, ayant chacun
un nom particulier : en y faisant un peu d'attention, ils en
auraient trouvé un bien plus grand nombre.

Mais ces causes ne sont ni les seules, ni les plus impor-
tantes ; c'est à l'influence du christianisme qu'il faut avant tout
attribuer les profondes altérations subies par la langue latine.
Le génie des grands apôtres de notre religion dut la trans-

former afin de la rendre capable de satisfaire aux immenses besoins de l'esprit nouveau.

D'abord, les plus illustres propagateurs de la religion chrétienne ne dissimulèrent pas leur peu de souci de la correction du langage.

« Je n'évite point les barbarismes, disait saint Grégoire « le Grand ; je dédaigne d'observer le régime des préposi- « tions, les différences des temps, des cas ou des genres. — « Je regarde comme une chose indigne de soumettre les « paroles de L'ORACLE à ces règles de Donat, qu'aucun in- « terprète de l'Ecriture sainte n'a respectées. » Combien de gens, pour d'autres motifs, durent se montrer aussi peu scrupuleux sur ce point que saint Augustin et le pape saint Grégoire !

Lorsque les chrétiens du diocèse d'Hippone disaient *floriet* pour florebit, inter *hominibus* pour inter homines, saint Augustin les excusait, par la raison que ces deux locutions sont également bien comprises de la Divinité. Aux grammairiens trop difficiles, Arnobe répondait que le christianisme devait changer la langue comme tout le reste.

Les altérations qu'a subies la langue latine ne proviennent pas toutes, il faut bien le dire, de ce peu de souci pour la pureté du langage que manifestèrent quelques-uns des chefs de l'Eglise. Notre cher et ancien collègue et ami Ozanam, de regrettable mémoire, a montré combien de modifications ont apportées les idées chrétiennes elles-mêmes lorsqu'il a fallu les faire exprimer par cette langue latine, rude d'abord et propre à un peuple agriculteur et esclave du droit, enrichie sans doute par les grands écrivains imitateurs et traducteurs des Grecs, mais impropre à rendre les images poétiques ou les enseignements théologiques de la religion nouvelle. La traduction de l'Ancien et du Nouveau Testament par saint Jérome jeta, dans la langue destinée à servir de lien à tous les peuples entrés dans la grande unité chrétienne, une foule d'expressions qui l'altérèrent en l'enrichissant.

On peut faire observer ici que c'est surtout parmi les

expressions employées dans la langue populaire des Latins que les langues modernes ont puisé leurs éléments. Ils ont laissé de côté les mots usités dans le haut style pour choisir les plus vulgaires, préférant, par exemple, *mensura*, mesure, à modus ; *niger*, noir, à ater ; *vastare*, gâter, dévaster, à populari ; *pavor*, peur, à formido,—*rotondus*, rond, à teres, etc.

Une langue comme celle que l'on parlait à Rome, ayant les temps, les genres, les nombres, les cas, les personnes marqués à l'aide des changements dans les terminaisons des mots dont elle se compose, avec une syntaxe basée sur les inversions et présentant un vaste ensemble de combinaisons savantes, dut s'altérer comme s'altèrent les idiomes primitifs, les langues à flexions, langues éminemment rapides et synthétiques.

La contraction, l'apocope, la tmèse, devaient d'abord modifier les mots par l'influence seule de la conversation. Les auteurs comiques disent *circlos*, pour circulos ; *seclum* pour seculum ; *cante* pour canite ; *dixti* pour dixisti ; *poplo* pour populo, etc. Les exemples de cette sorte d'altérations sont nombreux.

L'oubli ou l'inobservation des règles qui présidaient à la formation et à la dérivation des mots avaient, dès les premiers siècles, introduit dans la langue un grand nombre d'expressions incorrectes et contraires aux règles. Elles se glissaient facilement dans la conversation des gens illettrés, et les inscriptions nous en fournissent un grand nombre d'exemples.

La poésie, qui a toujours eu ses licences, contribua à propager l'usage de certains mots conctractés pour la mesure des vers, *mis*, *tis*, *sis*, pour *meus*, *tuus*, *suus*, etc. Ces altérations justifiées par tant d'autorités furent de préférence imitées par les peuples auxquels échappait le secret de la syntaxe latine, et nous les trouvons chez ceux qui ont fait entendre les premiers accents de notre langue.

Les rapports exprimés par certains signes grammaticaux finirent par êtres indiqués à l'aide de mots séparés ; on suppléa par des prépositions aux terminaisons qui distinguaient les cas du substantif ; on préféra, par exemple, *templum de marmore* à l'expression plus élégante *templum marmoreum*.

Les personnes, distinguées d'abord ainsi que les nombres, au moyen de différentes terminaisons, furent exprimées par des pronoms, et la conjugaison des verbes simplifiée finit par présenter dans sa forme la plus dégagée un simple radical précédé ou suivi de signes détachés, à l'aide desquels les personnes, les nombres et les temps se distinguèrent sans qu'il fût nécessaire de se conformer au système beaucoup plus compliqué des flexions.

ALTÉRATIONS SUBIES PAR LA LANGUE LATINE.

Au moment où les Gaulois, subjugués par les armes victorieuses de César, substituèrent, pour obéir aux lois qui leur furent imposées, la langue romaine à leur langage national, il dut se produire un phénomène dont nous trouvons l'image dans les essais faits par les personnes qui cherchent à s'exprimer dans un idiome nouveau. Si nous observons en effet avec attention les efforts que fait un étranger, un Allemand ou un Anglais par exemple, lorsqu'il commence à exprimer ses idées dans notre langue, nous comprendrons par quels moyens nos ancêtres ont pu passer du celtique au latin.

Il lui faut apprendre non-seulement les mots pris isolément, mais des constructions différentes de celles qu'il connaît, mais toute une phraséologie nouvelle.

Avant qu'il ait pu suffisamment posséder notre système grammatical, il emploiera naturellement celui de sa propre langue, dans lequel il fera entrer de gré ou de force les expressions nouvelles dont il s'enrichira, donnant au français le génie de l'allemand ou de l'anglais.

Les intonations particulières, la manière d'accentuer et de

prononcer dénatureront tous les mots contractés, allongés, confondus, détachés au hasard. Peu familiarisé avec l'emploi de nos articles, il les emploiera à contre-sens, il mettra le masculin pour le féminin et réciproquement ; il confondra les temps et les personnes ; en un mot *il estropiera* notre français, pour nous servir d'une expression populaire qui peint assez exactement le procédé qu'il emploie.

Enfin il ne pourra s'empêcher de mêler perpétuellement dans une même phrase les mots de sa langue à ceux de la nôtre, et l'expression de sa pensée ne pourra se compléter qu'à l'aide d'un langage hybride nous offrant juxtaposés les éléments de la langue qu'il veut apprendre et ceux de la langue qu'il parle.

C'est ainsi que pendant les premiers siècles qui suivirent la conquête romaine les différents peuples de l'Europe durent parler la langue latine.

Mais la principale cause des altérations vint des diverses prononciations données au même mot par tant de peuples. Comment l'uniformité du langage eût-elle été possible à une époque où des nations d'origine différente adoptaient un idiome qu'ils substituaient à leur idiome national ? Une fois modifié par la prononciation, si ce mot passait de la parole à l'écriture, il était tout autre qu'au point de départ, et après avoir subi l'influence de la prononciation, le mot écrit se défigurait encore.

La langue latine aurait subi d'elle-même ces changements par suite de la prononciation, lors même qu'ils n'eussent point été introduits par des causes extérieures. Interprète imparfaite de la pensée, la parole est sujette à des méprises qui prennent leur source et dans l'imperfection de l'organe vocal et dans les incertitudes de l'organe auditif. Quelque soin que l'on apporte à distinguer les différents sons dont les mots se composent, on peut fort aisément les confondre les uns avec les autres.

Le peuple entend à demi-mot, et ce qui est un témoignage de la promptitude de son intelligence n'est qu'une garantie fort imparfaite de son exactitude à rendre convenablement ce qu'il saisit trop vite. Souvent il perçoit mal, et plus souvent encore il rend d'une manière irrégulière ce qu'il a perçu ; l'émission des sons est aussi inexacte que leur perception. Certaines syllabes son assourdies, d'autres transposées ; on en ajoute ou l'on en retranche d'autres, pour rendre la prononciation plus facile ou plus rapide ; enfin l'inadvertance ou l'ignorance fait confondre des mots qui, semblables quant au son, ont une signification toute différente. Les moyens graphiques employés pour figurer des sons aussi variables et aussi difficiles à saisir nettement, augmentent encore la confusion. On a compté dans le manuscrit qui contient les œuvres de Marie de France vingt-quatre manières d'écrire le mot Goupil, l'ancien nom du renard, Gorpil, Werpil, Worpil, etc.

La langue latine, parlée dans les Gaules, dut s'altérer par suite de l'influence que devait exercer sur un idiome méridional un idiome né dans un climat du nord ; la prononciation propre aux Gaulois et aux Francs modifia donc d'une manière sensible les mots de la langue des Romains.

Le peuple d'aujourd'hui altère les mots en employant les procédés avec lesquels le latin s'est modifié pour devenir le français. En général, il assourdit les sons ; il dit *ormoire* pour armoire, *clerinette* pour clarinette. On a signalé quelques-uns des noms de rues, altérés par suite d'une prononciation vicieuse ; la rue *aux Ours* au lieu de la rue aux Oues (oies) ; rue *Coup de Bâton* pour rue Col de Bacon ; rue *de la Jussienne* pour rue de l'Egyptienne ; la rue du Grand Hue Leu (Hugues le loup) est devenue la *rue du Grand Hurleur.*

Dans toutes les langues, il existe entre les voyelles et les divers ordres de consonnes des analogies qui font employer les unes à la place des autres, et ces permutations obéissent à certaines règles dont la connaissance permet de suivre jusqu'à un certain point les mots à travers leurs métamorphoses et de saisir les identités au milieu même de leurs modifications. Qui ne sait, par exemple, que la science de la dérivation des mots, est puissamment aidée par cette observation, que les labiales B, P, les dentales D et T, les liquides L ou R, les gutturales G, K, se prennent très-ordinairement les unes pour les autres; qu'il en est de même, soit des voyelles A, O, U, E, I, et des nazales AN, IN, ON, et que ces permutations, observées dans le passage du grec au latin, sont les mêmes que celles qui affectent les mots français dérivés de cette dernière langue? Or, d'après les lois générales qui président partout à ces diverses permutations, il devait nécessairement arriver au latin que les mots à voyelles sonores seraient remplacés par des voyelles plus sourdes, les consonnes fortes par des consonnes plus douces, les lettres doubles par les lettres simples. La langue rude et énergique des contemporains de Caton le Censeur, qu'était-elle devenue au temps de l'harmonieux Virgile? Mais, quelques siècles après, ce bel idiome virgilien si pur et si doux, combien ne s'était-il pas assourdi et éteint à la suite des permutations successives qui avaient altéré la diction? Le latin du Bas-Empire n'était guère autre chose dans les Gaules que ce langage devenu populaire qui allait se distinguer et se séparer de la langue classique, ecclésiastique et officielle, en prenant le nom de *langue romane*.

Quoiqu'il existe des traces nombreuses de cette langue dès le septième siècle, ce n'est guère qu'à partir de la fin du neuvième que l'écriture, l'enseignement et la prédication, s'emparant de l'idiome vulgaire, finirent par former une langue de ce qui n'avait pu être d'abord qu'un informe jargon.

Un des canons du concile de Tours en 813 porta que les évêques s'appliqueraient à traduire les homélies en langue romane (romanam rusticam), afin qu'elles pussent être plus facilement entendues du peuple. Cette prescription fut renouvelée au concile d'Arles en 851.

Trois langes principales existaient alors dans la Gaule : la *langue latine*, la *langue romane*, qui en était dérivée, et la *langue théotisque*, *thioise* ou *tudesque*, celle qu'y avait introduite l'invasion germanique.

On a souvent cité comme preuve de la coexistence de ces trois langues l'épitaphe du pape Grégoire V :

Usus *francisca*, *vulgari* et voce *latina*,
Edocuit populos eloquio triplici.

Gérard de Corbie dit, en parlant d'Adalard, abbé de Corbie, né en 750 : « S'il parlait en langue vulgaire, on eût dit qu'il ne savait que celle-là ; s'il parlait en langue théotisque, il brillait encore plus. »

Partageant en deux zones séparées par la Loire le territoire de la Gaule, les historiens de la langue française ont depuis longtemps distingué la langue d'*oïl*, parlée par les habitants du nord, et langue d'*oc*, parlée par les habitants du midi, et désigné sous le nom de *trouvères* les poëtes du nord, et sous celui de *troubadours*, ceux de l'Aquitaine et de la Provence. Mais tout en adoptant cette division qui est en effet réelle à une certaine époque, il ne faudrait pas oublier qu'elle n'avait eu lieu que par la fusion successive dans chacun de ces dialectes principaux, d'une foule de dialectes secondaires qui avaient auparavant eu leur existence propre et séparée.

Chacune de nos anciennes provinces eut d'abord sa langue vulgaire particulière, et la difficulté des communications maintint encore dans chacune d'elles des subdivisions nombreuses. Il serait difficile de faire le compte de tous les dialectes que la langue vulgaire eut avant l'époque où quelque apparence d'unité put être établie dans l'organisation administrative de la nation. La Normandie, la Bretagne, le Poitou, la Guienne, la Picardie, la Champagne, la Bourgogne, la Provence, le Lyonnais, avaient donné leur cachet particulier à cette langue romane qui, sous une dénomination commune, cachait une diversité très-grande, image de l'esprit, reflet des mœurs et des habitudes de chacune des contrées où elle s'élaborait. Elle n'avait de commun que le point de départ dont les transformations obéirent à toutes les circonstances régulières ou fortuites qui en modifièrent les éléments. Comment s'étonner de trouver, à l'époque où cette langue, qui se parla sans s'écrire pendant plusieurs siècles, commença à servir d'interprète à des compositions de quelque étendue, autant de différences dans l'orthographe qu'il y en avait dans la prononciation ?

Les influences locales qui, encore aujourd'hui, donnent des empreintes particulières aux patois parlés par les habitants des campagnes dans toutes les provinces, ayant alors toute leur puissance, devaient s'exercer à leur aise et pendant les siècles des invasions et pendant la longue période du morcellement administratif, territorial et politique qui s'appelle le gouvernement féodal. Roger Bacon disait au treizième siècle : « La même langue se divise en plusieurs idiomes, comme cela a lieu dans la France, où les Picards, les Normands et les Bourguinons ne s'expriment pas de la même manière. » Les locutions employées ordinairement en Picardie paraissent barbares aux Français de le Bourgogne et même a ceux de l'Ile-de-France, qui l'avoisinent.

Ce que Bacon disait de la France septentrionale n'était pas moins applicable aux différentes provinces de la France du Midi ; les dialectes du Limousin ou de l'Auvergne diffèrent beaucoup de ceux du Languedoc, du comté de Foix et du Béarn.

L'abbé Le Bœuf, dans un mémoire sur les anciennes traductions en langue vulgaire, rapporte d'après le chroniqueur du monastère d'Anderne, que dans le diocèse de Boulogne, les moines souffraient avec peine qu'ils fussent dépendants de l'abbaye de Charroux dans le Poitou, parce que ceux de cette abbaye étaient pour eux des étrangers, par suite de la différence de leur langue, *propter linguarum dissonantiam.*

Les recherches les plus récentes faites sur nos patois ont constaté la persistance de ces différences dialectales qui, outre les variétés de prononciation, maintiennent encore une foule de locutions et de tournures dont l'origine remonte à l'époque où chaque province parlait sa langue particulière ; mais nous reviendrons plus loin sur ce sujet.

ANCIENS MONUMENTS. — LA CANTILÈNE DE SAINTE-EULALIE.

Les plus anciens monuments écrits de notre langue datent du neuvième siècle. On a souvent reproduit les serments de Charles le Chauve et de Louis le Germanique, prononcés à Strasbourg en 841. Pour montrer la conformité du roman et du français avec la langue latine, nous mettrons ici sous les yeux du lecteur un des poëmes composés à peu près à la même époque. C'est l'hymne souvent citée sur le martyre de sainte Eulalie, et tirée d'un manuscrit du neuvième siècle, conservé dans la bibliothèque de Valenciennes.

Roman.	BUONA	PULCELLA	FUT	EULALIA	
Français.	Bonne	pucelle	fut	Eulalie	
Latin.	*Bona*	*pulicella*	*fuit*	*Eulalia*	

R.	BEL	AURET	CORPS	BELLEZOUR	ANIMA
F.	Bel	avait	corps	plus belle	âme
L.	*Bellum*	*habebat*	*corpus*	*bellatiorem*	*animam*

R.	VOLDRENT		LA VEINTRE LI		DEO	INIMI
F.	(ils) voulurent		la vaincre	les (de)	Dieu	ennemis
L.	*Voluerunt*		*(illam) vincere*	*(il)li*	*Dei*	*inimici*

R.	VOLDRENT		LA FAIRE	DIAULE	SERVIR
F.	(ils) voulurent		la faire	diable	servir
L.	*Voluerunt*		*(illam) facere*	*diab(o)lo*	*servire*

R.	ELLE	NON	ESKOLTET	LES MALS	CONSEILLERS
F.	Elle	ne	écoute (pas)	les mauvais	conseillers
L.	*Illa*	*non*	*auscultat*	*illos malos*	*consiliarios*

R.	QU'ELLE	DEO	RANEIET	CHI MAENT	SUS EN CIEL
F.	Qu'elle	Dieu	renie	qui demeure	sus en ciel
L.	*Quod illa*	*Deum*	*reneget*	*qui manet*	*super in cœlo*

R.	NE POR OR	NED ARGENT	NE PARAMENTZ
F.	Ni pour or	ni argent	ni parure
L.	*Nec per aurum*	*nec argentum*	*nec paramentum* (1)

---

(1) Mot qui a dû exister dans la basse-latinité. *Paratus* dans Plaute signifie faste, parure

R. POR MENATCE REGIEL NE PREIEMENT
F. Par menace royale ni prière
L. Per minaciam regiam nec precationem

R. NIULE COSE NON LA POURET OMQE PLEIER
F. Nulle chose ne la pouvait onques plier
L. Nec ulla cuasa non illam poterat unquam plicare

R. LA POLLE NON AMAST LO DEO MENESTIER
F. (pourque) La pucelle ne aimât le (de) Dieu ministère
L. (quod) Illa puella non amasset illud Dei ministerium

R. E POR O FUT PRESENTEDE MAXIMIEN
F. Et pour ce fut présentée (à) Maximien
L. Et per hoc fuit præsentata Maximiano

R. CHI REX ERET A CELS DIS SOURE PAGIENZ
F. Qui roi était à ces jours sur païens
L. Qmi rex erat ad eccistos dies super paganos

R. IL LI ENORTET DONT LEI NONQUE CHIELT
F. Il l' exhorte (ce) dont lui ne onques chaut
L. ille illam inhortatur de unde illi nunquam calet (1)

R. QUED ELLE FUIET LO NON CHRISTIEN
F. Que elle fuie le nom chrétien
L. Quod (ut) illa fugiat illud nomen christianum.

R. ELL, ENT ADUNET LO SUON ELEMENT
F. Elle en unit (assemble) (2) le sien élément (ses forces
L. Illa inde adunat illud suum elementum

R. MELZ SOSTENDREIET LES EMPEDEMENTS
F. Mieux (plus tôt) (elle) soutiendrait les empêchements (la torture)
L. Melius sustineret illa impedimenta

R. QU'ELLE PERDESSE SA VIRGINITET
F. Qu'elle perdît sa virginité
L. Quam illa perdidisset suam virginitatem

R. POR O S'FURET MORTE A GRANT HONESTET
F. Pour ce (elle) fut morte avec grande honnêteté
L. Per (propter) hoc fuerat mortua (cum) grandi honestate

R. ENS EN L' FOU LA GETTERENT COM ARDE TOST
F. En le feu la jetèrent comme (afin que) elle brûlât bientôt
L. In illum focum illam jecerunt cum (ut) ardeat cito.

R. ELLE COLPES NON AURET POR O NO S'COIST
F. Elle coulpes (fautes) n'avait, pour ce ne se cuit pas
L. Illa culpas non habuerat per hoc non se coxit

---

(1) Expression vulgaire pour *Illud non curat.* Il ne lui chaut, elle n'en tient aucun compte, peu lui importe.

(2) Voyez au lexique le v. AUNER.

R.	A EZO	NO S' VOLDRET CONCREIDRE	LI REX PAGIENS
F.	A celà (malgré cela)	né se voulut croire (convertir)	le roi payen
L.	*Ad hoc*	*non se voluit concredere*	*rex paganus*

R.	AB UNE SPEDE	LI ROVERET TOLIR	LO CHIEF
F.	Avec une épée (il)	lui ordonna enlever	le chef (la tête)
L.	*Ab una spatha*	*illi rogavit (jussit) tollere*	*caput*

R.	LA DONIZELLE CELLE COSE NON CONTREDIST
F.	La damoïselle cette chose ne contredit (ne s'opposa pas à cela)
L.	*Illa dominicella illam causam non contradixit.*

R.	VOLT LO	SEULE	LAZSIER	SI	RUOVET	KRIST
F.	Veut le	siècle	laisser	si	le demande	Christ
L.	*Vult illud*	*seculum*	*lasciare* (1)	*si*	*rogat*	*Christus*

R.	IN FIGURE	DE	COLOMB	VOLAT	A CIEL
F.	En figuré	de	colombe (elle) vole	au ciel
L.	*In figura*	*de*	*columba volat*	*ad cœlum*

R.	TUIT OREM	QUE	POR	NOS	DEGNET	PREIER
F.	Tous prions	que	pour	nous	elle daigne	prier
L.	*Toti oremus*	*quod*	*poo*	*nobis*	*illa dignetur*	*precari*

R.	QUED AVUISSET	DE NOS	CHRISTUS	MERCIT
F.	Que ait	de nous	(le) Christ	merci (pitié)
L.	*Quod hahuisset*	*de nobis*	*Christus*	*mercedem (misericordiam)*

On trouve dans ce texte, qui offre aux études philologiques tant de renseignements précieux :

1° Des mots ayant conservé dans la langue française les formes qu'ils avaient dès le neuvième siècle : *fut, corps, faire, lés, conseillers, elle, argent, ni, de, nom, sa, une, celle, figure, ciel, que, la mort, a lui, venir, par ;*

2° Des mots formés par métathèse : *maent,* de manet (il demeure) ; *por,* de pro (pour) ; *sempre,* de semper (toujours) ;

3° Des mots formés par la suppression des désinences (ce sont naturellement les plus nombreux, comme cela a lieu dans toutes les langues) : *bel* de bellus ; *inimi* d'inimicus ; *servir* de servire ; *venir* de venire ; *e* de et ; *o* de hoc ; *il* de ille ; *li* de illi ; *christian* de christianus ; *virginitet,* de virginitatem ;

4° Mots formés par contraction, par crase : *fut* de fuit ; *corps* de corpus ; *voldrent* de voluerunt ; *faire* de facere ; devenu successivement faere, fere, et faire ; *mals* de malus ;

____

(1) Laxiare, lâcher, mot vulgaire pour *linquere.*

renaiet de renegat, reneat, reneet, reneiet : *melz* de melius ; *sostendreit* de sustineret, sustenreit, sustendreit ; *amast*, d'a-masset ; *menestier* de ministerium ; *Pagienz*, *pagiens*, de paganus ; *dont* de unde ; *tolir*, tollere ; *domizelle*, de domi-nicella ; *contredist*, de contradixit ; *Sour* de super ; *seule*, de seculum ; *avret* pour haberet ; *diaule* de diabolus.

L'article destiné à remplacer les cas des noms coexiste avec les terminaisons : *Deus, dei, deo*. Il se joint aux adjectifs possessifs, *lo suon element* ; enfin les diverses terminaisons des verbes indiquant les temps, les modes et les personnes, sont calquées sur le latin, d'après un système bien incertain encore, mais devant tôt ou tard se régulariser.

Un seul mot, *spede*, épée, est emprunté à la langue germanique.

PERMUTATIONS DES LETTRES.

Ce serait une bien grande erreur que d'attribuer au hasard ou au caprice les substitutions successives qui ont donné à la langue latine une forme nouvelle. On va voir, au contraire, qu'elles ont obéi aux lois d'une logique rigoureuse, et que l'instinct populaire a été plus fidèle aux règles de l'analogie que ne l'ont été les savants qui ont voulu plus tard demander à la langue latine des mots que nos ancêtres avaient déjà faits beaucoup mieux.

Comme il s'agit ici d'abord de la langue parlée, c'est à l'oreille qu'il faut assigner le principal rôle dans l'adoption ou le rejet des sons qui entrent dans la composition des mots latins. Il existe pour chacun d'eux une partie dominante sur laquelle la voix appuie plus fortement, et qui souvent est la seule que l'oreille entende d'une manière distincte. C'est cet accent, appelé par Diomède *anima vocis*, l'âme du mot, qui a déterminé tout naturellement la conservation de la syllabe sur laquelle il portait, comme l'a prouvé très-bien M. Diez. Les retranchements et les contractions ont donc agi principalement sur les syllabes non accentuées dans le latin : *píngere* est devenu peindre ; *pórticus*, porche ; *présbyter*, prêtre.

Les Français, ayant comme les Espagnols de la difficulté à prononcer les mots commençant par sc, sp, st, les firent précéder d'un e : *scribere*, escrire ; *species*, espèce ; *stomachus*, estomac; *scandalum*, esclandre. Le peuple dit encore *esquelette*, et non squelette.

Al est devenu *au* : *alter*, autre ; *balsamum*, baume; *alba*, aube.

A bref devient *ai*; *amare*, aimer ; *A* long devient *ei* : ÇLAVIS, cleif, clef, clé ; *donare*, donneir, donner ;

E bref, ie : *bene*, bien ; *E* long, oi, oe : *me*, moi, *tres*, trois ;

I bref, oi : *bibere*, boivre, boire ;

O bref et *U*, d'abord ue, puis eu ; *bovis* (de bos), buef ; *focus*, feu ; *O* devient eu : *honor*, honneur ; oi *gloria*, gloire ; ui *corium*, cuir ; ou *movere*, mouvoir ;

U se change en eu, *gula*, gueule ;

B, au milieu de la plupart des mots, se change en *V* : *labrum*, lèvre ; *libra*, livre ; *diabolus*, diavle, diable. Devant *T* ou *V*, il se syncope, *debitum*, debte, dette ; *subvenire*, souvenir.

V se change en *B* : *vervex*, berbis, brebis ; ou se syncope : *pavor*, paor, peur ; *pavonem*, paon ; quelquefois gu ou g (transformation fréquente dans les langues romanes) *vastare*, gaster, gâter ; *vespa*, guêpe ; *vulpes*, werpil, gourpil, goupil. *B* s'intercale dans les combinaisons de ul et de rm : *cumulus*, comble ; *marmor*, marbre.

C se change en CH, surtout dans le dialecte picard : *caro*, chair ; *catena*, chaene, chaîne; *capillus*, cheveu; *ferox*, *ferocis*, farouche ; en g, *contus*, gond ; *crassus*, gras.

Le *C*, qui remplace souvent le Q dans le latin du moyen âge, se change en G dans le milieu des mots : *æqualis*, égal.

G se retranche devant E et I, *regina*, reïne, reine.

T, conservé dans presque tous les mots venant du latin, se retranche dans chaire, de *cathedra*; chaîne, de *catena*; il ne se prononce pas à la fin des mots : *lectus*, lit.

D se syncope assez souvent : *audire*, ouïr ; *hodie*, hui ; *sudor*, sueur.

L devient R : *lusciniola* rossignol : *apostolus*, apostre. R se change en L : *altar*, autel ; cette même lettre R se transpose, *temperare*, tremper ; *turbulare*, troubler ; *vervex*, brebis.

DIALECTES.

Indépendamment de ces changements généraux, il y en eut, comme nous l'avons dit, un assez grand nombre qui résultèrent de la différence de prononciation dans les différentes provinces de l'ancienne France. C'est en effet par la prononciation seulement que diffèrent les dialectes provinciaux. Quant aux règles grammaticales, elles sont les mêmes pour tous les pays qui parlèrent la langue d'oïl. G. Fallot, dont le nom est attaché au premier travail sérieux sur les formes dialectales, a réduit ces dialectes à trois principaux : le *normand*, le *picard* et le *bourguignon*.

Cette classification a été adoptée par M. Burguy. Nous croyons avec M. Leroux de Lincy, qu'on ne ne peut en distinguer moins de cinq : le normand, le picard, le lorrain, le bourguignon et celui de l'Ile-de-France.

Le dialecte normand s'étendait sur une partie du Maine et de la Bretagne, et avait pour limite à l'E. l'Ile de France.

Il retranchait l'i des syllabes en ie, ier, ai, air, et le remplaçait par e : *bien*, ben ; *derrière*, derere ; *faire*, fere ; *laisser*, lesser ; *plaire*, plere ; *plaider*, pleider ; oi devient ei, *envoyer*, enveier ; *roi*, rei ; *voir*, veir ; *ils doivent*, ils deivent.

Il écrivait par un u la plupart des syllabes en o, ou, eu, on, or : *son*, sun ; *jour*, jur ; *tout*, tut ou tuit ; *plusieurs*, plusurs ; *prison*, prisun ; *moult*, mult.

C'est aussi par *ei* qu'il écrivait les formes de l'imparfait qui dans le dialecte picard s'écrivaient par *oi* : *il voleit, il diseit, il feseit.*

Il formait en *eo*, et en *oue* les imparfaits de la première conjugaison, amabam, *j'amoe* ou *j'amoue* ; stabam, *j'estoe* ou *j'estoue*.

Le normand écrit et parlé en Angleterre, quoique conforme en certains points avec celui de la Normandie avait subi, par suite de son conctact avec le langage des Anglo-Saxons, des altérations nombreuses qui le font aisément reconnaître.

Le picard embrassait la Picardie, l'Artois et la Flandre.

Son caractère principal est le *ch* substitué à l'*s* et au *e* faible : *ici*, ichi ; *ciel*, chiel ; *naissance, puissance*, naissanche, puissanche.

En revanche, il met aussi souvent k et q à la place du ch, *chien*, kien ; *chenu*, quenu ; *vache*, vaque.

Il aime le g final : *ung*, pour un.

Il remplace o et eu par ou : montrer, *moustrer* ; jeûner, *jouner*.

Il ajoute souvent i devant e : *manger*, mangier ; *danger*, dangier ; et substitue g à j, *jeu*, gieu.

Le dialecte bourguignon était usité dans les provinces orientales et centrales de la France ; l'Orléanais, le Nivernais, le Berry, l'Orléanais, la Touraine, l'Anjou.

Son principal caractère était d'ajouter un i à toutes les syllabes en a ou en e : amer, *aimer ; sage*, saige ; *bon*, boin ; *quel*, queil ; *assez*, asseiz.

Le dialecte lorrain supprime souvent les autres voyelles pour y substituer i ; mi pour *me*, mis, pour *mes*.

Il remplace souvent le g par le w : *Warder* pour garder ; *Werpir*, pour guerpir.

Les formes affectées par le dialecte de l'Ile-de-France ont beaucoup d'analogie avec celles du bourguignon (Diez). C'est aussi celui qui se rapproche plus que les autres dialectes, du français que nous parlons aujourd'hui.

Le roman du Nord, ou langue d'oïl ne conserva que deux cas, le *sujet* et le *complément*. Au singulier, le substantif sujet fut indiqué par l'addition d'un S, que l'on supprima au complément.

> Sujet : *murS.*
> Complément : *mur.*

Ce fut le contraire pour le pluriel :

> Sujet : *mur.*
> Complément : *murS.*

Ce système a pour base la 2ᵉ déclinaison latine.

Singulier.

> Sujet : *muruS.*
> Complément : *murum.*

Pluriel.

> Sujet : *muri.*
> Complément : *muroS.*

La langue d'oïl avait emprunté au latin l'usage de distinguer le sujet du régime par la terminaison.

De *látro*, sujet, elle avait fait *lerres*, et de *latrónem*, complément, elle avait fait *larron*.

De pastor, *pastre*; de pastórem, *pasteur*; d'imperátor, *emperere*; d'imperatórem, *empereur*; de creátor, *crieres*; de creatórem, *créateur*.

Cette différence fut déterminée évidemment par l'accent tonique.

De ces deux formes, c'est la dernière qui a été le plus souvent conservée dans la langue française.

Certains mots empruntés à d'autres langues que le latin furent distingués de la même manière :

Bers,   *Baron.*

Gars,   *Garçon.*

Hugue,   *Hugon.*

Mais cette règle, aussi bien que celle de l'S, que Raynouard avait regardée comme absolue, en se fondant sur le *Donatus provincialis* (1) souffrit dès le principe de nombreuses exceptions. La forme du complément étant la plus usitée a fini par prévaloir; et comme le complément était marqué au singulier par l'absence de l'S, et au pluriel par la présence de cette même lettre, c'est de cette manière que l'on finit par distinguer les deux nombres. Plusieurs mots cependant, tels que *fils, fonds, puits,* etc., conservèrent l'S au singulier.

Article.

L'article est tiré de l'adjectif démonstratif latin, *ille, illa,* déjà employé comme déterminatif à l'époque de la corruption de la langue latine.

Singulier masculin : *li.*
Id.   féminin :   *le, la.*
Pluriel,   masculin : *li.*
Id.   féminin :   *les, li.*

(1) C'est le titre d'une grammaire provençale du douzième siècle publiée par M. Guessard dans le premier volume de la bibliothèque de l'école de Chartres, p. 168.

Complément direct :

Pour le singulier masculin : *lo, lou, le, lu.*
                    féminin : *la, lai.*
Pour le pluriel masculin : *les, los.*
                    féminin : *les.*

Ses combinaisons avec les propositions *de, à, en,* donnent :

Au singulier masculin : *del, dou, do, dou, du, al, au, ou, el, eu.*

Féminin : *de la, à la.*

Au pluriel masculin, *des, as, es, aus.*
                Féminin, *des, as, es.*

Article non déterminatif.

Sujet : *uns,* ou *ung.*
Régim : *un.*

Adjectif.

L'adjectif fut d'abord soumis, comme le substantif, à la règle de l's.

Le féminin se marquait par l'e muet.

Une certaine classe d'adjectifs avait comme en latin la même terminaison pour ses deux genres.

Cort *roial.*
Messe *festival* ou *festivaus.*

Cette forme est restée dans l'expression *lettres royaux.*

Le comparatif était exprimé par *plus* et le superlatif par *le plus.*

Certains adjectifs formèrent cependant leur comparatif par a terminaison empruntée au latin :

Grant, *graignor* ou *graindre.*
Magne, *maior, maire.*
Bon, *millor, mieudre.*

Au lieu de *que* on employait *de* après le comparatif :

Plus grant *de* lui.

Les noms de nombre cardinaux et ordinaux suivent ceux du latin avec les différences propres à chaque dialecte et les modifications dont nous avons indiqué les principales règles.

Pronoms personnels.

PREMIÈRE PERSONNE.

Singulier.

Sujet : *Je, jou, jo, jeo, ge, gie,* je.
Régime : *Me, mi, moi, mei, meu,* moi.

Pluriel.

Nos, nus, no... nous.

DEUXIÈME PERSONNE.

Singulier.

Sujet : *Tu...* tu.
Régime : *Te, ti, tei...* toi.

Pluriel.

Vos, vus... vous.

TROISIÈME PERSONNE.

Masculin singulier.

Sujet : *Il.*
Régime direct : *Lo, le, lou, lu.*
Régime indirect : *Li, lui, loi.*

Pluriel.

Sujet :   *Il.*
Régime direct : *Les, ols, els.*
Régime indirect : *Lor, lour, lur.*
       Ols, als, els,
       Ous, aus, eus.

Féminin singulier.

Sujet :   *Ale, ele, el, eille.*
Régime direct : *La, lai, lei.*
Régime indirect : *Li.*

Pluriel.

Sujet :   *Eles, els.*
Régime direct : *Les, eles.*
Régime indirect : *Lor, lour, lur.*

Ces pronoms se contractaient entre eux.
Jel sai, pour je le sais.
Jes ai vus je les ai vus.
Nel voulait, ne le voulait.
Nu feras, ne *le feras.*

Pronoms possessifs.

Singulier masculin.

Sujet : *Mis, tis, sis, mes, tes, ses.*
Régime : *Men, ten, sen, mun, tun, sun.*

Féminin.

Mai, tai, sai, me, te, se, ma, ta, sa.

Pluriel.

Mi, ti, si, mei, tei, sei.
Mis, tis, sis, mes, tes, ses.
Li miens, li tiens, li siens.
La meie, la teie, la seie.

Pronoms démonstratifs.

Singulier.

	masc.	fem.	neut.
Sujet :	*Cil, cis, ciz,*	*cele,*	*ceu, ces.*
Régime :	*Cel,*	*cele,*	*cou.*

Pluriel.

Sujet : *Cil, celes.*
Régime : *Cels, celz, celes.*
    Cest, ceste, celui-la.

Pronoms relatifs et interrogatifs.

Sujet :   *Ki, qi...* qui.
Rég. dir. *Ke, qe...* que.
Rég. ind. *Cui, coi...* à qui.
    Li queus, li quieus.
    Li quels, les queils, les queiles.

Pronoms indéterminés.

Al, el, autre chose, *aliud.*
Alcons, alquens, aucun.
Alquant, auquant, quelque.
Alques, auques, quelque chose.

Li altres, l'autre.

Cascuns, chaque, chacun.

Hom, um, on.

Mesme, même.

Mult, molt, moult, beaucoup.

Neisun, nesun, nisun, nuns, pas un.

Quant, combien.

Toz, tot, totes, tuit, tout, toutes.

Principaux adverbes.

La plupart des adverbes se forment de la terminaison féminine des adjectifs, à laquelle on ajoute la syllabe *ment,*
tirée du latin *mens.*

Déjà les Latins avaient dit : *bona mente, mala mente* factum.

Adens, adent, adenz, par terre ; lat. *ad dentes.*

Alques, un peu ; lat· *aliquantum.*

Alsi, altresi, autresi... aussi.

Her, er, hier ; latin *heri ; er ser,* hier soir.

Amont, en haut ; *aval,* en bas.

Anki, anqui, enqui, iqui, ici ; lat. *eccum hic.*

Ans, ains, anceis, avant, auparavant ; lat. *ante, anteipsum.*

Ensi, ansi, ensinques, ensint, eisi, essiques, ainsi ; lat. *in
sic.*

Apermesmes, apermain, à l'instant ; lat. *ad per meti-
psissum (tempus).*

Antan, l'année passée, ci-devant ; lat. *ante annum.*

Oan, ouan, cette année; lat. *hunc annum.*

Maisoan, mesoan, à l'avenir ; lat. *magis hunc annum.*

Buer, bien ; lat. *bona hora.*

Mar, mal ; lat. *mala hora.*

Ensement, essiment, pareillement ; lat. *ipsa mente.*

Ayer, erriere, daiere, derier, arrière, derrière ; latin, *a*
ou *de retro.*

Caenz, caienz, laiens, céans, là dedans ; lat. *hac* ou *illac
intus.*

Com, con, comme ; *coment, cument,* comment ; lat. *quomodo.*

Donc, donkes, dunkes, adunc, idont, donc ; lat. *tunc.*

Dont, d'où ; lat. *de unde.*

Eke, eis, es, voici ; lat. *ecce ; Ekevos, esvos, estes vos,* lat. Eccum vos.

Ancore, uncore, enquore, encore ; latin. *hanc horam, unquam hora.*

Ens, enz, dedans ; lat. *intus.*

Ensurquetout, ensurketout, par dessus tout.

Entresait, entreset, certainement, de suite ; lat. *in transactu.*

Entrues, dans ce temps ; lat. *intra hoc ipsum (tempus).*

Envis, enviz, à enviz, à regret ; lat. *invitus.*

Essient, essiantre, escient, intention.

A estros, à estrous, à l'instant, franchement ; lat. *ad extra.*

Feie, foie, fois, fois ; *toutes voies,* toutefois ; latin *via.*

Fuor, feur, fuer, prix valeur, *a nul fuer,* à nul prix ; lat. *forum.*

Gaires, gueres, beaucoup.

Hui, ui, oi, aujourd'hui ; lat. *hodie.*

Huimais, désormais ; *maishui,* dès aujourd'hui.

Ancui, encui, encoi, aujourd'hui ; lat. *hanc diem.*

Anuit, de nuit ; *anquenuit,* cette nuit.

Isnelement, vite ; *isnel le pas,* aussitôt ; *chalt pas, chaut vas* (pas chaud), promptement.

En es le pas, vite ; lat. *in ipso passu.*

Iluc, iloques, iloec, là ; lat. *illuc ; iloc, luec, lueques, luesques, iluec, aluec,* ici, là ; lat. *locus.*

Jai, ja, déjà ; lat. *jam.*

Jus, en bas ; lat. *deorsum* (de vorsum).

Sus, en haut, lat. ; *susum* (de sursum).

Mais, mes, plus, davantage ; lat. *magis.*

Manes, *manois*, *demaneis*, maintenant; lat. *de manu ipsa*.

Meismement, même; lat. *metipsamente*.

Maismement, principalement; lat. *maxima mente*.

Mielz, *miez*, mieux; lat. *melius*.

Mains, *meins*, *moens*, moins; lat. *minus*.

Mon, *mun*, *cest mun*, assurément (origine inconnue).

Onkes, *unc*, jamais; lat. *unquam*.

Ore, *ores*, or, maintenant; lat. *hora*. Composés : *lores Illa hora*, *desore mais*; lat. *de ipsa hora magis*.

Orendreit, *orendreites*, à cet instant; *hora in directa*.

Poc, *poi*, *pau*, *pou*, peu; lat. *pauci*.

Pieca, *piecha*; il y a quelque temps (une pièce, un peu de temps il y a).

Pues, *poix*, puis; lat. *post hoc*.

Pro, *preu*, *prod*, assez, suffisamment.

Sempres, sur-le-champ; lat. *semper*.

Senec, *senuec*, sans cela; lat. *sine hoc*.

Tos dis, toujours; lat. *totos dies*.

Non, *ne*; non, négation renforcée par l'addition de plusieurs mots dont les principaux sont: *point* (punctum) *pas* (passus), mie (de *mica*, miette).

Nient, *noient*, néant; (non ens).

Rien, *ren*; lat. *rem*, chose.

Principales prépositions.

A, *ab*, *ad*, *od*, *o*, à, avec; lat. *ab*, *apud*.

Avoc, *avoec*, *aveuques*, avec, lat. *ab hoc*.

Anz, *ains*, avant; lat. *ante*.

En, *an*, *am*, en; lat. *in*.

Fors, excepté, lat. *foris*.

Joste, *jouste*, auprès de; lat. *juxta*.

Lez, *leis*, à côté; lat. *latus*.

Oltre, *ultre*, outre; lat. *ultra*.

Per, par ; *por,* pour.
Segont, selon ; lat. *secundùm.*
Selon, sulunc, selon ; lat. *sub longum.*
Soventre, soentre, suentre, après ; lat. *sub intrà.*
Tres, derrière ; lat. *trans.*
Dusque, jusque ; lat. *de usque.*
Trosque, entrosque, jusque ; lat. *intro usque.*

Principales conjonctions.

Kar, quar, quer, car ; lat. *quare.*
Giers, ainsi donc, c'est pourquoi.
Jacoit que, quoique ; lat. *jam sit quod.*
Se, si ;   lat. *si.*
Si, ainsi ; lat. *sic.*

Interjections.

Avoi, aoi, ah !
Dehait, maldehait, malheur, malédiction.
Diva, dea, da, allons, courage !
Haro, hareu, venez, accourez ! (Ancien bas allemand,
herot, selon Grimm.)
Laš, lasse, hélas ! lat. *lassus,* fatigué.
Wai, guai, malheur à ! lat. *væ.*
Hai, heu, ahi, haimi, aymi, hélas !!
Hu, fi, allons donc ! d'où *lever le hu,* huer.

Verbes.

C'est dans la conjugaison des verbes que la langue d'oïl,
toujours en se modelant sur la conjugaison latine, présente le
plus de variantes et donne lieu par conséquent aux re-
marques les plus intéressantes.

Cette étude a été faite d'une manière supérieure par Diez d'abord, et puis par M. Burguy dans son excellente grammaire de la langue d'oïl, dont elle remplit la moitié des deux premiers volumes. Nous ne pourrions donner ici un aperçu de la conjugaison considérée dans ses rapports avec les formes dialectales sans entrer dans des détails que ne comporte nullement notre plan. Nous avons voulu seulement embrasser dans un coup d'œil rapide les principales modifications qui ont servi à transformer le latin en une des langues romanes. Nous nous attacherons dans l'introduction de notre deuxième volume à faire connaître les emprunts faits à d'autres langues, et principalement aux idiomes celtique et germanique.

BIBLIOTHÈQUE NATIONALE R. F. IMPRIMÉS

DICTIONNAIRE

LANGUE FRANCAISE

A

A, excl., ah.

A, prép. employée dans presque tous les sens qu'on lui donne aujourd'hui, venant du latin *a*, *ad*, et, *ab*.

A, ad, at, 3e p. du v. avoir.

A, ab, avec.

Aabatre diminuer, supprimer ; **coup aabattu**, prix diminué.

Aacer, agacer ; ital. ; *agazzare*, anc. all. *hazjan*, all. *hetzen*, irriter.

Aachement, amorce. **Aachier, aeschier,** amorcer ; lat. *inescare*.

Aachis, aaquis, perclus de ses membres, réduit au silence, v. COI.

Aafinance, tromperie, injure.

Aagé, aaigé, aagié, âge, déclaré majeur.

Aagement, majorité.

Aager, déclarer majeur, v. AÉ.

Aagner, contredire, contrarier.

Aainsné, aîné, v. AINSNÉ.

Aainsneece, aînesse, v. AINSNEECE.

Aairer, mettre ou battre le blé en aire.

Aairer (s'), se loger, v. AIRE.

Aaise, aaisement, aaisie, aisance, aise, richesse, facilité, convenance ; goth., *azets* ; facile ; celt. *aes* ; ital. *agio* ; prov. *azo* ; angl. *easy* ; b. lat. *aaisientia*.

Aaisier, aaiser, aassier, aezier, mettre à l'aise.

Aaissier, aider, secourir, v. AÏE.

Aaitir, quereller, v. AATIE, ATE.

Aamer, aimer avec tendresse ; lat. *adamare*.

Aamplir, aemplir, remplir, accomplir ; lat. *adimplere*.

Aamplement, accomplissement.

Aancrer, ancrer ; lat. *anchora* ; bas. lat. *anchorisare*.

Aarbrer, monter sur un arbre ; **aarbrer** (s'), grandir tout d'un coup, se dresser, se cabrer (en parlant d'un cheval).

Aardre, s'attacher, v. AERDRE.

Aasmance, aasmement, estimation ; **aasmer**, estimer, v. AESMER.

Aaster, aater, rôtir, mettre à la broche, v. ASTE.

Aastiner, aastir, aatir, provoquer, v. ATE.

Aate, aaste, bouillant, prompt, v. ATE.

Aatie, aaiatie, aastic, empressement, vivacité, querelle, v. ATE.

Aatine, querelle.

Aatiner, attaquer, contrarier, v. ATE.

Aate, habile à, propre à ; lat. *aptus*.

Aatrie, noirceur, méchanceté; lat. *ater*.

Aaue, eau, v. AIGUE.

Ab, prép., avec; lat. *ab*.

Aba, abbé, supérieur, v. ABE.

Ababrupte, à l'improviste, lat. *ab abrupto*.

Abace, abacie, abaco, abacon, abaque, table, buffet; par extension, table à calcul, et enfin arithmétique ; lat. *abacus*.

Abaciste, calculateur, arithméticien.

Abaciner, aveugler à l'aide d'un bassin d'airain, rougi au feu, présenté aux yeux du condamné; lat. *bacinum*, v. BACIN.

Abacot, ancien chapeau royal en usage en Angleterre.

Abacteur, ravisseur; lat. *ab actor*.

Abacux, abaoux, biens vacants; **abayanee**, vacance.

Abai, abay, abbais, abbay, aboy, aboiement.

Abaier, abahier, être surpris, v. BAER.

Abaier, abayer, aboyer; **abaeur, abacresse**, aboyeur, aboyeuse ; lat. *ad baubari*.

Abaiete, abaieur, vedette, sentinelle.

Abaie, abbaie, abbaye.

Abaie, abcie, lieu planté de sapins; prov. *abet*. ; lat., *abies*.

Abaigner, baigner, v. BAINGNER.

Abaille, aboille, abeille; lat. *apis, apicula*. **Abaillage, aboillage**

abeillon, essaim d'abeilles, droit sur les essaims.

Abailler, donner à bail, v. BAILLIE.

Abailler, arriver au but.

Abaissier, abaixier, abaisser, apaiser, v. BAISSER.

Abaisse, abaissement.

Abaitre, abatre, abattre.

Abalir, fuir, disparaître, s'évanouir.

Abander, abender, abandir (s'), aller par bande, v. BAND.

A bandon, à sa volonté, à son plaisir; anc. all., *ban, hand* permission ; bas. lat. *bannum, bandum*, les deux mots réunis ont donné abandon, origine du verbe abandonner.

Abandoné, livré à ses passions, libéral, prodigue.

Abandoncement, avec licence, hardiment.

Abandons, nom d'une coutume abolie par saint Louis en 1260.

Abangue, abenghe, maille, petite monnaie ; prov. *abhengo*.

Abannir, exiler, v. BAN, BANNIR.

Abannation, exil d'un an infligé au coupable d'un homicide volontaire.

Abaque, v. ABACE.

Abare, avare, aveire, avare, v. AVAR, AVER.

Abarrer, s'opposer à quelqu'un, arrêter, v. BARRE.

Abarros, outil de tonnelier, barroir ou foret; Duc. v. *foretum*.

Abassi, abattu, v. BAISSE.

Abastarder, déclarer bâtard, v. BASTARD.

Abastoné, muni d'un bâton ou de toute autre arme offensive, v. BASTON.

Abat, dévastation, averse.

Abatcis, abatciz, abatison, abattis, carnage.

Abatoison, dépréciation de monnaie.

Abataige, visite d'un pourceau pour voir s'il est ladre.

Abate, lieu inaccessible.

Abatut, abattu, v. BATRE.

Abattement, prise de possession d'un héritage.

Abaubi, abobi, ebaubi, stupéfait consterné; bas bret. *abaff*; lat. *balbus*, bègue, *babulus*, *babunus*, sot, niais.

Abaubir, étonner, stupéfier; v. BAUBE.

Abaudir (s'), se réjouir, s'enorgueillir. v. BAUD, BALD.

Abave, abayeul, bisaïeul, lat. *abavus*.

Abaveter, bavarder, tromper, v. BAVE.

Abbays, esbays, ébahi, v. BAER.

Abbaesse, abbeesse, abbaisse, abesse, abese, abbesse.

Abcis, coupé; lat. *abcissus*.

Abe, abes, (suj.); **abé, abet**, (rég.) abbé; prov. *abbat*; du syriaque, *abba*, père.

Abe, aube, v. ALBE.

Abeausir (s'), devenir beau.

Abecher, abechement, abecquer, v. BEC.

Abec, abet, amorce pour le poisson.

Abee, ouverture.

Abeance, abeillance, attente impatiente, v. BAER.

Abeivrer, abevrer, abeiuvrer, abreuver, v. BEIVRE.

Abel, habile; lat. *habilis*; angl. *able*.

Abelir, abeliser, abielir, embellir, charmer, devenir beau.

Abelliance, abaillance, v. ABEANCE.

Abeneviser, détourner les eaux pour arroser les prés ou faire tourner un moulin; bas. lat. *abenevisare*.

Aber, havre, v. HAVENE.

Abergier, loger, héberger, v. HER-BERGE.

Abesoigné, qui est dans le besoin, v. SOING.

Abeson, abson, aublisson, opson, sorte de champignon.

Abesser, abessier, abaisser, v. BAISSIER.

Abestir, rendre bête, traiter avec mépris.

Abesto, amiante, asbeste; prov. *abeson*.

Abet, abete, ruse, finesse, excitation.

Abeter, abeveter, tromper, exciter, v. BETER.

Abet, sapin; lat. *abies*.

Abeyance, bien vacant et abandonné; bas. lat. *abeyantia*.

Abeuvrer, abevrer, aboivrer, abruver, abreuver, v. BEIVRE.

Abevrage, abruvage, abruvoir, abreuvoir.

Abenvrage, droit payé au seigneur sur les boissons.

Abevron, abeuvron, abeuvrouer, vase à boire.

Abhorrement, horreur, indignation; lat. *horror*.

Abial, avial, chemin détourné, lat. *avia, avius*.

Abie, abiie, abbaye.

Abienneur, dépositaire d'un bien, d'un immeuble, v. BIEN.

Abiete, forêt de sapins.

Abillement, apprêt, habillement.

Abillier, abiliter, rendre propre à une chose.

Abir, songer, imaginer, prov. *albirar*.

Abis, abit, habit, costume.

Abisme, abîme; lat. *abyssus*.

Abisse, lin fin; lat. *byssus*.

Abitement, habitation.

Abiter, habiter.

Abiteur, habitant.

Ablader, ablaier, ablayer, emblayer, ensemencer, v. BLED.

Ablee, terre ensemencée de blé.

Ablais, ablés, blé fauché, coupé.

Ablasmer, blâmer, v. BLASMER.

Able, hâvre ; bas lat. *hablum*, v. HA-
VENE.

Ablegassion, défense ; lat. *allegatio.*

Ablere, ableret, abliere, filet pour
prendre les poissons.

Ablet, able, ablette, petit poisson blanc,
du latin *albus.* (Les Suisses et les
Autrichiens prononcent *albele.*)

Abletir, amollir, v. BLET.

Ablo. excl., courage !

Abloc, bloc de pierres, pilier.

Ablochier, abloquier, asseoir sur un
bloc.

Abobi, stupéfait, v. ABAUBI.

Aboe, cri poussé dans le tumulte.

Abocage, règlement sur les bois, v.
BOSC.

Abocquié, rempli de bois.

Aboenir, rendre bon.

Aboester, aboeter, regarder.

Aboilage, droit sur les abeilles.

Aboivre, aboivrement, v. ABEVRER.

Abolan, longe robe, manteau.

Abolé, enflammé, amoureux ; Duc v.
abolere.

Abommage, abornage, droit de
bornage ; Duc. v. *abomagium*, pour
abonnagium.

Abonder, dépasser le but, la borne,
v. BONNE.

Abondir, venir en abondance, v. ONDE.

Abonner, apprécier, estimer, trouver
bon ; **abonir,** rendre bon ; prov. *abo-
nesir.*

**Abonner, abonnir, aborner,
abounner,** mettre des bornes, enclore de murailles ; bas lat. *bonna,*
borne, v. BONNE ; dér. **abonage,
abonnage, abornement.**

Abonner, abonnement, dans leur
acception, actuelle sont ordinairement
tirés de *borne,* borner, anciennement

bonne. On pourrait les faire dériver tout simplement de l'adj. bon,
se faire bon, se porter fort ; en all.
gut stehen.

Abonner, aborder, rencontrer.

Abordir, abortir, avorter ; esp. *abor-
tar ;* ital. *abortire.*

Abortif, abortin, aborty, avorton,
venu avant le temps ; lat. *abortivus.*

Aborrener, avoir en horreur.

Abor, aubier, v. AUBIEL.

Aboser, abouser, détruire, renverser, Duc, v. ABOSATIO.

Abosmer, abosmir, avoir envie de
vomir, accabler, attrister, abîmer, avoir
en abomination. Duc. v. *abominatio.*

Abot, v. ABOUT.

Aboti, blotti, caché ; Duc. v. *abobsi-
tus.*

Aboufier, abouver, ôter les bœufs
de la charrue, v. BOEF.

Abourner, borner, v. ABONNER.

About, aboult, primitivement fonds
assigné à un créancier, pour sa sûreté ; puis aide, secours ; **abouter,**
faire un about ; bas. lat. *abbotum, ab-
botamentum.*

Abouter, atteindre le but, v. BOUT.

Abourter. avorter, v. ABORDIR.

Abouvri, terrain en friche.

Aboverer, abreuver, v. ABEIVRER.

Abrader, râcler ; lat. *abradere ;* **abra-
dant,** râclant.

Abrander, brûler ; prov. *abrandar,* v.
BRANDER.

Abraser, esbraser, embrâser, v.
BRASE.

Abrasser, embrasser.

Abre, arbre.

Abreeu, abreu, abrieu, le mois d'a-
vril ; prov. *abril, abriu ;* lat. *aprilis.*

Abret, abrier, le bois de l'arbalète.

Abriconer, tromper, duper, v. BRICON.

Abriever, (s') s'emporter, v. ABRIVER.

Abrevier, **abregier**, **abridgier**, **abriefer**, abréger, v. BRIEF.

Abrevicie, abréviation.

Abrier, abriter, couvrir, mettre à l'abri.

Abrie, **abril**, **abris**, **abrit**, abri, ombrage, couvert; lat. *apricus*; Diez: anc. all. *birihan*, couvrir.

Abrissel, arbrisseau, v. ARBRISSEL.

Abrifol, voile mis sur la tête des gens que l'on marie.

Abriver (s'), se précipiter, s'emporter; **abrivé**, **abrivet**, **abrié**, emporté; gall. *brisg*; irl. *brig*; valeur, éc. *brigh*, force, vie.

Abroquer, brocher une étoffe, **abroquement**, passage d'un fil à travers la trame, Duc. v. *abrocare*, v. BROCE, BROCHE.

Abroquement, achat en gros pour revendre ou *brocanter*.

Absconder, **abscondre**, **absconser**, cacher; **abscons**, caché; **absconsement**, secrètement.

Abscouter, écouter, v. ASCOLTER.

Abseulé, délaissé; lat. *solus*.

Absicte, **absite**, pierre précieuse de couleur noire veinée de rouge.

Absoldre, **absollier**, **absolver**, absoudre, v. SOLDRE.

Absolir, payer une dette, v. SOLDRE.

Absolu, **assolu**, terminé, achevé, parfait, passé (en parlant du temps).

Absorbir, **assorbir**, absorber.

Abuisser (s'), **s'abucher** (s'), se heurter, v. BUISSER.

Abuissal, **abussal**, **abuissement**, choc, achoppement.

Abulleter, donner ou recevoir un bulletin, v. BULLE.

Abundos, abondant.

Abus, abusé, trompé, **abussonner**, tromper, **abusion**, erreur.

Abussir (s), s'abattre, v BUISSER.

Abuter, abouter, mettre bout à bout.

Abutiner, associer au butin, v. BUTIN.

Aca, ah ça.

Acacher, cacher, recéler.

Acaindre, environner, entourer, v. CEINDRE.

Acainte, enceinte.

Acanner, **acaner**, injurier, exciter les chiens contre quelqu'un, traiter de chien; bas. lat. *acannizare*.

Acamusé, pierre en saillie, coupée en biais.

Acapte, **acate**, droit de prise de possession, exigé pour le changement de maître d'un fief; prov. *acapta*; lat. *capio*, *captum*, **reire-acapte**, arrière-acapte, v. ACATER.

Acarier, **acharier**, **achierer**, confronter, mettre tête à tête; **acaron**, opiniâtre, étourdi; **acarration**, confrontation, v. CHÈRE.

Acarner, massacrer; lat. *caro*, *carnis*, v. CARN.

Acasé, mis en maison, possesseur d'une maison, v. CASÉ, CHASÉ; dér. **acasement**, **acazement**.

Acas, **acat**, achat, **acater**, **achater**, **achapter**, acheter, **acaterre**, **acatierre**, **acator**, acheteur; lat. *ad captare*.

Acate, agate, pierre précieuse.

Acan, en cachette; lat. *caveo*, *cautum*.

Açaudre, v. ASSOLDRE.

Acauter, heurter, v. ACOTER.

Accée, **acée**, **assée**, bécasse, bas lat. *accia*.

Accense, **adcense**, héritage, ferme; lat. *census*; dér. **accenser**, **accensement**, **accenseur**, **accensissement**.

Accensé, huissier, fonctionnaire, attaché à un magistrat.

Accerra, accerate, petit autel sur lequel on brûlait l'encens; bas. lat. *accepturaria,* navette à mettre l'encens.

Accide, paresse, indolence, ennui; bas. lat. *acedia.*

Acciper, recevoir, lat. *accipere.*

Acclosagier, acclore, clore.

Accoillir, acoillir, recueillir; lat. *colligere,* v. COILLIR.

Accointaire, vaisseau équipé pour aller à la découverte.

Accointer, donner avis, avertir; Duc. v. *advisare.*

Accoler, embrasser.

Accomenier, accomicher, accomuschier, acumener, achoumenier, communier.

Accomparager, comparer; lat. *ad comparare.*

Accompt, accons, accont, compte; lat. *computare,* v. CONTE.

Acconison, accusation.

Accoudre, joindre, accoupler.

Accours, concours; lat. *ad cursus.*

Accourse, crue d'eau, torrent.

Accoursier, chaland.

Accroué, courbé.

Acculite, récolte, cueillette; lat. *collecta.*

Accindre, acheindre, entourer; **aceint,** entouré, v. CEINDRE.

Aceler, cacher, v. CELER.

Acembeler, combattre, v. CEMBEL.

Acener, achener, achainer, faire signe, appeler, ital. *cenno,* signe.

Acengler, entourer, investir.

Acense, assentiment, lat. *ad sentire.*

Acer, acier, esp. *acero;* **aceré, acerin,** fait d'acier; bas. lat. *aciarium.*

Acerter, acertener, affirmer, s'assurer, être sûr, v. CERT.

Acertes, adecertes, certainement.

Acerveler, faire sauter la cervelle.

Acesmer, achesmer, orner, parer, dérivé selon Diez, de *esmer, aesmer,* estimer, juger, apprécier.

Acement, acesmement, acesmeur, acesmeresse, v. ACESMER.

Acesser, cesser.

Aceudre, assaillir, v. ASOLDRE.

Achainer, faire signe, v. ACENER.

Achaison, achoison, aquaison, aquoison, occasion, cause, danger, soupçon, v. OCHEISON.

Achaisoner, achoisoner, accuser, soupçonner, troubler.

Achaisonens, chicaneur.

Achaisonement, prétexte, trouble.

Achalette, sonnette, v. ACHELETTE.

Achanau, chenal, v. ACHENAU.

Achanteler, acanteler, s'incliner.

Achapail, achoppement.

Achapit, achappit, sorte de bâton, échalas.

Achapter, acheter, v. ACATER.

Acharer, acharier, confronter, v. ACARIER.

Acharier, acharoier, charrier, v. CAR.

Achasteler, monter en forme de château.

Achauveiter, guetter, faire le guet, v. ECHAUGUEITE.

Acheler, escalader, lat. *scala,* v. ESCHELER.

Achelette, achalette, sonnette, clochette.

Achenau, chenal, courant d'eau, v. CHENAL.

Acherin, fait d'acier, inébranlable, ferme, v. ACERIN.

Acherter, assurer, v. ACERTER.

Acherure, acierure, l'action de tremper le fer, et de le convertir en acier.

Achesmer, orner, parer, v. ACESMER.

Acheson, occasion, v. OCHEISON.

Achet, achest, acquest, acquêt, acquisition.

Achiefver, aciever, venir à chef, achever, v. CIEF.

Achier, ruche, lat. *apiarium*, v. ES.

Achier, acier.

Achierer, confronter, v. ACARIER et CHÈRE.

Achiol, acoillet, accueil, v. COILLIR.

Achoper, acoper, acouper, empêcher.

Achopement, acopement, acopail, empêchement, obstacle.

Achou, petite hache.

Achreme, acriume, vieillard catharreux.

Acie, bécasse, v. ACÉE.

Acié, acide, agacé (en parlant des dents); lat. *acidus.*

Acient, à bon escient, sciemment.

Acinage, assinage, sabre; lat. *acinaces.*

Acint, entouré, v. ACEINT.

Aciéré, atieré, équippé; bas. lat. *atirimentum.*

Acis, ais, planche; lat. *assis.*

Aclaroier, rendre clair.

Aclasser, râler ?

Aclin, enclin, penché, soumis.

Acliner, incliner, **aclinouer,** lit de repos, canapé, v. CLINER.

Acliqueter, faire du bruit, v. CLIQUET.

Aclouet, pointe d'éperon; lat. *aculeus.*

Acne, âne, hébété.

Acoardir, rendre poltron, couard; v. COE, COART.

Acoder (s'), s'acouder, v. CODE, COUTE.

Acoellir, accueillir, ils **accoellent,** v. *coillir.*

Acointe, familier, ami; **acointer, acointier** (s'), se familiariser, se joindre, faire connaissance avec; angl. *to acquaint,* at. lad, *cognitare.*

Acointer, acointier, acointoyer, orner, parer; lat. *comptus,* v. COINT.

Acoiser, apaiser; **acoit,** abri; **acoiter,** abriter, v. COI.

Acoiter, se hâter, v. COITER.

Acolchier, acoucier, acoucher, acouquer, accoucher, se mettre au lit, v. COLCHIER.

Acoler, embrasser, prendre au cou, v. COL.

Acolée, embrassement.

Acomblement, augmention, v. COMBLE.

Acompaigner (s'), se joindre, se marier, v. COMPAIN.

Acomparager, acomperer, comparer.

Acomplir, acumplir, accomplir; lat. *ad complere.*

Acompter, estimer, tenir compte, v. CONTE.

Aconcevoir, concevoir.

Aconcueillir, réunir, joindre ensemble, v. COILLIR.

Aconduire, conduire.

Aconfermer, confirmer, v. FERMER.

Acongnienture, saleté, ordure.

Acons, bachot, petite barque.

Aconsevre, aconsivre, aconsirre, aconsoivre, aconserir, aconsoire, aconsivir, aconsuir, suivre.

Aconseus, suivi, v. SEVRE.

Aconter, conter et compter, v. CONTER.

Aconque, aconques, aconsques, quelconque.

Aconvoier, conduire, accompagner, v. VEIER.

Acoper (s'), **acouper** (s'), s'équiper, s'armer.

Acopi, acoupé, acupé, *coupeau;* **acoupir, acoupaudir, cupir,** faire un mari *coupeau,* le déshonorer en devenant l'amant de sa femme.

Acopler, accoupler, v. COPLE.

Acoragier, encourager ; **acoragie-
ment,** hardiment, v. CUER.

Acorber, courber, v. CORBER.

Acorcer, acorcier, acorchier,
accourcir, v. CORT.

Acorcier, acorchier, écorcher, v.
CUIR.

Acordance, acorde, accord, convention, conciliation ; **acorder, acour-
der,** convenir, s'arrêter à quelque
chose ; **j'acort, il acort;** lat. cor.

Acorer, acuerer, prendre à cœur ; il
acuert, v. CUER.

Acorer, acourer, achorer, affliger,
percer le cœur.

Acorper, pour **acolper,** rendre coupable, v. COLPE.

Acorre, acqueure, accourir, **acou-
rement,** course ; **acoursé,** acha-
landé, v. COURRE.

Acorus, plante ; lat. acorus.

Acoster, acoter, accoster ; **acost,**
voisinage, v. COSTE.

Acostumer, accoutumer ; **acostu-
meement,** habituellement, v. COS-
TUME.

Acoter, aconter, s'appuyer, s'accouder ; bas. lat. accubitare, v. COUTE.

Acoton, hoqueton, v. AUQUETON.

Acouardé, effrayé, lâche, v. COE.

Acoubler, accoupler, v. COUPLE.

Acoucer, se coucher, v. COLCHER.

Acouer (s'), s'attacher l'un à l'autre ;
acoué, joint, attaché, v. COE.

Acoué, apaisé, v. ACOISER.

Acoulaistre, écolâtre.

Acoulper, inculper, accuser.

Acourter, abréger, écourter.

Acoustrée, mariage dissous par la
mort d'un des époux.

Acoustrer (s'), s'habiller, v. COUS-
TRE.

Acouter (s'), s'accouder, lat. accubitare, v. CODE, COUTE.

Acouter, écouter. lat. auscultari.

Acouté, placé à côté, v. ACOSTÉ.

**Acouverter, acoveter, acovrir,
acouvrir,** couvrir, combler, v. CUE-
VRIR.

Acouveter, convoiter, v. COVEITER.

Acois, appui, arc-boutant, éperon.

Acquaister, acquesir, acquérir,
saisir par autorité de justice.

Acquaisteur, acquisteur, sergent,
acquaisterie, office de sergent.

Acquerre, acquérir ; **acquest,** acquisition ; lat. acquirere, ad quæsi-
tare.

Acque, auque, quelque chose, v.
ALQUE.

Acquellir, accueillir ; **aquill,** accueil;
il acquelt, il acqueut, il accueille,
v. COILLIR.

**Acquillir, acqueudre, accueu-
dre, acquellir sa voie,** se diriger vers un lieu.

Acquest, espèce de cruche ou de
sceau, Duc; v. ACQUEVERSIUM.

Acq, acquit, sorte d'impôt, et nom
du lieu où on le paie.

Acquit, manoir exemptant celui qui
l'habite du droit de Gavenne.

Acquiter, quitter, résigner un fief ;
acquiter, pacifier, v. ACOISER.

Acraanter, acranter, acreanter,
cautionner, garantir; **acrantement,**
consentement, v. CREANTER.

Acraire, acreer, acroire, emprun-
ter, confier, prêter; **acreu,** emprunté;
lat. credere, v. CREIRE.

**Acrabiller, acramier, acramil-
lier,** confondre, entortiller.

Acravanter, crever, accabler, charger, écraser.

Acrapé, courbé de vieillesse.

Acrasser, acracher, engraisser, v. CRAS.

Acresser, pour **agresser,** attaquer; lat. *agressio.*

Acresseux, acroisseux, enchérisseur; **acreuse,** enchère; **acreiz, acraiz;** accroissement; lat. *crescere,* v. CREISTRE.

Acroper, acroupir, acrepir, acrechir, s'accroupir, se courber, abaisser, rendre petit; il **s'acrope,** il s'accroupit; **acropeton,** mis en monceau; **acroupie,** genuflexion, adoration, v. CROPE.

Acron, dégoûtant, hideux.

Actaber, achever, tuer, bas. lat. *actuare.*

Actaindre, atteindre.

Actemprer, tempérer, v. ATEMPRER.

Actend, délai, retard.

Acteur, actour, auteur.

Actillement, activité.

Actirant, attirant, flatteur.

Actorne, actourne, demandeur en justice, prov. ACTOR, AUCTOR; angl. *attorney.*

Actous, aktous, mesure de cent vingt pieds.

Actuaire, fournisseur des vivres d'une armée.

Actuauté, exécution, accomplissement d'un acte.

Acturer (s'), se cacher.

Acubes, tentes, v. AUCUBES.

Acubitoire, salle à manger.

Acuel, acuellage, aculitoire, acuil, accueil; **acuellir, acuillir,** accueillir, accepter, engager, louer des domestiques, v. COILLIR.

Acuinter, acuintement, v. ACOINTER.

Acuit, piqué, excité, poussé; **acuiter,** exciter, v. COITER.

Aculvertir, acuvertir, asservir, abaisser, v. CULVERT.

Acumenier, acuminier, communier et excommunier; **acomenier, akomenier,** v. CUMUN.

Acupir, faire coupeau, v. ACOPIR.

Acurer, affliger, v. ACORER.

Acusemens, acuson, accusation.

Acuser, accuser.

Acut, aigu; lat. *acutus,* v. AGU.

Ad, prép. à.

Ad, prép. avec.

Ad ce, quant à cela.

Adagiaire, adagial, diseur d'adages.

Adaignier, adaingner, adagnier, estimer, juger digne, respecter.

Adalit, sec, exténué, faible.

Adalonc, adonc, donc.

Adamagier, adamer, endommager, v. DAMAGE.

Adamant, diamant.

Adant, adart, appentis.

Adaptation, ajustement.

Adarce, espèce de coton qui s'attache aux roseaux.

Adarle, adaurne, daurne, niais, étourdi.

Adaviner, adviner, augurer, deviner; **adavinement,** divination; **advineur, adviner,** devin.

Adayer, mettre en colère.

Adcause, à cause de.

Adcensement, bail à cens, v. ACCENSE.

Adebonairir, rendre bon.

Adecertes, assurément, certainement.

Addicté, stipulé; lat. *addictus.*

Additer, ajouter, lat. *addere, additum.*

Adeigner, convenir, être propre à une chose; lat. *dignari.*

Adementer (s'), perdre l'esprit; lat. *demens.*

Ademettre, décliner, abaisser; **ademis**, suppliant; **ademise**, soumission; lat. *a, demissus.*

Ademneur, nuisible; lat. *damnum.*

Ademplir, **aemplir**, remplir.

Adempre, emprunt, prestation. Duc. v. *ademprum.*

Adenan, à l'avenir.

Adenas, **adennes**, glandes amygdales.

Adenc, maintenant, *ad hanc (diem).*

Adenerer, **adenierer**, compter, estimer en deniers, mettre à prix; lat. *denarius.* Duc. v. *adœrare.*

Adenter, **adanter**, **adantier**, enchâsser une pièce de bois dans une autre; bas. lat. *indentare.*

Adens, **adenz**, **adans**, **adanz**, **as dens**, **as denz**, sur les dents; **andanter**, **adantier**, **adentier**, renverser par terre, jeter sur les dents; lat. *ad dentes.*

Adenti, **adeti**, **adetiz**, adonné à une chose; lat. *addictus.*

Adequer, égaler, ajuster; lat. *adœquare.*

Ader, aider, v. AÏE.

Adere, tout de suite.

Aderrierer, demeurer derrière.

Adès, **adez**, **adlès**, **aidès**, **andès**, aussitôt, à présent, toujours; lat. *ad ipsum*; ital. *adesso*; cat. *adiesso*; pat. du Jura, *ada.*

Adeser, s'attacher à, approcher, attaquer, atteindre; **adesé**, attaché, touché; lat. *ad hærere, ad hæsus*, v. AERDRE, AERS.

Adesertir, ruiner, ravager, v. DESERTER.

Adeseure, dessus; lat. *a et desuper.*

Adestre, **adextre**, adroit.

Adestrer, **adextrer**, **adrexter**, conduire, poursuivre, accompagner, v. DEXTRE.

Adevaler, descendre, v. AVAL.

Adevancer, devancer, prendre les devants.

Adevinaille, **adevinal**, **adevinement**, prophétie; **adeviner**, prophétiser, v. DEVINAILLE.

Adfyer, défier; **adfyant**, défiant.

Adherdre, adhérer, attacher, assigner; **adherdant**, adhérant; **adhercion**, **adherltion**, **adherement**, adhésion, v. AERDRE.

Adheriter, **adhireter**, mettre en possession; bas. lat. *adhæritare.*

Adicter, stipuler, énoncer; **adiction**, indiction.

Adispiscer, acquérir.

Adiré, **adis**, égaré, détruit, mort.

Adjacence, agencement, ajustement.

Adjacier, être d'accord, s'allier.

Adjecement, augmentation; lat. *adjicere.*

Adjenner, jeûner, v. GEUNE.

Adjoub, champ de genêts; bas. lat. *adjotum.*

Adjourner, commencer à faire jour.

Adjouster, **adjouxter**, s'approcher, jouter, v. JOSTE.

Adjudha, aide, secours; expression employée dans le serment de 842.

Adjue, **adjude**, lat. *adjutorium*; v. AÏE.

Adjuel, adjoint.

Adjuré, lié par serment.

Adjuster, marquer, étalonner des mesures; d'où **ajustement**, **ajustage.**

Adjusteur, mesureur; v. JUSTE.

Adjuster, rapprocher, accommoder; **adjustement**, réconciliation, accord; ital. *agguistamente.*

Adjuster, enfanter, accoucher; bas lat. *ajustare*; prov. ADJEZAR.

Adjutoire, aide, assistance; lat. *adjutorium.*

Admaller, citer en justice, *ad mallum*. v. MAIL, MALLÉ.

Admanrir, amoindrir ; **admanris**, amoindri, v. MENRE.

Admenage, voiture, action d'amener, v. MENER.

Admenistrer, administrer, **admenistreur**, **admenistrarresse**, gouvernante.

Admessure, fait, action, délit.

Admesurer, mesurer.

Admitter, admettre.

Admoderer, diminuer le prix.

Admodier, **admuidier**, **amodier**, **amoïer**, donner une ferme moyennant une redevance en grains ; lat. *modius*, boisseau.

Admodiateur, fermier.

Admoisener, **admoissonner**, **admouzenier**, donner à ferme avec redevance en grains ; lat. *messis*.

Admonestatif, **admonesteresse**, qui exhorte.

Admont, amont, **admonter**, élever ; lat. *mons*.

Adnerer, compter, mettre à prix. v. ADENERER.

Adnichiler, , **anichiler**, réduire à rien ; lat. *nihil*.

Adnullier, annuller.

Adnuncer, **adnuncier**, annoncer ; lat. *nuntiare*.

Adob, **adol**, **adou**, **adoul**, **ados**, armes, harnais, équipage.

Adobement, **adubement**, idem.

Adober, **adouber**, **aduber**, mettre en ordre, équiper, armer (un chevalier) ; angl. sax ; *dubban*, frapper ; origine de *dauber*, frapper sur ; et de *daube*, (la viande mise en *daube*, devant être frappée) ; v. DOBER.

Adolcier, **adolcir**, adoucir, v. DOLS.

Adoler, **adolenter**, **adolouser**,

adouler (s'), se plaindre ; lat. *dolor*.

Adombrer (s'), se mettre à l'ombre. dér. **adombrement**, **aombrement**, v. AOMBRER.

Adominer, dominer.

Adommaigié, qui a souffert quelque dommage.

Adonc, **adonques**, **adons**, **adunc**, **adont**, alors ; lat. *ad tunc*.

Adont, d'où. v. DONT.

Adorner, **aorner**, orner.

Adornement, ornement.

Ados, harnais, équipage, v. ADOBER.

Ados, appui, soutien.

Adoser, **adosser**, **adorser**, mettre derrière le dos, mépriser.

Adouber, **adoubement**, etc., v. ADOBER.

Adourer, adorer, v. AORER.

Adovrir, **aovrir**, ouvrir, donner audience ; lat. *ad operire*, v. OVRIR.

Adramir, garantir. v. ARAMIR.

Adras, amende pour défaut.

Adrecier, **adrechier** (s'), se dresser, se diriger, s'efforcer.

Adrecier, **adrechier**, **adrecer**, **adrisier**, faire droit, rendre justice, réparer, disposer, mettre en ordre, arrêter.

Adreit, adroit, bien dirigé, v. DREIT.

Adrener, tenir un cheval par les rênes, v. RESNE.

Adresce, **adresse**, chemin de traverse, bas. lat. *adrateria*.

Adroit, adjoint.

Adube, équipement ; **aduber**, équiper, v. ADOB.

Aducement, adoucissement ; **aducier**, adoucir, v. DOLS.

Aduire, **adurre**, attirer, amener, allécher ; lat. *adducere*.

Aduit, conduit, accoutumé, instruit.

Adulcier, adoucir, v. DOLS.

Adulterie, crime d'adultère.

Adulterier, se rendre coupable d'adultère, v. AVOUTRE.

Adunc, aduncques, adunkes, donc, v. ADONT.

Aduner, adunir, auner, joindre, réunir; lat. *adunire*.

Aduner, adoner, donner, prodiguer.

Adurcir, adurchir, rendre dur.

Aduré, fort, vaillant, endurci.

Adurer, durer, s'étendre, endurer, souffrir, v. DURER.

Adusté, brûlé; **adustion**, inflammation; lat. *adurere, adustum*.

Advaluement, évaluation, v. VALEIR.

Advée, adveu, aveu, consentement; **adveer, adveir**, consentir, avouer; **adveèment**, consentement; lat. *ad votum*.

Advenir, arriver, avenir; **advenement, avenaument, aveneement**, inopinément; **adventure**, aventure; **adventureux**, aventureux.

Adventif, adventiz, étranger; lat. *adventitius*.

Advers, adversier, adversaire, ennemi, le diable v. AVERSIER.

Adversiteit, adversitet, adversité.

Advertance, attention, avertissement; **advertir**, aviser, se tourner vers une chose; lat. *ad vertere*.

Advertin, avertin, esvertin, fantaisie, maladie, folie.

Advest, advesture, aviesture, investiture; **advestir**, vêtir; lat. *vestire*.

Advignier, advingnier, planter de la vigne.

Advis, advision, avis; **adviser**, faire savoir.

Adviser, diviser; **adviseement**, séparément.

Advoateur, advouateur, advoueur, celui qui réclame un bien comme sien.

Advoué, advoé, advoeis, avoué, protecteur, maire d'une ville; **advoeson, advoison, advouerie, advoierie**, ressort d'un avoué.

Advocassel, terme de mépris.

Advocasie, advocasserie, advocatie, profession d'avocat, plaidoyer.

Advoquer, advouer, advochier, avoquer, évoquer, appeler, approuver; lat. *advocare*.

Advoler, accourir; lat. *advolare*.

Advoulter, advulter, avorter; **advulton, advoulton**, avorton; lat. *abortire*.

Advoultre, bâtard, v. AVOUTRE.

Advouson, droit de préseuter à un bénéfice. Duc. v. ADVOCATIO.

Adzemple, bagage, ou mulet qui porte le bagage. Duc. v. *azemila*.

Aé, aeit, aeiz, éé, edé, edage, âge; lat. *ætas* ou *ævum*.

Ae, ai, interj., aie !

Aeditue, sacristain; lat. *ædituus*.

Aegis, agide.

Aeise, aise, v. AAISE.

Ael, ayeul.

Aele, aesle, aille, aile; lat. *ala*.

Aemere, sans date, qui n'a point de jour.

Aemple, ample; **aemplir**, emplir.

Aeneage, droit d'aînesse, v. AÉ.

Aensanchier, exhausser, accroître, augmenter.

Aer, aeir, ayre, air, respiration, haleine.

Aer, combat.

Aerin, arain, erain, airain.

Aerin, aérien.

Aerder, aerdre, aderdre, s'attacher, s'appliquer, adhérer; lat. *ad-*

hærere. **Aerdresse,** consentement. **Aerdresse de bataille,** acceptation d'un duel. **Aers,** attaché.

Acrnovel, aernouel, le mois d'août.

Aerole, cruche, fiole.

Aeromancien, devin, au moyen de l'air.

Aerpennis, demi-arpent; lat. *aripennis.*

Aerugineus, rouillé, qui a du vert-de-gris; lat. *æriginosus.*

Aes, ais, planche; lat. *assis,* v. AIS.

Aes, adebts, adebtz, adex, aps, eps, es, abeille, V. EPS, ES.

Aeschier, aescer, aesser, amorcer; lat. *inescare.*

Aescheri, délaissé, suivi de peu de personnes; prov. *escarir,* délaisser, v. ESCARS.

Aesier, rendre facile, V. AAISE.

Aesle, aile, v. AELE.

Aesmer, aasmer, esmer, estimer, penser; lat. *adæstimare,* v. ESMER.

Aesmer, ajuster, préparer, v. ACESMER.

Aesnie, aînesse, V. AINSNEECE.

Aestre, grosse mouche; lat. *æstrum,*

Aeuler, aeuller, remplir un tonneau jusqu'à l'œil ou la bonde, v. OIL.

Aeurer, adorer, prier, V. AORER.

Aez, aisé, bon, facile, prompt à s'attendrir.

Aezo, ce, cela (dans le cantique de sainte Eulalie); prov. *aïsso,* V, IÇO, ÇO.

Afabloier, affaiblir, y. AFEBLOIER.

Afaire, afere, état, condition.

Afaisser, charger d'un faix; lat. *fascis.*

Afaitier, afeitier, afeter, affaicter, affaieter, affeyter, ajuster, orner, parfaire, préparer, apprivoiser; lat. *affectare.*

Afaitié, afetlé, affectlé, ajusté, paré, armé, instruit, poli, fier de soi-même.

Afaitement, afciteson, ajustement, parure.

Afan, ahan, fatigue; cat. *afany;* esp. *afan;* ital. *affanno.*

Afanner, affaner, gagner en travaillant; **afaineur, afaneur,** travailleur, ouvrier, V. AHAN.

Afaul, bouchon de taverne; Duc. v. AFFUIAGIUM.

Afautrer, équiper, harnacher, V. AFEUTRER.

Afeblir, afebloier, affaiblir.

Afelonir, affellonnir, irriter, mettre en colère. Duc. v. *fello,* v. FEL.

Afeltrer, équiper, harnacher, V AFEUTRER.

Afemmir, devenir femme.

Afenir, venir à sa fin, finir, V. FINER.

Aferir, afferer, afierir, convenir, être dans les attributions de, importer. Il **afiert,** il importe, il **afcroit**; **aferant, aferisant,** convenable, bienséant; lat. *ad ferire,* V. FERIR.

Afermer, affirmer et affermer, **afermage,** V. FERMER.

Aferné pour **afrené,** soumis au frein.

Afester, donner une fête.

Afetardir, ralentir, retarder.

Afeuler, affuler, afuler, coiffer; lat. *infula,* bandeau.

Afeutrer, afeltrer, équiper, harnacher; **afcutrer sa lance,** la mettre sur le feutre ou fautre. **Afeutreure, afeutrement,** V. FEUTRER.

Affaillier, affaiblir, devenir plus faible.

Affaler, abaisser les voiles, terme de marine; all. *halen;* angl. *to halle;* holl. *afhalen.*

Affar, ferme, métairie; bas. lat. *affarium.*

Affeage, démembrement d'un fief.

Affeager, donner en fief; Duc. v. *aficaragium.*

Affemmer, affirmer; **affermeement,** affirmativement; lat. *firmare.*

Affemmer, renfermer, V. FERMER.

Affemmer, affamer; lat. *fames.*

Affetter, affettier, fouler, mettre des draps en presse ; bas. lat. *affaitare.*

Affeurer, afforer, afuerer, estimer, mettre à prix.

Affeurage, droit sur la taxe des denrées, V. FUER.

Affremer, affermer, donner en ferme. V. FERME.

Affiage, affiaille, affiance, assurance, confiance; **affiancer,** assurer, donner sa foi ; bas. lat. *affidatio.*

Afficarage, nom donné à une espèce de bail à cens, V. AFFEAGER.

Affible, agrafe; **affibler,** agrafer ; b. lat. *affibulare,* de *fibula,* agrafe. v. AFUBLER.

Affice, affichail, affiche, affique, épingle, boucle, agrafe; b. lat. *fixula.*

Afficier, afichier, attacher ; **afficheement, aficheement,** d'une manière fixe, V. FICIER.

Affier, afier, assurer, attester. **Je vous afi,** je vous assure, V. FIER, FEI.

Affictement, louage, fermage ; Duc. *affictamentum.*

Affiensser, affienter, fumer, engraisser les terres avec du *fient* ou fumier. Gl. *exfelcorare,* V. FIENT.

Affiés, parents, amis, assistant aux fiançailles.

Affiés, soumis par serment à un seigneur, bas. lat. *affidati.*

Affins, parents ; lat. *affinis.*

Affiner, joindre, unir.

Affiner, arrêter, apurer un compte.

Affiner, mettre à fin, blesser, tuer. v. FINER.

Affiner, tromper, duper, V. FIN.

Affique, affiquet, épingle, agrafe, objet d'ajustement, V. AFFICHE.

Affistoler, tromper, piper ; **affistoleur,** trompeur ; lat. *fistula,* flûte, pipeau.

Affistoler (s'), se parer.

Affixer, attacher ; bas. lat. *affixire.*

Afflavilier, afflebloier, affaiblir, **afflebloiement,** diminution, V. AFEBLIR.

Affli, afflei, affleit, afflet, affligé.

Afflicier, afflicier, afflire, affliger, abattre, accabler ; lat. *affligere, afflictum.*

Afflixion, affliction, aflicion, genuflexion ; lat. *flectere.*

Affoer, affouer, afoer, affoager, faire du feu ; **affoage,** chauffage.

Affouage, afonage, droit sur chaque feu ; lat. *focus.*

Affor, afforage, affeurage, affoir, afforement, droit sur le prix des denrées vendues au marché ; lat. *forum.*

Affoler. devenir fou, V. FOL.

Affoler, affoloier, affouler, affolatir, afoleter, tuer, détériorer, fouler.

Affolure, affolement, destruction, blessure, V. FOLER.

Affollonnir, irriter, mettre en courroux.

Affonder, afondre, couler à fond.

Afforain, étranger ; lat. *foras.*

Afforant pour **afferant,** important, V. AFERIR.

Afforcier, renforcer, augmenter, v. FORCIER.

Affouler d'enfant, accoucher avant le terme ; Duc. *affolare.*

Affourer, donner du fourrage aux bestiaux, V. FOUERRE.

Affuler, s'afflubler, V. AFUBLER.

Affoys, promettre engagement, V. FIER.

Affrener, afrener, brider, mettre un frein.

Affrestier, tenir à un *frès*, chemin public ; Duc. FROSTIUM.

Affrican, Auffrican, Aufriquant, habitant de l'Afrique.

Affronter, briser le front ; heurter, assommer.

Affronteur, effronté.

Affruitier, profiter d'une chose, en tirer parti.

Affuir, affouir, s'enfuir.

Affuison, pour **à fuison,** à foison, V. FUISON.

Affuitier, affuster, construire en bois.

Affuster (s'), présenter un bâton contre quelqu'un, V. FUST.

Affuster, affuseter, afuster, se battre au bâton.

Affutaige, redevance payée au maître par le compagnon pour sa bienvenue.

Affuteau, affutiau, bagatelle.

Affuteurs, témoins.

Afi, affi, confiance.

Afierité, accommodé, ajusté. V. AFAITIER.

Afiner, tuer, terminer, V. AFFINER.

Afisquer, animer, exciter.

Afit, certain, V. FIT, FIER.

Afliber, afflubler, affubler, V. AFUBLER.

Afoi, exclamation, V. AVOI.

Afouer pour **affoler,** V. ce mot.

Afrancquier, affranchir.

Afrarir, faire société fraternelle, V. AFRÉRIR.

Afre, affre, hafre, effroi, tremblement à l'approche de la mort.

Afreer, affreer, effrayer

Afremail, fermail.

Afremer, affermer, V. FERMER.

Afrener, aferner, mettre un frein ; lat. *frenum.*

Afrerir, afrarir (s') s'associer à une confrérie, se promettre de vivre fraternellement, V. FREIRE.

Afrou, hideux, épouvantable. V. AFRE.

Afruitier, fructifier, profiter.

Afubler, afumbler, couvrir d'un voile, d'un manteau avec l'agrafe *fibula.*

Afublail, manteau, V. AFFIBLR.

Afuerer, mettre à prix, V. FUER.

Aga, agar, excl. Voyez, voyez un peu !

Agache, agasse, ajasse ; prov. *agassa, gacha,* pie, agasse ; anc. h. all. *agalstra.*

Agacier, agachier, quereller, aiguillonner, irriter ; anc. all. *hazjan ;* all. *hetzen,* irriter, poursuivre.

Agachies, agacies, religieux ayant l'habit blanc et noir.

Agacins, agassins, agaciz, cors, durillons.

Agait, agaitance, await, aweit, guet, garde ; Goth. *Watha ;* **agaiter, aghaister, aguester, awaitier,** faire le guet, V. GAITE.

Agaitant, regardant, épiant.

Agal, canal, conduit, V. AIGUE.

Agali, réjoui, poli, V. GALE.

Agali, durci, calleux.

Agalier, faiseur d'aiguilles, V. AGUILE.

Agalloche, bois d'aloès ; bas. lat. *agallochium.*

Agaloner, galoner, V. GALON.

Agambée, enjambée ; **agamber,** enjamber, empiéter, V. GAMBE.

Agarancier, rosier sauvage, églantine.

Agard, egard, avare ; V. ESCARS.

Agarronner, insulter, traiter quelqu'un de *garum,* c'est-à-dire de débauché, d'homme de rien.

Agarder, awarder, regarder, V. ES-
GARDER.

Agas, raillerie, plaisanterie, V. GAS.

Agaster, agastier, agastiner, gâter, piller, dévaster. V. GAST.

Agastis, agatis, dévastation.

Agasti, agati, demeuré en gast ou
en friche.

**Age, aage, ague, aige, eige, ai-
gue, aive, ève**, eau ; lat. *aqua* ;
être en age, être en sueur. On dit
aujourd'hui mal à propos, être en
nage.

Agaire, Verseau ; lat. *aquarius*.

Agal, agouel, canal.

Agehir, agener, mettre à la gêne,
à la torture ; lat. *gehenna*.

Ageloigner, agelougner, agenouiller, V. AGENOILLER.

Agencement, augmentation de dot ;
bas. lat. *agentiamentum*.

Agencer, agenser, agentir, rendre beau, gentil, V. GENT.

Agenoillier, agenollier, s'agenouiller ; **agenoaillement**, à genoux, V. GENOIL.

Ager, agger, agrere, agrier, mesure de terre, champart, terrage.

Ages, agics, agiz, chemins détour-
nés ; bas. lat. *agea* ; lat. *avia*.

Agesir, accoucher, V. GESIR.

Aggluer, agluger, agglutiner,
engluer, enduire de glu.

Aggraier, aggreveir, agreanter,
consentir, agréer. V. GREER.

**Aggraper, aggrappiller, agrip-
per**, prendre de force, accrocher,
agrafer, V. GRIFER.

Aggravanter, aggraver, opprimer,
V. GRAVANTER.

Aggregi, vin aigre ; bas lat. *græcum
vinum*.

Aggrellir, devenir grêle, V. GRAILE.

Aggriffer, égratigner, V. GRIFE.

Aghais, marché à terme ; **aghaister,
aghaistir**, acquérir.

**Agiaulx, agiaux, agies, agios,
agiots**, joyaux, bijoux, colifichets,
images.

Agie, bois, forêt ; bas. lat. *agia*.

Agieter, jeter hors, V. GIETER.

Agieul, aiol, ayol, ael, aïeul.

Agiez, dards, V. ALGIER.

Agironner, environner, V. GIRON.

Agistement, impôt, tribut. Duc. *agi-
stare*.

Agister (s'), se coucher ; **agistement**,
V. GÉSIR.

Aglaise, agleise, église.

Aglan, gland, glandée.

Aglent, églantier, V. AIGLENT.

Agleter, attacher, accrocher, V. AG-
GLUER.

Agneau, anneau ; lat. *annulus*.

**Agnel, aignel, aingnel, aignel,
aingniau, ancau**, agneau.

Agneler, mettre bas un agneau.

Agnelet, agnelin, petit agneau ; lat.
agnus, agnellus.

Agnence, laine d'agneau.

Agolé, ayant une gueule ; lat. *gula*.

Agoucer, harceler, irriter, V. AGACIER.

**Agoust, agoul, agot, agouttes,
aigout**, égout, canal ; bas. lat. *ago-
stum*, V. AIGUE.

Agoustal, vase à puiser de l'eau.

Agouster, agoutter, couler goutte
à goutte ; lat. *gutta*.

Agouster, goûter ; lat. *gustare*.

Agraanter, accorder, approuver. V.
GRANTER.

Agracier, agrachier, remercier, rendre grâces.

Agrainier, produire du grain.

Agrafiner, égratigner.

Agrafineure, égratignure.

Agragier, blesser, v. GRAVANTER.

Agrailir, **agrelir**, **agreslir**, rendre grêle ; lat. *gracilis*.

Agrainer, produire ; lat. *grana*.

Agrandoier, agrandir.

Agraper, **agrappeir**, saisir, avec force, accrocher; anc. all. *krapfo*, crochet, crampon.

Agras, campagnes ; lat. *ager* ; **agrier**, droit sur les terres.

Agrassolier, groseillier.

Agravanter, renverser, détruire; v. CRAVANTER

Agreanter, agréer ; **agrée**, agrément, plaisir; **à mon agrée**, avec mon agrément. V. GRÉ.

Agrecement, **agressement**, attaque, saisie, vexation; lat. *aggressio*.

Agregier, **agreigier**, **agreiver**, appesantir, peser, se trouver mal.

Agrei, pour **arrei**, arrangement ; **agreier**, arranger, V. ARROI.

Agreiance, aigreur ; **agrement**, aigrement, vivement ; **agrelet**, **agrenet**, aigrelet.

Agreier, équiper, arranger, gréer, V. ARROI.

Agrellir, **agreslir**, rendre grêle.

Agremir, fâcher, affliger, v. GREMIER.

Agrene, prune sauvage, v. AIGRE.

Agrestié, rusticité ; **agrestissement**, d'une manière rustique.

Agrever, aggraver; **agravant**, **agrevance**, aggravation, V. GRIEF.

Agrier, **adgrier**, aigrir, exciter.

Agriere, droit sur les terres labourables.

Agrifer, **agreffer**, étendre les griffes. V. GRIFE.

Agrincer (s'), se trouver mal à l'aise. V. GRINCER.

Agrité, maladie ; lat. *ægritudo*.

Agroi, harnais, équipage, v. ARROI.

Agu, **esgu**, aigu ; **agucher**, **aigucher**, **agucier**, **aguiser**, **acusier**, rendre aigu ; lat. *acuere*, bas. lat. *acutiare*.

Aguait, **aguayt**, aguet, **Aguaiter**, guetter. V. GAITE.

Ague, auvent, garantissant de l'eau, V. AIGUE.

Aguerocher, **agarocher**, chasser, expulser.

Aguete, sentinelle.

Agueté, **aguisement**, pointe, aiguisement.

Agueter, guetter, V. GAITIER.

Aguier, conduire, guider, V. GUIER.

Aguier, pour **arguier**, assurer, argumenter ; lat. *arguere*.

Aguigner, faire signe des yeux, v. GUIGNER.

Aguille, aiguille ; **aguillée**, **aguilade**, **aguilon**, **aguilun**, **awillon**, aiguillon ; **aguillier**, étui où l'on met les aiguilles ; **aguiller**, piquer ; lat. *acus, acicula, acuere*.

Agument, **aguillonneusement**, d'une manière piquante.

Aguise, aiguillon dont on pique les bœufs.

Aguilanneuf, gâteaux du nouvel an. L'usage de vendre des **aguillanneux** ou **auguillauneux** la veille du premier de l'an subsiste encore dans quelques provinces. Est-ce le GUI DE L'AN NEUF, souvenir druidique ? Roquefort (*Suppl.*, p. 10) donne ce mot écrit de plus de trente manières différentes.

Aguité, agité, mis au lit, V. AGISTER,

Agutie, **aguzie**, finesse, tromperie. V. AGU.

Agust, le mois d'août.

Ahachi, infirme, perclus.

Ahaim, aham, ahan, aam, ahem, anhan, enhan, haban, fatigue, travail; onomatopée exprimant le son qui sort d'une poitrine fatiguée; on conservait le *han* de saint Jean dans une bouteille. Prov. AFAN; lat. *afa, affanno.*

Ahait, abaitement, vitesse, allégresse, v. HAIT.

Ahaler, souffler; **abalé,** essoufflé; lat. *halare.*

Ahaner, ahenner, prendre de la peine, travailler, labourer; **ahanieres, ahanier, ahanor,** laboureur; **ahanage, ahennage,** labourage; **ahanneux,** pénible; **ahanable, ahanaule,** labourable.

Ahans, fruits, légumes, résultats du travail.

Ahansterres, terres d'ahan, terres labourables.

Ahardir, enhardir, v. HARDIR.

Ahastie, abatie, empressement, querelle, v. AATIE.

Ahastif, abatif, hâtif, v. HASTE.

Ahaux, ordures, immondices; basq., *ahatsa;* bas. lat., *ascobatum.*

Ahayer, haïr.

Aherdre, ahierdre, attacher, adhérer.

Ahernechier, harnacher.

Ahercion, adherition, adherment, adhésion, v. AERDRE.

Ahesion, adhésion, v. AERDRE.

Aheurer, ahorer, agir à propos, arriver à l'heure.

Aheurir, ahurir, effrayer, effaroucher, étourdir; celt. *hur,* stupéfait; *hure,* selon Diez.

Aheurter, ahurter, contrarier, heurter, v. HEURT.

Ahi, abic, ahy, hélas.

Ahir, impétuosité, v. AÏR.

Ahocher, ahocquier, ébranler, hocher, secouer, attacher; Duc. v. *hoccus.*

Ahocher, ahucher, appeler en criant, v. HUCHIER.

Ahoge, ahuge, ahugue, gros, énorme; angl., *huge.*

Ahnesse, ânesse.

Ahonir, honnir, injurier, se trouve peut-être dans la locution populaire *agonir.* v. HONIR.

Ahonnir, aüner, rendre égal, joindre ensemble, v. AUNER.

Ahonter (s'), **ahontager** (s'), **ahunter** (s'), avoir honte, v. HONIR.

Ahore, aheure, qui n'est pas à l'heure, qui n'est pas mûr. Duc. v. AHORUS.

Ahors, ahort, aheurt, cris tumultueux, v. HEURT.

Ahucher, appeler, v. HUCHIER.

Ahuer, appliquer, attacher.

Ahuine, aoine, propre à, convenable. v. AOINE.

Ahur, voleur; esp. *hurtar,* voler.

Ahuri, ahurs, hérissé, effrayé, v. HURE.

Ahyretement, héritage, v. HEIR.

Aï, ay, excl. aye, hélas!

Aiable, haiable, aisé, facile.

Aiex, aïeul, v. AIOLS.

Aibleusie, ambleusie, vol, ruse. v. EMBLER.

Aibouaille, esbouaille, massacre, destruction, v. BOEL, ESBOELER.

Aibre, arbre, v. ABRE.

Aï, aice, territoire, habitation; bas. lat. *aiacis.*

Aicels, iceux, ceux-ci.

Aichevir, achever, venir à chef, v. CHIEF.

Aidable, secourable; **aidableté, aidance,** assistance.

Aidier, aider, **aidiere, aideor, ai-**

dis, aidresse, protecteur, protectrice, v. AIUVER.

Aidonc, donc, v. ADONC.

Aie, ahie, aile, aiue, aiuve, aieve, aye, aide, secours; **aier, aiever, aiuver,** secourir; **aïaier,** appeler à son aide, v. AJUDE.

Aiement, ayement, aimant, diamant.

Aier, derrière; lat. *retro,* v' RIER.

Aiers, fils, héritier; lat. *hæres.*

Aiese, aiesement, aise, v. AAISE.

Aigail, aigual, esgail, rosée du matin, v. AIGUE.

Aige, âge, v. AÉ.

Aige, eau, v. AIGUE.

Aigl, aigle; **aiglan, aiglat, aiglette,** petit aigle, aiglon; **aiglier,** lutrin, souvent fait en forme d'aigle.

Aiglent, aiglentier, églantier, dérivé d'*aiguille,* d'après Burguy.

Aigniau, aigne, aignez, aignel, aingnel, aigneu, agneau, v. AGNEL.

Aigneage, droit d'aînesse, v. AINSNEECE.

Aigre, eigre, egre, aigre, avide.

Aigresse, aigreté, âcreté, amertume.

Aigrevin, vinaigre; **aigret,** raisin aigre.

Aigrin, aigrun, fruit aigre; **aigroier,** aigrir.

Aigron, héron.

Aigue, cavale, jument; prov. *egua;* lat. *equa.*

Aigoul, canal, évier.

Aigue, aighe, aige, age, aiwe, ewe, ieve, iave, eaue, eau; **aiguage,** droit payé pour l'eau; **aigu, aigué,** mélangé d'eau; **aiguer,** arroser.

Aiguardin, eau-de-vie.

Aiguerie, réservoir; lat. *aquarium.*

Aiguet, petit canal.

Aiguosité, aquosité.

Aiguilhon, aiguillon, v. AGUILLE.

Ail, al, à le, au; lat. *ad illum.*

Ail, aigl, aillie, al, allie, aul, plur. **als, aux, auz, aulz,** ail; lat. *allium.*

Aillie, alliee, sauce à l'ail.

Ail, al, aïeul.

Ail, caille; **ailler,** filet à prendre les cailles.

Ailages, champs voisins des villes; bas. lat. *aalagia.*

Aillevain, aillevan, étranger, enfant abandonné, élevé par charité; Duc. *allevaticius.*

Aille, aisle, alle, elle, ele, esle, aile; lat. *ala,* dimin. d'*axla.*

Ailleure, aillure, alliage; **aillu, aillé,** ajusté; lat. *alligare.*

Aillier, mouette ou faucon pêcheur; bas. lat. *haliætus.*

Aillors, aillours, aillurs, ailleurs; lat. *aliorsum.*

Aim, ain, aing, j'aime, v. AMER.

Aim, aimeçon, aimechon, ameçon, ain, ein, emeisson, hameçon, v. HAIM.

Aimargue, lieu fertile.

Aimas, aimans, ayement, aimant diamant.

Aïme, azyme; lat. *azymus.*

Aïmi, ainmi, aymi, interj., hélas malheur à moi.

Ain, an, année.

Ainc, anc, einc, ainkes, ainques, aincores, jamais; lat. *ad hunc (horam).*

Ainçois, ainchois, ainsois; avant mais, au contraire; lat. *ante hoc ipsum.*

Aine, haine.

Aine, canard; lat. *anas.*

Aingne, aine.

Ains, ans, anz, eins, einz, enz ainz, avant, auparavant, mais, au, contraire ; esp. *antes*, ital. *anzi*, lat. *ante*.

Ains-ains, à qui mieux mieux, à qui fera le plus vite.

Ainsmais, ainsmès, aimmès, dorénavant ; lat. *ante magis*.

Ainsunques, jamais, désormais ; lat. *ante unquam*.

Ainsne, marc de raisin. Duc. v. ESNA.

Ainsné, ainsneit, anncit, enneit, aîné ; **aisneage, aisneesce,** aînesse ; lat. *ante natus* ; v. AINS.

Ainche, anche.

Aincuser, accuser.

Aingle, p. **angle,** ange, v. ANGLE.

Ainrme, âme, v. ANEME.

Ainse, ainsse, aisse, malaise, inquiétude, angoisse, anxiété ; **ainsos, aissos,** inquiet ; lat. *anxius*.

Ainsic, ainsinc, ainsint, ainsi ; lat. *in sic ; æque sic,* selon Diez.

Aioel, aiols, aious, aïeul ; **aiole, aiulle,** aïeule.

Aiols, aious, espèce de serpent.

Aioner, bégayer, balbutier.

Aiot, petite maison, nom d'un vêtement.

Aipend, appendice ; v. APENS.

Aipostume, bile, pituite, flegme ; lat. *apostema*.

Aiprenage, apprentissage.

Aique, eau, v. AIGUE.

Aiques, pour **alques,** quelque chose ; lat. *aliquid*.

Air, arc, ceintre, v. ARS.

Air, impétuosité, colère ; **aïrer, aïrier** (s') ; se mettre en colère ; **aïrie, aireson, aïrure, aïrement,** etc. ; **aïreux, aïros,** emporté, v. IRER.

Air, aire, manière d'être, naturel, origine ; **de bonne aire,** de bon naturel ; **de mal aire, de put aire,** de mauvais naturel. Racines diverses ; lat. *aer*, air ; *area*, nid d'aigle ; *area*, lieu ; all. *art*, manière d'être, façon.

Airche, arche, coffre.

Aire, airal, emplacement d'une maison, terrain vague.

Airée, airie, collection de gerbes mises en grange.

Aire, voyage, v. ERRE.

Airement, encre, v. ATREMENT.

Airme, pour **arme,** ame, v. ANEME.

Airmes pour **armes,** gaufretier, armet dans lequel on faisait des oublies, selon Roquefort.

Airure, labour, culture ; bas. lat. *arare*.

Ais, aix, aisie, aisceau, aisseau, aissaul, aissenne, aiscelle, aiscil, aissil, planche, petite planche ; ital. *assicella*, lat. *assis, axiculus*.

Aise, aisse, facilité, v. AAISE.

Aise, Asie.

Aisemens, aisiemens, aisivemens, aixemens, dépendances, commodités, latrines.

Aiselle, aisselle ; lat. *axilla*.

Aiser, aisier, facilité.

Aiser, aisier (s'), servir, prêter, panser, aller à la garde-robe.

Aisette, petite hache, doloire ; lat. *ascia*.

Aisiel, aisil, aissil, aizil, arzil, eisil, vinaigre ; bas. lat. *acceptabulum*.

Aisli, le voici, v. ES LI.

Aismer, estimer, comparer, v. ESMER.

Aisne, âne ; lat. *asinus*.

Aisné, aîné ; **aisnéage,** aînesse, v. AINSNÉ.

Aisser, grande planche, v. AIS.

Aisseul, essieu de voiture ; lat. *axis*.

Aissin, mesure de froment.

Aist, assisté.

Aïst, 3ᵉ p. s. subj. du v. AIDER ; *Dieu m'aïst.* Que Dieu me vienne en aide ! v. AÏE.

Aïstrainger, astreindre.

Aïstre, foyer, v. AITRE.

Aïsvos, voici, v. ES VOS.

Aït, aïte, plaisir, gré, v. HAIT.

Aït, promptitude, célérité ; **aïtatignie,** provocation, contrariété, v. ATE; ATIE.

Aïtal, tel.

Aïtant, tant.

Aïtandois, portion d'héritage que chaque enfant a le droit d'*attendre.*

Aïtor, aiutor, aidé, apprenti.

Aitre, âtre, foyer, parvis, porche, cimetière ; lat. *atrium.*

Aiumé, heaume, v. HELME.

Aive, eau, v. AIGUE.

Aive, aivel, aives, aïeul.

Aine, eive, aiwe, eau, v. AIGUE.

Aiuve, aiuver, aider ; **aiue,** aide, v. AJUDE.

Aize, aice, haine, colère.

Aizi, aissi, ainssi, ainsi ; lat. *in sic.*

Aiziner, temps convenable.

Ajorner, faire jour ; **ajornal, ajornant, ajornée, ajorner** (l'), le point du jour, v. JOR.

Ajude, ajutoire, aide, appui, secours ; **ajuor, ajuerre,** protecteur, soutien ; lat. *adjutorium,* v. AÏE.

Ajoster, ajouster, assembler, combattre, joûter ; **ajostée, ajoustée,** rencontre, combat.

Ajostement, ajoustement, ajustement, union, assemblage ; lat. *ad juxta,* v. JOSTE.

Ajouvenir, rajeunir, v. JOEFNE.

Ajoux, ajoous, espèce de genêt, champ de genêts.

Ajude, ajue, aiue, aiie, aide, secours, appui.

Ajuer, aiuer, aiuver, aiiver, aider, secourir ; **aïe, aït, aïst,** qu'il aide.

Ajuns, ajoins, joint, uni ; lat. *adjunctus.*

Ajuré, appelé à prêter serment ; **ajurer,** prier instamment.

Ajurner, ajurnée, l'arrivée du jour, v. AJORNER.

Ajuster, joûter, v. AJOSTER.

Ajustée, pièce de drap.

Akerre, acquérir ; lat. *acquirere.*

Akeurir, accourir, v. CORRE.

Akuns, aucun, v. ALQUENS.

Al, art. comp. pour à le, au ; plur. **als, as, az, aus,** aux ; lat. *ad illum, ad illos.*

Al, el, autre, autre chose ; lat. *aliud,* v. ALSI.

Al, ail ; lat. *allium.*

Al, alz, haut ; lat. *altus.*

Alabaï, mis aux abois, v. ABAIER.

Alabandine, pierre précieuse tirée de la ville d'Alabanda.

Alacais, alaguès, arbalétrier. Duc. v. LACINONES.

Alaiesier, réjouir, v. ESLEESCIER.

Alaine, haleine ; lat. *halare.* Le bret. *halan,* le gall. *alanez, alanu,* ont le même sens.

Alamande, alemande, alamandier, amande, amandier.

Alaidir, blesser, rendre laid, v. LAIDIR.

Alaigne, haleine.

Alaigner, mettre le bois en fagots ; lat. *lignum.*

Alaitier, alaictier, alectir, traire, téter, amorcer ; lat. *adlactare ;* **alaite, alete,** tire du lait.

Alaixier, alaschier, alascier, alasquier, laisser, lâcher.

Alaschie, alaschiment, relâchement ; lat. *laxare,* v. LASCIER.

Alagan, à l'agan, à l'abandon, en désordre.

Alaigre, allègre ; **alaigrement,** vivement, lat. *alacer ;* **alaigrir,** rendre gai.

Alainne, haleine.

Alambastre, albâtre.

Alan, allan, alant, chien, dogue ; ital. *alano.*

Alangourir, alanguir, rendre languissant.

Alapistes, farceurs se donnant des soufflets pour amuser le peuple ; lat. *alapa.*

Alas, alasse, interj. hélas ! v. LAS, LASSE.

Alasser, fatiguer, lasser.

Alata, alaia, chemin de rondes ; bas. lat. *alatoria.*

Alayer, diviser un bois en plusieurs parties, séparées par des *lées* ou marques. Duc. v. LAIA.

Alb, albe, blanc ; lat. *albus.*

Albain, aubin, étranger ; lat. *alibi,* bas lat. *albanus,* v. AUBAIN.

Albare, acquit, quittance.

Al bas, là bas, au bas, v. BAS.

Albassan, albazzan, albercau, pierre à chaux.

Albe, albel, abe, aube, peuplier blanc.

Albejots, Albigeois.

Alberc, alberge, alberguc, alberguement, auberge ; **alberger,** loger, v. HERBERGE.

Albere, albergeon, alberjon, cotte de mailles, v. HAUBERC.

Alberon, espèce de froment.

Albie, Albion, Angleterre.

Albire, arbire, jugement d'arbitrage ; **albirer,** croire, juger ; lat. *arbitrari.*

Albogon, herbe aromatique, pouliot.

Alboieur, albourc, aubourc, aubier ; lat. *alburnum.*

Albran, albrent, alebran, aleyebran, canard sauvage, v. HALBRAN.

Albrener, chasser aux canards.

Albun, blanc d'œuf.

Alcant, quelque ; v. AUQUANT.

Alchemie, alchemiste, alchime, alchimiste.

Alches, alkes, aucuns, v. ALCUENS.

Alchiminer, néflier.

Alcie, alchur, exhaussement, hauteur ; **alchur,** plus élevé ; lat. *altus, altior.*

Alcans, alcons, ascons, aucons, alcuens, alkuns, alchuns, aucun, quelqu'un ; lat. *aliquis unus.*

Alcy, pour **assy,** aussi.

Ale, elle.

Ale, aile ; lat. *ala.*

Alé, séparé, détaché, eteint, affaibli.

Aleauter, alaiauter, se purger d'un crime, v. LÉALTÉ.

Aleauter, inféoder, lier, v. LEUDE.

Alebiqueux, pointilleux, chicaneur.

Alec, pour **ilec,** en ce lieu, v. ILEC.

Alecret, corselet léger fait de mailles ; lat. *lorica.*

Alectoire, pierre transparente qui se trouve dans le jabot d'un coq ; lat. *alectoria.*

Alegeance, alegement, allégeance, allégement.

Aleger, allegier, alegir, alevier, soulager, guérir ; ital. *alleviare ;* lat. *levare,* v. LEGIER.

Alegir, alejir, alloyer (s'), se disculper par serment ; lat. *lex,* v. LEI.

Alègue, collègue.

Aleier, aloier, gouverner selon la loi, v. LEI.

Aleigne, alesne, alène.

Aleins, à l'eins, à l'instant, au plus tôt, v. AINS.

Aleir, aller, v. ALER.

Alemaine, alemaine, Allemagne.

Alemande, amande; lat. *amygdala.*

Alemarche, armoire, buffet; lat. *armarium.*

Alemelle, alimelle, alumelle, alemille, lame de couteau, de sabre, etc.; lat. *lamina, lamella,* v. LIMELLE.

Alemite, soufflet, coup de poing.

Alemoire, sorte de bateau;

Alenby, alembic.

Alenée, respiration, souffle; **alener,** respirer; ital. *lena*; lat. *halare,* v. HALER.

Alent, l'espace d'une heure.

Alenter, alentir, aller lentement, ralentir; lat. *lentus.*

Aler, aleir, aller; ital. *andare*; esp. *andar*; prov. *anar.* On a proposé comme étymologies d'aller, *ambulare, ambitare, adnare, aditare,* (devenu *anditare*) (Diez, après Muratori), *addere,* devenu *andere* (M. Langensiepen); enfin, all. *Wallen* (M. Schéler). La première nous paraît la plus simple et la meilleure.

Alable, allable, qui doit aller; **premier allable,** préalable.

Aleir, aleoir, alier, alloir, allée; **aleure,** façon d'aller, train; **grant aleure,** à grands pas; **aleur,** marcheur.

Alerion, aleiion, aigle, aiglon.

Ales, à les, (à côté;) lat. *ad latus,* v. LEZ.

Alès, sardine, hareng; lat. *hales* et *alec.*

Alesé, alezé, pièce de blason, qui ne touche pas aux bords de l'écu, v. LÉS.

Alesne, alegne, alène; **alennier,** étui à alène; esp. *alezna*; anc. all. *alansa*; all. *ahle*; angl. *awl*; ital. *lesina.*

Alesine, avarice; auj. *lesine*; rac. *alesne,* selon Génin.

Alètes, oiseaux; lat. *ales.*

Aleton, aliton, hanneton; lat. *anas* (**aneton,** petit canard), dit Génin; all. *hahn,* coq, selon Diez; all. *weiden. hahn.*

Aleu, alleu, aleude, alieu, alod, alodes, aluef, alues, allo, alloeuf, bien en toute propriété, exempt de redevance; all. *al,* entier et **ôd,** propriété.

Aleutier, allotier, aloens, tenancier.

***Alexement,** attachement, amorce; lat. *allicere.*

Alever, aliever, élever, faire une levée d'argent, v. LIEVER.

Alfet, chaudière servant à l'épreuve de l'eau bouillante.

Alfier, officier, porte-drapeau.

Alfin, aufin, ofin, onfin, le fou au jeu d'échecs; esp. *alfil, arfil*; pers. *alfil,* éléphant, Duc. v. *alphinus.*

Algalife, calife.

Alge, algue, plante; lat. *alga.*

Algeir, algier, agiez, augier, flèche. anc. all. *azgér*, javelot; *ger, gier*; lat. *gessum,* arme gauloise.

Algorisme, science du calcul.

Aliant, aliement, alliance.

Aliboron, plante qui guérit de la peur.

Aligo, cordon, liens d'une robe. v. HALIGOT.

Alier, alloier, lier.

Alkant, alquant, quelques; lat. *aliquantus.*

Aliger (s'), se lier, s'obliger; lat. *alligare.*

Alkes, quelque chose, v. ALQUES.

Allaiance, alloiance, alliance, **aliz,** serré, compact; lat. *ligare, alligatus.*

Alicter, être au lit ; lat. *lectum*.

Alie, alise ; **alier**, alisier.

Aliene, étranger, **aliencer**, aliéner ; **alientement**, aliénation ; lat. *alienus*.

Aligèment, légèrement, v. LEGIER.

Alignage, parenté ; **alignagier**, faire preuve de parenté.

Alippe, soufflet, gourmade.

Alis, **alix**, compacte, serré, dispos.

Alleage, alliage.

Alleboteur, glaneur, grapilleur.

Allecter, attirer, allécher ; lat. *allectare*.

Allection, élection, aggrégation, association ; **allixeur**, **elisour**, électeur, lat. *eligere, electum*.

Allegier, **alleuvier**, **allencir**, **allegir**, rendre léger ; lat. *adlevare*.

Allevure, levain.

Allegier, **allechir**, allécher ; **alligement**, allèchement ; lat. *allicere*.

Alleigne, **allenée**, souffle, v. ALENÉE.

Allet, petit ail, aillade ; v. AL.

Alleuchon, **allochon**, la dent du hérisson.

Alligueur, bavard.

Allier, **allayer**, **alloier**, **aloier**, **aloyer**, lier, attacher, **alli**, **alliu**, rassemblement. v. LOIER.

Alloge, horloge ; **allogeur**, horloger.

Alloier, **alloyer**, **allucier**, **allucher**, allouer, placer ; lat. *allocare*.

Allotir, distribuer des lots ; **alloté**, qui a reçu son lot, loti.

Allou, alleu, v. ALEU.

Allouance, louange ; lat. *laudatio*.

Allouer, **aloer**, louer.

Allouvi, affamé (comme un loup).

Allouvière, piége à loups.

Alloyé, établi par la loi, v. LEI.

Alloyère, gibécière, bourse.

Allucier, **allouchier**, **alluchier**, allumer, éclairer, allumer ; lat. *lux, lucere*.

Allucier, **alloucher**, **aluchier**, attirer, allécher ; lat. *allicere*.

Alucier, **allochier**, prendre sa demeure ; lat. *ad locare*.

Alluef, alleu, v. ALEU.

Allumée, espèce de coiffure, chaperon.

Almaille, **almele**, gros bétail, v. AUMAILLES.

Alme, âme, v. ANEME.

Almoges, charges, rentes seigneuriales.

Almosne, **ammoigne**, **aumoigne**, aumône ; lat. *eleemosyna*.

Almosner, faire des aumônes.

Almosnière, aumônière, bourse.

Almuce, aumuce, aumussette, aumusse ; all. *mutze*, coiffure.

Alne, aune, arbre ; goth. *aleina* ; anc. all. *elina* ; dér., selon J. Grimm, *de ulnus*.

Alne, **anne**, aune, mesure ; lat. *ulnus*.

Alneur, auneur, mesureur.

Alo, alleu, v. ALEU.

Aloc, ici ; lat. *ad locum*.

Alocal, admissible.

Alod, alleu, v. ALEU.

Aloe, **aloeau**, **aloette**, **aloue**, **alour**, alouette ; lat. *alauda* ; bret. *alc'houeder* ; kymr. *alaw-adar*.

Alogier, loger ; **alogie**, **alogé**, logé ; lat. *locare*.

Alogner, **aloignier**, **alongier**, éloigner.

Aloigne, **alonge**, **alongeail**, **aluaine**, éloignement, retard ; **alonges**, dépendances ou ailes d'une maison.

Aloiance, alliance ; **aloié**, lié, v. LOIER.

Alori, attaché ; lat. *lorum*.

Aloser, **alouser**, louer, vanter.

Alosé, aloé, vanté, prisé, fier, orgueilleux ; lat. *laudare.*

Aloude, alude, aleude, espèce de basane.

Alourder, alourdir, surcharger, ennuyer ; **alourdement,** séduction.

Aloyer, mettre les monnaies en conformité avec la loi ; ital. *alegare ;* esp. *alear,* origine du mot *aloi,* v. LEI.

Aloyer, hypothéquer un bien.

Alme, âme, v. ANEME.

Alp, alpe, alba, albe, montagne ; celt. et bas. bret. *alp.*

Alpage, lieu non labouré.

Alp, alper, pour **alb, alber,** blanc, blanchir ; lat. *dealbare.*

Alquant, alquanz, auquant, auquanz, quelques, quelques-uns ; lat. *aliquantus.*

Alquemie, alkemie, alchimie.

Alques, auques, quelque chose ; lat. *aliquid.*

Alquon, alquone, alquons, aucuns, v. ALCONS.

Als, alz, as, aux, mis pour à les ; lat. *ad illos.*

Alsi, ausi, aussi.

Alsiment, ausiment, aussi, de même ; lat. *ad sic.*

Alt, alte, haut, v. HALT.

Altain, altaigne, haut, hautain.

Altime, très-élevé ; lat. *altus.*

Altant, autant ; lat. *aliud tantum,* v. ALTRETANT.

Altarage, droit, d'autel.

Altargues, offrandes faites en argent.

Alteir, altel, alter, ater, auter, autiel, autier, autel ; lat. *altare.*

Alterate, altéré, changé ; **altrement,** autrement ; lat. *alter.*

Altercas, alterque, alterquie, altercation ; **alterquer,** contester.

Altere, inquiétude, contention d'esprit, altéré, hébété.

Altre, alter, altere, atre, otre, outre, autre ; lat. *alter.*

Altresi, aussi ; lat. *alter sic.*

Altretant, autant ; lat. *alter tantum.*

Altretel, le même ; *alter talis.*

Altroi, altrui, autrui.

Altrier, altrer, l'autre jour, l'autre hier, v. ER.

Aluchier, cultiver, bêcher, v. LOUCHE.

Alude, aleude, basane.

Aluec, ici ; *ad locum.*

Aluer, aloer, placer ; lat. *ad locare.*

Alues, alleu, v. ALEU.

Aluine, absynthe, amertume, déplaisir.

Alum, alain, alin, alun ; lat. *alumen.*

Alumelle, lame, v. ALEMELLE.

Alumer, voir la lumière, regarder fixement, éclairer, illuminer ; **alumerie,** illumination.

Alumne, élève, nourrisson.

Aluper, alupir, regarder fixement, prov. *alupar ;* lat. *lupus.*

Aluter, couvrir de boue ; lat. *lutum.*

Alval, arval, voûte, v. ARC.

Alve, partie de la selle. Duc. v. ALVA.

Alve, auve, alvets, auvetz, terrains d'alluvion, v. AIGUE, AUWE.

Am, em, prép. en.

Amadouement, flatterie ; **amadoucur,** flatteur.

Amage, aimage, droit sur le vin vendu en détail (tiré du nom des *aimes,* où vases qui le contenaient) ; bas. lat. *hama.*

Amaignier, amainer, ameneir, amoigner, amener.

Amaigroier, amaigruier, amegroier, amesgrir, maigrir ; lat. *macrescere.*

Amailement, amaliement, hama,

hamula, attroupement de chiens.

Amaint, il amène, v. MENER.

Amair , ameir , ammeir , rude, amer ; lat. *amarus.*

Amaire, armoire.

Amaiser, pacifier, accorder.

Amaisonner, amassenier , construire, donner une maison à ferme.

Amaladir, amaleudir, devenir malade ; **amaladi,** malade ; ital. *ammalato.*

Amaler, combler, fouler.

Amance, amitié, amour.

Amander , amender, corriger ; lat. *emendare.*

Amandrir, amanrir, amaurir, amoindrir ; **amanuissement, amanussement,** amoindrissement, v. MENRE.

Amandui, tous deux, v. ANDUI.

Amanette, menotte ; **amanotté,** attaché avec des menottes.

Amanevis , amenevis , amani, amene, leste, dégagé, empressé, agréable.

Amanevir, conduire, mener par la main. Etym. diverses : lat. *ad manus ; mane,* matin ; *manvjan,* goth. préparer, v. MANEVIS.

Amant, juge des causes civiles ; bas. lat. *amanuensis.*

Amanter, narrer, rappeler, v. AMENTER.

Amar, aimer, amareur, amarité, amaritume, amartume, amertime, amertume ; lat. *amarus, amaritudo.*

Amarel, cerisier sauvage.

Amarer, amarrer, attacher un vaisseau ; arm. et gael. *amar,* chaîne, câble.

Amarris, amarri, amarry, matrice.

Amarriz, agréable, leste, v. AMANEVIS.

Amase, amasement, maison ; **amaser, amasuer,** construire une maison, v. MANSE.

Amassage, redevance payée en vin.

Amassee , amasseis. amassement, amas ; **amasseres, amasseor,** amasseur ; **amassouer,** instrument qui sert à amasser ; lat. *massa.*

Amater (s'), se décourager ; **amaté,** affaibli, attristé ; **amatir,** assommer, tuer ; esp. *matar ;* lat. *mactare,* v. MAT.

Amatin, ce matin ; **amatiner** (s'), se lever matin.

Amatiste, amatile, amaticle, améthyste.

Amay, de plus en plus ; lat. *a magis.*

Ambacte, ambachte, ambates, serviteur, vassal, officier ; flam. *ambacht,* étendue de juridiction ; bas. lat. *ambactus.*

Ambainer, clôre des murailles ; **ambanie,** clôture ou ban pour la clôture des murailles ou des prés, v. BAN.

Ambastoner, fournir de bâtons, ou d'autres armes, v. BASTON.

Ambattre, enfoncer, ficher dans la terre, v. EMBATTRE.

Ambeleter, embellir, v. BEL.

Ambes, ambs, ambdeus, ambedous, ambedoi, andoi, amedoi, amedui, ambdui, andui, tous deux ; lat. *ambo duo.*

Amber, ambier, faire le tour ; lat. *ambire.*

Ambezas, double as au jeu de trictrac, v. BEZET.

Amblai, espèce de treillis ou de claie d'osier, dont on entourait les charrettes.

Amblance, folie, extravagance.

Amblaver, ensemencer, garnir de grains ; lat. *bladum*.

Amble, amblee, ambleure, amble ; **ambler**, marcher, aller à l'amble ; lat. *ambulare*.

Ambleur, ambleor, qui va à l'amble, qui marche, écuyer qui prend soin des chevaux.

Ambler, embler, voler, v. EMBLER.

Ambloier, ambloyer, attirer par de douces paroles.

Amboire, imbiber, v. BEIVRE.

Ambon, jubé ou galerie transversale des églises ; lat. *ambo*.

Ambore, ambeure, tous deux, v. AMBES.

Ambour, pour **aubour**, aubier.

Ambourg, sorte de bière ou de boisson fermentée. Duc. V. HAMBURGUS.

Ambouschure, mélange de deux objets différents. Duc. V. IMBOTARE.

Ambrassee, assemblage, réunion.

Ambrebuin, figure de métal ou de bois, frappant l'heure, Jacquemart.

Ambris, lambris, plafond ; lat. *ambrices*, lattes d'une toiture.

Ambroise ambroisie.

Ambroisin, petite monnaie des comtes de Milan.

Ambruncher, baisser, plier, devenir sombre, v. ENBRONC, ENBRONCHER.

Ambu, entonnoir.

Ambuller, se promener ; *ambulare*.

Ambure, ambore, des deux côtés, échange de bons mots, v. AMBES.

Amei, ami.

Ameloier, améliorer, amender.

Amenage, droit sur les voitures.

Amenage, droit sur les grains mesurés à la mine, ou hémine, v. MINE.

Amender, amendir, amander, corriger ; **amendie, amendise**,

amendance, correction, amendement, satisfaction.

Amenistrer, administrer.

Amenrai (j'), j'amènerai, v. MENER.

Amenter, amenteir, amentoir, amenteivre, amentaier, amentoivre, rappeler ; **amenteu**, rappelé ; lat. *ad mentem*.

Amentation, rappel, considération, souvenir ; **amantcuement**, conseil.

Amer, amourer, aimer.

Ameor, amere, ameur, ameus, ameureus, ammere, amiere, amoureux ; **ameiresse**, amoureuse ; **ameement**, de bon cœur, v. AMER.

Amercier, amerchier, remercier, condamner à l'amende, recevoir à merci ; **amerciement**, v. MERCI, MERCIER.

Amermer, diminuer, v. AMENUISER.

Ameratif, amertif, amer.

Amerté, amertet, amertor, amertume ; lat. *amaritudo*.

Amerveillé, émerveillé.

Amervoiller (s'), s'émerveiller.

Amessé, qui a entendu la messe ; **amessement**, cérémonie de la messe.

Amesure, amessure, mauvais usage, querelle, préjugé.

Amesurer, estimer, proportionner, mesurer ; **amesuré**, sobre.

Amet, amete, petite auge.

Ameter, borner ; lat. *meta*.

Amete, amette, petite âme.

Ameure, pointe, poignard ; **ameurer, ameurir, amourir**, effiler, aiguiser, v. AMOLER.

Amiableté, amabilité ; **amiable, amiaule**, aimable ; **amiaulement**, d'une manière aimable.

Amial, croc ; lat. *hamus*.

Amict, amiste, amit, vêtement; lat. *amictus.*

Amier, écraser, mettre en miettes.

Amieldrir, amieudrir, améliorer, v. MIEUDRE.

Amiette, petite amie.

Amin, amit, ami; lat. *amicus.*

Amignarder, amignonner, amignoter, caresser, cajoler.

Aminage, droit sur les grains, mesurage, v. MINE, MINAGE.

Aminer, diminuer, amoindrir; lat. *minuere.*

Aminer, amener, v. MENER.

Aministrer, aministration, administrer, administration.

Amirail, amiran, amiraffe, amiras, amiraus, amire, amiret, émir ou amiral des Sarrasins, de l'arabe *amir,* commandant; *amir el moumenym,* commandeur des croyants; *amir el bahr,* commandant de la mer.

Amission, peine pécuniaire.

Amistance, amisté, amistié, amitié; lat. *amicitiâ.*

Amiste, tante, v. ANTE.

Amit, ami, d'où amitié, et l'adj. rouchi, *amiteux, amitieux,*

Amiton, Amitum, étoffe soyeuse, d'où **amitonner, emmitonner,** dorloter, cajoler, v. AMICT.

Ammaistre, ammeister, ammestre, aumaistre, ministre, consul, vice-roi; lat. *ad minister.*

Ammi, anmi, au milieu.

Ammonieuer, aumônier; lat. *eleemosynarius.*

Amnestie, amnistie; lat. *amnistia.*

Amoi, tous deux; lat. *ambo.*

Amoier, amoyenner, ajuster, approprier, employer.

Amoillerer, légitimer un bâtard par mariage; lat. *mulier,* v. MOLLIER.

Amoine, herbe odoriférante.

Amoiner, amener, v. MENER.

Amoire, fausseté, mensonge.

Amoisener, affermer; **amoiseneor,** fermier; **amoisennement,** droit, sur les moissons; lat. *messis,* moisson, ou *mensis,* mois.

Amoistir, rendre humide; angl. *to moist.*

Amolier, amoloier, amollir; lat. *mollire.*

Amoler, amollier, amouler, émouler, passer sur la meule; lat. *mola.*

Amone, aumône.

Amonester, avertir, admonester; **amonestere, amonesteor,** conseiller; **amonution,** avertissement.

Aumosniere, aumônière, bourse.

Amogt, amunt, en haut, opposé à AVAL.

Amonter, monter; ital. *ammontare.* **amontoir,** montée.

Amoral, joli, mignon.

Amordre, mordre, amorcer, attirer; **amors,** adonné passionnément. v. MORDRE, MORS.

Amorer, ameurer, amourer, affiler, aiguiser; prov. *amolar;* lat. *mola.*

Amoreus, amoral, amoureux.

Amorter, amortir, mettre à mort.

Amparement, rempart; **amparer,** fortifier.

Amparlier, haranguer; **amparlerie,** harangue, v. PARLERIE.

Ampatris, officier de Sarrasins, v. AUPATRIS.

Ampereir, obtenir; lat. *impetrare.*

Amperere, ampereor, empereur.

Amperier, empirer, embarrasser; lat. *pejorare.*

Amplaidier, plaider, v. PLAIDIER.

Ampleer, amplier, amplifier; **am-**

pleor, ampliator, qui amplifie ; **amplété**, ampleur ; **ampleis**, davantage.

Amplier, courtier de marchandises.

Am plus, en plus.

Amploier, plier, v. PLEIER.

Ampolle, ampoule.

Amposer, s'appuyer sur.

Ampoindre, pousser, frapper, v. EMPAINDRE.

Amprandre, entreprendre, v. EMPRENDRE.

Amprail, terre en pré.

Amprise, entreprise, v. EMPRISE.

Amprès, auprès, après ; lat. *ad prope*.

Amputer, accuser une femme de prostitution, v. PUTE.

Amsdous, tous deux ; lat. *ambo, duo*.

Amulaine, chef des Sarrasins ; corruption de El Mouményn.

Amuire, rendre muet ; lat. *amutire*.

Amure, pointe ; **amuré**, pointu.

Amurir, amoindrir.

Amusoire, jouet, v. MUSER.

Amustant, dignité chez les Sarrasins, v. AUMUSTANT.

An, pour en.

An, année ; lat. *annus*.

An, l'an, pour on, l'on ; lat. *homo*, v. HONS.

Anablé, capable, propre à, v. ABLE.

Anacaire, nacaire, espèce de timballes.

Anaise, anaises, enaises, environ, presque, en quelque sorte ; étymologie incertaine.

Anans, auparavant, v. ANS.

Anap, coupe, v. HANAP.

Anbler, prendre, voler ; **anbler** (s'), s'enfuir, v. EMBLER.

Anbrunchier, baisser la tête, devenir sombre, triste, v. ENBRONC.

Anc, anque, ainkes, ainques, jamais, le même que **onc, oncques** ; lat. *unquam*.

Ancencier, encensoir.

Ancoi, ancui, aujourd'hui ; lat. *hanc diem*, v. HUI.

Ancui, anqui, ici ; lat. *ecce hic*.

Anenit, très-cuit ; lat. *coctus*.

Anenuit, cette nuit ; lat. *hanc noctem*.

Anc, jamais ; lat. *unquam* ; **ancmais**; lat. *unquam magis*, v. ONC.

Anc, ainc, anceis, ancois, anchois, ans, avant, auparavant ; lat. *ante*, v. AINS.

Anc, exclamation de fatigue, v. AHAN.

Anceisor, anceisur, anceisorie, ancêtres, v. ANCESSOR.

Ancele, ancille, servante ; lat. *ancilla*.

Ancere, anche, cellier, cuve.

Ancerner, entourer, v. CERNE.

Ancesseur, ancessor, ancien ; lat. *antecessor*.

Ancesserie, ancisserie, ancienneté.

Ancharné, charnier, v. CHARN.

Anchaucer, chasser, v. ENCHAUCER.

Anché, recourbé ; anc. all. *anke* ; angl. *ankel*.

Anchienor, ancienor, ancianor, considéré, soit comme le comparatif, soit comme le génitif pluriel d'ancien (type primitif, *antianus*), ainsi que dans les expressions *Geste Francor* (gesta Francorum), *gent paienor* (gens paganorum), *tems pascor*, etc. Ce sont peut-être des altérations faites en vue de la rime.

Ancholie, tristesse.

Anchore, ancre.

Anci, ancie, antique, v. ANTIF.

Anciser, couper.

Anciter, exciter.

Anclin, enclin, v. ACLIN.

Ancone, image ; lat. *iconium.*

Ancor, ancore, jusqu'à cette heure ; lat. *hanc horam.*

Ancuerler (s'), prendre à cœur, v. CUER.

Ancuser, accuser, v. ENCUSER.

Andable, affaibli. Duc. v. *indebili- tatus.*

Andain, fauchée de pré ; bas. lat. *andena,* espace.

Andanse, serpe.

Andee, sentier étroit, petite allée; ital. *andare,* v. ALER.

Andementiers, pendant ce temps-là, v. ENDEMENTIERS.

Andier, chenet, auj. landier.

Andex, andeus, andoi, andoy, andous, andoux, andui, tous deux, v. AMBEDUI.

Andulsson, enduit, v. DUIRE.

Ané, anaeit, aneit, aîné, v. AINSNÉ.

Aneantement, anoiantement, anéantissement.

Anel, ânon ; lat. *asinellus.*

Anel, anelet, anhet, petit agneau ; lat. *agnellus,* v. AGNEL.

Annelage, droit sur les agneaux.

Anel, anelet, anneau ; lat. *annulus.*

Aneme, anime, anme, âme ; lat. *anima* ; **anemeus, animeus,** courageux.

Anemi, anemin, anemic, ennemi, ennemie : **l'anemi,** le diable.

Anemiable, anemiablement, difficile, nuisible, difficilement.

Anerber, empoisonner, v. ENHERBER.

Ane, anet, anete, anate, anetel, canard ; lat. *anas.*

Anet, aune (arbre).

Aneu, ennui, v. ANOI.

Anfanton, petit enfant.

Anfardelé, chargé, tourmenté.

Anfe, anfes, enfant, v. ENFES.

Anfermier, infirmier ; **anfers,** infirme.

Anfers, prisonniers chargés de fers.

Anfoir, enfouir.

Anforge, bourse, gibecière.

Angarde, ansgarde, éminence d'où l'on faisait le guet, v. GARDE.

Angarier, contrarier, suffoquer, perdre, v ANGER.

Angarie, lieu couvert où l'on ferre les chevaux.

Angarie, angorie, corvée, servitude.

Angau, Anjou.

Angel, angle, angele, angeles, aingle, angre, ange ; lat. *angelus.*

Angelin, angelical, angelial, angélique ; **angeliment,** angéliquement.

Angeleus, jaloux, v. JALOUS.

Angenne, fête de la Nativité de la Vierge, de *Anna genuit.*

Anger, tourmenter ; lat. *angere.*

Anghet, coin, lieu caché.

Angieg, engien, engin ; lat. *ingenium.*

Angigneor, trompeur ; **angignier,** tromper, v. ENGIGNIER.

Anglantine, églantine.

Angoesce, angoisce, anguisse, angustie, angoisse, embarras, difficulté ; lat. *angustia* ; dér. **angoisser, angousser,** tourmenter.

Angoisseus, angoisseusement.

Angre, ange, v. ANGEL.

Angrès, angreste, triste. v. ENGRÈS.

Angroter, être malade ; lat. *ægrotare.*

Anguenne, aine. Duc. v. *anguinalia.*

Anhaster, anaster, embrocher, v. ASTE.

Anheler, souffler, respirer ; lat. *anhelare.*

Anhiler, anichiler, annihiler, anéantir ; *ad nihilire.*

Aniable, ennuyeux, fâcheux, v. ANOI.

Anials, aniaux, aniàx, anneaux, v. ANEL.

Anicote, béquille.

Anier, ennuyer, tracasser, v. ANOI.

Anichier, nicher, faire son nid.

Anille, pièce de fer d'un moulin, terme de blason.

Anienter, réduire à rien, v. NIENT.

Anime, âme; cuirasse ou garde-cœur, v. ANEME.

Animelles, morceaux d'animaux servis sur la table.

Anis, aniz, anisse, laine d'agneau.

Anmalolé, emmaillotté, v. MAILLOT.

Annal, anniversaire.

Anne, aune, v. ALNE.

Anne, pour **ante,** tante.

Annelé, fait de mailles ou d'anneaux, v. ANEL.

Annombrer, compter, v. NOMBRER.

Annonchier, annoncier, annoncer, v. NONCHIER.

Annonerie, marché au blé; lat. _annona._

Annoy, lieu planté d'aulnes, v. ALNE.

Annnex, annotif, anuitif, annuel, v. AN.

Annuir, consentir, donner un signe d'approbation; lat. ANNUERE.

Annuncion, anoncion, annonciation, v. NUNCIER.

Anoi, anois, anui, ennui; **anoier, anuier,** ennuyer, attrister.

Anoios, anoious, aniaus, anicus, ennuyeux; **anoiance, anuianche,** chagrin; dérivé par Cabrera de l'espagnol _enoio;_ lat. _in odio;_ par d'autres, de _noxa, noxius._

Anoienter, anéantir, v. NOIANT.

Anombrer, anommer, compter, calculer; lat. _adnumerare._

Anonchalir, anonchaloir, devenir nonchalant, v. CHALOIR.

Anor, honneur, fief; **anoré,** honoré, v. ENOR.

Anorter, anhorter, exhorter.

Ampres, empres, auprès; lat. _ad, prope,_ v. PROF.

Anque nuit, cette nuit, v. ANC.

Anquieste, anquaiste, enquête.

Aquercier, anquerger, rechercher, enquérir.

Anqui, enqui, enki, ici-même; de **eccum hic,** v. IQUI.

Anquitens, accusé, fripon; lat. _inquisitus._

Anregner, éreinter.

Anirme, âme, v. ANEME.

Anroté, char embarrassé dans une ornière.

Ans, anz, avant, v. AINS.

Ans, dans, v. ENS.

Ansaige, ansage, réception dans une confrérie, ou hanse.

Ansaigne, ansoigne, enseigne, v. SENER.

Ansement, ensement, semblablement, v. ESSIMENT.

Anseor, asseor, assesseur.

Anserir, asserir (l'), arrivée du soir.

Ansette, petite anse.

Ansgarde, antgarde, angarde, avant-garde.

Ansi, anssy, ensi, ainsi; **ansy que,** de la manière que; lat. _in sic,_ v. EISSI.

Anste, lance, bois de lance. v. HANSTE.

Antain, autrefois, l'année précédente.

Antaisons, arbres nouvellement plantés.

Antaule, hantable, praticable, v. HANTER.

Ante, tante; lat. _amita;_ **antin,** bien provenant d'une tante.

Antefonier, antiphonier.

Antenois, agneau, chevreau d'un an ; lat. *ante annum.*

Anter, fréquenter, habiter, pratiquer ; angl. *to haunt* ; anc. nord. *heinta,* de *heim,* habitation ; lat. *habitare.*

Anter, planter.

Antevene, anthaine, antienne ; lat. *antiphona.*

Antise, fréquentation.

Antier, entier ; **anterement,** entièrement.

Antif, antiu, antive, anti, antie, antis, ancien ; lat. *antiguus.*

Antor, entour, entour, autour, v. TOR.

Antochier, antoscher, antoucher, empoisonner ; lat. *intoxicare.*

Antrae, carboncle, ulcère ; lat. *unthrax.*

Antre, prép., entre.

Antrer, entrer.

Antroigne, tromperie.

Antrues, antruesque, pendant, pendant que ; lat. *inter hoc ipsum (tempus).*

Anuable, facile, complaisant, qui accorde aisément ; lat. *annuere.*

Anublé, couvert de nuages ; lat. *nubilus.*

Anui, anuiance, ennui, v. ANOI.

Anuit, il déplaît, il ennuie, v. ANOIER.

Anuit, cette nuit ; lat. *hac nocte,* signifie aussi quelquefois aujourd'hui. **Anieut aneut, anuit,** ont encore cette signification dans les patois.

Anuitant, anuitement, anuistement, anuité, anuitié, arrivée de la nuit.

Anuitier, anuitir, faire nuit.

Anz, année ; lat. *annus.*

Anveiser, anvoiser, divertir, amuser ; **aveiserie,** divertissement, v. ENVOISIER.

Anvis, malgré, v. ENVIS.

Aochier, aocher, remuer, agiter, v. OSCHER.

Aol, cri de guerre, à voie, en route, v. AVOI.

Aoine, ahuine, convenable, idoine ; lat. *idoneus.*

Aoire, augmenter, accroître ; **aoit** ou **awoit,** accru ; **aoite, aoitement,** augmentation ; lat. *ad augere, ad auctam.*

Aoire, oie ; lat. *auca.*

Aombrir (s'), se mettre à l'ombre, à couvert ; lat. *adumbrare* ; **aombri,** assombri.

Aonnir, aunir, unir, aplanir ; lat. *ad unire,* v. AUNER.

Aorbir, retrécir, priver ; lat. *orbitare.*

Aordre, ordonner, **aordene,** ordonnance, v. ORDENE.

Aorer, aourer, prier, adorer ; lat. *adorare.*

Aorement, prière.

Aorger, aorser, aourser (s'), s'arrêter, se retenir à quelque chose, v. AERDRE.

Aorner, orner ; **aornement** ; lat. *ad ornare.*

Aorser, fatiguer, mettre sur le dos, v. ADOSSER.

Aost, aoust, mois d'août ; lat. *augustus* ; **aoster, aouster,** faire l'août, moissonner.

Aousterelle, espèce de cousins du mois d'août.

Aoucire, tuer ; lat. *occidere*

Aoustre, adultère, v. AVOUTRE.

Aovrir, aouvrir, ouvrir entièrement. v. OVRIR.

Aouvertement, aovertement, ouvertement, v. OVRIR.

Aovrer, aouvrer, travailler, v. OVRER.

Apactir, apastir, apastisier, faire un pacte.

Apaer, apaier, payer entièrement, apaiser, caresser ; lat. *ad pacare*, v. PAIER.

Apaisier, apaisanter, apaiser, pacifier ; **apaisement**, pacification, **apaisanteur**, arbitre, v. PAIS.

Apaines, à peine, v. PAINE.

Apalir, devenir pâle, s'affaiblir ; lat. *ad pallescere.*

Apandise, dépendance, v. PENDRE.

Apaner, nourrir (de pain), **apanage**, portion d'héritage ; lat. *panis.*

Aparagier, aparailler, apariller, appareiller, unir ; **aparillement**, union ; lat. *par*, pareil, v. PER.

Aparaistre, apparaître ; lat. *apparere.*

Aparant, aparissant, aperissant, apparaissant.

Aparecer, aperecer, devenir paresseux, v. PERECE.

Aparet, ce qui ferme un pré.

Aparier, associer, unir, marier, v. PER.

Aparler, aparoler, converser, parler ; **aparlement**, parole, v. PAROLER.

Aparmain, aparmennes, aparmannes, aparmesmes, apermismes, sur-le-champ, à l'instant ; lat. *ad per metipsissimum tempus.*

Aparoil, appareil ; **aparoiller**, appareiller, unir.

Apartenance, apertignant, appartenance, v. TENIR.

Aparçoivre, aparzoivre, apercevoir, v. PERÇOIVRE.

Apasteler, donner la patée.

Apau, bail à cens ; dér. **apauteor, apauter.**

Apel, apiel, apeaus, appel, v. APIAUS.

Apeler, apieler, appeler.

Apecier, mettre des pièces, rapiécer.

Apeleur, appelant en justice.

Apendre, appartenir à ; **apend, apens**, dépendance.

Apendre, apenre, saisir, appréhender, dépendre, appartenir, apprendre.

Apenser, s'apenser, préméditer, réfléchir ; **apens, apense**, prémédité ; **guet** ou **aguet apens**, attaque préméditée (nous écrivons aujourd'hui mal à propos GUET A PENS.

Apenscement, avec réflexion, avec préméditation.

Aperchevoir, aperchoivre, apercoivre, apercevoir.

Apercher, soutenir avec des perches.

Apercervance, action d'apercevoir ; **apercevant**, intelligent ; lat. *ad percipere.*

Aperdre, perdre.

Apers, apert, ouvert, spirituel ; **apertement**, ouvertement, **aperteté, apertise**, habileté ; lat. *aperire, apertus.*

Apertenir, apiertenir, appartenir ; lat. *pertinere.*

Apert, il appert, il paraît ; lat. *apparet*, v. PERT.

Aperte, beau fait d'armes.

Apesart, charge, poids, v. PESART.

Apeticier, apetiecer, apetiser, amoindrir, rapetisser ; **apeticié**, amoindri.

Apiau, apiax, apiaus, apiel, appel, défi, appeau ; **apieler**, appeler.

Apicquoteur, difficile, querelleur.

Apic, apier, ruche ; lat. *apiarium.*

Apietrir (s'), se gâter, se corrompre, v. PIETRE.

Apiler, empiler ; lat. *pila.*

Apilleté, ayant une pointe ; lat. *pilum*

Apiter, apitoyer, v. PITÉ.

Aplaier, blesser, contusionner, v. PLAIE.

Aplaisser, abattre, dompter, v. PLAISSER.

Apiniaus, farceurs, bouffons. Duc. v. *apinaris*.

Aplait, harnais de cheval.

Aplanier, **aplagner**, aplanir, v. PLAIN.

Apleigner, garantir, v. PLEVIR.

Apleict, **apleit**, filet, instrument, outil.

Aplier, ploier ; lat. *ad plicare*.

Aplomer (s'), s'assembler.

Aplovoir, pleuvoir en abondance, v. PLUVEIR.

Apoial, **apoielle**, **apaielle**, appui, soutien.

Apoier, **apoyer** (s'), s'apuyer, s'asseoir, v. POIER.

Apoigner, **apuignier**, empoigner, v. PUING.

Apoindre, poindre, piquer ; v. POINDRE.

Apoindre, **apointer**, mettre au point.

Apoison, pour **aqoison**, occasion, v. OCHEISON.

Apoison, poison ; **apoisonner**, empoisonner.

Apopelisie, apoplexie.

Aporcher, apporter, approcher.

Aposte, exprès.

Apostele, **apostel**, **apostoile**, **apostoire**, **apostole**, apôtre. L'Apostole, le pape ; **apostolial**, qui concerne l'apôtre ; lat. *apostolus*.

Apourpenser (s'), réfléchir, v. PENSER.

Apovrir, apauvrir, v. POVRE.

Apparer, **apparoir**, paraître ; lat. *apparere*.

Apparçonner, admettre au partage.

Appast, appât ; lat. *ad pastum*.

Appeter, **appetir**, désirer vivement ; lat. *appetere*.

Appetit de (à l'), à cause de.

Appilla, il appela, v. APEL.

Apratir, mettre en pré.

Aprecer, **aprechier**, **aprocier**, **apresmer**, **aprimer**, **aprismer**, **aproüer**, **aproimer**, **aproscier**, **aprouchier**, approcher, v. APROF.

Apresnez, apprenez.

Apreindre, **apriendre**, comprimer, accabler, v. PREINDRE.

Apresure, enseignement.

Apreuver, approuver.

Apriesser, presser, opprimer.

Apriement, compression.

Aprise, **aprison**, prise, v. PREHENDRE.

Apriver, aprivoiser.

Aprof, **aprop**, **apruef**, **apref**, auprès ; lat. *ad prope*, prov. *aprop*. cat. *aprob*.

Aproisier, mettre à prix.

Aptalos, **auptalos**, **autalos**, nom d'un animal légendaire.

Apui, appui, **apuier**, appuyer ; lat. *podium*, v. POI, PUI.

Apuigner, empoigner, frapper, du poing, v. PUIGN, PUING.

Aquater, acheter, v. ACATER.

Aqué, **aquée**, réduit au silence, v. COI.

Aquelle, écuelle.

Aqueillir, **aquellir**, accueillir, il acquelt ; v. COILLIR.

Aques, pour **alques**.

Aqueson, occasion, v. OCHEISON.

Aquester, s'enquérir ; lat. *inquirere* ; **aqueste**, requête.

Aqueton, **auqueton**, casaque mise par dessus la chemise, v. AUCOTON.

Aqucudre, accueillir ; v. COILLIR.

Aqueuter (s'), s'accouder. v. COUTE.

Aquinter, fréquenter ; v. ACUINTER.

Aquiser, **aqueoiser**, apaiser ; **aquit**, **aquis**, tranquille, v. COI.

Aquis, aquité, brûlé, détruit, v. COIRE.

Aquiter, acquitter ; lat. *quietus, quietare.*

Ara, il aura, v. AVEIR.

Arabi, arrabi, arabiais, arabe, cheval arabe.

Aracier, arachier, arager, aragier, arracher ; lat. *eradicare*, v. RAÏS.

Arager, esrager, tomber en rage.

Aragne, araignée ; **aragnée**, toile d'araignée ; lat. *aranea.*

Aragner, araigner, raisonner, v. ARAISNER.

Arain, araim, airain ; **arangier**, qui travaille l'airain ; lat. *æs, æris.*

Araine, sable ; lat. *arena.*

Araisner, araisnier, arainier, aresnier, araisonner, aresoner, mettre à raison, persuader, discuter ; prov. *arrazonar* ; lat. *rutio* ; **araini**, mis à raison, v. RAISNER.

Aramer (s'), pénétrer dans les branches (en parlant des rayons du soleil).

Aramie, arramie, défi, promesse de combat, combat.

Aramir, arramir, jurer, donner gage de combat, du goth. *Hramjan*, affirmer, selon Diez ; de l'ancien h. all. *Ramén*, viser à un combat, selon Chevallet.

Arangier, se mettre en rangs, v. RAI.

Araper, prendre, **arap**, vol. lat. *rapere.*

Araule, arable, labourable.

Arbaliste, arbalète ; **arbalestiere**, meurtrière ; **arbrier**, bois de l'arc, manche de l'arbalète.

Arban, appel d'armée ; bas. lat. *heribannum* (all. *heer*, armée, *bann*, proclamation), v. BAN.

Arboie, lieu planté d'arbres.

Arbout, arc-boutant.

Arbrer (s'), se dresser, v. AARBRER.

Arbre sec ou **sec-arbre** n'est pas un nom de lieu comme le prétend Raynouard ; c'est le bois légendaire qui, se trouvant à Hébron depuis le commencement du monde, se sécha à la mort de Jésus-Christ et reverdira quand un prince de l'Occident conquerra la terre de promission (*Voyage de Mondeville*, ch. 42).

Arbrissel, arbroissel, arbrisseau.

Arbroier, détruire.

Arc, arq, ars, arc ; lat. *arcus.*

Arcediacre, arcevesque, arceprestre, archidiacre, archevêque ; archiprêtre.

Archele, arcade, petite arche ; lat. *arca.*

Archelet, archet, archon, petit arc, arbalète, v. ARC.

Archie, archiée, arcie, portée d'un arc ; **archier, arcier**, archer.

Archeer, tirer de l'arc.

Archal, orchal, laiton ; lat. *aurichalcum* ; esp. *auricalco.*

Archaux, pieux mis pour rompre l'effort de l'eau.

Arche, arcure, voûte ; **arche**, armoire ; lat. *arca*, d'où archives.

Archon, arçon, arçun, arçon de selle, v. arc.

Archon, arcon, archet de violon.

Arcoier, archoier, tirer de l'arc ; **arcoier** (s'), se courber (comme un arc).

Arconneur, ouvrier qui travaille la laine.

Ard, art, suffixe ayant une double signification, l'une empruntée à l'allemand *hart*, dur, ou au celtique *ard*, puissant, auguste ; gallois, *hardd*, aimable ; irlandais, *art*, noble, grand.

Arder, ardoer, ardoir, ardre, brûler ; lat. *ardere.*

Ardé, brûlé; **ardure,** brûlure; ardeor, ardement, ardeur; **arder,**
ardens, ardeor, incendiaire ; **ars,**
arse, brûlé ; **arson, arsion,**
arsiun, arsis, arsin, arsure,
incendie, V. ARDER.

Ardi, ardrit, petite monnaie, liard.

Ardille, ardrille, argile.

Ardit, ardiz, hardi, V. HARD.

Arée, labour ; **arer,** labourer; **araire,**
arere, charrue; lat. *arare, aratrum.*

Aré, desséché, aride; **arer,** dessécher;
lat. *arere.*

Arengier, arenghier, mettre en
rang, ordonner, V. RENC.

Arere, arrière; **areregarde,** arrière-
garde, V. RERE, RIER.

Aregarder, garder, regarder, V.
GARDE.

Aresoner, raisonner, V. RESON.

Aresteul, arestol, arestuel, poignée de la lance, V. AREST.

**Arest, arestison, ariest, ariesti-
son,** arrêt, retard; **arestir** (s'), s'arrêter; lat. *ad retro, stare,* V. ESTER.

Argail, égout.

Argaise, broussailles. Duc. V. *orga.*

Arganette, machine de guerre.

Argant, argé, arjant, argent, argen-
tier.

Argu, pensée, présage, augure.

Argu, blâme, reproche,

Arguer, arguirer, argroier, faire
des reproches, peiner, piquer; lat. *arguere.*

Arguer (s'), s'évertuer, se peiner de.

Arieban, arrière-ban, V. ARIBAN.

Arier, ariere, derrière. **arierage
arieraje,** arrérage ; paiement d'ar-
riéré.

Arierance, refus, rejet en arrière, V.
RIER.

Arlés, bélier; lat. *aries.*

Ariole, devin ; lat. *hariolus.*

Ariscle, planche à faire des portes.

Arité, héritage, pour **érité,** V. HEIR.

Ariveison, arrivage, arrivouer,
port, rivage.

Ariver, approcher de la rive; lat. *ripa.*

Arkal, archal.

Armairier, chantre, gardien des effets
d'église.

Armaire, armarie, aumaire, armoire; lat. *armarium.*

Arlot, gueux, goujat.

Arme, âme, V. ANEME.

Armeure, armure.

Armille, bracelet.

Armin, Arménien.

Armorier, armurier ; lat. *arma.*

Armorier, armoyer, mettre des armoiries.

Arnais, harnais; V. HARNAS.

Arnauder, taquiner, tourmenter.

Arocer, arocher, aroquer, lancer
des pierres, V. ROCE.

Arodier, aroidir, devenir roide.

Aroille, oreille ; lat. *auricula.*

Arois, dressé ; lat. *arrectus.*

Aronde, arondelle, arondeau, hirondelle ; lat. *hirundo.*

Arondiller, se réunir pour murmurer
en commun, V. ROND.

Arons, nous aurons, V. AVEIR.

Arouser, arroser.

Arouter (s'), **arrouter** (s'), se mettre
en route, V. RUTE.

Arpade, poignée.

Arpe, harpie.

Arquabot, débauché.

Arquemie, alchimie.

Arrabis, cheval arabe.

Arrabis, enragé; lat. *rabidus;* ital.
arrabiato.

Arrement, dessèchement, V. ARER.

Arrabler, voler, ravir.

Arrafier, égratigner.

Arragier, arracher, v. ESRACHER.

Arragier, enrager, v. ESRAGIER.

Arrai, arrei, arroi, arrangement, ordre, parure, bagage, disposition d'un camp.

Arraier, arreer, arreier, arrier, arroier, préparer, ordonner, v. RAI.

Arraieur, sergent de bataille.

Arramier, s'obliger par serment ; **arramine,** amende par défaut, v. ARA-MIR.

Arrançonneur, voleur, qui rançonne.

Arraser, raser entièrement ; lat. *adradere, adrasus,* v. RAIRE.

Arrastle, bêche, hoyau ; lat. *rastrum.*

Arreer, préparer, ordonner, v. AR-RAIER.

Arrement, encre ; lat. *atramentum.*

Arrener, briser les reins.

Arrie, saisie, preuve, titre.

Arrite, petite pièce de monnaie.

Arroger, arrocher, parler avec arrogance.

Ars, poitrine, de *artus,* membre (Roquefort) ; de *arca,* coffre (E. Gachet).

Ars, brûlé ; **arsin,** incendie, v. ARDER.

Arsegaye, arzegaye, archegaye, lance, pique, épée.

Arsoir, hier soir, v. ERSOIR.

Art, arz, hart, lien du bois menu et tortillé.

Art, ars, art ; **artos, artillos, artilleus,** savant, habile ; **mal artos,** rusé, trompeur.

Artillier, altillier, organiser une armée, combattre ; lat. *ars.*

Artimage, le grand art, magie ; lat. *ars major.*

Artimal, sorcellerie ; lat. *ars mala.*

Artiel, artel, artuel, orteil ; lat. *articulus.*

Artrinier, atelier, et ouvrier qui y travaille.

Arval, arvolt, arvolut, arvout, caveau, arcade, embrasure, arc boutant.

Arvale, mauvais dessein.

Arzillière, argilière.

As, az, art., à les, aux ; *ad hos.*

As-les-vos, les voici, v. ES-LES-VOS.

Asaer, asaier, assaiier, essayer ; bas-lat. *exagium,* v. ESSAIER.

Asaer, aseer, aseier, aseir, asseoir, assiéger ; lat. *assidere ;* **assis,** assiégé, v. SEER.

Asaldre, asaudre, asalir, assaillir ; lat. *ad salire,* v. SALDRE.

Asalie, asalt, asaut, assaut, attaque ; il **asalt,** ou il **asaut,** il attaque ; qu'il **asot,** qu'il assaille.

Asambler, asamler, asanler, assembler : dér. **asamblée, asamlée, asanblée ;** lat. *ad simul.*

Asaneir, assainir.

Asasé, rassasié, satisfait ; lat. *ad satiatus.*

Asaudre, assaillir, v. ASALDRE.

Asandre, asaure, absoudre ; lat. *absolvere.*

Asavorer, asavourer, goûter, savourer, v. SAVOUR.

Asavoir, assavoir, savoir ; lat. *ad sapere.*

Asche, hache ; ital. *accia ;* esp. *hacha ;* lat. *ascia.*

Ascle, pièce, morceau.

Ascolter, ascouter, ascuter, écouter ; lat. *auscultari,* v. ESCULTER.

Ascondre, cacher ; **ascons,** caché.

Ascourcier, accourcer, accourcir, v. ACORCIER.

Asdans, asdenz, sur les dents, la face contre terre ; lat. *ad dentes.*

Ase, asne, âne ; lat. *asinus.*

Asener, assener, diriger, désigner, disposer ; lat. *adsignare.*

Asener, atteindre. frapper ; de l'anc. h. all. *sinnan*, tendre, selon Burguy.

Asentir, consentir ; lat. *assentire.* — **Asentement.**

Asegurer, aseurer, assurer, assuré ; lat. *securus,* v. SEUR.

Aseigneurir, aseignourir, rendre seigneur, v. SEIGNOR.

Aserer, aserier, aserir, faire nuit, faire tard ; **aserisié, aseré,** v. SEIR.

Aserrer, serrer de près, v. SERRER.

Aserviser, donner une terre à charge de service.

Aseter, établir, asseoir, v. SEER.

Ases, aset, asez, asseiz, assés, assez, beaucoup ; lat. *adsatiatus*

Aseur, sûr ; **aseurer,** assurer, v. SEUR.

Asi, si, ainsi ; lat. *ad sic.*

Asieger, mettre à sec ; lat. *adsiccare ;* bas. lat. *assewiare.*

Asis (j'), j'assiége ; **assis,** assiégé, v. ASAER.

Asnier, ânier.

Asoldre, absoudre ; **assolu, absous,** purifié, passé ; lat. *absolvere.*

Ason, asur, assur, azur ; du persan *lazurd,* d'où *lapis lazuli.*

Asopli, assoupli, suppliant, attristé ; **asoplir** (s'), s'attrister ; lat. *supplex.*

Asoager, asouager, asuager, assuager, adoucir : **asoagement, asouagement,** v. SOUEF.

Aspre, âpre ; **asprement,** rudement, vaillamment.

Asprece, aspreteit, aspérité, âpreté ; **asprir,** rendre âpre, prendre courage.

Aspreier, asproier, piquer, harceler.

Assagir, rendre sage.

Assai, essai.

Assaier, assayer, essayer.

Assample, exemple.

Assangoner, ensanglanter.

Assavanter, rendre savant.

Assée, bécasse, v. ACÉE.

Asseymer, parer, v. ACESMER.

Asserter, défricher, essarter.

Assevier, dessécher. Duc. v. *assewiare.*

Assiche, pieu, pilotis.

Assiduel, assidueil, assidu ; **assiduiement,** assiduité ; lat. *assiduus.*

Assiecte, assiette, impôt, taille, juridiction, situation.

Assier, rassasier ; lat. *satiare.*

Assil, vinaigre, v. EISIL.

Assise, taxe, assemblée.

Assisiage, district.

Assoir, hier soir, v. ER SOIR.

Assolu, passé, achevé ; lat. *absolutus.*

Assomer, terminer ; lat. *summa ;* **assomeit, en sommeit,** en somme.

Assomer, dormir, sommeiller, v. SOMME.

Assomer, surcharger, v. SOMIER.

Assomer, surmonter, dominer, arriver au sommet, v. SOM.

Assoper, assopir, heurter ; **assopement,** achoppement.

Assonier, soigner, v. SOING.

Assoper, assouper, souper, v. SOPER, SOPE.

Assorbir, diminuer, anéantir.

Assordre, surgir, v. SORDRE.

Assoreiller, nettoyer les oreilles.

Assoter, assotier, rendre sot ou devenir sot.

Assorter, mûrir, mettre en bon état.

Assouffir, assouvir, rassasier. Du goth. *sôthjan*, selon Diez.

Assovir, assouvir, achever; lat. *absolvere*.

Aste, astelle, javelot; **asteler, aster, astrer**, lancer des traits, v. HASTÉ.

Aste, astele, esteu, morceau de bois, éclat, copeau.

Aste, broche; **aster**, rôtir, mettre à la broche.

Astelier, astier, atier, grand chenet, servant à mettre plusieurs broches; **astelier**, rôtisseur.

Astilles, astereaux, astreaux, morceaux de viande rôtie.

Astener (s'), s'abstenir; **astenance**, abstinence.

Aster, être, **astaient**, ils étaient, v. *ester*.

Aster, se hâter, v. HASTER.

Astie, astique, astine, atine, querelle; **astiner**, quereller, se retrouve, selon Génin, dans l'expression parisienne *ostiner*, tu *m'ostines*, v. ATE.

Astormir, combattre, v. ESTORMIR.

Astraint, astreint, serré; lat. *adstrictus*.

As vos, v. ES VOS.

At, ad, il ou elle a.

Atácier, atachier, atacquier, attacher et attaquer, v. TAICHE.

Ataciés, atacant, de belle forme, de belle nature, v. TAICHE.

Ataine, atine, atie, atahine, querelle, tourment, jalousie.

Ataïner, agacer, chagriner, quereller, chicaner; **atains**, fatigué, ennuyé; **ataineus**, querelleur; prov. *atahi-nar, ataïnar*; bas bret. *atahinein*, chicaner, v. ATE.

Ataignamment, atineusement, d'une manière fatigante.

Atalentir, plaire, v. TALENT.

Atant, à tel point, en ce moment; lat. *ad tantum*.

Ataper, atapir, cacher, v. TAPIR.

Atarger, atargier, atarjer, atarzier, s'attarder; **atarjance, atarjant**, v. TARGER.

Ataster, marcher à tâtons, v. TASTER.

Ataint, ataing, attenant à, parent.

Atantir, tenter; lat. *tentare*.

Ate, aate, vif, bouillant, d'où **aatir, aaitir**, provoquer, quereller; **aatine**, querelle; de l'ancien norois, *at*, provocation; *etia*, provoquer.

Ate, aate,, propre à; lat. *aptus*.

Ateindre, ataindre, atandre, atteindre; lat. *attingere*.

Ateindre à cop, atteindre en frappant; qu'il **atainsist**, qu'il atteignît.

Atedier, atiédir; lat. *ad tepidus*, v. TEPDE.

Atemprer, modérer, tempérer; **atemprance**, v. TEMPRER.

Atendue, retard, attente.

Atenir (s'), s'abstenir; lat. *abstinere*.

Atenrir, attendrir; lat. *tenerescere*.

Atentis, attentif, v. TENDRE.

Ater, se hâter, v. ASTER.

Aterminer, aboutir, fixer un terme, prescrire.

Aticier, atisier, exciter, attiser.

Atie, querelle. V. AATIE.

Atiltré, titré, appareillé, instruit; lat. *titulus*.

Atierrer, atterrer, jeter par terre.

Atirer, ordonner, régler.

Atocher, atoucher, toucher.

Atoivre, joug.

Ator, atorn, atour, atourn, ornement, parure, préparatif.

Atorner, atourner, aturner, parer,
préparer ; **atourneresse,** femme de
chambre ; bas. lat. *atornare*.

Atourné, avocat, v. ATTORNE.

Atot, atout, avec.

Atoual, nom d'une plante.

Atraire, attirer ; **atrait,** attiré ;
atraiant, atraicres, atreant, at-
trayant ; lat. *attrahere, attractum*.

Atramente, encre.

Atramente, trame de tisserand.

Atraper, prendre au piége ; anc. all.
trapo ; angl. *trap*, piége.

Atraver, atrever, camper, se mettre
sous la tente ; v. TREF.

Atret, accueil.

**Atrever, atriver, atriever, atriu-
ver,** faire trêve, v. TRIVE.

Atribler, battre, écraser ; bas. lat. *ad
tribulare*, presser avec la herse, v. TRI-
BLER.

Atrie, atrier, âtre, appartement, v.
AITRE.

Atronchement, droit du seigneur,
à propos des arbres coupés ; lat.
truncus.

Atroper, atropeler, mettre en troupe,
v. TROPE.

Atroter, aller au trot ; bas lat. *trottare* ;
all. *trab*, trot ; selon Chevallet, *ire
tolutim, tolutare*, selon Diez ; gall.,
trot.

Atroté, cheval mis au trot.

Attené, exténué.

Attenir, tenir à, être parent.

Attencrir, attendrir ; lat. *ad tenerescere*.

Attinteler, adapter, préparer.

Attiquet, billet, bulletin.

Attrosser, attrousser, vendre à l'encan.

Atuiser, atuteer, tutoyer.

Aubaleste, pour **arbaleste.**

Aubeline, licou, muselière.

Auberit, aube de prêtre.

Aumbrer, aombrer, mettre à l'ombre, cacher.

Aubanie, aubaine, aubaineté,
droit d'aubaine sur les étrangers, v.
ALBAIN.

Auberc, aubergeon, haubert ; angl.
auberk ; all. *hals*, cou, et *bergen*,
garder.

Aubette, petit jour, aube.

Aubin, blanc d'œuf.

Aubigant, chef de Sarrasins.

Aubrier, hobereau, oiseau de proie.

Aubroie, aubraie, lieu planté d'arbres.

Auc, quelque chose, v. ALQUES.

Aucoton, aucton, auqueton, hoqueton, vêtement mis au-dessus de
la chemise, rattaché par Diez à l'esp.
algodon, ou *alcoton* (de l'arabe *al
qo'ton*, coton).

Auctorisier, autoriser ; **auctorité,**
autorité.

Aucube, aucuble, arcube, tente
ou partie de la tente où l'on cou-
chait, literie, couche ; de l'arabe
akubba, voûte, coupole, tente ; fr.
alcôve ; all. *alkoven* ; esp. *alcoba*.

Audessement, audacieusement.

Aufages, nom donné aux chefs sarrasins.

Auferant, auferrant, cheval de bataille ; de *ferrum*, cheval gris de fer ;
de *Waranio*, angl.-sax., cheval entier ;
ou de l'arabe *al faras* ; prov. *al feran* ;
bas. lat. *farius, ferrandus*.

Aufrique, Afrique ; **Aufrican,** Africain.

**Au, aw, auw, ange, augue, iauge,
eaugue,** eau, v. AIGUE.

Aucteur, acteur, actere, auteur.

Aue, ave, auwe, oie, oison ; lat. *auca.*

Augelot, auget, petite auge.

Augignier, anginier, ingénieur. v. ENGINIER.

Aulanie, arlanie, noisette.

Aule, halle.

Aule, méchant, fin, rusé.

Auleluie, temps où l'on chante l'alleluia.

Aulx, eux.

Aulmuce, aumusse ; **aumucier,** fabricant d'aumusses.

Aultelages, altelages, droits d'autel.

Aumacor, général sarrasin, le même qu'**Almansor,** le victorieux.

Aumaillade, filet ou tramail.

Aumailles, bêtes à cornes ; **aumeau,** jeune bœuf ; lat. *animalia.*

Aumain pour **au main,** au matin ; lat. *mane.*

Aumaire, armaire, armoire.

Aumare, homard.

Aumiere, aumosniere, bourse.

Aumenie, hospice, aumônerie.

Aunaye, aunoy, lieu planté d'aulnes ; lat. *alnetum.* v. ALNE ; ALNOY.

Aüner, aduner, réunir, rassembler ; **aün,** réuni ; **aünade,** rassemblement ; lat. *adunare.*

Auque, auquette, oie ; lat. *auca.*

Auques, auquant. v. ALQUES, ALQUANT.

Aunt, tante. v. ANTE.

Aür, cür, heur, heur bonne chance ; **bon aür, mal aür,** aujourd'hui bonheur, malheur ; venant non de *hora,* mais d'*augurium,* selon M. Littré.

Bon aürous, mal aürous, bienheureux, malheureux ; **bonaürteit,** bonheur. v. HEUR.

Aürer, cürer, rendre heureux.

Aure, souffle ; lat. *aura.*

Aureille, oreille ; lat. *auricula.*

Aürer, adorer, prier. v. AORER.

Aureveiller, auriferier, orfèvre.

Auriflamme, oriflamme.

Aurillage, essaim, droit sur les abeilles ; lat. *apicularium.*

Aurilleor, celui à qui appartient ce droit.

Ausinc, ausint, ausiment, de même, aussi.

Austarde, outarde ; lat. *avis tarda.*

Austor, austour, autour, **autourier,** qui élève des autours.

Aus, eus, eux.

Ause, toison.

Aüsé, accoutumé à ; lat. *usus.*

Austel, devant de boutique.

Aut, 3e p. subj. d'aler, qu'il aille.

Autel, autretel, tel. v. ALTRETEL.

Auter, autel ; lat. *altare.*

Auti, autain, autaigne, autor, haut, élevé ; **antime, altime,** très-haut ; lat. *altissimus.* v. ALT.

Autoir, autois, habillement de tête pour les femmes.

Auton, austie, vent du sud ; lat. *auster.*

Autresi, aussi. v. ALTRESI.

Autrier (l'), l'autre jour ; *alterum hieri.*

Antruscier, fauconnier.

Auvaire, auvoirie, adultère. v. AVOUTRE.

Anvec, auvecques, avec. v. AVEUC.

Auvergier, espèce de champ.

Auviere, vivier, pré situé dans un bas-fond.

Auvrir, ouvrir ; **auvert,** ouvert ; **auvertement,** ouvertement. v. AOVRIR.

Auwan, auwen, cette année même ; *hunc annum.* v. OAN, OUAN, UAN.

Auwe, oie ; lat. *auca.* v. OUE.

Auwe, eau ; **auwier,** distributeur d'eau. V. AIGUE.

Auxion, accroissement ; lat. *auctio.*

Auxir, augmenter.

Aval, avau, en bas (à vau l'eau, aval l'eau).

Avaler, descendre.

Avalage, avalee, descente.

Avanier, fondé de pouvoirs.

Avansance, avance.

Aveier, détourner du chemin ; lat. *a via,* v. VEIE.

Aveier, mettre sur la voie ; lat. *ad viam.*

Aveindre, atteindre ; pat. *avouindre.*

Aveinir, évanouir ; lat. *evanescere.*

Aveir, avoir ; lat. *habere.* Nous **averons,** nous aurons.

Aveir, avoir, richesse, bétail, domaine ; bas lat. *averium, averiæ.*

Avel, bijou, joyau.

Avenas, paille ou farine d'avoine.

Aver, aveir, avare ; **averement, averté,** avarice.

Averir, vérifier, devenir vrai ; **averi,** vérifié, authentique.

Avers, contre, à l'égard de.

Aversier, adversaire, ou le diable ; **aversité,** adversité.

Avertin, goutte, toute maladie attribuée à l'influence de l'*aversier.*

Avesprer, aviesprer (s'), **avespree, avesprement,** approche du soir ; lat. *advesperascere.*

Avestir, aviestir, habiller, vêtir, investir.

Aveuc, aveuques, aveu, avoc, avoec, avocques, prép. avec ; lat. *ab hoc.*

Aveule, aveugle ; **aveulir,** aveugler ; **aveuleté,** aveuglement ; lat. *ab oculo.*

Aveuvir, rendre veuve.

Aviaire, à propos.

Avial, aviaus, aviel, avien, plaisirs grossiers, débauche.

Aviement, manière de vivre, conduite.

Aviller, avilir ; **avilement, aviltance,** avilissement.

Avironner, environner ; **avironnement,** tout autour. V. VIRON.

Avitin, provenant des aïeux ; lat. *avitus.*

Avis, adviz, avis, opinion, vue, semblant

Avis, avison, avision, songe, vision. V. VIS.

Avisonkes, avisunques, à peine ; lat. *vix unquam.* V. ONQUES.

Avoer, appeler ; lat. *advocare.*

Avoer, vouer, consacrer ; lat. *voveré.*

Avoec, avec. V. AVEUC.

Avoi, aoi, aé, exclamation. Courage ! allons ! angl. *away, à voie !* (Gén.) *ah vois !* (Burguy).

Avoier, avoyer, détourner de la voie, lat. *via.* V. VEIE.

Avoine, avaine, aveine ; lat. *avena.*

Avoisier, tromper. V. ENVOISIER.

Avoler, envoler ; lat. *avolare.*

Avouerie, aveu.

Avostre, avoltre, avostre, avoutre, avuiltre, avultre, débauché, fils adultérin ; lat. *adulter.*

Avoltere, avoltierge, avoutire avoiltire, adultère ; lat. *adulterium.*

Avosmes, nous avons.

Avorte, avorton ; lat. *abortivus.*

Avoier, avoyer, avoué ; lat. *advocatus.*

Avrieu, avril ; lat. *aprilis.*

Avriol, auriol, maquereau, poisson, pêché le plus souvent en avril.

Avuer, observer le gibier.

Avule, aveugle ; **avuler,** aveugler ; *a priv.* et *oculus.*

Awalt, awelt, guet. V. GAITE.

Aweure, bonne chance ; lat. *augurium.* V. AUR.

Ax, eux.

Axelle, aisselle.

Axordre, surgir, s'élever ; lat. *assurgere.*

Ay, hélas ; **ay mi,** malheur à moi.

Aye, aide, appui, secours. V. AJUDE et AIE.

Ayé, age. V. AÉ.

Ayer, arrière. V. RIERE.

Ayer, héritier.

Ayr, colère. V. AÏR.

Ayvé, inondé. V. AIVE.

Azon, azur ; arab. Lazurd.

B

Ba, part. indiquant la dépréciation, comme **be, bas.** v. BES.

Baal, tutelle, régence. v. BAIL.

Baal, baat, bael, bacle, bâillement; **baailler, baaler,** bâiller. v. BAER.

Baallie, cuve, cuvette. v. BAILLOT.

Baance, baanche, attente, espoir, conjecture. v. BAER, BEER.

Baas, bas, chaussure.

Baasse, jeune servante. v. BAIASSE.

Baastons, baastox, bâtons. v. BAS-TON.

Baat, bât. v. BAST.

Baater, baaster, regarder, examiner, niaiser, perdre son temps; **baate,** sentinelle, gardien ; all. *behuten.*

Baater, niaiser, flâner. v. BAER.

Babaigne, babuigne, babine, lèvre de singes, mouvement des lèvres, grimace ; anc. all. *bap, baf,* lèvre ; pat. poit. *babeugne.*

Babbutier, bégayer ; lat. *balbutire.*

Babeau, petit cadeau.

Babekin, babequin, soufflet pour allumer le feu.

Babilloire, bavardage, nom donné à une chaise.

Babion, babouin, gros singe. v. BA-BUIN.

Babou, grimace, **babouniere,** masque. v. BABAIGNE.

Baboie, babiole, jouet d'enfants ; angl. *babe, baby,* enfant.

Babuin, singe, petit garçon, bouffon. Dér. **babuiner, babuinerie.**

Bac, bach, back, creux, cavité, vaisseau à boire ; celt. et all. *bach,* ruisseau, cavité où l'eau coule ; de là **bac,** navire ; **bacin,** bassin, et leurs dérivés. v. BACIN.

Bacaige, droit de passage d'un bac.

Bacaudes. v. BAGAUDES.

Bacbuc, bouteille.

Baccalai, bâtons avançant en dehors de la couverture d'une galerie.

Baccee, bacee, baceie, perle, anneau ; bas lat. *bacca.*

Bacchanalerie, orgie ; **bacchana-lissr,** faire des orgies.

Baccoler, aller à cheval sur un bâton.

Bacel, petit bâton, battoir.

Baceler, bachelier, possesseur d'un bien rural, nommé *bacelle* ou *bachelle*; puis jeune homme aspirant au titre de chevalier, à la prêtrise, à la maîtrise, etc. Dér. **baceler,** faire un apprentissage; **bacellerie,** jeunesse, adolescence.

Baceler, courtiser une femme.

Bace, bacele, bachelle, baceléc, bachellerie, terre comprenant en labour autant d'étendue que vingt bœufs pourront en labourer en un jour. Il fallait quatre terres en bacelle pour former une bannière.

Bace, bacelle, bacelette, bache-lote, jeune fille ; anc. all. *bakeler,* angl. *bachelor ;* gall. *beçan, bycan,* petit, jeune.

Bachas, gâchis, mare, cuvette, auge

dans laquelle on fait boire les chevaux.

Bachaçon, bachassou, goujat.

Bachas, bache, bauche, sorte de vêtement de dessous, couverture d'une voiture, auge, cuvette; bas lat. *bacca, baccha.* v. BAC.

Bache, paillasse d'un lit.

Bachoe, bachot, bacholle, hotte, panier, petit bateau. v. BAC.

Bacin, bacinet, cavité, bassin, casque; **bacine, bachine,** bassinoire, casserole; **baciner, bachiner,** bassiner, frapper sur un bassin.

Bacinage, droit sur le sel (pris avec un bassin); **bacinon, bachinon,** vase, tasse. v. BAC.

Bacon, flèche de lard, jambon, porc; anc. all. *bacho,* jambon; **bacquier,** cochon à l'engrais.

Bacoue, hoche-queue, bergeronnette.

Bacoule, belette, fouine.

Bacul, morceau de bois mis au-dessous de la croupière d'un mulet ou d'un âne, et qui leur bat les cuisses.

Baculer, bacler, frapper avec un bâton.

Baculer, bacler, fermer la porte avec une barre de bois.

Badace, herbe aux puces. (Roq).

Bader, baer, ouvrir la bouche.

Badailler, badayer, bâiller. v. BAER.

Badage, droit seigneurial sur les bœufs propres au pâturage.

Bade, nom de monnaie.

Bade, sentinelle; bas. lat. *bada.*

Bade, baderie, badise, ouverture de la bouche; puis plaisanterie, propos frivole. Dér. **badaud, badiner, badaire,** criard, braillard; **badayer, bader,** tenir des propos frivoles; **en bades,** en vain. v. BAER.

Badel, bedel, bedeau.

Badelarde, badelaire, baude-

laire, épée courte et large, recourbée comme un cimeterre. Duc. v. *badare, badarellus.*

Badigoines, badigoinces, lèvres; **badigoincer,** jouer des lèvres; manger.

Baee, ouverture, fenêtre.

Baelle, nourrice, sage-femme; lat. *bajula.* v. BAILLE.

Baer, bader, baailler, bahir, bayer, beder, beer, ouvrir la bouche; **bayer,** s'étonner, se moquer, bâiller; **gole, baee,** bouche ouverte; **baee, baerie,** moquerie, attente, surprise, air stupide; **baee,** ouverture. v. BADE, BADER.

Baffe, beffe, moquerie, plaisanterie; esp. et prov. *bafa;* angl. *to baffe;* anc. all. *bap* ou *baf,* lèvre; d'où **baffer, baffler, beffer,** se moquer, bafouer.

Baffe, faisceau, paquet. Duc. v. BAFFA.

Baffrer, bauffrer, manger gloutonnement.

Baffrec, baufrec, soufflet.

Bagaige, bagage. v. BAGUE.

Bagard, brave. v. BRAGARD.

Bagarre, tumulte, conflit, fanfaronnade. v. BAGAUDES.

Bagasse, espèce de tonneau. v. BAC.

Bagasse, jeune fille, se prend quelquefois dans un sens injurieux. v. BAIASSE.

Bagasser, mener une vie déréglée.

Bagatellerie, bagatelle. v. BAGUES.

Bagatin, petite monnaie.

Bagau, espèce de filet.

Bagaudes, nom donné aux paysans gaulois révoltés sous Dioclétien; bas lat. *bacaudæ;* Gaël. *boganta,* belliqueux; arm. et kym. *bagad,* troupe, multitude.

Bagette, bayette, sorte de flanelle.

Bagingnier, marchander. v. BARGUI-
GNER.

Bagnaudes, fadaises, sornettes.

Bagnaut, défendu par un ban. v. BAN.

Bagner, baingner, baigner. Dér.
bagnoire, baignoire.

Bagner, baigner, terme honnête
pour signifier le commerce avec une
femme. Duc. v. BALNERIA.

Bagnonisier, gosier.

Bagos, débauché, lâche. Duc. v. BA-
GORI.

Bagottier, niais.

Bagouler, babiller, bavarder.

Bagues, baghes, bagage, hardes,
paquet, équipage ; anc. all. *baga*, sac,
coffre ; gall. *bag, buick*, charge ; esp.
baga, corde pour attacher une charge
sur une bête de somme.

Baguer, emballer, plier bagage.

Baguette, vétille, bagatelle.

Baguetter, frapper d'une baguette ;
ital. *bacchio*, bâton ; lat. *baculus*.

Bahaler, bêler ; lat. *balare*. Burguy
cite l'imparf. BAHALEVEIT.

Bahari, bahariz, baharite, marin,
maritime ; arabe. *bahr*, mer.

Baharis, garde du soudan. Duc. v.
BAHAGNIA.

Bahegne, Bohême,

Baher, ouvrir la bouche. v. BAER.

Bahis, baif, baïs, ébahi, stupéfait,
consterné. v. BAER.

Bahu, bahuce, bahud, bahur,
bahut ; **bahutier,** qui porte le bahut
(cheval bahutier).

Bai, baiart, baien, baicus, rouge-
brun ; *cheval bai* ; esp. *bayo* ; ital.
baio ; bas. lat. *badius*. v. BAILLET.

**Baiasse, bajasse, bagasse, ba-
jesse,** suivante, et quelquefois femme
de mauvaise vie ; celt. *baches*, femelle.

Baibilie, bavette d'enfant.

Baichet, brochet.

Baichette, baichotte, jeune fille. v.
BACELLE.

Baie, bée, tromperie. v. BÉE.

Baignote, baingnote, baignoire.

Bail, baillie, bailie, baile, contrat,
tutelle, juridiction, gouvernement,
protection.

Baillee, assignation, hypothèque.

Bailler, maîtriser, gouverner, administrer, atteindre, saisir ; fut. **je bau-
rai.**

Bailler, baillir, baidre, ballier,
donner à bail ; **malbailli, mau-
bailli,** mal traité.

**Baile, baiile, bailli, baillif, bail-
lius, bailistre, balistre, balz,
bauz,** homme ou femme chargés de
porter les petits enfants, nourricier,
nourrice, gouverneur, administrateur ;
bas. lat. *bajulare, bajulus*.

Bail, baille, barrière, palissade, po-
terne, barricade.

Baille, baillet, cheval ayant le poil
roux, tirant sur le blanc. v. BAI.

Baillol, baillot, baillote, baoie,
espèce de baquet ; bas. bret. *bal*
(1 mouillée) ; angl. *pail.*

Bain, bainchete, espèce de masse,
instrument de pêche, nacelle, petit
bateau.

Baine, droit sur les poissons.

Baing, baig, bain.

Baingner (se), se baigner, se délecter.

Baioe, hotte, panier. v. BACHOE.

Baiounier, fantassin armé d'une arbalète.

Baire, barre.

Baireter, tromper. v. BARAT,

Bairigne, rangée de ceps de vigne.

Bairon, baron. v. BER.

Bais, bas, marais, eau stagnante.

Baise, oreiller.

Baisedoy, baisemain, cérémonie usitée lorsqu'on allait à l'offrande ; **bai-
sement**, baiser.

Baisse, bêche.

Baisse, basse ; **baissard**, niveleur.

Baissier, **baixier**, faire maigrir ou
essimer le gerfaut (terme de chasse) ;
baisserie, lie de vin.

Baisselle, jeune fille. v. BACELLE.

Baissier, jeune homme. v. BACE-
LER.

Baistant, procès, bataille entre deux
familles ; **baistancer**, exciter des
querelles. v. BESTANT.

Baiule, **bajule**, porteur ; bailli. v.
BAILE.

Baistans (les), nom donné aux flagel-
leurs. v. BATRE.

Baiveau, baliveau.

Bajasse, jeune fille. v. BAIASSE.

Bajoe, **baoie**, panier, corbeille. v.
BACHOE.

Bajoes, piliers de maçonnerie auxquels sont pendus les deux battants
d'une porte.

Bajule, gouvernement, administration.
v. BAILLIE.

Bal, **balle**, bail, contrat. v. BAIL.

Bal, **bail**, voile de religieuse.

Balay, **baley**, branche de genêt, balai ;
bret. *balan* ; irl. *ballan*.

Balaier, **baleyer**, balayer.

Balais, **balois**, rubis ; anc. cat. *balay* ;
bas. lat. *balasius* ; arab. *balchash*.

Balais, **balois**, criblures de blé.

Balandeur, baladin. v. BALER.

Balandran, manteau, casaque garantissant de la pluie.

Balanier, espèce de gland, genêt.

Balasque, **balaske**, enveloppe extérieure de la châtaigne.

Balatron, gourmand.

Balauste, **baluste**, fleur de grena-
dier, d'où *balustre*.

Balave, ardillon de boucle.

Balbc, **baube**, bègue ; **balbier**, bégayer, balbutier ; lat. *balbus, balbutire*. v. BAUBE.

Balcarne, sabarcane.

Balcanifer, porte-étendard des Tem-
pliers.

Bald, **balde**, **bals**, **baud**, hardi,
brave ; **baldor**, hardiesse ; **balde-
ment**, hardiment. v. BAUD.

Baldre, **baldret**, **baldrei**, **bal-
drier**, **baudré**, ceinture, bande de
cuir, baudrier ; anc. all. *balderich* ;
angl.-sax. et angl. *belt* ; lat. *balteus*.

Baldi, bai, de couleur baie.

Baldicheri, balançoire.

Bale, **balee**, **balet**, galerie couverte
par un toit en saillie ; bas. lat. *bale-
tum* ; bret. *baled*, auvent ; gall. *bala-
wy*.

Balee, **balen**, baleine.

Balegnier, **balenier**, **balinghier**,
nom de vaisseau.

Balendrier, garde-fou.

Baler, **balier**, **baloier**, **baller**,
danser, flotter ; bas. lat. *ballare* ; arm.
bala, marcher. Dériv. **baland**, **bau-
land**, **baleur**, **balestel**, sauteur,
jongleur ; **balerie**, **balestel**, **ba-
lestiaux**, danse, ballet.

Balevre, **baleuvre**, **balievre**, **bau-
lievre**, **banleffres**, le pourtour de
la lèvre ; comp. de *ba*, part. dépré-
ciative et *lèvre*.

Baleste, fronde, arbalète, grand panier ; **baliaire**, armé d'une fronde.

Balicot, basilic, plante.

Balier, **baleyer**, **balisier**, balayer.
v. BALAY.

Baligaud, fanfaron, maussade, imper-
tinent.

Balinge, berceau, langes, layette d'enfant.

Balinger, baliser, marquer avec des balises les endroits dangereux ; **baliste,** gardien d'un passage balisé.

Balle, nourrice. v. BAILLE.

Balle, balais, balois, criblures de blé ; **ballé,** pain ballé, criblé ; bas. lat. *panis tornatus.*

Ballendier, brelandier, joueur. Duc. v. BELENCUS.

Ballongnier, baillonner. v. BAER, BAAILLER.

Balme, balmier, paumier, balsime, baume, arbre : lat. *balsamum.*

Balme, grotte, caverne. Ce mot se trouve dans *Baume-les-Dames, Sainte-Baume,* etc.

Balonce, cuve de bois.

Balouar, balouard, espèce de guêtres.

Balouart, boulevart.

Balsaumite, balsamite, plante, la *casea.*

Baltee, baudrier ; lat. *balteus.*

Balzan, cheval noir ayant des marques blanches. v. BAUÇAN.

Bals, balz, hardi, vaillant. V. BALD, BAUD.

Bambais, toile de coton. Duc., v. BAMBAXIUM.

Ban, banne, corne.

Ban, baon, proclamation, service militaire des fiefs et arrière-fiefs, corvée, droit de banalité, lieu soumis à une juridiction ; bas. lat. *bannum;* anc. all. *bannan ;* de l'anc. goth. *bandvjan, banvjan,* désigner, signifier. Dér. **baneric, bannic,** armée convoquée ; **banon,** proclamation, territoire d'un ban ; **bannir,** convoquer par un ban ; **banner,** proclamer, **ost** **bannie; bannir, bandir,** saisir, vendre à l'encan, chasser, excommunier, d'où *forsbannir, forsban, forban, bandit;* **bannier,** crieur public; **bannier,** sujet au ban.

Bannement, bannissure, bannissement.

Banage, banaige, bannee, droit de banalité.

Banliue, bannier, banlieue, territoire sur lequel s'étendait le ban seigneurial ; **banvin,** droit d'arrêter la vente du vin.

Bancloche, bancloque, cloche sonnant pour appeler les habitants d'un même ban ou district ; *moulin à ban, four à ban; taureau à ban* ou *bannier.*

Bande, bandon, bende, bendon, banere, baniere, bandiere, drapeau, enseigne, bannière, puis permission, liberté.

Banerolle, banderolle.

Banoier, flotter comme les bannières, puis jouer, folâtrer. v. ESBANOIER.

Bangar, banvard, porte-enseigne.

Banard, bandier, bannier, seigneur ayant droit de porter bannière à la guerre.

Bandrai, bandrey, le fer avec lequel on bandait l'arc.

A bandon, à discrétion, origine du v. abandonner ; gall. *bann,* bande, lien ; anc. all. *binda;* all. *binden,* lier ; sansc. *band,* lier. v. BANDE.

Banastre, panier, banne, couverture mise sur les voitures pour les garantir.

Banc, banche, banque, banket, banquais, banc, siége ; **bancelle, bancillon,** petit banc. Dér. **bancage, banchage,** droit pour le banc ou la place où un marchand étale.

Banchier, banquier, celui qui perçoit le droit de banc.

Banne, bannel, banneau, banecon, bannois, banaste, banastre, banse, panier, véhicule, v. BENNE, BENNEAU ; *benna*, mot gaulois, avait le même sens.

Bancart, banchart, espèce de tombereau, brancart ; **banestier**, vannier.

Banecon, bancston, bannois, coffre troué pour garder les poissons.

Banille, vanille.

Banixier, bénir, v. BENEIR.

Bannier, baigner, v. BAING.

Banoier, se baigner, se divertir, v. BAING.

Banes, cornes ; **banut**, qui porte des cornes.

Baonois, espèce de blé.

Baptestal, châtiment, querelle.

Baptesterie, baptisement, baptême ; **baptisier, baptoier**, baptiser.

Baptisoere, robe de baptisé, v. BAUTISIER.

Bapteure, pour batture, salaire des batteurs de blé, v. BATRE.

Baquenas, bruit, tempête, bacchanal.

Baquet, petit, estropié, bancal.

Bar, part. péjorative.

Bar, baron, v. BER.

Bar, nom d'un poisson.

Bar, bart, fangé, limon ; écoss. *eabar*.

Bar, barbeau, fleur des champs.

Bar, bara, bard, civière ; anc. all. *baran*, porter ; angl. *to bear* ; de là *bardeur*, *débardeur*.

Bar, barre, barreau ; bret., irl., gaël., *barr*.

Baré, marqué de coups, v. EMBARÉ.

Baraban, bassin de cuivre sur lequel on frappait pour annoncer quelque chose.

Baracan, bouracan, étoffe.

Barage, péage. Duc. v. GRUAGIUM.

Bara, barait, barat, barate, barete, tromperie, fraude, trahison ; bret. *barad*, *barrad*, perfidie, trahison, *bradu*, trahir ; gall. *bradwr*, traître.

Barateaulx, baratere (suj.), **barateor** (rég.), trompeur ; **baratresse**.

Barater, tromper ; **baraterie**, fraude, confusion, altération des monnaies ; **barateressement**, frauduleusement.

Baragne, baraigne, femme stérile, v. BREHAIGNE.

Baratre, lieu inaccessible, gouffre, lat. *baratrum*.

Baratron, prétendue divinité des Sarrasins.

Barau, bareau, bareil, bareux, baril, espèce de mesure.

Barbacane, barbaquane, barbaquenne, barbocane, ouvrage avancé pour la défense d'une ville ou d'un fort.

Barbadoueire, barbaut, barboire, masque avec barbe. Duc. v. BARBATOR.

Barbarin, barbarime, étranger.

Barbarin, petit barbeau, surmulet, v. BARBEL.

Barbaude, sorte de cervoise ou bière, **barbaudier**, brasseur.

Barbel, barbeil, barbeau, poisson ainsi nommé à cause de ses barbes.

Barbelet, barbeau, barbillon, pointe de fer de flèche, en forme de dents.

Barbé, barbeus, qui porte de la barbe.

Barbette, petite barbe, sorte de guimpe à l'usage des religieuses.

Barbelée, gelée blanche.

Barbeiler, barbeloter, marmoter entre ses dents.

Barbelote, barbote, nom donné à la grenouille.

Barbere, barbieres (sujet), **barbeor** (rég.), **barbeterres, barbieur, barberol,** barbier ; **barbier, barboier,** faire la barbe.

Barbis, brebis, V. BERBIS.

Barbinière, lieu planté d'arbres ; **barbin,** habitant d'une barbinière.

Barbole, hache d'armes dont le fer était barbelé.

Barbote, vaisseau couvert ; **barbotard,** fait en forme de barbote.

Barbotine, absinthe de mer.

Barbouchet, barbouquet, soufflet, coup sur la bouche ; comp. de *bouche* et de *bar*, part. péjorative. Barbouquet signifie aujourd'hui une écorchure ou un petit bouton au bord des lèvres.

Barbuce, barbutte, espèce de casque ; **barbué, barbuté,** soldat coiffé d'une barbuce.

Barche, barque, navire, V. BARGE.

Barche, meule, tas de foin ou de paille. Duc. V. BERGA.

Barcil, barcuel, barcuil, bareil, baril, mot celtique.

Bardac, bardal, nom donné à l'alouette, à cause de son chant ; bas. lat. *bardæa, bardala,* V. BARDE.

Bardache, gaule servant à abattre des fruits ; **bardacher,** gauler.

Barde, hache, arme offensive ; anc. all. *bart.*

Barde, bart, bar, fardeau, bât ; bas. lat. *barda,* bât.

Barde, bardie, ancienne armure, faite de lames de fer ; tranche de lard dont on entoure certaines pièces de gibier. Bardé de fer, bardé de lard ; bas. lat. *barda ;* ital. *barda,* caparaçon ; **barder,** paver ; **bardement,** pavage.

Bardies, espèce de chiens de chasse.

Bardoire, nom donné au hanneton.

Bardolin, jeune mulet.

Bardot, bardou, lourd, âne, servant de jouet ; ital. *bardotto ;* lat. *bardus.* V. BARDE.

Bardic, barde, joueur d'instruments, mot celtique ; bas. bret. *barz.*

Bardiere, feu de joie.

Bareigneté, stérilité. V. BREHAIGNE.

Baregnon, bourse, gibecière.

Baret, cri de l'éléphant ; **bareter,** crier ; lat. *barritus.*

Baretelle, colifichets, bagatelles ; **bareter,** troquer, échanger. V. BARATER.

Bargain, bargaine, barguigne, marché, profit, temporisation.

Bargainer, bargaigner, bargingnier, barkenier, marchander, temporiser, barguigner ; angl. *bargain ;* arm. *bargagn ;* goth. *borga ;* sax. *borgean ;* bas. lat, *barganniare.*

Bargaul, le gras de la jambe.

Barge, barque, embarcation ; **bargote, barguette,** petite barque.

Bargelade, idem.

Barge, barche, meule de foin ou de paille.

Bargis, bouffi, gras.

Barillet, barius, barisel, barizel, bariziaus, petit baril.

Baruchel, barucheaux, grand baril.

Barilat, barilleau, faiseur de barils ; **bariller,** officier de l'échansonnerie.

Barigel, barizel, chef de sbires ; esp. et port, *barachel ;* bas. lat. *barigildus.*

Baritoner, **baritoniser**, danser, chanter, jouer d'un instrument.

Barlei, barley, orge, grain; goth. *bar*.

Baron, (**ber** (suj.), **baron** (rég.), homme, mari, baron; **baronnesse**, femme d'un baron; celt. *fear*, *vir*, d'où *farones*, *varones*. Selon Diez, de *bairen*, porter; de là *baron*, homme fort; dér. **barnie**, **barunie**, seigneurie d'un baron.

Barnage, **barnaige**, **barnaje**, **barné**, **barnil**, assemblée de nobles, par suite, naissance illustre, courage, grandeur d'âme.

Barnillement, d'une manière digne d'un baron. v. BER.

Baron, sot, hébété, mari dont la femme est infidèle.

Barot, charriot, charrette longue.

Barquenier, marchander. v. BARGAIN.

Barquiau, bassin, réservoir.

Barrage, droit payé aux barrières.

Barre, retranchement, clôture de terre, barre; bas. lat. *barra*, mot d'origine celtique.

Barrette, **barratte**, **barroueste**, brouette, charrette.

Barré, bigarré, moucheté; les frères Barrés (de jaune et de blanc).

Barri, quartier d'une ville, faubourg; **barrian**, habitant de ce quartier; **barrier**, portier préposé aux barrières; **barrolle**, bureau du barrier.

Barrement, cessation de gages; **barran**, **barren**, levier, verrou.

Barrier, **barroier**, **barroyer**, **barreter**, retarder, contester, débattre.

Barroiement, contestation.

Barrel, juridiction, barreau, exception, défense, fin de non-recevoir.

Barrer, **barroyer**, plaider, débattre, discuter.

Barrois, foret, vrille; **barronnier**, outil de charpentier.

Barroise, femme de mauvaise vie. Duc. v. *barrizare*.

Barrot, **barruyer**, tombereau.

Barseul, berceau; bas. lat. *berciolum*. v. BERS.

Bart, moellon, pavé.

Barte, **bartas**, buisson, bouquet de bois, touffe d'épines, broussailles.

Barter, tromper. v. BARETER.

Bas, **base**, **baisse**, bas, basse; celt. *bâz*, *bâs*, *bass*, peu profond; bas. lat. *bassus*.

Basser, baisser; **basseté**, **basseur**, bassesse; **bassement**, **bassettement**, à voix basse.

Bassic, évier, petit canal, latrines.

Bassiere, vallée, porte d'écluse.

Basanier, vendeur de cuir ou de souliers.

Bas, **basset**, effilé, mince, délicat; **bas**, espèce de filet.

Basse, base; **basseur**, mauvais état d'une chose.

Basset, petite table.

Bassein, plus bas, opposé à **susein**, supérieur.

Bassier, mineur, pupille.

Basaach, pacha.

Bascade, **bascaude**, **baschoe**, **baschoue**, panier; bret. *basgawd*, *basged*, corbeille, panier; **baschonier**, conducteur de chevaux chargés de paniers ou *baschoes*. v. BACHOE.

Bascle, rate, fressure; Prov. BESCLE.

Base, **baseleire**, épée courte, coutelas.

Basi, **basy**, mis à bas, mort.

Basiles, **basilique**, **basiliquot**, basilic; **basil**, **basiles**, en manière de basilic; **basilic**, nom donné à une couleuvrine.

Basilque, baseuque, basoque, basoche, cour de justice ou corporation des gens de justice ; lat. *basilica,* lieu où se tenaient les tribunaux.

Basme, basmette, grotte, caverne. v. BALME.

Basme, bausme, bosme, baume ; lat. *balsamum.*

Basquier, maître d'un bac. v. BAC.

Basquiner, ensorceler.

Bassaque, sac de paillasse. Roq.

Basse, basselle, servante, jeune fille. v. BACELLE.

Bassegue, bourdon, battant d'une cloche.

Bassinage, droit sur le sel. v. BACIN.

Bassouer, coudre légèrement, faufiler. Roq. v. BASTIR.

Bast, ébattement. v. ESBATTRE.

Bast, bât, selle à l'usage des bêtes de somme, origine de la plupart des mots signifiant porter, établir, bâtir ; bas. lat. *bastum.* v. BASTON.

Bast, bastardage, bastardie, bâtardise.

Bastard, bastars, bastarz, bastart, bâtard, tiré autrefois du celt. *bâs,* bas, et **tarz,** extraction, expliqué aujourd'hui par les expressions *fils* ou *fille,* de *bast* ou de *bât.* v. BAST.

Bastardon, petit bâtard, *vin bastart,* vin frelaté ; moulin *bastart,* moulin banal.

Bastage, droit sur les marchandises portées à bât.

Baster, mettre un bât.

Baste, couture grossière, faufilure ; **bastir,** faufiler, sens actuel du v. bâtir. Burguy le fait dériver de l'anc. all. *bestan,* raccommoder.

Baste, chaton, enchâssure.

Basteleaux (joueur de), joueur de gobelets, jongleur.

Bastel, basteaulx, mesure pour les grains.

Bastel pour **batel,** petit bateau ; angl. sax. *bat ;* angl. *boat.* v. BATEL.

Bastelier, basteleur, charlatan ; **bastelage, bastellerie, battelerie,** charlatanerie.

Baster, suffire, être en bon état ; **bastant,** suffisant ; ital. *bastare.* v. BAST.

Bastir, bâtir, former, établir, arranger. v. BAST et BASTON.

Bastide, bastie, bastille ; **batille,** tour, château, forteresse ; bas. lat. *bastia.*

Bastiller, assiéger un fort.

Bastiere, espèce de sac attaché à un charriot.

Baston, geôlier.

Baston, bâton ; **bastoncel,** petit bâton.

Bastonné, armé de bâton.

Bat, queue de poisson.

Bat, batel, batax, batias, batiaus, bateau, nacelle ; **batequin, baudequin,** petite nacelle ; all. *bootschen.* v. BAC.

Batan, bateor, moulin à fouler les draps ; **batail, batel,** partie du moulin par où tombe la farine. v. BATRE.

Bateys, taillis.

Bateys, juridiction, ressort.

Batre, battre, frapper ; bas. lat. *batere,* et *batuere.*

Batre sa coulpe, se confessser en se frappant sur la poitrine.

Bateis, battement, bateure, malheur, bataille, querelle.

Batel, batoil, bataille.

Batemare, battelessive, bergeronnette, **batouer,** battoir.

Batcilleus, batailleur ; **batilleur,** soldat.

Batison, action de se battre ; **batti-
son,** manière de pêcher en battant
l'eau.

Batraie, sorte d'armure, massue.

Batues, grain battu.

Batture, signal du combat.

Bau, beau. V. BIALS.

Bau, poutre transversale sontenant le
plancher d'un navire ; all. *balken,*
solive ; **baube,** levée, chaussée.

Baube, baubeterre, bègue ; lat.
balbus ; **bauboyer, baubeter,** bégayer, balbutier ; **baubi,** stupéfié,
ébaubi.

Baubes, lèvres, grimaces.

Baucale, seau, vase à rafraîchir,

Bauçan, bauceant, baucent, cheval tacheté de noir et de blanc.

Bauch, sot, nigaud.

Bauche, esseau, bois pour couvrir les
maisons.

Bauche pour **bache,** auge, couverture. V. BACHE, BAC.

Bauche, bauge, boge, petite habitation ; **bouge,** creux où se place le
sanglier ; bas. lat. *bogia.*

Baud, bauld, hardi, joyeux, fier,
adroit, rusé ; anc. all. *bald, pald* ;
angl. *bold* ; goth. *balth,* libre, hardi
(on dit encore aujourd'hui *chien baud,
alouette baude*).

Baudement, gaiement, hardiment.

**Bauderie, baudor, balderie,
baldor,** joie, fierté.

Baudir (se), **s'esbaudir, s'esba-
dir,** se réjouir. V. BALD.

Baudet, baldet, nom de l'âne ;
baude, ânesse.

Baudas, Bagdad ; **baudequin, baudekin,** étoffe de soie et d'or, et par
extension dais, baldaquin ; ce mot est
dérivé de la ville de Bagdad d'où
était tirée l'étoffe de soie.

Baudequin, baudekin, petite monnaie. Duc. V. BALDEKINUS.

Baudel, bal. Roq.

Baudelaire, coutelas, sorte d'épée
courte.

Baudran, désordre, tumulte.

Baudre, baudree, courroie, bande
de cuir ; **baudré, baudret,** baudrier.

Baudroyer, faiseur de baudriers ;
baudroyeur, corroyeur. V. BALDRÉ.

Baudroy pour **baudroie,** nom d'un
poisson dont la bouche est fort
grande.

Baudufle, baudufe, baudufin,
toupie, sabot, jouet d'enfant.

Bauffrée, soufflet. Duc. V. BUFFA.

Bauffrer, manger gloutonnement.

Bauge, serpe.

Bauhier, marchand de porcs.

Bauke, esseau ; bois servant à couvrir
les maisons.

Baulevre. V. BALEVRE.

Baunable, baynable, baynaule,
sujet à la banalité.

Bausant. V. BAUÇANT.

Bausme, baume. V. BASME.

Bausser, creuser, faire un trou.

Baut (qu'il), 3e p. du sub. du v. bâiller.

Bautisier, baptiser ; **bautisement,**
baptême ; **bautestire,** baptistère.

Bau, bauz pour **balz,** tutelle, être
én *bau,* être au pouvoir d'un autre.
V. BAILLIE.

Bauz, joyeux. V. BAUD.

Bave, baverie, baverne, bavie,
moquerie, parole futile.

Bave, bave, bavard ; bret. *babouz* ;
gael. *baw.*

Bavasser, baver, bavarder, se moquer ; **baveus, bavous,** bavard,
moqueur.

Bave, sottises, injures.

Baverolle, bavierre, visière ou mentonnière d'un casque.

Bavolée, coiffe, bavolet.

Bavoler, voltiger, voler bas, terme de chasse.

Bayard, curieux. V. BEER.

Bayart, baiart, boyard, civière, cuvette.

Bayche, bêche.

Baye, truit ; lat. *bacca.*

Baye, coutelas, épée courte.

Baye, tromperie ; **bayeur,** trompeur. V. BEER.

Bayer, bayer, ouvrir la bouche. V. BEER.

Bayerie, baillerie, bailliage.

Baze, bazelaire, épée courte. V. BADELAIRE.

Bé, particule péjorative.

Be pour **bis,** deux fois.

Bé pour **bec.**

Bé pour **Dé,** Dieu ; **por le cor Dé,** par le corps de Dieu.

Beal, bealage, canal, fossé creux.

Beals, beaus, beax, bials, biax, bians, beau ; **bealté, bialté, biauté,** beauté ; **faire par beau,** agir de bon cœur. V. BEL.

Beance, désir, espérance. V. BEER.

Beasse, servante. V. BAIASSE.

Beaufroi, beffroi. V. BELFREI.

Bec, bes, bé, bec, mot gaulois qui se trouve dans le bret. *bek, beg* ; irl. *bac.*

Bec de cane, soulier à la poulaine.

Bec de corbin, bec de faucon, noms donnés à une arme de guerre.

Bec d'oie, nom donné au marsouin.

Becade, becquée d'un oiseau.

Bech, le beche, vent du S.-O. ; esp. *lebeche* ; ital. *lebeccio* ; anc. prov. *abech,* mot d'or. arabe selon Mayans.

Bechet, bécquet, nom donné au brochet. Duc. v. BECCHETUS.

Bechier, bequer, becqueter. Dér. **becquettement.**

Bechier, bêcher ; **bechole,** portion de terre qu'un homme bêche en un jour. V. BESCHE.

Bechotte, jeune fille. v. BAIASSE.

Bechu, ayant un nez en forme de bec d'oiseau.

Bechus, canal, bec.

Becon, besson. V. BISSON.

Becnaude, criard, mauvaise langue.

Becquerel, bavard.

Becquerelle, brocard, médisance. Prov. *becud.*

Becquoisel, arme en forme de bec d'oiseau.

Becuit (cuit deux fois), biscuit.

Bé d'ane, bec d'âne.

Bedel, bedelet, bediaus, bedeax, bedeau, sergent, qualification injurieuse ; bas. lat. *bedellus* ; anc. all. *bütel* ; all. mod. *büttel,* crieur public.

Bedel, bedele, veau, génisse ; prov. *bedelo* ; lat. *vitellus.*

Bedier, sot, grossier.

Bedille, cordon ombical.

Bedoil, poulain, jeune cheval.

Bedoil, arme en forme de serpe.

Bedon, bedondaine, ventre rebondi, bedaine, tambour ; **bedonner,** battre la caisse ; **bedonnerie,** son du tambour.

Bedon, poulain, jeune cheval.

Bedonneau, bedouan, bedouáu, nom donné au blaireau.

Bedos, forain, étranger.

Bedoge, petite maison, cabane.

Bedoin, beduin, beduyn, bedowin, beduin, beduyn, Bédouin ; au figuré, voleur, pillard.

Beduist, étourdi, mal dirigé, sans raison ; lat. *male doctus*.

Bee, baie de fruit ; lat. *bacca*.

Bee, oûverture de la bouche, attente, espoir, moquerie, risée. V. BAÉE.

Beer, beier, bayer, bader, beder, railler, se moquer, ouvrir la bouche, désirer ardemment. V. BAER, BADE.

Beeguenle, qui ouvre la gueule, bégueule.

Beeleur, criard.

Beeste, bête.

Beffe, bourde, moquerie ; prov. *bafe*. V. BAFFE.

Beffer, beffler, se moquer, bafouer. Dér. **beffleur, befflerie** ; all. *baffen*, résonner, aboyer. V. BAFFER.

Beffrays, beffroil, berfreil, beffroi, prison, nom donné à l'écu vairé. V. BELFREI.

Begauld, begaut, begaux, sot, nigaud ; **begaùder**, niaiser.

Begard, beguards, besgards, beguins, hérétiques du treizième siècle, frères convers de l'ordre des mendiants; angl. *to beg*, demander.

Bege, beige, roux, roussâtre. V. BIS.

Begee, espèce de grain.

Beginage, institut des béguines.

Begude, cabaret, bouchon, lieu de rafraîchissement; pat. norm. *bijude*, nom donné à certaines habitations isolées.

Begue, nom d'un poisson.

Begué, vegué, huissier, sergent, viguier.

Behaigne, behaine, beheinge, Bohême; **behaignon, beheingnon**, Bohémien.

Behistre, behite, tempête, calamité.

Behord, behordeis, behourd, beourt, boourt, bouhourt, joute, choc de lances, mêlée, bruit, querelle.

Beorder, behorder, beourder, boorder, burder, jouter, combatire.

Behourdie, behourdich, behourdiz, lieu où l'on joute, et aussi jour du combat (le 1er dimanche du Carême). Duc. V. BOHORDIUM.

Behou, perche de bois.

Behure, joue, visage.

Behute, espèce de vin.

Beille, bègue ; **beiller**, balbutier. V. BAUBE.

Beiole, beihole, portion ou mesure de terre.

Berrage pour **barrage**.

Beisier, baiser.

Bejane, bejaune, jeune oiseau, ignorant, sot (*bec jaune*).

Beivre, bevre, baivre, boivre, boire ; esp. et port. *bebere* ; lat. *bibere*. Dér. **beiverie, beivrage, buverie**.

Bel, biel, bieu, beau, joli, agréable; **belée, bellée**, belle ; lat. *bellus*. V. BEALS.

Bel, doucement, agréablement.

A mon bel, à mon aise.

Belainge, étoffe grossière.

Belamie, espèce de tunique ou de vêtement.

Belaud, belotte, dim. de **bel**.

Bele, belete, belette. V. BEL.

Bele, espèce de javelot; **belen**, aigu, pointu.

Belet, belette, nom donné à l'aïeul ou à l'aïeule.

Belfrei, belfroi, belefroi, berefreil, berfroi, beffroi, tour de sûreté ayant une cloche ; bas. lat. *belfredus, berfredus, berefredus* ; ital. *battifredo*; angl. *belfrey* ; all. *bergen*, garder, et *friede*, sûreté ; anc. all. *berevrit* (*bere*, tour, *writ*, conserver). (Diez.)

Belgeois, Belge.

Belhue, bellue, fourberie, mensonge, v. BELLUGUE.

Belie, beléc, étable à moutons et autres bêtes dites *belines.*

Belin, mouton, bélier franc, de *vellus,* toison (Ménage); *balarius (balare),* bêler (Grimm); *bellaria, bella,* flam. *bell,* cloche (Diez), à cause de la clochette mise au cou du bélier, *dux gregis.* Dér.: **bellière,** anneau auquel est suspendu le battant des cloches; **Beller,** bêler; **bellart,** grondeur.

Belin, beline, belif (de), de travers.

Beliner, tromper.

Belistre, bellistre, belleutre, pleutre, gueux, mendiant. Dér. **belistrerie, belistrandie, belîstraille;** ital. *belitrone;* étym. div. : lat. *balatro,* vaurien; all. *bettler,* mendiant; *ballistrarius,* soldat servant les balistes.

Bellant, brelan, jeu de hasard.

Belle pour **baille,** fortification d'un château. V. BAILLE.

Belleant, Bethléem.

Bellezour (Cant. de sainte Eulalie), **bellisour,** plus beau.

Bellicatif, bellique, belliqueur, belliqueux.

Belleier, belliver, marcher de travers, trembler.

Belloi, mensonge, fausseté. V. BESLEI.

Belloie, sorte de bâton.

Bellong, bellongue, bellonc, inégal en longueur.

Beloce, belloce, belloche, prunelle, prune sauvage, par suite chose de peu de valeur; bas. lat. *baluca;* irl. *buloz;* écoss. *bulas.*

Belose, balose, espèce de drap; **beloincheus,** fabricant de belose.

Belté, beauté. v. BEL.

Belude, belue, bellue, homme farouche, sauvage; lat. *bellua.*

Bellugue, étincelle, lueur; **belluette, bluette,** petite étincelle; prov. *belluga;* ital. *barlume,* de *lux,* lumière, et *ber, bes,* part. péjorative, fausse clarté, éblouissement, mensonge.

Beluguc, machine de guerre en forme de bête.

Belute, belutel, 1° bluteau, 2° écuelle, jatte; bas. lat. *butellus.*

Beluter, bureter, bluter.

Belusteur, bluteur.

Belzoin, benjoin.

Bemis, 1° faible, nigaud, mis de travers; 2° bois échauffé, à demi pourri.

Ben, ber, bien.

Benade, benaste, benaton, hotte, panier, vanne.

Benatiers, ouvriers employés aux salines.

Benbence, bombance.

Bende, bendel, bandeau.

Bendé, bendié, bandé, voilé, galonné.

Benderet, chef de bande. v. BAND.

Belleneau, pour **benneau,** tombereau; **bellenée,** charge de **belleneau.**

Bene, benne, benel, beneau, beniau, banneau, charriot, tombereau; celt. bret. *benna;* gall. *ben;* irl. *fen;* écoss. *feun.* V. BANNE.

Ben aüré, ben auroüs, benheuré, heureux, fortuné.

Benaurté, bencureté, bonheur; **ben auronsemsnt.** V. AÜR.

Beneir, benesir, beneyr, beneistre, benistre, benoyer, benesquier, bénir; lat. *benedicere.* **Diex vos beneïe,** Dieu vous bénisse!

Beneicun, bencichon, beneison,

bénédiction; **benei, benai, benay, benet, beneet, benoit,** béni, bienheureux; signifie aussi sot, benêt. Lat. *benedictus*; prov. *benazet.*

Benigne, benin, bienveillant. Dér. **benignement, beniguiteit, benignitet.**

Beneuré, benuré, benereus, heureux, chancéux; **beneurer, benurer,** rendre heureux. Dér. **beneurement, beneureté.** V. AÜR.

Benevis, bienfait, bénéfice.

Beneviser pour **boneviser,** abonner, fixer. V. BONNE, BENIVOLENCE.

Benoier, benaistre, bénir.

Benoist, benoite, bénit; **benoistier,** bénitier. V. BENEIR.

Bennage, droit sur le vin vendu dans l'étendue du *ban* seigneurial.

Benne, bennie. V. BANNE, BAN, BANNIE.

Bennes pour **bendes,** troupes. V. BAND.

Benus, ébène.

Beol, cuve.

Beou, bou, boux, bouleau; lat. *betula.*

Bequasse, bécasse. V. BECASSE.

Beque, bequet, brochet. V. BÉCHET.

Bequereaulx, agneaux d'un an.

Ber, part. péjorative. V. BE, BES.

Ber, beir, biers, homme, mari, baron, preux, vaillant. V. BARON.

Ber, berc, bers, berz, bier, biersch, bercheul, bercuel, berseuil, berceau.

Bercelet, petit berceau.

Berceresse, berceuse; bas lat. *bersa,* panier d'osier, claie; rattaché par Diez à *berser,* chasser à l'arc. V. BERSER; et tiré par Ménage de *versare.*

Bercer, chasser. V. BERSER.

Berbere, épine-vinette.

Berberie, profession de barbier.

Berbi, dartre, chancre.

Berbis, brebis; **bercil,** bercail; lat. *vervex, vervicale.*

Bercier, berchier, berquier, berger. Dér. **berchun, bergerot,** petit berger; **bergerotte,** petite bergère; **bergine** brebis.

Berce, bêche. V. BESCHE.

Bercochier, bescochier, 1° tromper; 2° lancer une flèche.

Bercerette, bercherette, nom d'un petit oiseau.

Bercier, berger. V. BERCIER.

Bere, poison, venin.

Bere, bière, cidre.

Berele, berelle pour **barcle,** dispute, désordre; prov. *baralh,* v. BARAT.

Beret, berrel, barrette, berrette, bonnet; écoss. et irl. *bairead, bioraide.*

Berfreit, berfroit, berefreit, beffroi. V. BELFREIT.

Berichet, berichol, nom donné au roitelet.

Bergain, troc, marché; **bergainir, berguigner.** V. BARGAIN.

Bergaman, coutelas, courte épée.

Bergi, beurgi, bourgi, écurie, remise.

Bergine, brebis. V. BERBIS.

Bergue, barque. Duc. v. *barga.*

Beriele, beril, pierre précieuse, cristal, orig. du mot *besicles.*

Berie pour **blerie,** office de garde de blés.

Berle, cresson de rivière.

Berlingue, mesure deux pintes environ.

Berlong, allongé d'une manière disgracieuse.

8

Berlongue, cuve de forme ovale.

Bermeneus pour **vermineus,** plein de vers.

Berman, bermen, courtier, commissionnaire.

Bernage. v. BARON, BARNAGE.

Bernage pour **brenage,** redevance pour la nourriture des chiens de chasse du seigneur; **bernier, brenier,** valet de chiens. v. BREN.

Bernaudet, bernadet, nom d'un poisson.

Berne, étoffe de laine grossière; esp. *bernia;* origine du v. *berner,* la *berne* étant l'étoffe dont on se servait pour faire sauter en l'air celui que l'on bernait.

Bernart, niais, qui a été berné.

Bernement, action d'être berné.

Berne, aune, nom d'arbre.

Bernil, fort, puissant. v. BARNIL.

Beronche, guerre, bataille.

Berquier, berger. v. BERCIER.

Berr, court, bref. v. BERT.

Berri, crochet, anneau.

Berris, campagne unie, plaine.

Berroiche, berroige, instrument de pêche.

Berrier, berroier, berruyer, barruier, d'abord habitant du Berry, puis preux, vaillant, aventurier, soldat d'avant-poste; employé enfin comme une qualification injurieuse. C'est aussi le nom d'une arme de guerre.

Berser, bierser, tuer avec une flèche, chasser à l'arc, giboyer; all. *bürschen,* tiré par Ducange de *bersa,* haie, clôture.

Bersault (char de), chair de venaison.

Bersail, berseil, bersault, but, point de mire.

Bersailler, berseiller, bersaul- der, tirer des flèches, atteindre le but.

Berselet, chien de chasse.

Berseret, couteau; **berserez,** carquois.

Bert, court abrégé, abrévation.

Bertel, petit poids, peson.

Bertauder, bertolder, bertoder, bertouder, bretauder, couper, châtrer; **bertaud,** châtré, mutilé. Etym. div. : anc. all. *bretan,* mutiler; ital. *berta,* instrument, hie; *berta,* moquerie; celt. *bearr, bearta,* couper, écourter. M. Littré le tire simplement de *tondere,* précédé de la part. péjorative *ber.* Burguy le compose du mot d'orig. celtique *berth, bert,* riche, beau, parfait, et du privatif *ud, od,* de sorte que **bertoder** signifierait ôter ce qui rend beau.

Bertart, bâtard.

Bertesce, bretesche, créneau, palissade.

Bertoneau, nom donné au turbot.

Bertremil, bertremieu, Barthelémi.

Bes pour **bis,** préfixe ajoutant le sens de double, et par suite celui de mal fait et d'inconvenant.

Bes, bez, glu, bouleau.

Besael, bisaïeul.

Besas ou **beset,** double as, au trictrac.

Besague, bisaigue, hache à deux tranchants; lat. *bis* et *acutus;* prov. *bezagudo.* v. AGU.

Besaigre, aigre.

Besaine, bezenne, ruche à miel; pro. *bezana.*

Besainne, brebis de deux ans.

Besaive, bisaïeul; lat. *bis, avus.*

Besal, besaliere, besalite, canal, rigole.

Besanche, morceau, fragment.

Besante, grand'tante ; lat. *bis, amita*. v. ANTÉ.

Besche, bêche ; bret. *bac'h* ; irl. *bac* ; gall. *bac*. v. BESSE.

Beschole, **bechole**, portion de terre qu'un homme bêche en un jour.

Besche, **bescheron**, bec, pointe. v. BEC.

Beschut, qui a deux becs, deux pointes.

Beschevet, grand chevet de lit, double chef. v. CHIEF.

Bescle, **bascle**, foie ou rate.

Bescocier, **bescochier**, **besquocier**, 1° lancer un trait ; 2° voler, escamoter.

Bescousse, secousse, agitation.

Besecl, **besees**, bisaïeul.

Besenage, droit sur les ruches d'abeilles.

Beser, **bezer**, s'effaroucher, en parlant des vaches piquées d'une mouche ; bas. all. *biso*, *wiso*, taon.

Besgoier, bégayer.

Besiart, **besiat**, **beziat**, jeune oiseau, jeune homme, délicat, mignon.

Besiadure, délicatesse, mignardise. Duc. v. BEJAUNIUM.

Besiecles, besicles, lunettes, tiré ordinairement du lat. *bis oculus* ou *bis cyclus* ; et avec plus de raison, de *béril*. v. BERICLE.

Besier, **beser**, baiser ; lat. *basiare*.

Besille, peine, tourment ; **besiller**, blesser, mutiler.

Besir, dessécher une viande en la faisant trop rôtir.

Besivre, ivrogne ; lat. *bis ebrius*.

Besjuger, juger de travers.

Beslei, **besloi**, mensonge, injustice. v. LEI.

Beslong, oblong, ovale, **bes long**.

Besoche, **besog**, **besoiche**, bêche, pioche. v. BESSE.

Besoing, **besuing**, **besoigne**, **busuin**, **besoignement**, besoin, nécessité, travail, besogne.

Besogner, travailler ; **besuiner**, avoir besoin ; **besoingnable**, **besoignablement**, **besuingneus**, **besoigneux**, **besoignos**, **besoingné**, **besoingnet** ; prov. *besonh* ; bas lat. *bisonium*. v. SOING.

Beson, **besot**, **boson**, **bozet**, jeune enfant ; **bosotte**, **bozonette**, jeune fille. Duc.

Besongle, grand-oncle, lat. *bis avunculus*.

Besot, malheur : **porter besot**, porter malheur.

Besquines, basques d'habits.

Besquit, **bescuiz**, biscuit, *bis coctus*.

Bessache, besace.

Bessarole, alphabet.

Besse, **besoche**, **besolz**, **besole**, **besoy**, bêche, tuyau.

Besson, qui remue la terre avec une bêche.

Bessié, **bessi**, baissé.

Bessière, lieu bas et marécageux.

Bessole, gué de ruisseau.

Besson, **basson**, **bessone**, **beçon**, **bisson**, **bossan**, jumeau ; bas. lat. *bisso*, de *bis*.

Bessinade, accouchement de deux jumeaux.

Bessos, bête sauvage.

Bestandie, **bestance**, suffisance, abondance. Italien *bastare*, suffire. v. BIENESTANCE.

Bestanser, contester, disputer ; **bestance**, **bestene**, dispute, débat. v. BES et TENSER.

Bestard, bâtard. v. BASTARD.

Beste, bête ; **bestial**, **bestiale**, bes-

telette, petite bête ; **besterie,** bestialité.

Bestiasse, sot, nigaud.

Bestiaire, recueil de moralités sur les animaux.

Bestorder, contourner ; **bestorner, bestourner,** tourner à mal, tourmenter. V. TORNER.

Bestors, tortu, mal tourné, lat. *tortus.* V. TORDRE.

Bestourder, couper irrégulièrement. V. BERTAUDER.

Besucher, ménager, prendre en pitié.

Besucher, caresser, baisotter ; prov. *bezucar.*

Besuchée, besochée, femme prostituée.

Betage, droit de corvée des bestiaux.

Beter, enmuseler, mordre, combattre ; angl. sax. *bant ;* anc. all. *beizen.*

Bete, capuchon noir à l'usage des hommes aux enterrements.

Beté, coagulé, **sang beté ;** on dit on patois *lait beté ;* **mer betée,** mer glaciale, probablement.

Beti, Betiaine, Betion, Betionnette, Elisabeth.

Betri, betrie, berre, betron, ventre d'enfant.

Bettere, Beziers, ville.

Betule, bez, bouleau ; irl. *beith ;* bret. *bezó, bed ;* gall. *bedw ;* lat. *betula.*

Betunier, betunnière, fondrière, bourbier, lieu plein de vidanges, de *betuns.*

Beu pour **bel,** beau.

Beü, bu. V. BEIVRE.

Beubaut, beubancerie, boban, magnificence, orgueil.

Beubelet, jouet, joujou. V. BOBELET.

Beue, boue, fange.

Beuene, beune, bevene, boine,

bône, lisière d'un drap, borne, extrémité. V. BONNE.

Beuffroi, belfroi. V. BELFREI.

Beudy, étable à bœufs.

Beugibus, Belzébuth.

Beuille, nombril, boyau ; **beuillu,** homme ventru ; bas lat. *botulus,* boyau.

Beuillir, regarder de près. V. OEILLIR.

Beulot, nom donné au chat-huant.

Beurage, redevance en beurre.

Beus, beux, buis ; lat. *buxus.*

Beus, beuse, méchant, trompeur.

Beuse, insulte, méchanceté. V. BOISIE.

Beusail, petite fourche.

Bevande, bevette, action de boire, cabaret.

Bevande, bevrage, beverage, boisson.

Bevere, bevcor, bevant, buveur ; **beuverie,** ivrognerie. V. BEIVRE.

Bevre, castor ; lat. *fiber.* V. BIEVRE.

Bevrer, mesure de terre.

Beysse, bêche. V. BESSE.

Beyt, vide.

Bezaine, brebis de deux ans.

Bezanne, bezeine, bezenne, ruche à miel.

Bezans, besant, sou d'or, monnaie de Bysance ; ital. *bisante.*

Bezet, beset, double as ; lat. *bis assis.*

Bi, part. pour **bis,** deux fois.

Biad, biez, canal. V. BIEL.

Biafore, bihore, biore, cri pour appeler au secours. Duc. V. BIAFORA.

Biailliere, canal, ruisseau.

Biain, bian, bianqué, sorte de corvée ; **biannale, biannable,** celui qui doit la corvée. V. BIEN.

Bials, biaus, biax, bel, beau ; lat. *bellus ;* **bialté, biaulté,** beauté. V. BEL.

Biance, beance, désir, attente. V. BEER.

Biard, biarnais, Béarnais.

Biasson, poire sauvage.

Biaubert (biau ber), vain, fanfaron. v. BER.

Biaune, Beaune, ville.

Bibelots, bimbelots, jeu de dés ou d'osselets, joujoux d'enfants.

Bibeloteur, ouvrier en os ou en ivoire.

Bibete, bluette, étincelle.

Biberon, vase à boire.

Bible, espèce de catapulte; **bibleurs,** tapageurs.

Biblien, professeur d'Ecriture sainte.

Bice, bisse, biche.

Bichard, bichas, bichat, bichaz, bichetat, faon de biche.

Biche, nom d'un poisson.

Biche, haut-de-chausses.

Biché, bichié, bichot, bichet, pichet, mesure pour les grains ou les liquides; bas lat. *bichetus;* ital. *bicchiere,* gobelet; all. *becher,* vase.

Bichenage, droit sur ce qui se vend au bichet ou pichet.

Bicoquet, biquoquet, ornement de tête, chaperon, parure.

Bicorne, cuve à deux cornes.

Bicquebac, bascule à l'usage des brasseurs.

Bicques, jeu qui se faisait avec des piques.

Bidard, bidaux, soldat armé de deux dards. Duc. v. *bidaldi.*

Bide, brebis; lat. *bidens.*

Bidelle, bindelle, manche de chemise.

Bief, canal. v. BIEUS.

Bieffroi, beffroi; par extension, tumulte. v. BELFREI.

Biel, bieus, beau. v. BEL; **la donner, la trouver bielle.**

Bien, biennage, corvée d'hommes ou de bêtes; lat. *biennium.* v. BINAGE.

Bienallée, ce que paie celui qui s'en va.

Bien aurous, bien eurous, bieneurosement, bienheureux. v. AÜR.

Bienavans, les principaux d'une ville ou d'un pays. Duc. v. *benenati.*

Bienestance, bonne situation, santé, paix, opposé à *mesestance.* v. ESTER.

Bienfaiture, bonne construction.

Bienfet, bienfetor, bienfait, bienfaiteur.

Bienheuré, bienheureux; **bienheureté,** bonheur. v. AÜR.

Bienvailler, admettre quelqu'un au partage d'un bien.

Bienveignier, accueillir avec bienveillance; **Beinveignement,** bienvenue.

Bienvaillant, bienvoillance, bienveillant, bienveillance; **bienvoulu,** aimé, estimé,

Bier, bière, boisson; angl. sax. *beor;* bas. bret. *biorc'h;* **bierban,** droit sur la bière.

Biere, bierch, berceau. v. BER.

Biere, cercueil. litière; angl. sax. *baer, berc,* brancard; anc. all. *bará* goth. *bairan,* porter.

Biere, latte ou morceau de bois qui sert à une charrette.

Bierser, chasser; v. BERSER.

Bieste, bête; lat. *bestia.*

Bieu, pour Dieu, dans l'exclamation *par la corbieu!*

Bieu, beau. v. BEL.

Bieure, bievre, castor; angl. *beaver;* all. *biber;* lat. *fiber.*

Bieurre, beurre; lat. *butyrus.*

Bieus, bié, bief, biez, canal, fossé creusé pour l'usage d'un moulin; bas.

lat. *bedum, bedale;* angl. sax. *bed;* all. *bett,* lit.

Biez, herbe dont on couvrait les maisons.

Bife, biffe, biface, sorte de drap et de vêtement.

Biffe, fausse apparence, chose trompeuse. v. BEFFE.

Bigane, chassie des yeux.

Bigaune, béguine.

Bigearre, extravagant, bizarre ; pat. du Berry *bigearrer,* disputer ; esp. et port. *bizarro.*

Bigle, biglon, louche ; **bigler,** loucher ; pat. poit. *bicler;* esp. *bisoio;* lat. *bis oculus;* (*bisgle, bisgle, bigle.*)

Bigne, bosse, tumeur.

Bignet, bingné, petit gâteau.

Bignon, filet de pêcheur.

Bigorne, bigourne, bâton ferré, fourche, enclume à double corne; par extension mot à double entente, espèce d'argot ; lat. *bis, cornu.*

Bigot, bêche, houe.

Bigoter, faire le bigot. Sur la foi d'une ancienne chronique on a fait dériver bigot de *by God,* jurement attribué aux Normands, appelés pour cette raison *bigotti.* Fr. Miche tire ce mot de *Visigothi.*

Bigre, bigard, biger, bigron, garde forestier pour les essaims d'abeilles ; all. *bienen-warter,* gardien d'abeilles ; angl. *bee,* abeilles, *to ward,* garder, **bigrerie,** lieu où l'on tenait les ruches.

Biguarrie, office de bigre.

Bigue, boiteux.

Biguer, changer, troquer.

Bihouac, bivac ou bivouac.

Bijou, anneau ; bret. *bizou, bezou, bezeu,* bague ; gal. *byson.* Ménage approuvé par Diez ; tire bijou de *bijocus*

venant de *bisjocare,* briller de plusieurs côtés.

Bilance, bilan, balance ; lat. *bilanx.*

Bilhette, obligation par écrit.

Bilingue, couteau à deux tranchants.

Billard, billardier, boiteux, s'appuyant sur un bâton. v. BILLOT. Le nom de *billard* donné à la queue ou bâton dont on se sert au jeu qui porte ce nom a été étendu au jeu lui-même.

Bille, boule ; ital. *biglia;* esp. *billa,* du haut. all. *bickel,* osselet, selon Diez ; il vient plutôt de *bulla,* bulle, nom tiré de la petite boule servant de sceau.

Bille, quille, pièce de bois, billot ; irl. *bille,* tronc d'arbre; bret. *bill, pill;* gall. *pill.*

Biller, billier, jouer à la boule, se divertir, se moquer.

Billot, pancarte ou tarif des impôts (s'attachant ordinairement à un billot). v. BILLE ; bas. lat. *billa,* cédule, mémoire, orig. du mot anglais *bill.*

Billoteaux, souliers.

Billoter, couper le bois en billots. v. BILLE.

Billouart, boulevard.

Billouer, billard.

Bimauve, guimauve.

Bime, jeune vache. Duc. v. BIMANIS.

Binage, sorte de redevance. v. BIEN, BIENNAGE.

Binde, trébuchet.

Bindelle, ornement qui s'adaptait aux manches.

Bingné, bineoir, petit gâteau. v. BIGNET.

Bingu-en-dos, coup appliqué sur les épaules.

Binoir, binot, houe ; **binoter,** remuer la terre.

Birbaré, bigarré.

Bire, bière. v. BIERE.

Birer, virer, tourner ; esp. *birar ;* lat. *gyrare.*

Birette, râteau de bois.

Birrete, sorte de bière.

Bis, bi, deux fois.

Bis, bi, préfixe avec un sens péjoratif ; le même que *Bes.*

Bis, bi, biie, gris, brun, noir ; bas. lat. *bisius ;* esp. *bazo ;* ital. *bigio.*

Bis, bisets, frères mineurs ; du nom de leurs vêtements noirs.

Bisac, bissac, besace.

Bisacquier, homme portant besace.

Bisarme pour **gisarme,** espèce de lance ou de pique.

Bisclaveret, loup-garou ; du breton *bleiz,* loup, et *garw,* errer, selon Ritson.

Bisel, biseau, talus, monticule.

Biset, pigeon ou autre oiseau de couleur noire.

Bisete, espèce de dentelle noire.

Bisextre, bissextre, année bissextile, malheur (l'année bissextile étant anciennement réputée malheureuse).

Bisieutre, malheur ; **porter bisieutre.** v. BISEXTRE.

Bisme, abîme.

Bisnot, corvée pour biner les terres.

Bisogne, soldat de recrue. v. BESIART.

Bisogner, bisougner, embrasser.

Bisouart, bizouart, colporteur, commissionnaire.

Bispal, épiscopal ; **bispe,** évêque, lat. *episcopus ;* angl. *bishop ;* polon. *biskup ;* espag. *obispo.*

Bisquins, biscaïens.

Bissale, arme, flèche.

Bisse, pareille, seconde. v. BIS.

Bisse, biche, mis pour bique, selon quelques-uns ; tiré selon d'autres de *ibex, ibicis,* chamois. v. IBICHE.

Bisse, couleuvre, serpent ; all. *biss,* morsure.

Bissetre, malheur ; **bissetreux,** malheureux. v. BISEXTRE.

Bissus, byssus, lin ou chanvre.

Bistarde, bitarde, outarde ; lat. *avis tarda.*

Bistinct, deux fois teint.

Bistorie, bistorit, grand couteau, espèce de poignard ; bas. lat. *bastoria,* bâton, arme offensive.

Bitord, retors, deux fois tordu.

Biu, Dieu, pour **Diu,**

Biviaire, bivoie, rencontre de deux voies.

Blaage, bladage, bladade, blarie, blaerie, bladerie, provision de blé, redevance en blé.

Blad, bladet, blae, blé ; **bladage,** droit sur les grains ; **blaaterie,** droit sur le mesurage des blés ; lat. *bladus.*

Blaer, blaier, ensemencer du blé ; **Blaier, bladier,** garde des blés ; **blaierie, blarie,** temps où l'on garde les blés.

Blacce, pourpre.

Blache, terre plantée de chênes ; en provençal *blacas.*

Blacasson, pousse de chêne ; bas. lat. *blacha, blachia.*

Blacon, écu, bouclier. Duc. v. BUCCULA.

Blade, flatterie ; **blader,** flatter, tromper. v. BLANDE.

Blafeme, blasphème ; **blafemer, blafemeur.**

Blaffard, blafard, pâle ; anc. all. *bleich* ou *blasz,* pâle, blanc, et *faro,* couleur.

Blaflir, flétrir, ternir.

Blaiche, blaische, blaique, mou, paresseux ; all. *bleich,* pâle.

Blanc, danger, péril, aventure.

Blancs, blance, blanque, blanc ; ital. *bianco* ; esp. *blanco* ; anc. h. all. *blanch* ; **blancheour,** blanchisseur ; **blanquerie,** blanchisserie ; **blanchiment,** blanchissage ; **blanchoier,** paraître ou devenir blanc.

Blanche œuvre, nom donné à un outil de tonnelier.

Blanchée, valeur d'un *blanc,* monnaie.

Blancbeen, froment le plus pur.

Blancir, blancesir, blancoier, blanchoier, blanquier, blanchir.

Blançor, blanchor, blancheur.

Blanc-Dieu (jour du), jeudi de la semaine sainte, appelé aussi **blanc-josdi.**

Blanche pour **bilanche,** balance ; lat. *bilanx.*

'Blanchon, sorte de pique.

Blande, droit payé pour chaque feu.

Blande, flatterie ; **blandices, blandies,** caresses.

Blandicieux, blanditeur, blancheur, flatteur.

Blandir, flatter, caresser ; lat. *blandiri.*

Blandureau, blandureur, trompeur.

Blanger, blâmer ; **blange,** blâme, réprimande. V. BLASME.

Blaquie, Blachie, Valachie.

Blas, sot, depourvu de sagesse.

Blasme, blâme ; **blasmer,** blâmer ; lat. *blasphemare* ; ital. *biasimare* ; prov. *blastemar.* V. BLASTENGIER.

Blason, 1° écu, bouclier ; 2° pièce de poésie élogieuse ou satirique ; angl. sax. *blæse,* torche, signe distinctif dans le bouclier, et au figuré, pompe, fanfaronnade.

Blasonner, 1° expliquer un blason ; 2° louer, flatter ; all. *blasen,* sonner du cor.

Blasphemeur, blasphémateur.

Blasser, tramer quelque mauvais action.

Blasser, arroser, asperger.

Blastange, blastinge, aigreur, insulte, blâme.

Blastengier, blastenger, blastinger, blâmer. V. BLASMER.

Blat, blé. V. BLAD.

Blatte, cloporte, ver, insecte rongeur.

Blaton, laiton.

Blavet, petite fleur qui croît dans les blés.

Blavier, marchand de blé.

Blaverie, droit sur les blés. V. BLAD.

Blau, blaou, blave, coup, bleu, tache, meurtrissure ; all. *blau.*

Blavoyer, verdoyer ; **blavoie,** verdure.

Blecer, blechier, blesser ; **bleceure,** blessure ; anc. all. *bletzen,* rapiécer, mettre en pièces.

Bled, bleif, bleis, biere, blé ; **bleer** semer du blé ; **blerie, blesance,** ensemencement. V. BLAER.

Blef, bleu.

Bleite, bleiste, blese, toupet, cheveux relevés sur le front. Duc. V. BLESTA.

Blereau, blaireau.

Blesir, blazir, rendre bleu ; au figuré faner, meurtrir. V. BLAU et BLOE.

Blesmir, blemir, rendre blême.

Blesme, blesmi, pâle, blême ; anc. scand. *blâmi,* bleu ; anc. all. *blâ.* V. BLOE.

Bleste, bourbier.

Blesteus, blestreus, faible, malade.

Blesse, blosse, bloche, blot, blèche, mou, ramolli (en parlant des fruits, part. des poires) ; pat. n. *blèque* ; pat. bourg. *blô* ; bas. bret. *blod* ; anc. all. *bleizza,* tache, bleu.

Bleto, gaule, houssine, forêt plantée de jeunes arbres. Duc. v. BLETONATA.

Bliad, bliaud, blial, blialt, bliaut, bliaux, blaude, blouse, étoffe ;bas. lat. *blaudus* ; anc. all., *blialt* étoffe.

Blocher, heurter, trébucher ; anc. all. *blotzen,* blutsen.

Bloc, bloi, bloy, blou, bleu, luisant (quelquefois blond); anc. all. *blaô, blaw ;* angl. *blue ;* **bloctte,** étoffe bleue ; **bloier,** devenir bleu.

Bloire, terme de chasse, couvrir les yeux des oiseaux de proie.

Blois, bègue ; lat. *blæsus ;* **bloiser,** bléser, bégayer.

Blonc, blont, blount, blunt, blond ; **blondoier,** devenir blond ; **blondeur,** couleur blonde ; ital. *biondo ;* bas. lat. *blundus.*

Bloquel, bloquil, blokiel, petit bloc, pieu, barricade.

Bloquier, bouclier. v. BOCLE.

Blos, blous, dépouillé ; anc. all. *bloz,* nu.

Blostre, bloustre, bloutre, monticule, colline ; all. *bolster ;* angl. *blister,* élevure sur la peau ; lat. *pustula.*

Blouque, blouquete, boucle; **blouquetier,** fabricant de boucles. v. BOCLE.

Blot, bloc, pièce de bois.

Bluete, étincelle; **blueter,** étinceler.

Blure, bluet.

Boachier, boaichier, gabion.

Boage, terre en jachère.

Boage, boige, boalage, bohage, redevance payée en bœufs ; bas. lat. *bovagium.*

Boailles, entrailles. v. BOEL.

Bobaiche, galoche, chaussure qui couvre le soulier.

Boban, bobance, boubance, orgueil, vanité, somptuosité, luxe, parure; lat. *pompa* (Raynouard), *bombus,* bruit (Burguy). v. BEUBAN.

Bobancier, orgueilleux, hardi.

Bobe, plaisanterie, bagatelle ; **faire la bobe,** faire la moue ; **bobelet, beubelet,** petit cadeau.

Bobée, maladie des yeux.

Bobelin, chaussure, brodequin ; **bobeliner,** serrer la chaussure; **bobelineur,** cordonnier.

Bobenchier, bobenchiére, fier hautain. v. BOBAN.

Bobu, nigaud; esp. et port. *bobo.* v. BAUBE.

Boc, bois; **boceré,** habitant d'un bois.

Bocereus, bocerez, noueux.

Boce, bûche; **boceron, bokeron,** bûcheron. v. BOSC.

Boc, bok, bouc; **bokerel, boquerel,** petit bouc; sansc. *bok ;* arm. *bouch ;* teut. *bock ;* bas. lat. *buccus.*

Boce, boche, boch, bouche ; **bochette,** petite bouche ; **bochée,** bouchée; **bocier,** ouvrir la bouche.

Boce, boche, bosche, bosse ; **bochu, boçu,** bossu ; ital. *bozza ;* all. *butze* (Diez) ; bas. bret. *bos, bosen,* tumeur; bas. lat. *bocia, bocium.*

Boceau, vase contenant du vin. v. BOUCEL.

Bochet, sorte de boisson.

Bockou, nom donné au hareng saur; holl. *bocking.*

Bocle, blouque, boucle, le milieu de l'écu ; lat. *buccula ;* **bocler,** bouclier v. BUCLE, BUCLER.

Bocquet, bonde ou écluse d'un étang.

Bode, bodie, bodin, bodit, trou, enfoncement, cachette ; bas. lat. *bodius.*

Bodet, petit lit portatif.

Bodne, borne. V. BONNE.

Bodon, bouton.

Bodrillon, pieu, chevron.

Boe, boue, fange. V. BEUE.

Boef, bœuf ; lat. *bos.*

Bocrie, ferme, métairie.

**Boel, boelle, bouel, bouelle, bo-
vel, baudan, bocuz, buele, bui-
le,** boyau ; **esboeler,** tirer, arracher
les boyaux ; bas. lat. *botellus, bodellus;* bret. *bouzellán;* gall. *poten;* écoss.
putan; angl. *budding.*

Boellon, ciselure, relief ; bas. lat. *bo-
binus.*

Boem, sorcière, bohême ; **boemé,**
ensorcelé.

Boen, boene, bon, bonne.

Boesserée, boisseue, contenu d'un
boisseau.

Boessiere, boissiere, lieu planté de
buis.

Bofei, Boffoi, bofoi, buffoi, gonflement, vanité, orgueil, honte ; **boffu-
mer,** être bouffi de colère. V. BUFOI.

Boffoit, bofois, bruit, rumeur.

Bofu, boffu, étoffe; lat. *buffare.*

Boge, (bouge), habitation.

Bogerastre, borgerastre, espèce
de liqueur. V. BOUGLERASTRE.

Bogue, sorte de poisson.

Boguerant, étoffe. V. BOUGUERAN.

Bohade, bohage, redevance en
bœufs. V. BOAGE.

Bohord, combat.

Bohorder, bohourder, combattre.
V. BEHORD, BEHORDER.

Boiasse, servante. V. BAIASSE.

Boiche, bouche. V. BOCE.

Boicher, boucher, fermer.

Boichée, espèce de nasse; **boichier,**
celui qui fait des nasses.

Boidie, tromperie. V. BOISDIE.

Boie, boier, cloaque, égout.

Boier, broyer, briser.

Boiette, obscurcissement des yeux.

Boignet, espèce de râteau.

Boihedie, étendue de terre que deux
bœufs peuvent labourer en un jour.

Boifer, gonfler ses joues, V. BO-
FFOI.

Boille, cour, jardin, buisson, taillis.
V. BAILLE.

Boillir, buillir, bouillir ; lat. *bollire.*

Boillon, ciselure, V. BOELLON.

Boin, boine, bon ; **boinement,** bon-
nement; lat. *bonus.*

Boineureux, bienheureux. V. AUR.

Boire, bise.

Boirade, corvée faite avec des bœufs.

Boirat, bouvier.

Boire, ferme, métairie ; lat. *bovarium.*

Boisson, buisson.

Boischet, sorte de petite boisson.

Boisses, broussailles, V. BOSC.

**Boisard, boisière, boisier, boi-
scur,** trompeur.

Boisdie, boedie, boesdie, bosdie,
tromperie, félonie.

Boise, boisie.

Boisdeuement, frauduleusement.

Boiser, boisier, tromper, bas. lat. *bau-
siare* ; ital. *buggiare.* V. VOISIER-
VOISDIE.

Boise, bûche, gros bâton, bois.

Boisenet, petit bois.

Boisière, bois, clairière.

Boise, boisel, boissiel, cuve, seau,
tonneau.

Boisine, trompette, v. BUISINE.

Boisse, enveloppe.

Boistard, boisteau, boitteau,
morceau de bois enboîté dans l'œil-
let d'une meule.

Boiste, boistel, boisteau, boitiau,
boîte, boisseau ; prov. **bostia, bois-
sa,** bas. lat. *bostellus.*

Boiste, péage ou droit sur les grains.

Boistelée, boitelée, mesure de terre rendant un boisseau de grain.

Boisteus, boistoult, boitous, bocteus, boiteux ; **boitement,** action de boiter.

Boite (être en), être en ribotte ; **boiture,** gourmandise, débauche.

Boitier, gardien de la bourse ou boîte commune.

Boiviau, pour **baiviau,** baliveau, jeune arbre.

Boivre, boire, v. BEIVRE.

Bokaige, bocage, droit sur les bois, v. BOSC.

Bokier, boukier, boucher. v. BOC.

Bolade, bollade, espèce de massue ; b. lat. *bola.*

Bole, bolle, boule.

Boleres, boleor, trompeur, rusé. v. BOULER.

Bolée, bolhée (grande), foule, multitude.

Boleau, bouleau.

Bolengier, boulanger.

Bolievre, bolieuvre. V. BASLIEVRE.

Bolewerke, boulevard.

Bolir, bollir, boulir, bulir, buillir, bouillir ; **boillant,** saison chaude.

Bombardelle, petite bombarde.

Bommer, bommier, borner. v. BONNE.

Bon, plaisir, **faire son bon ou ses bons, venir à bon,** en venir à ses fins.

Bonaur, bonne chance. v. AUR.

Bonaventuros, heureux.

Boneeron, boutique à conserver le poisson.

Boncon, flèche à tête arrondie. V. BOUGON et BOZON.

Bonde, nombril. Duc. V. BODELLUS.

Bonde, borne. v. BONNE.

Bonde, jeu de paume.

Bondenel, bondail, bonde, bouchon.

Bonder, pour **abonder.**

Bondie, tromperie. V. BOISDIE.

Bondir, bondonner, bundir, retentir, sonner du cor ; **bondie.** appel, retraite ; lat. *bombitare.* Duc. V. BUNDA, *sonus tympani.*

Bondrée, espèce de faucon.

Bon estre, bien-être.

Bonete, malle, valise.

Boneuré, boneurement. V. BENEURÉ.

Bonevolence, bienveillance.

Bonge, botte.

Bongne, borne. v. BONNE.

Bonhommel, sorte de jeu de cartes.

Bonissier, bouteiller, échanson.

Boniton, espèce de poisson.

Bonne, bodne, bonde, boune, bourne, borne, limite, écluse ; bas lat. *bodina* ; angl. *bound.*

Bonneer, borner ; **bonnage,** droit de bornage.

Bonnier, champ dont on a fixé les bornes ; **bonner, bonneur,** tenant.

Bonneret, labourage des terres.

Bonnet, espèce de drap.

Bonninent, sorte de pelisse ou de drap. Duc. v. BENEVENTANUM.

Bool, bouleau ; lat. *betula.*

Bonoison, benoizon, bénédiction.

Boonne, borne, v. BONNE.

Boorder, combattre. V. BEHORDER.

Boos, boous, boueux.

Boquelle, mauvais repas. V. BOCE.

Boquer, frapper, choquer.

Boqueron, bûcheron. v. BOCHERON.

Boquat, tortu, bancal.

Boquespan, corvée, service fait avec des bœufs.

Bor, adv. bien ; V. BUER.

Bor, borc, bors, bure, burg, bourg, ville forte ; all. *burg*.

Borjois, bourjois, bourgeois.

Borbeter, barboter.

Borbossade , aiguillon, pour , piquer les bœufs.

Borce, borse, bourse.

Borchet, vase à boire.

Borde, bordeau, bordel, bourdel, bourdeau, loge, maison isolée, petite ferme, et enfin maison de prostitution ; **borde,** angl. sax. *bord*, anc. all. *bord*, isl. *bord*, frontière

Bordelage, métairie chargée de redevances.

Bordelier, bordeillaire, débauché, tenant une maison de prostitution.

Borde, gâteau de pomme ; pat: *bourde*, *bourdelot*.

Borde, sorte de drap rayé.

Borde, bourde, borderie, bourderie, plaisanterie, réjouissance, doit se reporter à **border; behorder,** jouter, s'amuser. V. BEHORDER.

Bordèr, tenir des propos plaisants, frivoles.

Borduis, plaisanterie ; **bourdeur,** plaisant.

Border, borter, combattre. V. BEHORDER.

Borde, espèce de massue, v. BOORDER.

Bordes, 1er dimanche du carême.

Bordele , Bourdele , Bordiaus, Bordeaux, ville.

Bordon, bâton de pelerin, du lat. *burdo*, mulet, selon Duc. et Diez ; se rapportant plus probablement aux dérivés du goth. *bairan*, porter.

Bordonner, voltiger, flotter.

Borel, bourel, bouriau, bourreau, exécuteur des hautes œuvres.

Boreote, étable à bœuf. Duc. v. BOATERIA.

Borespere, sorte d'épieu ; angl. *boarspear*.

Borge, sorte de toile.

Borgier, celui qui la fabrique, v. BOUGERAN.

Borgerastre, sorte de boisson composée.

Borgisie, bourgeoisie.

Borne, borni, borgnon, borgne ; bas bret. *born*.

Borgnoier, faire le borgne, viser à un but.

Borgnete, mal d'yeux.

Borgons, espèce de champignons.

Borie, ferme ou métairie. V. BOIRIE.

Bornir, borner. V. BONNE.

Borras. borrasse, gros linge.

Borreau, borriax, bourrelet, partie d'une coiffure de femme.

Borreau, borriax, bourreau.

Borroflement, bagarre, tumulte.

Borrole, bourroche, sorte de panier.

Borter, combattre. v. BORDER.

Bortrolle, tige ou branche d'un chandelier.

Bortrolle, bouterolle, bout de fourreau d'une arme blanche.

Bosc, bois ; **boscage,** bocage ; **bosche, boschet, bosquetel, boschet,** petit bois ; **boskellon, bosquillon, bosquillon,** bûcheron ; **boscain, boschain,** ayant des bois, habitant d'un bocage ; lat. *boscus*.

Bos, bosan, bosart, bosel, bosot, bous, bozon, petit enfant, nain. v. BESOT.

Boschet, bouchet, bochet, sorte de breuvage ; **boschier , boscher,** celui qui vend ce breuvage. Duc. v. BOCHETUM.

Bosdie, félonie. v. BOISDIE.

Bosme, bosne, bòrne. v. BODNE.

Bosoche, bêche, houe.

Bosse, tonne de vin contenant une demi-pipe.

Bosse, bouche. v. BOCE.

Bossée, la partie relevée d'un fossé.

Bossuete, petite éminence qui fait bosse.

Bosuing, busuing, besoin. v. SOING.

Bot, bod, boton, bout, extrémité, bouton ; ital. *botto*, *botta*, coup , botte.

Bot, bod, bouet, bouette, trou en terre.

Bote, tonneau, hotte, puis chaussure, botte ; b. lat. *bota* ; bret. *botez* ; chaussure ; écoss. *bôt*, *boit* ; irl. *botis*, *botain*, *botin*.

Boteculer, bouteculer, pousser; *bousculer*.

Boteau, pommeau.

Botelle, petite boîte.

Botequin, petite barque ; angl. *boat*.

Boter, bouter, boutre, pousser, heurter, frapper, mettre ; **deboter**, débouter ; anc. all. *bözen* ; suiss. *botzen* ; angl. *to put*.

Bote-en-corroie, espèce de jeu ; par suite, filouterie.

Botereau, boterel, bot, boz, botte, crapaud ; anc. all. *batte*, *badde* ; ital. *botta*. v. BOTER.

Boteron, sorte de panier, petit bout.

Botialx, baril.

Botiner, partager un butin.

Botir (le pain), lui donner une mauvaise façon.

Botoir, botoer, moulin à drap, à tan.

Boton, boston, bouton, bourgeon, **botoner**, boutonner. v. BOTER.

Bottel, botteaus, botte, poignée, faisceau ; lat. *botulus*.

Botte, boute, sorte de tonneau, d'où bouteille, v. BOTE.

Bottrusse, viande épicée, espèce de saucisse ; lat. *botulus*.

Bou, bracelet, entraves ; b. lat. *bauca* ; anc. all. *boug*, *de buigan*, auj. *biegen*, fléchir, courber.

Bou, brin, morceau.

Bou, boou, bœuf.

Bouel, boel, boyau, **boueler**, éventrer, écraser ; lat. *botellus*. v. ESBOELER.

Bouaichelle, jeune fille. v. BACELLE.

Boubil (LE MAL), membre viril.

Boubou, huppe. v. BUBE.

Boucaige, droit sur les vignes non tenues en fief.

Boucal, boucaut, boucel, bocal, bouteille.

Boucaner, faire la grimace ; **boucaut**, bouche d'une rivière. v. BOCE.

Boucaner, perdre son temps.

Boucaran, boucarin, boucassin, bougrain, grosse étoffe de laine.

Boucarie, bocarie, boucherie. v. BOCE.

Boucelle, bouclette, petite bouche. v. BOCE.

Bouche, bouchon, bouchat, bouket, botte de chanvre.

Boucher, mettre le blé en gerbes.

Boucheraie, nom donné à l'engoulevent.

Bouchard, sale, puant, sentant le bouc. v. BOC.

Bouchet, petit bois, bosquet. v. BOSC.

Boucheter, étriller, frapper.

Boucheton (SE METTRE A), s'appuyer des mains sur les genoux.

Boucheture, clôture, fermeture.

Bouchiere, lieu planté de buis.

Boucee, bouscie, bouchie, boussin, bouchée, morceau. v. BOCE.

Bouciquant, bouciquant, mercenaire qui travaille à prix d'argent.

Boucler (ESCU), bouclier; lat. BUCCULA.

Bouglette, petite boucle. V. BOCLE.

Boucque, bouche. V. BOCE.

Boucon, flèche, appât empoisonné. V. BOUGON.

Boüd, p. **beü,** bu. V. BEIVRE.

Boudaine, boudine, nombril, ventre, entrailles. V. BOUTINE et BOTINE.

Boudre, bouillir. V. BOLLIR.

Bouelle, boueau, boyau.

Bouée, bovée de terre, ce que deux bœufs peuvent labourer en un jour.

Bouier, bovier, bouhier, boyer, bouvier.

Boueresche, instrument de pêche fait en osier.

Bouesc, bois. V. BOSC.

Bouesine, bousine, trompette; patois poit. **mouche bousine,** mouche bourdonnante; lat. *buccina,* trompette. V. BUISINE.

Bouffeau, soufflet; **bouffer,** souffler, enfler, manger avec avidité; prov. et esp. *bufar;* ital. *buffare,* souffler.

Bouffement, souffle; **bouffoneur, boufonaire,** bouffon; **boufonade,** bouffonnerie; **bouffu,** soufflant, bouffant; **boufin,** poche. V. BUFFE.

Bouge, faucille, serpe, cuisine, salle à manger.

Bouge, boge, sac, bougette, bas. lat. *bulga;* anc. irl. *bolc;* gall. *bolg;* bret. *boulgan;* anc. all. *bulga;* anc. angl. *bogelt;* auj. *budget,* passé dans la langue française.

Bougée, chandelle de cire.

Bougerie, crime de bestialité; **bougeronner,** commettre ce crime.

Bougheran, bougran.

Boughez, soufflet de forge.

Bougle, boucle; **bouglier,** bouclier; **bougleor,** faiseur de boucliers. V. BOCLE.

Bouglerastre, sorte de boisson.

Bougon, bougeon, boujon, bouçon, bouzon, flèche; **bougenier,** faiseur de bougons. V. BOZON.

Bougon, verrou, verge de fer. BOUJON.

Bougonneur, maître, garde juré de la draperie. V. BOUJON.

Bougre, boulgre, nom donné aux Bulgares.

Bougrie, Bulgarie.

Bougrin, bogre, noms donnés aux Albigeois.

Bouguerie, bogrerie, secte des Albigeois.

Bouguette, poisson de mer.

Bouher, bouhier, boyer, bouvier.

Bouherie, ferme à bœufs.

Bouhoche, sarcloir.

Bouhourdeis, combat, tournoi; **bouhourder,** jouter; **bouhours,** bâton ou lance pour jouter. V. BEHORDER, BORDE et HORDE.

Bouhuentir, consentir, accorder.

Bouille, bouillon, boullon, bourbier.

Bouille, hotte à vendanges.

Bouillier, partie de fortification.

Bouis, buis; **bouissière,** lieu planté de buis; lat. *buxus.*

Bouitie, boîte, écrin.

Boujon, dard, flèche. V. BOUCON.

Boujon, échelon.

Boujon, espèce de marque pour les draps, statut pour la draperie.

Boujonneur, garde ou juré de draperie.

Bonke, bouque, bouche, ouverture.
v. BOCE.

Boukius, verrou. V. BOUCON.

Boul, boulz, bouleau. v. BOOL.

Boulade , boulette , boulloye , bourlete, bourlote, massue.

Boulaie, boulaye, boullonnoire, boulloire , boulouere , jeu de boules ; lat. *bulla.*

Bouldure, fosse sous la roué d'un moulin.

Boule, tromperie ; **bouler,** tromper ; **boulere, boulieres, bouleor, bouleur,** trompeur.

Boulcrot, espèce de goujon.

Boulet, champignon.

Boulet, nombril. Duc. V. BOTELLUS.

Bouletan, bouline, boeline, bouline, corde tenant de biais la voile d'un vaisseau ; angl. *bowline,* DE BOW, proue, et LINE, corde.

Bouleus, gros, en forme de boule.

Boulevert, boulverch, boulevard ; all. *bollwerk ;* défense, fortification.

Boulie, sorte de filet.

Bouliner, voler, marauder ; **boulineur,** maraudeur.

Boulir, bouillir ; **boulant,** bouillant ; **boulisure,** action de bouillir, décoction. V. BOLLIR.

Boullacre, épithète injurieuse.

Boullette, petite massue ; **boulleteis, boulteis,** combat, joute.

Boulon, grosse flèche.

Boulon, bourbier, fondrière.

Boullon, certaine mesure de sel.

Boullon, ornement d'habits de femme.

Boune, borne. v. BONNE.

Bouque, bouc. v. BOC.

Bouque, bouche. V. BOCE.

Bouqueran, bouquerin, étoffe de poil de chèvre ou de bouc, bougran.

Bouquemant, puant comme un bouc ; **bouquet,** chevreau ; **bouquette,** chèvre ; **bouquin,** vieux bouc ; **bouquin,** vieillard débauché. V. BOC.

Bouqueler, bouqueller, bouclier. V. BOCLE.

Bouquer, gronder, murmurer, baiser ; lat. *bucca,* bouche.

Bouquet, chenet.

Bouquier, fenêtre, soupirail.

Bour, nom donné au canard.

Bour, bore, trou, profondeur.

Bourbelière, poitrine du sanglier.

Bourbender, frapper, battre.

Bourbete, nom de poisson.

Bourbeter, bourbouir, barboter, salir.

Boure, bourg, bâtard.

Bourcage, petit bourg.

Bourcier, bourchier, vase à puiser de l'eau.

Bourde, frontière, extrémité.

Bourde, bourdon, bâton, gourdin.

Bourde, bourderie, tromperie, plaisanterie ; **bourder ,** plaisanter ; **bourdeur , bourderesse,** qui ment ou qui plaisante. v. BORDE, BORDER.

Bourde, bourdel, bourdil, petite métairie. v. BORDE.

Bourdeau, boule.

Bourdelage, redevance due au cordier.

Bourdelagier, bourdalier, bourdier, bordier, métayer. v. BORDE.

Bourder, jouter ; **bourdoire,** lieu où l'on joute.

Bourder, border, mettre un bord.

Bourdic, le premier dimanche de carême. Duc. v. BOHORDICUM.

Bourdigue, parc à conserver le poisson.

Bourdillande, bois propre à faire des pieux.

Bourdin, bourdelot, tourte de poires ou de pommes.

Bourdon, bordon, parties naturelles de l'homme.

Boure, collier de cheval; **bourel,** bourrelet, partie du harnais.

Bourelet, bourlette, espèce de massue.

Bouresche, bourrache, bourriche, espèce de panier pour la pêche.

Bourgage, bien venue.

Bourgaije, bourgaigneau, bourghesie, bourgesie, droit payé au seigneur par les habitants d'un bourg. **Bourgat,** homme libre. V. BORC.

Bourgfride, paix. Duc. V. BURGFRIDA.

Bourgin, bourignon, filet pour la pêche.

Bourguinate, ancien casque.

Bourjonner, bourgeonner, se répandre.

Bourlarder, remparer, palissader.

Bourler, bouler, jouer à la boule, tromper. V. BOULER.

Bourleur, bourlon, plaisant, trompeur; **bourlos,** plaisanterie. V. BURLER, BURLE.

Bournay, essaim.

Bourne, bourner, borne, borner. V. BONNE.

Bourneau, tuyau.

Bourouaite, brouette.

Bourque - espine, sorte d'épine noire.

Bourraquin, sac de cuir dans lequel les religieux mendiants faisaient leur quête.

Bourras, boureau, bourre, bourren, toile grossière; lat. *burra.*

Bourre, certaine pièce d'un moulin.

Bourreau, bourrée, espèce de poisson.

Bourrouaite, berrouete, brouette.

Bourse, fisc, trésor royal; *fief de bourse.*

Bourselet, bourselot, bourset, petite bourse.

Bourt, frère bourt, frère lai.

Bouis, vase à boire.

Bouset, petit bois.

Bousne, borne. V. BONNE.

Bouson, flèche. V. BOZON.

Bouson, boue, fange.

Boussel, bousseau, panier d'osier.

Bousser, pousser, heurter avec force. Duc. V. BOUTARE. V. BOTER.

Bout, espèce de poisson.

Bout, point de côté.

Bout, espèce de hotte; **boutée,** hottée. V. BOT.

Boust, bout, boutaille, bouteille; **bouteris, boutis,** tonneau; **bouterin,** panier,; **bouteillerie,** échansonnerie; **bouteillage, boutage,** droit sur le vin. V. BOTE.

Boutas, espèce de chanvre.

Boute, gerbe, botte; **boute d'esteuble,** botte de chaume.

Bouter, pousser, **bouteis, boutement, bouterie,** action de bouter, de placer.

Boutchache, fouine, instrument de fer à deux ou trois fourchons.

Boutehors, sorte de jeu; *bouter hors.* V. BOTER.

Bouterole, boutière, garniture mise au bout d'un vêtement.

Boutesacque, perche soutenant un filet tendu.

Bouti, façonné; **malbouti, marbouti,** mal façonné.

Boutille, pommeau d'épée.

Bouvet, bouvillon, bouvart, bouveau, jeune bœuf.

Bouve, boue. V. BOE.

Bouverie, métier de bouvier.

Bouxon, bousson, busson, petit bois, buisson ; pat. *boussée.* V. BOSC.

Bouyant, bouillant. V. BOLLIR.

Bouylle, bout, extrémité.

Bouze, bouse de vache ; bret. *beuzel ; bouzel ;* gaél. *biswail.*

Bove, bovel, bovelet, cave, lieu souterrain.

Bovaton, petit bœuf.

Bovier, boyer, bouyer, bouvier.

Bovée, terrain que peuvent labourer deux bœufs en un jour.

Boxeor, pour **boiscor,** tromper. V. BOISER.

Boyle, chêne.

Bozine, tuyau ou canal d'un privé.

Bozon, bouson, bouzon, boujon, flèche, trait d'arbalète terminé par une tête ; anc. all. *bolz, polz ;* petite flèche ; ang.-sax. *bolt ;* ital. *bolzone.* Duc. V. BOLTA.

Brac, fange. V. BRAI.

Brac, brace, Braie, braz, brache, brachel, bras, brasse ; lat. *brachium.*

Braccier, bracer, brachoier, embrasser.

Bracel, bracelle, bracerole, braconnière, manche, brassard.

Brace, bras, brasse, grain fermenté ; gall. *braich ;* corn. *brag ;* origine de **bracer, brasser,** faire de la bière ; **bracin, brassin,** brasserie ; bas. lat. *brassare, braxare.*

Braceret, moulin à moudre le grain, propre à faire la bière.

Bracer, brasser, agiter, remuer, puis intriguer, ourdir un complot.

Bracin, conjuration.

Brac, bracet, brachet, bracon, chien braque.

Bracher, valet de chiens ; **brake-** nier, **braquenior,** chasseur ; **braconnerie,** chenil. ; h. all. *braccho,* limier, piqueur.

Brache, ce qu'un homme peut labourer à bras en un jour.

Brachoier, marcher les bras ballants.

Brachit, petit ours.

Bracole, bracon, pain cuit sous la cendre.

Bracon, branche d'arbre.

Brac, bracl, braicl, brage, brague, braguette, braie ; bas. lat. *braccæ ;* **braelier,** faiseur de braies. V. BRAIE.

Bragard, bien ajusté, hardi ; **bragardement,** bravement.

Brague, braguerie, vanterie, plaisanterie ; **braguer,** se divertir, se parer.

Brai, braic, brais, brès, brace, orge pour la bière. V. BRACE.

Brai, brait, braiement, clameur ; **braiterie, braiz,** cri ; **braicdir,** crier ; gall. *brogal,* crier ; irl. *breas ;* bret. *breugi.* Diez tire le mot *braire* du v. franc. *raire ;* ital. *ragghiare.*

Brai, brau, bray, boue, fange ; bas latin. *braium ;* écoss. *brogh ;* bret. *pry.* Ce mot se trouve dans *Mibray, Follembray,* le pays de *Bray,* etc.

Braie, instrument de pêche.

Braie, braiel, bracl, braier, braioel, braleus, bralgueste, brague, braies, haut de chausses ; **braioller,** mettre ses braies ; bas. lat. *bracca,* haut de chausses ; celt. *bray ;* bret. *brayez.*

Braier, plume du dessus de la queue.

Braidir, crier ; **braidis, braidif, brédif,** hennissant, ardent, fougueux. V. BRAI.

Brail, manière de prendre des oiseaux. Duc. V. BRENEXELLUS.

Braime, braingne, femme stérile. v. BREHAIGNE.

Braine, brahaigne, jeune vache, génisse.

Braines, étoffe. v. BRENNE.

Braion, braon, partie charnue de la cuisse; prov. *brazo;* anc. h. all. *brâto;* anc. flam. *braede,* gras de la jambe, de là *esbraoner,* déchirer, mettre en pièces.

Braisler, brailler, crier. v. BRAI.

Brakenier, braquenier, braconnier. v. BRACET.

Bram, cri; **bramer,** crier; all. *bremman.* v. BRAI.

Brame, bord, lisière, passage étroit, lisière d'un champ.

Brame, dorade, poisson de mer.

Bran, braine, la partie la plus grossière du son, matière fécale; écoss. *bran;* bret. *bren;* gall. *bran.*

Bran, branc, brand, brant, épée, hache d'armes; irl. *brand;* angl. sax. *brand, brant.*

Brance, branke, branche, anc. gall. *brac;* cornw. *brech,* bras. v. BRACE.

Bran, brance, froment; celt. *brance.*

Branc, sorte de vêtement de femme.

Brancher, celui qui a une portion dans quelque chose.

Branchiere, poteau où s'attachait la pancarte des droits de péage.

Branchir, avoir des branches.

Brand, brandon, torche; **brander, abrander,** brûler; all. *brennen;* ang. *to burn.*

Brand, brandon, morceau de toile, placé ordinairement sur les héritages saisis.

Brandonner, saisir en opposant un *brandon.*

Brandeler, (branler), **brander, brender,** remuer.

Branes, mamelles de la louve.

Brance, brenée. v. BRAN.

Braquemart, sabre à deux tranchants.

Braquenade, braquénaude, sorte de cerise aigre.

Brase, braise; **braser, brazer, brasiller, braziller, brasoier,** braiser, brûler; ital. *brazia;* anc. all. *bras,* feu; *brasen,* brûler; anc. scand. *bresa;* souder, brûler.

Braseret, moulin qui moud le grain propre à la bière.

Brassal, brassard.

Brasse, bois, broussailles.

Brassier, laboureur à bras.

Brau, braou, jeune bœuf.

Braveté, braverie, luxe, amour de la toilette, témérité.

Braydonne, femme débauchée. Duc. v. BRAYDUM.

Braye, brayer, haut de chausses, sorte d'armure. v. BRAIE.

Brayeux, boueux. v. BRAI.

Brayon, brayoire, instrument propre à briser le chanvre.

Brebiage, droit sur les brebis; **brebiaille,** réunion de brebis; **brebiette,** petite brebis; lat. *vervex.*

Brebitaire, presbytère.

Breche, défilé entre deux montagnes.

Brechet, creux de l'estomac, poitrine; gall. *braighead;* irl. *braghadh;* all. *brust* et angl. *breast,* poitrine.

Brechet, sorte de cruche.

Breder, bresdir, bredonner, crier, hennir. v. BRAIDIR.

Bregie, sorte de grain.

Bregier, bergier, berger; bas lat. *bergerius, vervicarius, berbicarius.*

Bregin, sorte de filet.

Breguiere, bruyère.

Brehaigne, brehenne, baraigne, stérile; bret. *brec'han.*

Brehant, tente ; anc. h. all. *birihan ;* couvrir ; orig. du franc. *abri.*

Breier, broyer ; **breore,** homme violent, trompeur ; **breyon,** outil à broyer la pâte.

Breil, brel, breul, petit bois. v. BROIL.

Bremas, briemas, arme offensive, bâton.

Brémie, briemas, espèce de bière ou cervoise.

Bren, son. V. BRAN.

Brès, bref, écrit. V. BRIEF.

Bresce, bresche, miel séparé de la cire.

Bresce, bresche, bresque, faible, cassant. Duc. v. BROCA. V. BROCE.

Bresmel, brême, poisson.

Bresmen, courtier.

Bres, berceau ; **bressollet,** petit berceau.

Bret, cri. V. BRAIT.

Bret, appau, piége.

Bretesce, bretesche, bretoische, breteche, breteque, tour de bois, pour mettre les soldats à couvert ; all. *brett-tach ;* (*brett,* planche ; *tach,* couverture.

Breteschié, bretesquié, garni de bretèches.

Breton, bretun, rot ; **bretunner,** roter ; irl. écoss. *brucht ;* bret. *breugeud.*

Breu, bref, court ; **breunment,** brièvement. V. BRIEF.

Breuille, boyau, intestins.

Breullet, brouillard.

Brevier, abréger ; l. *breviare.*

Briber, brifer, manger avidement, mendier ; **briban, bribeur,** mendiant ; **briberesse,** ital. *birbante.*

Bric, bric, cage, engin à prendre des oiseaux.

Bricart, qui parle beaucoup et avec embarras.

Briche, bricole, bricque, espèce de catapulte, sorte de jeu, grosse bûche.

Briche, brique.

Bricon, bricun, bris, brics, fou, fripon, mauvais sujet ; anc. all. *brecho ;* ital. *briccone.*

Bridure, défaut dans une étoffe.

Brié, brief, briés (brès (suj), bref (rég.) bref, lettre ; **brievet,** petite lettre ; **bricté, brifveteis,** brièveté ; lat. *brevis.*

Brige, bruge, brug, pont, donjon, château.

Bril, lueur, étincelle.

Briller, brailler, crier.

Brimbe, morceau de pain ou de viande, bribe ; **brimber,** manger avec avidité. v. BRIDER.

Brimbelette, babiole, futilité.

Brimber, agiter, aller et venir, brimbaler

Brimboter, marmoter.

Brin, épée. V. BRAND.

Brin, brinin, bruit, querelle ; force, impétuosité ; anc. nord. *brim ;* mugissement de la mer.

Bringer, brosser, fouetter avec des verges.

Breon, ciron, petit ver, mousse qui vient au pied des chênes.

Bris, bri, bruie, brisure, violence.

Brise, brèche.

Brocc, broke, brocque, broche ; **brochon,** aiguillon, pointe, broussailles ; b. lat. *brocca ;* **brocer, brocher, broucher, brojer,** piquer de l'éperon ; écoss. *bior ;* gall. et bret. *ber ;* broche, pointe ; **brocerie, broucherie,** action de piquer, d'éperonner ; **broccreus, brochonneus,** plein de piquants, de broussailles.

Brochat, broche, mesure de vin, broc.

Brocart, brocier, sorte de vase.

Broceron, tuyau, robinet.

Brode (pain de), pain demi-blanc.

Brodier, broudier, saleté, puanteur.

Broel, bois. V. BROIL.

Brogne, brongne, cuirasse. V. BROINE.

Broi, broion, piége. V. BRAIE.

Brogil, brégil, bois. V. BROIL.

Broie, gâteau.

Broil, broel, broeux, brol, broon, brueil, bruil, bois, promenade plantée d'arbres, broussailles; bas. lat. *brogilus, broilus;* anc. ital. *broglio.*

Broiellet, broillot, bruillet, buisson.

Broine, broigne, brogne, brongne, brunie, cuirasse, chemise de mailles; bas lat. *brunia;* goth. *brunjo;* anc. all. *brune, prunnya.*

Broir, bruir, bruller, brusler, brûler; angl. *to broil;* it. *brustolare,* (conf. l'esp. *uslar*). V. USLER.

Broisse, broussailles. V. BROCE.

Broisscron, broceron, tuyau, robinet.

Bromard, boisson.

Bromardier, ivrogne. Duc. V. BRIE-MARDUM.

Bronche, brunche, renversé.

Broque, broche. V. BROCE; bois, forêt, broussailles. V. BROCE.

Brosse, brousse, broussis, buisson, broussailles. V. BROCE.

Brosser, terme de chasse, marcher dans le bois (en parlant d'un cerf.)

Brouailles, brouelles, bruelles, boyaux. V. BOELLE.

Broudé, bridé.

Brouelle, sorte d'étoffe grossière.

Brouesse, machine à broyer le chanvre.

Bronir, brûler. V. BROIR.

Broust, brost, broz, poûsse, jet d'arbre; bret. *broust;* all. *brost;* bourgeon.

Brochon, pointe; **brochonneus,** hérissé, garni de pointes et de nœuds. V. BROCE.

Brousteler, brousteller, brouter; **abrousture,** droit de conduire les troupeaux *brousteler.*

Bru, brin, cours d'eau; ang. *brook.*

Bruel, brueil, brudel, bruellet, bruil, bruiot, bois, petit bois. V. BROIL.

Brullier, gardien d'un bois.

Bruer, couler; **bruir,** imbiber d'eau.

Brue, bruyère; bas lat. *bruia.*

Brueroi, terre inculte.

Bruhier, épervier bâtard.

Bruie, bruin, bruine, nuage, pluie, querelle, trouble; du celt. *bru,* pluie, selon Grandgagnage.

Bruir, brouer, bronir, brûler, roussir; prov. *bruzar;* anc. all. *bruyen.*

Bruiser, bruser, briser; angl. *to bruise.*

Brulliau, sorte de poisson.

Bruman, gendre; goth. *bruth,* anc. all. *brût,* épouse; angl. *bride;* et *man:* homme, le mari de l'épouse.

Brumat, sorte de boisson, de bière.

Brument, allége, bateau.

Brun, brunc, enbrune, penché, courbé; **bruncher, brunquier,** manquer de tomber; **embronchier enbrunchier,** baisser la tête.

Brunel, minot, pesant cent livres.

Brunette, espèce de drap.

Brunir, burnir, polir (en parlant des armes); **brunisant,** brillant; goth. *brinnan;* anc. all. *bruinen;* rendre brillant; angl. *to burn.*

Brunic, cuirasse, armure brillante.

Brusc, brusque. Kymri, *brysg*; bas. bret. *bresg*; irl. *brisg* vif, prompt. Ménage le tire du lat. *labrusca*, vigne sauvage.

Brusler, brûler. V. BROIR.

Brust, poitrine, all. *brust*; angl. *breast*.

Bruur, bruit, vacarme (chanson de Roland).

Bu, buc, bus, but, bot, buste, bout, tronc; **sur le vi bu,** sur le buste vivant; **de bu, de bot,** debout.

Bruaille pour **bruaille,** menu bois, bourrée.

Bubencier pour **bobancier,** orgueilleux, prodigue.

Bube, bubon.

Buce, busse, buissar, sorte de grand bateau; all. *buse*; angl. *buss*.

Bucel, chevreau; lat. *buccellus*.

Bucollée, droit payé pour le pâturage.

Buch, bœuf.

Buchage, droit sur les bûches; **bu-chatier, buchier,** bucheron; **bu-chailles,** copeaux, éclats de bois.

Buche, bouche. V. BOCHE.

Bucheret, buchiere, instrument de pêche.

Bucine, buisine, buissine, bou-sine, trompette; **buciner, buisi-ner,** jouer de la trompette; lat. *buccina*.

Bucle, bucler, boucle, bouclier. V. BOCLE.

Bude, butte ou but contre lequel on tire.

Budine, nombril. V. BODINE.

Buef, bues, bœuf. V. BOEF.

Buel, bucle, boyau. V. BOEL.

Buer, bor, bien.

Buerie, buverie, ivrognerie.

Buevrage, breuvage.

Bufetage, impôt sur le vin.

Bufe, buffe, bufleau, buffet, coup sur la joue, soufflet.

Buffer, buffoyer, donner des soufflets; **buffois,** bruit, vacarme; partie du casque qui couvre la joue.

Buffetier, marchand de vin; **buffet,** seuil d'une porte, chambre, bureau.

Buffet (vin de), vin accommodé.

Buffer, buffler, buffler, buffoyer, souffler, enfler les joües.

Buffoi, bouffoi, boffoi, gonflement des joues, orgueil, mépris.

Bugle, espèce de catapulte.

Busgle, buffle, bœuf sauvage.

Bugne, buigne, bounie, tumeur, gonflement; bret. *pûnez*; gall. *pwnya*.

Buhe, buie, buion, buiot, buire, cruche; **buhetier,** faiseur de buires.

Buhors, espèce de héron.

Buie, buis, buise, buse, chaîne, canal, conduit; prov. *boia*; goth. *buigan*; courber. V. BOU.

Buignard, fou extravagant, niais (all. *butt*; stupide; *narr*; fou).

Buignot, buignon, beignet.

Buisser, buxher, busser, bur-quer, buquer, heurter, chopper; anc. all. *buschen*; frapper; bas. all. *botsen, bossen*; battre.

Buire, bure.

Buisine, besoin. V. BUSUIN.

Buissière, lieu planté de buis.

Buisset, petit bâton faisant partie du piége appelé *broion*.

Buitarde, outarde. V. BITARDE.

Bule, feu de joie.

Buquet, trébuchet, balance.

Bur, buron, petite maison; anc. all. *bur*, maison; ang. sax. *bur*, bord.

Burc, burg, bourg, hauteur fortifiée.

Bure, lessive; **buresse,** blanchisseuse.

Bure, burel, bureau, étoffe.

Burger, burguer, pousser, heurter.

Burgesseur, voleur.

Burine, querelle.

Burle, bulle ; **burlette,** sceau, petite bulle ; **burler,** jouer à la boule.

Burlete, petite bourse.

Burletter, bulletter ou sceller une lettre ; bas. lat. *burla, burlare.*

Burnie, cuirasse. V. BRUNIE.

Burnir, rendre brillant. V. BRUNIR.

Burque, cuirasse.

Bus, buste. V. BU.

Busche, busc, bûche ; **buschage,** droit sur le bois. V. BOSC.

Buschel, trébuchet, balance.

Buse, busart, busse, vaisseau, soupirail. V. BUCE.

Busier, penser, réfléchir, s'occuper ; ang. *busy,* affairé ; *business,* affaires ; flam. *besig.* occupé ; pat. Picard. *businer, busner.*

Busque, bois, broussaille. V. BOSC

Busquer, buquer, frapper. pat. Pic. *buker, bucher.*

Bussel, boisseau.

Buste, bûche ; **bustail,** bois de lit.

Bustiner, partager le butin.

Busuin, busun, besoin. V. SOING.

Bute, pot, cruche ; **buteau,** tombereau, brouette.

Buticle, sorte de bateau.

Buter, frapper, placer ; **boter, deboter,** chasser, mettre hors. V. BOTER, BOUTER.

Buver, bouvier ; **buvrage,** labourage à bœufs. V. BOVIER.

Buverage, boisson, breuvage ; **buverie,** ivrognerie.

Byault, vêtement. V. BLIAUT.

Bye, byon, vase, buire. V. BUHE.

Byse, grise. V. BISE.

Byse, vent de bise ; p. *bisa, biza ;* bas. bret. *biz ;* rattaché par Diez à *bis* noir ; comme le latin *aquilon* se rattache à *aquilus,* de couleur sombre.

C

Ca, part. péjorative.

Ca, cai, cha, interj. ça.

Ca, chat ou chien. v. CAT, CAN.

Caable, cadable, branche abattue par le vent ; machine de guerre du genre des mangonneaux.

Caabler, casser, détruire, couper ; d'où *accabler.*

Caable, cable.

Caage, cahage, cahagette, caige, cage, petite cage ; lat. *cavea,* de *cavus.* creux.

Caage, cahage, droit pour l'entretien des ports et des quais.

Caaine, chaaine, caene, caeine, chaîne ; **caagnon, caaignon, chaaignon,** chaînon ; **encaainer, encaener,** enchaîner ; **caeignable,** qui doit être enchaîné.

Caastée, castée, chasteté.

Cab, cap, tête, chef, extrémité ; **cabal, cabau, capal,** capital. v. CATAL, CHATEL ; **cabalment,** principalement ; **cabar,** clou à tête ; **cabacer, cabasser,** frapper à la tête ; **cabasset,** casque sans crête et sans visière ; **cabassu,** homme ayant une grosse tête ; lat. *caput.*

Cabal, ceval, cival, chival, cheval ; lat. *caballus.*

Caban, cabane, écurie.

Caban, manteau, surtout.

Cabaret, raquette, battoir, cabaret ; en pat. norm. avant toit ; **cabareter,** fréquenter le cabaret ; **cabareteur,** cabaretier.

Cabat, mesure de blé.

Cabaust, lieu fermé de barreaux en forme de cage.

Cabe, vache ne donnant plus de lait.

Cabel, chavel, cheveu, barbe, tuyau de blé. v. CAVEL. CAVOL.

Cabelliau, cabliau, morue ; an. basque, *bacailaba.*

Cabes, cabessial, cabessie, chevet de lit, rouleau placé sur la tête pour supporter un fardeau. v. CAB.

Cabesse, soie de première qualité ; esp. *cabeza;* port. *cabeça.*

Cabestrage, droit seigneurial.

Cabestre, chevestre, licol ; lat. *capistrum.*

Cabi, serré, rangé ; **cabiment,** rangement ; b. lat. *cabimentum.*

Cabilicus, pointilleux, railleur ; lat *cavillator.*

Cabiscol, maître d'école. v. CAPISCOL.

Caboce, caboceau, cabochard, entêté ; **cabochade,** coup de tête ; **cabochon,** capuchon.

Caboceau, mesure de grain, de sel.

Cabonc, caborne, caboulot, cabane, hutte.

Caborde, petite loge de pierre.

Caborne, cabourne, creux, capuchon.

Cabos, petite bourse.

Cabot, chabot, poisson.

Cabouler, cambuler, frapper à la tête. v. CAB, CABACER.

Cabre, crabe, chèvre ; lat. *capra ;* **se cabrer**, se dresser comme la chèvre.

Cabrau, figuier sauvage.

Cabri, cabril, chevreau ; **cabriau, cabrion, cabrois,** chevreau ; **capriolet,** cabriolet ; **cabriole, cabrioler,** etc.; **cabron,** peau de chevreau.

Cabucel, cabuceau, couvercle d'un vase.

Cabule, instrument de guerre pour lancer des pierres.

Cabuser, tromper ; **cabusement,** tromperie ; **cabuseur,** trompeur.

Cabusser, plonger dans l'eau.

Cabusset, petit panier, cabas.

Caca, ordure ; lat. *cacare ;* bas. bret. *cach.*

Cacabler, cacabrer, cacarder, crier comme l'oie ou la perdrix.

Cacalause, nom donné à l'escargot.

Cacali, toupie, sabot.

Cace, trou d'une aiguille. Duc. v. CAMELA.

Cace, cache, chase, chasse, poursuite.

Cacer, cacier, cachier, chachier, chasser ; got. *jagu, jagsa, kagsa.;* tiré selon Ménage et Diez de CAPTIARE; altération de CAPTARE; ital. *cacciare ;* prov. *cassar.*

Caceor, chaceor, cacheor, chacieres, chasseur ; **cacerie, cacherie,** droit de chasse, rendez-vous de chasse.

Cacier, cachier, cheval de chasse.

Cacefer, cachefer, levier.

Cachoire, fouet, instrument de chasse.

Cachet, lieu pour se cacher, cachette. de *coactare,* serrer, presser; ital. *quattare,* cacher.

Cachement, en cachette.

Cacheroul, fichu ; **cachelet, cache-nez,** petit masque.

Cachemuse, cachemuseau, cachemuseu, cacemuseau, petit chou, pâtisserie.

Cachereau, cartulaire, gardien des chartes ; bas lat. *cacherellus.*

Cachemay, cache-maille, tire-lire.

Cacheure, blessure, plaie, cassure, lat. *quassare.*

Cachonin, oiseau qui n'ose sortir du nid, homme timide.

Cacluter, publier, proclamer.

Cacon, terme injurieux.

Cacoute, coup, tape.

Cac-sangue, flux de sang.

Cacque-trippes, chausse-trape.

Cacnmine, sommet, cime.

Cad, cade, chute.

Cadeir, cair, chair, chaoir, cheir, cheoir, tomber ; pat. poit. *cheure ;* lat. *cadere.*

Cadaule, cadole, cadoule, loquet de porte ; prov. *cadaoulo;* cadre.

Cadefaut, échafaud. v. ESCADAFFAULD.

Cadele, cadau, cadeau, chien de garde ; prov. *cadelar, cadelas.*

Cadeler, chadeler, caeler, cajeler, conduire, guider, commander.

Cadene, caene, chaîne ; lat. *catena ;* v. CAAINE.

Cadbun (serment de 842), chacun.

Cadiere, caiere, cahiere, chacre, chaise ou chaire ; lat. *cathedra.*

Cadon, vase, jatte ; lat. *cadus.*

Cadre, cercle, cadran.

Cael, caiel, chael, cheaus, petit chien.

Caeler, cacher ; lat. *celare ;* **caele,** prudent, cauteleux.

Caelit, châlit, bois de lit.

Caesté, chasteté. V. CAASTÉ.

Cafard, caphard, sorte de vêtement, de chape. Duc. V. CAPHARDUM.

Cafard, cafre, hypocrite ; du turc *Cafir*, renégat, ou plutôt du vêtement appelé *caphard*.

Cafarote, antre, caverne.

Cafin, cafignon, chaussure légère.

Cagarel, sorte de poisson.

Cagarier, cagarieur, grimacier.

Cageois, casois, villageois, de *casa*, selon Nicot.

Cagnard, chenil, lieu malpropre ; **cagnarder**, faire le chien couchant.

Cagnard, cagneux, sale, fainéant, poltron.

Cagne, caigne, cagnon, caignon, chien, chienne ; lat. *canis*. V. CAN.

Cagot, ladre, mesquin. Nom donné aux Sarrazins restés en Gascogne au temps de Charles-Martel ; auj. dévôt outré.

Cagoterie, vilenie, avarice.

Caharie, caierie, droit pour l'entretien des quais. V. CAI.

Caheer, cahier, cahocr, caier, chandelle, torche. Duc. V. QUARRELLUS.

Cahs, vaisseau, bâtiment ; bas. lat. *gatus*.

Cahu, nom d'une divinité païenne.

Cahuet, espèce de bonnet.

Cahuan, chat-huant. V. CAT.

Cahuette, cahutte, petite hutte.

Cai, caye, chai, quai, **caiage**, droit pour l'entretien des quais ; **caienne**, caenne, petit quai.

Cai, quoi.

C'ai, que j'ai.

C'aim, c'ain, que j'aime.

Cai, caie, paisible. V. COI.

Caï, caïs, tombé, de *caïr*. V. CADEIR.

Caibode, cabane, petite hutte.

Caiens, céans ; lat. *hic intus*.

Caige, cage, habitation, filet pour la chasse ou la pêche.

Caiguard, paresseux ; **caignarder**, mener une mauvaise vie. V. CAGNARD.

Caignole, caignon, nuque. V. CAAINE.

Caile, bergerie, étable.

Caillot, caillet, lait caillé ; lat. *coagulatus*.

Caillebote, lait caillé.

Caille (qu'il), qu'il chaille, 3e p. subj. de CALOIR, CHALOIR.

Caillel, caillau, caillnel, caillouel, caillou ; **cailleteau, caillloulet**, petit caillou ; lat. *calculus*.

Caillier, gobelet, vase à boire.

Caillier, engin pour prendre des cailles ; **cailleur**, chasseur aux cailles ; **cailleter**, babiller (comme une caille).

Caillos, caillou, nom d'une poire grumeleuse.

Caimander, mendier ; **caimand, caiment**, pauvre, besogneux ; **caimanderie**, gueuserie.

Cain, blanc ; lat. *canus*.

Cainage, droit sur les quais. V. CAIAGE.

Caine, chaîne. V. CAAINE.

Caine, cène, repas du soir ; lat. *cœna*.

Caingler, sangler un cheval ; lat. *cingula*.

Caindre, caint, cainture, coindro, ceint, ceinture ; lat. *cingere*.

Cainse, canse, cainsil, cansil, chainse, chainsil, toile de lin, puis vêtement, chemise. (Burguy fait observer que le mot arabe *kamis*, chemise, est dérivé du sanscrit *kshumâ*, qui signifie lin.)

Caiuitte, chute. V. CA.

Caïr, kaïr, cheoir, tomber ; **caïs**, tombé. V. CADEIR.

Caire, chaire, chère, visage ; esp. *cara ;* lat. *cara ;* face, tiré du grec χάρα, tête.

Cairel, flèche. V. CARREL.

Cais, presque ; lat. *quasi.*

Caisne, chienne. V. CAGNE.

Caisne, chêne. V. QUESNE.

Caissotte, casserole.

Caistre, castre, château ; lat. *castrum.*

Caitif, caitis, chaitif, chaitis, cetif, cetis, cheitis, captif, chétif, misérable.

Caitivaison, cheitivaison, chettiveison, captivité, misère.

Caive, cave, caverne ; lat. *cavea.*

Caiz, quai. V. CAI.

Cajus, ça jus, ici-bas. V. JUS.

Cajeler, conduire. V. CADELER.

Cal, durillon ; lat. *callus.*

Cal, quel ; lat. *qualis.*

Cal, cals, celui-ci, ceux-ci. V. CEL.

Calabre, machine de siége.

Calabrien, calabrin, carabin, sorte de troupe légère.

Caladre, calandre, oiseau légendaire.

Calamay, fête de la Chandeleur.

Calangier, calengier, calongier, chalongier, défier, disputer ; angl. *to challenge ;* **calange, calangage,** défi, revendication ; lat. *calumniari, calumnia.*

Calan., chalant, bateau.

Calate, jatte, vase de bois ; lat. *calathus.*

Calbortais, petite caisse de bois.

Calcable, lieu par lequel on peut passer ; lat. *calceus,* chaussure.

Calce, chaux ; lat. *calx.*

Calce, cauce, chausse ; **calcon,** caleçon, haut de chausses ; lat. *calceus.*

Calcier, caucier, encaucier, serrer de près ; ital. *incalzare ;* lat. *calcis.*

Calciage, droit sur les chaussées.

Calcitrer, se ruer, résister, de là *récalcitrant.*

Cald, calt, caut, chaut, chaud ; **caleur,** chaleur.

Caldere, chaudière.

Cale, calette, petit bonnet.

Caled, dur, calleux ; lat. *callosus.* V. CAL.

Caler, baisser, incliner, céder, se taire ; **calate,** rue qui va en baissant ; bas. lat. *chalare ;* du grec χαλᾶν, lâcher, abaisser.

Calignaire, calagnaire, galant, amoureux ; de *gallus,* coq.

Caligneus, obscur ; lat. *caliginosus ;* **calignosité,** obscurité.

Calemele, calimiel, chalumeau ; **calimeler,** jouer du chalumeau.

Calminer, crépir, enduire.

Calobe, pour **colobe,** sorte de vêtement mis par-dessus l'habit. Duc. V. COLOBIUM.

Caloir, chaloir, caleir, caler, importer, soucier. **Il calt, il caut, qu'il chaille ;** lat. *calere ;* être en chaleur, désirer.

Calor, calour, chaleur.

Calos, trognon de chou.

Calounier, valet de ferme. lat. *calo.*

Calumpnier, calomnier ; **calunie,** calomnie.

Calphadeur, calfateur.

Calquas, carcas, carquois.

Caltre, draperie.

Calu, myope, louche.

Calvaguete, service militaire à cheval.

Calve, calf, caus, chauve ; **calvesse,** calvitie.

Calvardine, perruque.

Cam, camais, banc; lat. *scamnum.*

Camaheu, camaïeu; bas lat. *camahatus.* (Chez les Orientaux l'onyx est nommé *camehina*).

Camal, cameil, capmail, armure de tête, chaperon; bas lat. *capmallum.*

Cambage, cambaige, droit sur la bière; **cambier,** brasseur.

Cambger, changer; lat. *cambire;* **changeur,** *cambiator.*

Cambre, cambrete, chambre; **cambrier,** chambrier, **cambourière,** chambrière; **camberlan, camberlane, cambrelaine,** chambellan; **cambellage,** libéralité faite au chambellan; lat. *camera.*

Cambri, voûté.

Cambe, jambe.

Cambi, cambis, cambiserie, échange, vente. V. CAMBGER.

Cambois, cambouis.

Cambouler, cabouler, faire des bosses à la tête, casser, détruire. V. CAB.

Camdelarbre, candélabre.

Cambon, champ fertile.

Camel, chameau; **cameille, camoille,** chamelle.

Camel, câble.

Camelin, camelote, camelotine, étoffe grossière; **camelotier,** gueux, fripon.

Camie, camione, camion.

Caminade, chambre à cheminée; lat. *caminus,* fourneau.

Caminer, ceminer, cheminer.

Camise, chemise. V. CHAINSE.

Camoisier, préparer une peau, comme celle du chamois.

Camoissé, meurtri, couvert de plaies.

Camosé, émaillé, ciselé.

Camouard, camard. V. CAMURÉ.

Camp, champ, combat, bataille; **campart,** champart; **camp flori,** séjour des bienheureux.

Campal, campel, campelet, petit champ; **campas,** terrain en friche; **campeer,** camper; **campiger,** tenir la campagne; **campier,** garde d'un champ; **campestre,** champêtre.

Campane, cloche; **campanelle,** petite cloche; **campanier,** sonneur; **campenart,** clocher.

Campi, champi, bâtard.

Campion, campuin, champion.

Camuré, camurié, voûté, cambré; lat. *camurus, cameratus;* celt. *cam;* courbé.

Camuset, camus; **camuser,** rendre camus.

Can, champ. V. CAMP.

Can, cane, chien, chienne; **canil,** chenil; lat. *canis.* V. CHAGNE.

Canabe, chanvre; **canabasseur,** qui vend ou fait de la toile de chanvre; lat. *cannabus.*

Canastel, canoi, canistre, panier, corbeille; lat. *canistrum.*

Canbasser, regarder avec soin.

Cancel, canchel, clôture, enceinte; lat. *cancellus,* barreau, treillis.

Canceler, cancheler, annuler, barrer un écrit; **canceler,** chancelier.

Canceler, cancheler, chanceler, balancer. V. CHEOIR, CHEANCE.

Cancoile, hanneton.

Cancon, cancun, canchon, chanson; **cancounete,** petite chanson.

Cancionaire, livre de chants.

Candalor, candelor, chandeleur; *festa candelarum.*

Candele, candeelle, chandelle; **candelaire,** chandelier.

Cane, canne, roseau; lat. *canna*; **canabiere, caneviere,** lieu rempli de roseaux (*canna*) ou de chanvre (*cannabus*).

Cane, dent.

Cane, canee, cano, canotte, canette, canon, mesure de capacité, règle, tarif; lat. *canon*.

Canée, corbeille.

Cancl, chanel, chanal, canal, trame, tuyau, flûte, chalumeau.

Canes, canitie, cheveux blancs, vieillesse.

Canestal, canesteau, échaudé.

Canet, petit canard; **caner,** avoir peur, faire le canard. V. ANETE.

Cangier, canger, changer; lat. *cambire*; ital. *cambiare*. V. CAMBGER.

Cangeole, canjaule, changeable; **cangcor,** changeur.

Cani, canil, canelet, chenil.

Canée, canise, toile, vêtement; **soucanic, sourquenie,** souquenille, vêtement à mettre sur la *canie*.

Canisse, canistre, corbeille; **canistrel, canistreus,** petite corbeille.

Canivel, canivet, petit canif, petit couteau; ang. *knife*. V. KNIT.

Canivelle, chemise. Duc. V. CANIFELLUS.

Cannivaux, gros pavés.

Cano, canon, mesure de longueur, tambour.

Canoguilole, quenouille.

Canole, trachée-artère.

Canone, canogne, chanone, chanoine; **canoisie,** chapitre de chanoines; **canonge,** revenu d'un canonicat.

Canot, canote, petit canard, petite cane.

Canoue, betite barque.

Canouelle, canelle.

Canque, pour **quant que,** tout ce que.

Canqueter, crier comme une cane.

Cansalade, carnsalade, chair de salé; lat. *caro salsa*.

Cant, combien; lat. *quantum*.

Cant, chant; lat. *cantus*; **canter,** chanter; **canteor,** chantre, chanteur; **cantorie,** chantrerie, **cantarel,** chanterelle de violon; **canterme,** sortilége, maléfice.

Cant, canton, côté, coin, partie. On devrait dire brique sur *chant* (sur le côté), et non *sur champ*, ce qui n'a pas de sens.

Cantel, canteau, chanteau, quartier (de pain), portion.

Canti, cantié, cantonné, mis à l'abri.

Canu, chanu, chanut, vieux, chenu; lat. *canutus*.

Caoir, chaoir, cheoir, tomber. V. CADIER.

Caouen, chat-huant.

Cap, tête, chef; lat. *caput*. V. CAB.

Capage, capitage, droit payé pour chaque tête; b. lat. *capagium, capitagium*.

Capas, grosse tête; **capet,** tête petite, opiniâtre.

Capdal, captal, chaptal, chef.

Capdet, cadet, petit chef, par opposition à l'aîné, premier chef de la famille; lat. *capitettus*, de *caput*.

Capdueil, manoir seigneurial; lat. *capitolium*; bas lat. *capdolium*; ital. *campidolio*.

Capdeler, cadeler, caeler, aller à la tête, commander.

Cape, chappe; capé, capet, couvert d'une chappe, enfoncé; **capucon,** capuchon; **Capuis,** les Chapuis, nom d'une faction en Auvergne.

Capaser, chapaiser, combattre.

Capeleur, voleur, recors.

Capel, chapel, cappel, capiaus, chapeau ; **capeler,** coiffe, sous le casque ; **capeline,** armure de tête ; **caperon, capeluche,** chaperon.

Capele, capellerie, chapelle, bénéfice simple ; **capelan,** chapelain ; capeluche.

Caper, prendre.

Capesoulde, paie des soldats.

Capifol, chapifol, jeu du colinmaillard.

Capilaire, pour capulaire, scapulaire.

Capir (se), se cacher.

Capiscol, capiscos, écolâtre ; lat. *caput scholæ.*

Capitain, gouverneur.

Capitem, capital.

Capitolier, capituleur, capitullier, capitoul, échevin.

Captal, captau, chef, seigneur.

Capoul, capoulier, chef des moissonneurs, caporal.

Caple, capleis, capleison, caploi, chaple, chapleis, chaplement, combat, mêlée.

Capler, caploier, chapler, combattre ; lat. *capulus,* poignée de l'épée (Burguy) ; *scalpere,* couper, catal. *clapar* (Raynouard) ; isl. *kapp,* querelle ; *kappaler,* combattre (Duméril).

Capponé, bordé.

Capre, chèvre ou bouc.

Capse, boîte, assiette, coffre, chasse ; lat. *capsa ;* **capsine,** poignée, autant que la main peut en tenir.

Caprifol, chèvrefeuille.

Caprisant, pouls battant comme celui d'une chèvre.

Capsol, capsous, redevance payée au seigneur.

Captionner, mettre en prison ; lat. *captio.*

Caque, caquin, petit tonneau ; **caquerel, caquehareng,** hareng salé.

Caquehan, cabale, conspiration.

Caquetoire, lieu où l'on peut caqueter.

Caqueux, caquins, individus traités comme des Juifs en Bretagne.

Car, assurément, en vérité.

Car, viande, chair.

Car, carre, charriot ; lat. *carrus ;* **carée, charée,** droit de voiture dû au seigneur ; **caroier, careton,** charretier.

Caramot, crevette.

Caracque, espèce de navire.

Carafreit, brise-tête ; lat. *cara fracta.*

Caratere, le champ d'un sceau. Duc. V. CARACTER.

Caraie, charraie, carel, carreaux, caraude, billet écrit en caractères magiques, charme, enchantement ; **charraudesse,** charmeresse.

Carauder, se réjouir, faire bon visage ; **caraudesse, caraulde,** sorcière ; lat. *cara.*

Caramel (pour **chalamel**), chalumeau ; lat. *calamus, calamellus.*

Caramme, carasme, caresme, carême ; lat. *quadragesima* (*Dies*) ; **caramentrant,** carême-prenant, carnaval.

Caravanier, métayer faisant valoir à moitié.

Carbases, voiles de navires ; lat. *carbasa* (*carbas,* vent de nord-est).

Carbe, chanvre.

Carbon, corboun, carbun, charbon ; **carboncle, carboucle, carbuncle,** escarboucle ; lat. *carbunculus.*

Carbonnage, droit de charbonnage ; **carbonnée, carbounée,** morceau de chair grillée ou fumée.

Carbounel, blé niellé.

Carcailler, imiter le cri des cailles.

Carcaire, éperon ; lat. *calcar.*

Carcamousse, machine de guerre.

Carchent, carchant, charchant, collier ou chaîne de pierreries porté par les femmes, auj. carcan, prov. *carcol ;* anc. all. *querk,* gorge, cou.

Carcas, carcaise, carquois.

Carce, carcerie, carcherie, prison ; **carcelier,** geolier ; lat. *carcer.*

Carche, char. V. CAR.

Carcier, carchier, cargier, carquier, charger ; **carce, carche,** charge. V. CARGE.

Carciofe, artichaut, chardon.

Carcois, buste, dos.

Cardaigne, cardée, carde, plante potagère.

Cardemoine, cardamome.

Cardonal, cardonax, chardonal, cardon, cardinal.

Cardonnereule, chardonneret.

Cardonnette, chardonnette, artichaut épinier dont la fleur sert à cailler le lait.

Care, chère, visage.

Carel, lampe portative ; pat. poit. *charail.*

Carelle, querelle.

Carenon, carillon.

Carcte, caretil, charrette ; **careton,** charretier ; **carlion,** charron.

Carier, carlier, caroier, charretier ; **carion,** dîme payée au charretier.

Carge, cargue, charge ; **cargier,** charger ; esp. *cargar ;* bas. lat. *caricare.* V. CARCE.

Cariage, grosse toile, canevas.

Caribari, charivari.

Carin, sortilége. V. CARAIE.

Carité, charité ; **caritaule,** charitable.

Carme, carmin, charme, vers, poëme, sortilége.

Carme, charme, nom d'arbre.

Carn, carnal, carnail, chair, viande ; **carnalment,** charnellement ; **carnier,** boucher ; **carnel, carneus,** homme de chair, mortel ; **carner,** charnier ; lat. *caro, carnis.*

Carnal, carnaus, carnalage, droit sur les bêtes prises en dommage, tribut payé par les bouchers ; **carnaler,** tuer du bétail.

Carnal, carnel, carnaus, carniax, carnot, quarniau, créneau ; de *cran,* wall. *cren,* entaille.

Carnière, charnière ; bas· lat. *cardinaria,* de *cardo, inis'* gond.

Carnifes, souci, inquiétude.

Carniquet, gaîté, raillerie.

Carnon, arme de guerre.

Caroigne, carongne, charogne. V. CARN.

Carole, danse ; **caroler, caroier,** danser en rond ; **caroleur,** danseur ; ital. *carola ;* bret. *koroll ;* gael. *caroli.*

Caron, brique.

Carpant, hachis de carpes ; **carpière,** réservoir de carpes.

Carpente, charpente ; **carpentier,** charpentier ; lat. *carpentum,* voiture.

Carpite, tapis, sorte de drap.

Carpot, carpoute, impôt sur le vin (le quart du pot).

Carquier, charger. V. CARCIER.

Carraque, caravelle, nacelle ; bas. lat. *carraca.*

Carre, char ; **carrairal,** sentier ; **carretage,** droit sur les charrues ;

carrette, charrette; **carreton**, **carton**, charretier.

Carrue, charrue; **carruée**, mesure de terre, ce qu'une charrue peut labourer en une année; **carruage**, droit payé par carruée; **carroche**, carrosse; ital. *carroccio*; lat. *carrum*, *carrus*, chariot.

Carre, carrel, caroir, caroi, carouge, carroueil; carrée, bouge, petite chambre; quarte, mesure de capacité, place, promenade; lat. *quadrum*, un carré; orig. de *cadre*.

Carrefor, carrefore, carrefour; lat. *quater*, *furca*, lieu se divisant en quatre fourches, ou voies.

Carreau, carrette, outil de tonnelier, espèce de vilebrequin.

Carrel, carreau, carriau, garel, quarrel, flèche; lat. *quadrum*. v. CARRE.

Carrefeu, cerrefeu, couvre-feu.

Carreignon, cachet, sceau.

Carrubles (payer par), payer au marc le franc.

Carsonnier, sorte d'emploi dans un vaisseau.

Cartal, cartel, cartarenche, cartière, quarte, mesure de capacité.

Cartas, flèche, javelot.

Cartelée, la quatrième partie d'un arpent.

Cartal, cartable, portefeuille; lat. *charta*.

Cartipel, cartel, étiquette attachée sur les sacs à procès; lat. *charta* et *pellis*.

Caruane, caravanne, persan *Karouan*, troupe de voyageurs.

Carvanter, cravanter, accabler, traiter durement; lat. *gravari*.

Cas, cat, chat; lat. *cattus*.

Cas, cax, chaux; lat. *calx*.

Cas, kas, qas, quas, cassé, brisé; lat. *quassatus*.

Cas, ordure, excrément; isl. écos. *cac*, bret. *kach*.

Casal, casau, cassal, petite maison, métairie, place vague, hameau; **casalé**, homme de corps attaché à une métairie.

Casalet, plat, bassin.

Case, maison; **cassine**, petite maison; **casé, chasé**, ayant un fief, un château; **casement**, place, fonction.

Casenier, casanier; lat. *casa*, cabane.

Cascuns, chacun; lat. *quisque*, *unus*.

Caseret, panier à fromage; **casic, casier, chasier**, laiterie, lieu où l'on fait le fromage; lat. *caseus*.

Casnard, casnarder, cagnard, cagnarder.

Casse, châsse, reliquaire. V. CAPSE.

Casse, canelle.

Cassenat, jeune chêne. V. QUESNE.

Cassol, cassot, lépreux.

Casseron, espèce de poisson de mer.

Casson, le quart d'un arpent; motte de terre.

Castagne, castaigne, castenge, châtaigne; lat. *castanea*.

Casteax, cateau, château; lat. *castellum*.

Castelage, droit du prisonnier tenu dans un château.

Castée, chastée, chasteté.

Castelain, castillan; **castelan**, poignard de Castille.

Castelerie pour **cautellerie**, astuce, chicane.

Castice, catice, castiche, castichement, chaussée; **casticier, casticher**, édifier, bâtir.

Castier, castijer, castoier, castoyer, châtier, semoncer, corriger;

castiement, castoiement, enseignement, semonce ; **casti, chasti,** châtié, corrigé ; **castieresse,** femme qui châtie, qui corrige ; lat. *castigare.*

Casti, castis, chétif, captif ; lat. *captivus.*

Castille, querelle, différent. V. CATILLE.

Castoire, castor.

Caston, chaton de bague.

Castrat, castris, mouton.

Casuesne, chouette. D. V. CAUANNA.

Casuble, casure, chasuble ; lat. *casa, casala,* petite maison.

Cat, chat.

Catacan, sur-le-champ.

Catadoupe, chute d'eau.

Cataigne , chadaine , chefdain, capitaine ; bas lat. *capituneus ,* de *caput.*

Catal, catel, chaptel, chatel, chetel, cheptel, meubles ou biens mobiliers, bestiaux donnant un revenu ; lat. *capitale.* V. CAPDAL.

Cataic, cateie, cateye, espèce de machine à lancer des pierres.

Catepon, celui qui est chargé en chef d'une chose.

Caterne, cahier. Duc. V. QUATERNIO.

Catille , catillement , chatouillllement. Dér. **catiller, catilleur.**

Catir, serrer de près, presser.

Catre, quatre ; lat. *quatuor.*

Cau, chaleur ; **caud,** chaud ; lat. *calor, calidus.* V. CALD.

Cau, tombé. V. CAIR.

Cauc, cauch, cax, chaux, mortier ; lat. *calx.*

Caucadoire , vaisseau où l'on foule le raisin ; lat. *calcare.* Duc. V. CALCADOYRA.

Caucatrix, crocodile.

Cauce mare, cauchemar.

Caucè, caucement, caucier, cauchier, armure couvrant le bas de la jambe, chausses, bas ; lat. *calceus ;* **caucier, caucher,** chausser, presser ; lat. *calcare ;* esp. *calzar.*

Cauchetier, faiseur de chausses.

Caucher, cocher, action du coq couvrant la poule.

Caucie, cauchie, chaussée ; **cauchier,** paver ; **cauchieur,** paveur ; **canciage,** droit pour l'entretien des chaussées.

Caucoire, fête de village.

Caue, cauette, chouette.

Caud, chaud ; lat. *calidus* et *caldus.* V. CALD.

Caude, queue ; **à une caude,** en même temps.

Caudel, caudiel, chaudeau ; **caudiere , caudron , cauderette,** chaudière ; lat. *caldarium ;* **cauderlier , caudrelier,** chaudronnier ; **caudrelas ,** batterie de cuisine.

Caudemelle, vive querelle, chaude mêlée.

Caude strepe, chiendent.

Caudice, tige de plante ; **cauduns ,** extrémités des animaux ; lat. *cauda.*

Caudiot, feu de la Saint-Jean.

Cauf, caus, chauve ; lat. *calvus.*

Cauffoir, chaufour ; lat. *calidus furnus.*

Caufrain, pour **canfrain,** chanfrein ; lat. *camus ;* frein ; esp. *cama ;* barre du mors.

Caul, caulet, chaul, chaulx, col, chol, chou ; **col cabus,** chou cabus ; lat. *caulis ;* bas bret. *caul ;* ital. esp. *caule.*

Caulme, caume, came, chaume ; lat. *calamus ;* **caumeri, cameri,** champ dont la moisson a été coupée.

Cauns, chauns, chacun, l'un après l'autre; ital. *caduno.*

Caune, cavene, cavec, cavenne, cave, caverne.

Caunit, trépassé, mort.

Caup, coup. v. COP.

Caure, chaleur.

Cauretier, courtier.

Caus, ceaus, ceux.

Caus, col; lat. *collum.*

Causer, accuser, mettre en cause.

C'ausi, que aussi.

Causset, cachet.

Caut, cault, caus, cauf, fourbe, prudent; dérivés **cautele, cauteleuse, cauteler, cautement, cautelleusement,** etc.; **cautionnage,** cautionnement; lat. *cautus.*

Caut, il me chaut; v. CALOIR.

Cauve, cave, creux, profondeur; **cavain, cavaras, cavin,** trou, vallée; **caver,** creuser.

Cavage, chevage, caveliche, capitation.

Caval, ceval, cheval; **cavalet,** petit cheval; lat. *caballus.*

Cavalet, chevalet.

Cavaller, vaincre.

Cavance, cevance, chèvance, chevet.

Cavechel, cavecuel, cavecheul, cavecheuse, cavechil, traversin, oreiller.

Cavecure, licou. v. CAVESTRE.

Cavel, cheville de bois.

Cavellation, cavillation, plaisanterie.

Caveron, chevron, pour **cabrion;** esp. *cabrio,* de *capra,* chèvre.

Cavestre, cevestre, chevestre, licou; lat. *capistrum.*

Cavessier, cavescher, bourrelier, faiseur de chevestres.

Cavetier, cavetonnier, chaveter, savetier; ital. *ciabatta,* savate; esp. *zapata,* espèce de bottine. Duc. v. CHAVATERIA.

Caviol, chavial, chavole, cavex, caviaus, cheveux.

Cayaux, jeux d'enfants.

Cayere, chaiere, chaire, chaise; **cayelle,** confessionnal; **cayerier,** faiseur de chaises.

Cayer, tomber. v. CAÏR.

Cax, cals, ceals, ceols, chiauz, ceux.

Cax, cauc, chaux. v. CAUC.

Ce, cel, celei, celi, celie, celu, cil, ce, cet, celu, celui; **Cels, ceals, ceaux, ceox,** ceux-ci; lat. *ecce ille.*

Ceberon, bois pliant.

Cec, ces, cex, cius, aveugle; lat. *cæcus.*

Cechin, sequin, monnaie.

Cederie, soierie, commerce de soie.

Cedulon, acte judiciaire.

Ceens, ceenz, céans. v. CAIENS.

Cegarez, brouillards, mauvaise odeur.

Ceinsc, cemise, chemise. v. CAINSE.

Ceint, lange d'enfant.

Ceire, pois; lat. *cicer.*

Cel, ciel.

Celade, celate, salade.

Celdal, cendal, chendal, sorte de bois.

Celee, chelee, cachette; à **celee, celeement,** en cachette; **celant,** discret; lat. *celare.*

Celerin, poisson semblable à la sardine.

Celestel, celestial, celestif, celestien, celestre, céleste.

Celet, petit seau. v. SEILLET.

Celez, près de la. v. CE et LEZ.

Celi, celui. v. CE.

Celidoine, chelidoine, nom d'une herbe légendaire.

Celle, cabane, cellule.

Cels, celz, celx, ceux.

Cembal, cembel, cembiax, appeau, amorce, puis lieu de réunion, joute, combats.

Cemetaire, cementaire, cimetière; lat. *cœmeterium.*

Cemin, chemin; **ceminée,** cheminée.

Cen, chen, cela. V. CE.

Cenage, droit de pêche.

Cendad, cendal, cendaus, cendax, vêtement de soie ou de lin, suaire, linceul; latin, *sindon,* sorte de lin.

Cenele, cynelle, senelle, cenelle, fruit du houx, pris souvent comme chose de peu de valeur. Duc. v. COCCUM.

Cener, cenier, manger, souper; lat. *cœnare;* **cenal, cegnal, cenaille,** cénacle, salle à manger; lat. *cœnaculum.*

Cenelier, cenier, religieux chargé des provisions.

Cener, acener, faire signe, appeler; ital. *cenno,* signe.

Cener, cegner, cenher, cengler, ceindre.

Cengle, cegne, cenchet, ceinture, enceinte, lat. *cingulum,* de *cingere.*

Cengler, sanglier. V. SINGLER.

Cenre, cendre; **cendrin,** couleur de cendre; **cendreuil,** lâche, méprisable; lat. *cinis, cineris.*

Cense, censel, censaige, redevance payée pour un fief, métairie; **censeur, censier, censau,** fermier, tenancier; **censal, censeable, censaule, censif,** sujet au cens; **censir,** donner à cens.

Cens, cenz, cent; **centime, centisme,** centième; **centée,** mesure contenant cent parties; **cent-tant,** cent fois autant; lat. *centum.*

Censier, encensoir.

Centina, espèce de nacelle.

Centoire, centaurée.

Centuraire, faiseur de ceintures.

Cenu, chenu. V. CANU.

Ceoignole, ceognole, trappe, piége.

Ceols, ceoz, ceux. V. CELS.

Cepee, cep de vigne, touffe de bois sortant d'une seule tige, tronc, billot.

Cepee, cepel, cepiel, chep, cheps, billot, entraves mises aux pieds d'un patient; **ceper, cepier chepier,** geôlier; **ceper, receper,** tailler, couper, détruire; lat. *cippus.*

Cept pour **sept.**

Cepte pour **secte.**

Cer, cier, ceri, cher, chéri.

Cerant, chose de peu de valeur, petite monnaie.

Ceras, trop salé, trop cuit.

Cercelle, sarcelle; lat. *querquedula;* ital. *cerceta.*

Cerche, cerceau, cerque, cercle; **cerculier,** circulaire; **cercler,** entourer; lat. *circulus.*

Cerche, cerque, tournée, ronde, recherche; lat. *circa,* autour; **cercier, cercher, cerchier, cerquer, cerquier, cherchier,** chercher, examiner avec soin; **cerkemanerie, cerquemanage,** enquête; **cerquemaner,** mettre des bornes; **cerquemaneur,** celui qui avait le droit de les poser; lat. *circare.* V. ENCERCIER.

Cerclouere, sarcloir.

Cercus, sorte de vêtement, surcot.

Cere, cire; lat. *cera.*

Cerfouir, serfouir, labourer; prov. *sosfoir;* lat. *sub fodere.*

Cerie, paquet, ballot.

Ceriligion, porc-épic. Duc. v. CHIROGRYLLUS.

Ceris, cerise.

Ceris, faucille dentelée. Duc. V. SERRA.

Cerjat, sorte d'outil. Duc. V. CERNEA.

Cermeau, sorte de serpe, *cerminiculum.*

Cern, corne.

Cerne, cernee, cernele, cernellere, cercle, puis assemblée; lat. *circinus,* de *circus*; **cernuateur,** coureur, vagabond, faiseur de tours; **cernoer, cernoire, cernouer,** instrument à *cerner* les noix (*cerneau* noix cernée, noix en coque).

Cerner, regarder, voir; lat. *cernere.*

Cerquer, chercher; **cerquemanage,** recherche. V. CERCHER.

Cerre, cese, ceze, pois chiche; prov. *cezes*; lat. *cicer.*

Cerrefeu, couvrefeu.

Cers, cierce, sers, vent du N.-O. à l'E.-S.-O.; lat. *circius.*

Cers, ciers, cerf, **cerve,** biche.

Cert, cerz, certan, certain; **certes, a certes, a de certes,** sérieusement, de propos délibéré, certainement; **certefier,** certifier.

C'ert, pour ce ert, c'était.

Cerulé, couleur azurée; lat. *cœruleus.*

Cerveise, cervoise, bière; **cerveisier,** brasseur, mot d'origine gauloise; gall. *cwryf*; bret. *koref, kufr.*

Cervel (le), cervelle; **ecerveler,** enlever la cervelle; lat. *cerebellum.*

Cervelier, armure de tête; **cervis,** cou, chignon, tête.

Ces, cez, chez.

Ces, cex, aveugle.

Ces pour **cels,** ceux.

Ces, interdit ecclésiastique; **cesser,** prononcer cet interdit, céder, donner. Duc. V. CESSATIO, CESSARE.

Cescle pour **cercle.**

Cescun, chacun. V. CASCUN.

Cesmel, sortilége.

Cesmin, cestmin, chemin, sentier.

Cest, ceste, chest, cheste, cesti, cestu, cestui, cetui, celui-ci, celle-ci; lat. *ecciste.*

Cester, trébucher, broncher; lat. *cespitare.*

Cestier, setier. V. SEPTIER.

Cest mon, c'est mon avis.

Cetif, cheitif, captif. V. CAITIF.

Ceu, ce. V. ICEO.

Ceu, reg. sing. de **cel.**

Ceus, ceuls, pour **cels,** ceux.

Ceure, coutume, loi municipale; **ceurier,** échevin. Duc. V. CORA.

Ceurt pour **cuert,** il court.

Coutier, coûter, valoir. V. COSTER.

Ceval, cevel, cheveu. V. CAVIOL.

Ceval, cevax, cevials, ceviaus, cheval. V. CABAL.

Cevalerie, cevaucer, chevalerie, chevaucher.

Cevece, ceveche, cevechel, chevet, collet, chaperon; bas lat. *capitium.*

Cevestre, chevestre, licou; esp. *cabestro*; ital. *cupestro*; lat. *capistrum.* V. CABESTRE.

Ceves, oignon, cive, lat. *cepa.*

Ceville, cheville.

Cevir, chevir, achever, venir à chef.

Cier, chier, cher; **cierir,** chérir.

Cizile, Sicile.

Cha, ca, cela.

Che, chen, che, ce.

Chaabler, casser, détruire; **chaablis, chablis,** abattis d'arbres. V. CAABLER.

Chaaigne, chaenne, chaîne; **chaalgnon,** chaînon. V. CAAINE.

Chaagnon, chaanon, chaon, cou, chignon.

Chaaite, chaete, ce qui doit écheoir; prov. *escazenza.*

Chaance, chance.

Chaare, la ville du Caire.

Chaas, chas, galeries flanquées de tours ; bas lat. *catha, catus.*

Chaaton, morceau de cristal ou de verre. Duc. v. CHASTO.

Chabene, cabane.

Chable, perrière, câble, branche rompue, meurtrissure.

Chabosser, cabosser.

Chabriot, chevron. Duc. v. CABRIO.

Chabutz, partie de l'habit qui entoure le cou.

Chace, chaceis, chasse ; **chacier, chacher,** chasser ; **chaceres, chaccor,** chasseur. v. CACE, CACIER.

Chaceuol, chassieux ; de *caseus.* fromage, et *oculus,* selon Grandgagnage. Les Allemands disent *augenkäse, augenbütter,* le fromage ou le beurre des yeux.

Chacheu, cognée, hache.

Chachevel, crâne ; lat. *calvaria.*

Chaqueu, chosqueur, pressoir.

Chacuniere, maison séparée, habitation particulière à chacun.

Chadalne, capitaine. v. CHEFTAINE,

Chadeler, guider. v. CADELER.

Chael, chaeus, cheiaus, petit chien ; lat. *catulus.*

Chafaud, échafaud. v. ESCAFFAUD.

Chafrener, réprimander.

Chaidne, chaigne, chêne.

Chaiere, chaire. v. CAIERE.

Chaict, chaicte, captif. v. CAITIF.

Chaigement, changement.

Chaigle, chaingle, enceinte, parc fermé de murs.

Chaingle, sangle.

Chaillous, caillou.

Chaindre, chaint, ceindre, ceint.

Chainse, cheinsil, chincherie, chemise. v. CAINSE.

Chaipot, place devant une église.

Chair, cheir, tomber , il **chaï,** il tomba ; ils **charront,** ils tomberont ; **cheoite,** chute. v. CADEIR.

Chairgier, charger. v. CARGIER.

Chairles, Challe, Challon, Charles.

Chairpaigne, ouvrage en osier.

Chairtre, chartre, prison. v. CARTRE.

Chais, loge, chaumière, bûcher ; ba lat. *chaia ;* basque *echea.*

Chaisteron , petit tiroir. Duc. v *chartothesium.*

Chaistre, la ville ou le comte de Chartres.

Chaisuble, chasuble. v. CASULE.

Chakesjornal, quotidien. (S. de saint Bernard).

Chalan , chalon , chalandre , charlan, petite barque, d'où charlatan, comme bateleur, de bateau ; bas lat. *chelandium, chalonnium.*

Chalcier, chaucier, enchaucier, serrer de près ; ital. *incalzare* ; lat. *calcis.*

Chald, chalt, chalz, chaud ; **chalt pas,** aussitôt, immédiatement. v. CALD.

Chalemele, chalemie, chalumeau. v. CALEMELE.

Challe, moule à pâtisserie.

Chalemine, pierre bitumineuse.

Chalengier, chalongier , défier. v. CALONGIER.

Chalebonde, feu de joie.

Chalt (il) il chaut, il importe.

Chalue, poisson de mer. Duc. v. LABEO.

Chalzcment, chaussure ; lat. *calceumentum.* v. CALCIER.

Chaloir, importer, il **chaut,** qu'il **chaille,** etc. v. CALOIR.

Cham, chamais, banc. v. CAM.

Chambalon, courge.

Chambarier, chambrier. v. CAMERIER.

Chambar, qui a les genoux en-dedans. v. GAMBARON.

Chamberere, chambrière.

Chamberlain, chamberleng, chamellan, chambellan.

Chambert, partie du derrière du cou.

Chambiaus, chembiaus, combats. v. CEMBAL.

Chambion, pied ou jambon.

Chamente, camente, capmente, vêtement de tête.

Chamin, chemin.

Chamon, terre en friche.

Chamoie, combat ; **chamoier, champoier,** combattre.

Champagnol, potiron ; lat. *campolus*.

Chanal, chanel, canal.

Chancel, balustrade, clôture. v. CANCEL.

Chancel, chanvre, toile blanche. v. CHAINSE.

Chancelle, chambre de femme, meubles et habits.

Chancir, blanchir, moisir.

Chaneu, tombé, renversé.

Chandoille, chandelle. v. CANDELE.

Chane, chanu, blanc, vieux. v. CANE, CANU.

Chane, chaene, chanee, chanette, corbeille, cruche. v. CANÉE.

Chane, chanel, canal, sorte de mesure.

Chanesie, canonicat.

Chanevis, graine de chanvre ; **chanevacier,** marchand de toile de chanvre.

Change, chemise.

Changon, cérémonie qui précède le mariage.

Chanlan, bateau. v. CHALAN.

Chanole, trachée-artère. v. CANOLE.

Chantel, morceau, angle. v. CANTEL.

Chaounez, sorcier. Duc. v. CAOETUS.

Chaoursier, usurier de Caours, ville de Piémont.

Chaout (il), il châtia. v. CASTOIER.

Chapes, chevrons soutenant la couverture d'un bâtiment.

Chapin, petit couteau.

Chaple, chapleis, combat. v. CAPLE.

Chapon, capon, le sommet de la tête. v. CAP.

Chappeline, capeline, armure de tête.

Chappuis, chappuiseau, charpentier, billot à l'usage des tonneliers.

Chappuser, tailler du bois de charpente.

Chapt, terme injurieux.

Charboucle, escarboucle. v. CARBONCLE.

Charci, maigre, décharné ; **charcutes, charee,** carnage. v. CARN.

Charcier, charchier, charger. v. CARGIER.

Chardonal, cardinal. v. CARDONAL.

Chariner, railler, moquer.

Charaie, sortilége. v. CARAIE.

Charail, chareil, sorte de lampe.

Charis, porte de ferme par laquelle passent les charrettes.

Charlier, charron. v. CARLIER.

Charme, sortilége. v. CARME.

Charmoye, lieu planté de charmes.

Charoler, danser. v. CAROLER.

Charon, cruche, bouteille.

Charpir, mettre en pièces.

Charrasson, échalas pour les vignes.

Charrée, carnage ; **charostier,** qui mange beaucoup de viande. v. CARN.

Charrée, charrei, char.

Charrees, cendres qui servent à la lessive ; bret. *kœred, kouered,* lessiver, nettoyer.

Charsois, coquille.

Charté, celui qui a obtenu une charte.

Chas, travée, espace entre deux poutres, cuisine. Duc. v. CHASSUM.

Chassin, espèce de bois.

Chassins, les Assassins ou Assissins.

Chasti, châtiment.

Chassipole, sergent chargé de lever des impôts. Duc. v. CACEPOLLUS.

Chastee, chasteté ; **chasti,** chaste. v. CASTÉE.

Chastel, chastiax, château. v. CAS-TEL.

Chastif, chétif. v. CAITIS.

Chastoiller, chatouiller. v. CATILLER.

Chastoires, ruches d'abeilles.

Chatrillon, chatron, jeune animal châtré.

Chau, cheu, tombé. v. CADEIR.

Chauavaler, chaualer, tomber en aval.

Chaucee, chauceu, chauchon, pressoir.

Chaucer, chauchier, chausser, presser du pied. lat. *calceare.*

Chaucerie, métier de culottier ou de cordonnier ; lat. *calceus.*

Chaucerie, chaucherie, four à chaux; lat. *calx.*

Chaude colle, premier mouvement de colère ; bas lat. *calida colera.*

Chaudel, chaudelet, échaudé ; prov. CHAOUDEL.

Chaudrelas, cuivre dont on fait les chaudières.

Chauduns, boudins, tripes, extrémités des animaux ; lat. CAUDUNS.

Chauffaut, échafaud, machine de guerre.

Chaulcie, chaussée. v. CAUCIE.

Chaule, échelle, lat. *scala.*

Chaulcine, chaux à bâtir; lat. *calx.*

Chaulme, chaume ; lat. *calamus.*

Chaumeni, pain moisi ; pat. poit. *chauveni.*

Chamoufflet, camouflet, fumée soufflée dans le nez.

Chaus, cheus, ceux.

Chauvir, remuer, dresser les oreilles.

Chavage, capitation. v. CHEVAGE.

Chavan, caban.

Chaver, chever, creuser. v. CAVER.

Chaverin, chevreau.

Chavessaille, collet d'habit.

Chavestriaus, querelles, combats.

Chaveus, chaviaus, chavicus, chavoulx, cheveux. v. CAVIOL.

Che, chen, ce.

Cheance, chevance, profit ou accident.

Cheau, petit chien. v. CAEL.

Checier, chessier, chasser. v. CACIER.

Cheder, tomber. v. CADEIR.

Cheens, céans.

Cheffe, cage ; lat. *cavea.*

Chefau, maison principale.

Chefmas, chefmois, principal manoir. v. MAS.

Cheftain, chefteigne, cheveteigne, capitaine ; bas lat. *capituneus,* de caput. v. CAPDAL.

Cheillier, cellier.

Cheinsil, chemise. v. CAINSIL.

Cheir, tomber; **chiece** (qu'il), qu'il tombe; **cheite,** chute. v. CADEIR.

Cheli, chelle, celui, celle.

Cheler, cacher, celer; **à chelee, cheleement,** en secret.

Chelevalet, charivari. Duc. v. CHALVARICUM.

Chelm, chelmele, chelmie, turbulence, rébellion.

Cheme, chemie, mesure de blé.

Chemier, chefmier, premier de la famille.

Chemine, cheminel, cheminon, chenet.

Chemineau, cheminel, pain mangé pendant le carême en Normandie. v. SEMINEL ; bas lat. *siminellus.*

Chemisoi, chemisot, chemisette.

Chen, ce cela.

Chenal , chenean , chaisneau , chenez, gouttière , canal , entrée d'une rivière. V. CANEL.

Cheneau, jeune chêne.

Chener, appeler par un signe. V. CENER, ACENER.

Chenevas, corbeille ; lat. *canistrum.*

Chenneveux , chènevis , graine de chanvre ; lat. *cannabis.* V. CANA-BIERE.

Chennin, parjure, menteur (comme un chien).

Chenoigne, chesnoine, chanoine. V. CANONE.

Chens, chevaliers.

Cheoite, chente, chute, héritage. V. CADEIR.

Chep, entraver, **chepier,** geôlier. V. CEP, CEPIER.

Cheptel, capital. V. CATEL, CHATEL.

Cher, char.

Cherche, chémin de ronde ; **cherchel,** petit cercle ; lat. *circulus.*

Chere, chiere, visage. V. CARE.

Chermer, charmer. V. CARME.

Cherpinier, vannier, faiseur de paniers.

Cherre, charrette. V. CARRE.

Chersel, cerceau. V. CHERCHEL.

Cherté, charité.

Chertes, cheriez, certes.

Cherubin, sommet de la tête.

Cherue, cheruel, navette, petit vaisseau où l'on met l'encens; lat. *accerra.*

Cherve, chanvre.

Chesal , chescau , chesseau , chezal, maison. V. CASAL.

Chesne, chêne; **chesnée,** perche.

Chessal, sénéchal.

Chesseau, botte, fagot.

Chesson, petit chat.

Chest, cheste, ce, cet. V. CEST.

Chetifvoison, chaitivaison, captivité ; **chetivé ,** empiré, rendu plus malheureux. V. CAITIF.

Chetoire, ruche d'abeilles. V. CHASTOIRES.

Chetron, petit coffre, tiroir.

Chenn, chacun, l'un après l'autre; pat. poit. *chaun ;* lat. *quisque unus.*

Chevage, chevaige, queuvage, capitation, tribut par tête; bas lat. *cavagium, chevagium.*

Chevalchier , chevalcer , aller à cheval ; **chevalchure,** monture.

Chevax, cheval; **chevauceor,** chevaucheur. V. CEVAL.

Chevalé, poursuivi, dépouillé.

Chevanne, chevanton, tison enflammé.

Chevecaille, chevecin , chevessaille, tresse de cheveux.

Chevece, chevecel, tête, sommet, chevet.

Chevechier, chevege, chevestre, coquin, pendard ; bas lat. *cavestrum.*

Chevecine, chevestre, chevoitre, licol ; lat. *capistrum;* bas bret. *cabestr.* V. CABESTRE.

Cheveils, chevecl, chevicls, cheveux ; **cheveleux,** chevelu. V. CAVIEL.

Chevel, chef, capital; **chevelee,** territoire où l'on exige le cens capital.

Chevelier, cellerier.

Chever, cheviller, chiever, creuser. V. CAVER.

Cheverseuil, dossier, chevet de lit.

Chevier, chevir, chievir, achever, réussir, venir à chef; **chevissance,** convention définitive. V. CHIEF.

Chevillier (cheval), limonier.

Chevreus, cheverol, chevuol, chevreuil.

Cheze, chezeau, habitation, espace de terre qui est autour d'un château. v. CASAL.

Chicheus, chassieux.

Chief, chies, chiez, tête, chef.

Chieftaine, capitaine ; **chievage,** cens dû par tête.

Chieneric, redevance pour la nourriture des chiens.

Chienes, sorte de petite monnaie.

Chiennet, chennez, chenet.

Chier, cier, kier, cher ; **chierir, cierir,** chérir.

Chierchaine, enquête.

Chiesser, cesser, s'arrêter.

Cheuvrete, instrument de musique ; bas lat. *capriola.*

Chifonie, instrument de musique.

Chillier, cillier, baisser les cils.

Chincelier, baldaquin.

Chincerie, lingerie. v. CHEINSE.

Chink, chiunk, chuine, cinq ; lat. *quinque;* **chinquau,** amas de gerbes liées par cinq.

Chince, nuque.

Chiouere, latrines. Duc. v. *cloacarius.*

Chippe, chiffon.

Chirat, chiron, monceau de pierres.

Chirer, clos, verger.

Chirf, cerf.

Chiute, kiute, vêtement piqué. v. COUTE.

Chival, cival, cheval.

Choc, chouer, halle, cohue ; **chouage,** droit de halle. v. HUER.

Choesne, pain blanc et délicat.

Chol, choe, col, chou ; lat. *caulis.*

Chole, espèce de jeu de mail.

Chope, cope, chopine; all. *schoppen.*

Choque, chouque, chouquet, souche, bûche, **choucage,** droit sur les *choques.*

Choser, chouser, chuser, accuser, gronder.

Chot, choe, chouen, chouette.

Chotier, laverie de cuisine.

Chou, ce. v. CO.

Chouloil, sorte de lampe.

Chucre, sucre.

Chuer, crier, appeler. v. HUER.

Chuffles, gâteaux soufflés.

Chuquier, espèce de jeu de billard.

Churcaux, curcaux, lavures, balayures.

Ci, chi, ici.

Cien, kien, chen, chien.

Cicharou, poisson, espèce de maquereau.

Ciclaton, ciglaton, robe de soie; arabe *segalaton.*

Cier, chier, cher; **cierté,** tendresse, amitié.

Ciercier, aller de côté et d'autre ; lat. *circare.*

Ciere, visage. v. CHERE.

Cies, ciez, ceus, ciaus, cel, chiel, ciel.

Cies, tête, chef. v. CHIEF.

Cies, cieus, aveugle. v. CES.

Cicurgien, chirurgien.

Cif, suif.

Cil, chil, chieus, celui, ceux; lat. *ipse, ille.*

Cil et cele, les uns et les autres.

Cimau, droit sur les arbres écimés.

Cimbre, timbre.

Cinade, espèce de crevette.

Cince, ceinture.

Cincenaude, cincenelle, petite mouche, cousin.

Cinche, espèce de massue.

Cinil, espèce de légume.

Cinsneor, brigand.

Cintrage, sorte de redevance.

Cion, jet d'arbre, scion.

Circue, lien qui tient le bœuf attaché à la charrette.

Circau, coup de la main sous le menton, geste de mépris.

Cirge, cierge.

Cis, cix, ce, cet.

Cisel, ciseau.

Cisemus, musareigne ; all. *ziselmaus.*

Cisme, schisme.

Cisne, cigne.

Cistre, cidre.

Cit, cité ; **citain, citein,** citoyen.

Citole, instrument de musique ; **citolere,** qui joue de la citole.

Citoual, citoval, zédoaire, arbre ; all. *zitwer ;* **citolet,** sorte de boisson.

Cius, aveugle ; lat. *cæcus* v. CIX.

Civetaigne, capitaine. v. CHEFTAIN.

Clacelier, clacerier, porte-clefs, portier.

Claie, le dos ou revers de la main.

Clake, manteau. Duc. v. *cloca.*

Claims, clains, clam, clamur, plainte, clameur ; **clamer,** appeler ; **je clain,** j'appelle ; **clamif, clamis,** plaintif.

Clanque, clenque, clanche, loquet. v. CLIQUET.

Clapet, crécelle.

Clapoire, mauvais lieu.

Clapon, porc.

Clare, clarin, clerin, claseau, sonnette.

Claré, claret, liqueur clarifiée faite de vin, de miel et d'épices.

Clarier, éclairer.

Clau, clo, clox, clou ; **clauer,** clouer ; lat. *clavus.*

Clave pour **glave,** épée.

Clavain, haubert.

Claveau, claval, clavelle, teigne des moutons ; gall. *clavar ;* écoss. irl. *claim ;* bret. *klanvuz.*

Clavel, instrument de pêche.

Claveller, clouer.

Clavette, petite clef ; **claveter,** heurter à une porte.

Claveure, serrure.

Cler, clair.

Cler, clerc ; **clercon,** état de clerc ; **clergie, clerzie,** clergé ; **clergilment,** cléricalement ; **clerkois,** langue du clergé (langue latine).

Cleuzeur, sorte de lampe.

Clicart, crosse, mail.

Clice, cliche, éclisse.

Clichoire, rigole.

Clicorgne, de travers, clignotant.

Clider, glisser.

Cliner, clingier, baisser, **faire clin ;** lat. *clinare.*

Clines, partie du moulin par où tombe la farine.

Clipet, battant de cloche ; **clipon,** bâton, massue.

Clique, cliquet, loquet de porte, son de la cloche, instrument de pêche ; all. *klinke ;* angl. to *clinch.* v. CLANQUE.

Clistrer, couvrir de haillons.

Clocc, cloque, cloche.

Clocer, clochier, clocher, tomber, boiter ; bret. *cloff,* boiteux ; angl. *closh* lat. *claudicare.*

Clochier, radeau ; bas lat. *cleia ;* bret. *kleusen,* arbre creux ; isl. *klacker,* tronc équarri (du Méril).

Cloere, cloiere, pile, vaisseau où l'on met les draps pour être foulés.

Cloie, cleie, clede, claie ; bas lat. *cleda, clida, cleta ;* bret. *kloved ;* gall. *clwyd ;* écoss. *cleath.*

Cloistrier, moine cloîtré.

Clops, cloup, boiteux. v. CLOCER.

Clore, enclore, enfermer ; **clouz, enclouz,** clos ; **closure,** clôture.

BIBLIOTHÈQUE NATIONALE R. F. IMPRIMÉS

13

Clos, clous, cloufis, clofis, cloué, fixé avec des clous ; **cloant,** agrafe ; **cloufleier, cloufirmer,** attacher avec des clous.

Clote, chambre.

Cloture, avantage fait au fils aîné.

Clou, cheville.

Clud, prix, valeur ; **faire clud,** priser, vanter. Duc. v. CLUERE.

Clugneter, clunelter, cligner, fermer les yeux.

Clut, râclure, fragment.

Cnit, cnivet, canivet, ganivet, kenivel, quenivet, couteau, canif ; all. *kneif* ; angl. *knife.* v. CANIVET.

Co, ico, ce, cet.

Coage, droit pour l'entretien des quais. v. CAAGE.

Coane, couenne ; ital. *cotenna* ; arm. *kenn* ; kyms, *caen.*

Coard, coart, cuart, couard, poltron ; **coardie,** couardie ; esp. *cobardo* ; ital. *codardo.* v. COE.

Cobillon, sorte de filet pour la pêche.

Cobrer, prendre ; **cobre,** acquisition. v. COMBRER.

Coc, coq ; bret. *kok* ; écoss. irl. *coileoch, chelioc.*

Cocaigne, contestation, querelle.

Cocatrix, animal légendaire, crocodille, basilic.

Coc en pleu, avantageux, suffisant. Duc v. *gallus.*

Coe, coie, coue, queue ; lat. *cauda.*

Cocier, colcier, eoulchier, culcier coucher. lat. *collocare.*

Coessin, coussin.

Coche, cochon ; bret. *kouch* ; gall. *koc.*

Coche, colche, hoche, entaille ; bret. *coch* ; écoss. *sgoch* ; gall. *cosi,* fendre.

Coder, coudrier.

Coens, cons, comte ; at. *comes.* v. QUENS,

Coeu, cuisinier ; lat. *coquus.* v. QUEUX.

Code, coude ; lat. *cubitus.* v. COUTE.

Cogament, secrètement ; **cogent,** nécessaire. Duc. v. *cogeus.*

Coglone, Cologne.

Coi, quoi ; lat. *quid.*

Coi, coit, quoit, quei, tranquille ; lat. *quietus* ; **coiement, quoiement,** tranquillement ; **a recoi,** en repos ; **se coiser,** se taire ; **coitier,** mettre à couvert, cacher. v. ACOISER.

Coigner, sceller, marquer avec un coin.

Coignier, coignassier.

Coiler, celer ; **qu'il coilt,** qu'il cache ; lat. *celare.*

Coillir, cueillir ; lat. *colligere.*

Coillon, testicule.

Cofe, colin, collineau, coffre, panier.

Coestron, bâtard. Duc. v. *quæstarius.*

Cohue, halle, auditoire. v. HUER.

Cointe, cuint, instruit, ajusté, paré.

Cointement, cointise, habileté ; **cointier, cointoier** (se), se faire beau, se parer.

Coipel, copeau.

Coire, cuire, brûler ; **no (s') coist** (cantique d'Eulalie) Elle ne fut pas brûlée. lat. *coquere.*

Cois, choix ; **coisir,** choisir, apercevoir ; all. *erkiesen* ; angl. to *chuse.*

Coisse, droit de mesurage.

Coisser, coissier, faire de la peine, incommoder.

Coite, cuite, aiguillon ; **coitier,** aiguillonner, presser.

Coitier, frapper, contusionner ; patois port. *cotir* ; lat. *quatere.*

Coivre, cuivre.

Cojure, espèce de ceinture.

Col, cou ; **colace,** charge autant qu'on peut en porter sur le cou.

Colacion, harangue, discours.

Col, colée, cos, caus, coup. V. COLP.

Colcher, coucher. V. COCIER, CULCHER.

Cole, coulle ; V. COULE.

Cole, bile, humeur colérique.

Coler, couler; **colcice,** coulant.

Coller, se livrer à la mélancolie.

Coloier, tourner le cou, regarder de tous côtés.

Colon, coulon, coulomb, pigeon ; **colomier,** colombier ; lat. *columbus*.

Coloniere, maison du colon.

Color, colur, colour, couleur.

Colp, coup.

Colpe, culpe, corpe, faute; **colper, couper,** commettre une faute; **encorper,** inculper, battre sa coulpe, faire son *mea culpa*; **colpable,** coupable.

Colper, couper. V. COPER.

Coluer, cultiver; lat. *colere.*

Colunge, métairie, terre nouvellement défrichée.

Com, con, coume, comme, comment; lat. *cum* ou *quomodo*.

Comarque, frontière.

Commanc, commanch, je commande.

Comandise, comant, commant, commandement.

Combe, cumbe, vallée ; **combre,** creux ; celt. *comb.*

Combe, petite mesure, litron.

Combrer, combrer, prendre ; **decombrer,** dépouiller; **encumbrer,** embarrasser.

Comburir, brûler; lat. *comburere.*

Come, chevelure; lat. *coma.*

Commanchance, commencement.

Comment que, de quelque manière que.

Commuer, mouvoir; **escommuer,** émouvoir.

Commun, communauté, octroi.

Communalment, en commun, communément, **communiste,** officier d'une commune.

Compains, compaignon, compeignon, compagnon ; **compaimie, compeignie,** compagnie.

Companage, ce qu'on donne dans un repas en sus du pain et du vin, sorte de pâtisserie.

Comparager, comparer.

Compas, compas, justesse, ordre.

Compasser, arranger, construire.

Compellir, contraindre.

Comperer, comparer, cumperer, conperer, acheter, payer.

Compenelle, ornement de cheval, partie de la bride.

Conceler, cacher.

Concever, concoivre, conchoivre, concevoir.

Concevement, conception ; **concié,** conçu ; lat. *concipere.*

Conchier, cunchier, souiller, salir, mépriser, tromper.

Concredere concreire, se fier.

Condire, assaisonner.

Condire, conduire; **conduisierres,** conducteur; **conduit,** chemin.

Condol, condot, la partie élevée d'un sillon.

Conestable, cunestable, connétable ; lat. *comes stabuli.*

Confanon, confalon, gonfanon.

Confichier, confisquer.

Conflaerie, confrérie.

Confremance, confirmation.

Congeer, congédier: **congie,** congé.

Congle, coaingle, cuningle, ce qui joint les bœufs attachés à un charrue. Duc. V. CONJUGLA ; lat. *cuneus.*

Congnie, coignée.

Conil, conin, connin, lapin; lat. *cu-niculus.*

Conjouir, se réjouir avec quelqu'un, le féliciter.

Conjongement. jonction, union.

Conjurcison, conjuration.

Connissances, flammes, ornements de lances.

Connoille, quenouille.

Conoingnole, outil de tisserand.

Conoistre, conestre, connistre, conustre, connaître.

Connuit, mariage.

Conopeu, voile, rideau.

Conquerre, conkerre, conques-ter, conquérir; **conquest,** conquête.

Conrai, conrei, conrol, ordonnance, arrangement; bas lat. *conradium;* **conraer, conreer, conroier,** conduire, arranger; **conradier,** chargé du soin de la table. v. RAI.

Consachable, consachaule, qui a conscience ou connaissance. v. SAVEIR.

Consaul, consaux, consax, conseil.

Consierrer, consirrer, considérer; lat. *considerare.*

Consievre, consierrer, consirrer, consire, consievir, consuivre, suivre; lat. *consequi.*

Consirree, désir, poursuite.

Consiller, consoiller, conseiller; **consillement, consoil,** conseil; **consilleor,** conseilleur; **que Diex le conseut,** que Dieu le conseille !

Consitoire, assemblée, consistoire.

Consol, conssous, consul, échevin.

Contemple, conjoncture, temps; **en cel contemple,** en ce temps-là; lat. *cum tempore illo.*

Contenement, continence.

Contendre, contencier, conten-ser, cuntenser, disputer; **conten-**son, **content,** dispute; lat. *conten-dere, contentio.* v. TENSER, TENSON.

Conter, compter et conter; lat. *com-putare.*

Contorber, conturber, troubler.

Contrabout, terre donnée pour la sûreté d'une vente. v. ABOUT.

Contraier, contracter; **contraire (se),** se marier, se lier par mariage; **contrateur,** courtier; lat. *contra-here,* d'où *contracter, contrat.*

Contrait, contret, contrefait, bossu; lat. *contractus.*

Contralier, se mettre contre, contra-rier; **contralios,** contrariant.

Contraplegement, caution fournie par le défendeur.

Contrapoial, barre de porte.

Contrechant, réponse.

Contrecurée, armure qui défend le ventre. v. CUIRIE.

Contremant, contre-ordre.

Contremoier, déchirer.

Contreroleur, contrôleur.

Contrester, s'opposer à, se tenir contre; lat. *contra stare.*

Contribler, contriebler, briser, écraser. v. TRIBLER.

Controvaille, controve, fable, in-vention; **controver,** controuver, in-venter.

Contur, suite de princes, de comtes. Duc. v. CONTURNERIŒ.

Convaloir, recouvrer la santé; lat. *convalescere.*

Conveance, conveant, convent, convention.

Conveancier, conventer, convenir.

Convent, couvent; lat. CONVENTUS.

Convers, entretien.

Convers, habitation; **converser,** habiter, demeurer.

Convers, frère lai.

Convi, convit, convivie, festin.

Convicier, injurier ; lat. *convitari.*

Convine, convenance, convin-caille, covine, couvine, convention.

Cooignole, sorte de piége.

Cop, coup ; **encor un cop,** encore une fois. v. COLP.

Cop, cope, coupe, sorte de redevance de blé ; Duc. *cupa.*

Coper, couper, dépecer, v. COLP.

Copere, copereau, coppeau, mari souffrant les infidélités de sa femme.

Copie, abondance, jouissance ; lat. *copia.*

Copiez, copieux.

Cople, couple ; **cople,** accouplé ; lat. *copula.*

Coquart, coquillart, mari trompé ; **coquebert, coquebin,** sot, nigaud.

Coque, coquet, coche, bateau.

Cor. cormier.

Coral, chêne.

Coral, corail.

Cor, cuer, quer, cœur ; **corage, coraje,** cœur; esp. *corazon* ; **coral,** qui appartient au cœur; **coralment, coraument, corelment,** de bon cœur ; **corailles,** entrailles ; lat. *cor.*

Corb, corbel, corbiaus, courbe, corbeau ; **corbeillot,** petit corbeau.

Corban, corbel, couchant, habitant.

Corboran, lieu où l'on garde un trésor.

Corbet, serpe ; **corbete,** ornement de selle.

Corbiere, lieu fermé de haies.

Corbillier, chanoine n'ayant qu'une demi-prébende.

Corbisier, marchand de corbeilles.

Corcié, battu, maltraité. Duc. v. *cabulus.*

Corcion, bâtard.

Cordail, corde ; **corde,** grosse étoffe de laine ; **cordeis,** sangle de lit ; **cordie,** corde ou lice d'un champ clos ; **cordurier,** tailleur.

Cordoan, corduan, cuir de Cordoue; d'où **cordoanier,** cordonnier.

Corce, bâton, arme offensive.

Core, coret, cornet à encre.

Core, juridiction, cour.

Coreman, corier, juge, échevin.

Corgie, coorge, courgie, fouet, courroie ; lat. *corrigia.*

Coriau, tuyau de cuir ; lat. *corium.*

Corn, corne, cor ; **cornu,** pointu ; **cornaille,** corneille ; **corner,** sonner du cor ; **cor, cornere, corniere, coron,** coin, côté.

Cornage, corneteau, redevance en grains pour les bêtes à cornes.

Cornage, son du cor; **tenir par cornage,** charge d'avertir par le son du cor ou du cornet, de l'arrivée des ennemis ; **cornay,** temps où se paie le cornage.

Cornau, cornet, canton, coin, pointe, partie de la tête appelée tempe.

Corneber, certain outil de tisserand.

Corneer, tympaniser, blâmer en public ; **corneur,** jouer de la cornemuse, farceur, comédien.

Cornel, créneau.

Corude, cornue, espèce de seau à deux anses.

Cornudeau, cornuiau, échaudé, gâteau de forme triangulaire.

Cornuel, espèce de massue, bâton armé de pointes.

Coroe, corvée, servitude personnelle.

Coroyete, petite ceinture. V. CORGIE.

Corone, couronne, tonsure.

Coros, corous, coropt, chagrin, courroux ; **corcié, corocus,** courroucé ; **correcier, courrechier,** attrister, mettre en colère ; **corine,**

cuerine, mauvaise humeur ; bas lat. *cholera,* colère.

Corp, corbeau. V. CORB.

Corpe, coupe ; lat. *cuppa.*

Corpe, faute ; **corpable,** coupable. V. COLPE.

Corpel, poignée d'épée.

Corporailler, saint ciboire.

Corre, curre, corir, courir ; **coreor,** coureur, cheval de chasse ; **ils corent,** ils courent ; **qu'il cort,** qu'il coure ; **corlieus, curlieus,** coureur.

Corroie, courroie. V. CORGIE.

Corrugier, corriger.

Corrupter, corrompre.

Corrusion, corrosion, dépravation.

Corsaus, femme débauchée.

Cors, cours ; **corsable,** qui a cours ; **corsablement,** communément ; **corsiere,** galerie, chemin de ronde ; **corsi,** coureur ; **corson,** cours de ventre. V. CORRE.

Cors, corsage, corps ; **corsu,** ayant un grand corps.

Corsetiere, bourse, petit sac.

Corson, banquier.

Cort, curt, court, cour, ferme, basse-cour, métairie, puits, cour, palais, tribunal ; bas lat. *cors, cortis,* basse-cour.

Cortibaut, vêtement d'église.

Cortil, cortillage, courtil ; lat. *cortile.*

Cortilier, cortelier, jardinier.

Cortais, corteis, cortois, courtois ; **cortoier, curteier,** courtiser (de *cort,* pris dans le sens de cour princière).

Cortine, draperie, tenture ; **cortiner,** tapisser ; ang. *curtain.*

Corvage, corveyrac, droit de corvée.

Corvoisier, courvoisier, cordonnier employant de vieux cuirs.

Corx, canaux.

Cos, cox, coups. V. COLP.

Cos, cox, ceux.

Cose, cause, chose ; **coser,** gronder ; lat. *causa.*

Cosfre, coffre.

Cosin, cousin ; ital. *cugino ;* lat. *consobrinus.*

Cospel, coispel, épine, copeau, partie de la gaîne d'un couteau ; lat. *cuspis.*

Cossine, cuisine.

Coussous, courtier, maquignon. Duc. v. *corratarius.*

Costantenoble, Constantinople.

Cosc, coste, costé, costiere, côte, côté (d'où *acoster*) ; **costal, costiz,** coteau ; **costce,** cotoyer ; lat. COSTA.

Coste, cotte, habillement militaire.

Coste, panier, corbeille.

Costeir, courir, draper ; **costis,** couvert.

Costel, coustel, cotel, cotlax, couteau ; **coustille,** coutelas ; **coustillier,** gendarme portant la *coustille ;* **costerel,** grand couteau ; **costerel, coterel,** cotereau, bandit ; lat. *cultellus.*

Coster, couster, coûter ; **coste,** espèce d'épice ; **cost, costage, costenge,** dépense, luxe ; lat. *constare.*

Costre, coudre ; **cosu,** cousu ; bas lat. *cusire.*

Costere, espèce de vaisseau, hotte.

Costeret, mesure de vin.

Costre, coin.

Costre, coutre, trésorier dont l'office se nommait *costerie.* Duc. v. *custodia.*

Costume, coutume ; **costumrel,** redevance établie par la coutume.

Cotage, terre roturière; **cotage, cot-
tier,** sur cens; **cotterie,** roture;
cotier, celui qui tient une terre en
roture.

Cote, cotelle, cotelete, jupon, tunique; **surcot,** id.; angl. *coat*; all.
kutte, kittel.

Cotin, chaumière.

Cotu, qui a plusieurs angles.

Cou, ce. v. CO, ICO.

Cou, cous, cuisinier.

Couage, droit sur les vaisseaux marchands. Duc. v. *couagium.*

Couartée, certaine mesure de terre;
couarts, serfs devant un cens au
seigneur.

Couble, solive.

Couchet, couquet, présent donné en
viande par un nouveau marié.

Coucuol, couers, mari trompé.

Coudéré, pâturage commun. Duc. v.
coudercum.

Coue, queue. v. COE.

Coueigne, chignon.

Couet, espèce de bonnet.

Couffourt, couffort, sorte de bâton
ferré.

Cougot, cagot, sot.

Cougourde, couhourde, courge;
lat. *cucurbita.*

Coullage, coullaige, droit payé par
le mari pour avoir la liberté de coucher avec sa femme. Duc. v. *culà-
gium.*

Coullart, perrière. Duc. v. *coulevrina.*

Coule, coulle; lat. *cullà.*

Coule, bâtiment, ferme; bas lat. *cola-
cium.*

Coulombe, colonne.

Couire, cuire, cuevre, queuvre,
carquois; all. *kocher*; angl. *quiver.*

Couker, couquer, coucher. v. CO-
CIER.

Coupier, coupeau, branchage.

Coupler (se), s'accoupler, se jeter
avec violence sur quelqu'un.

Couplet, le haut de la tête, charnière;
lat. *copula.*

Couppeau, gâteau de miel.

Courgnon, espèce de nasse.

Courpe, faute. v. COLPE.

Courre, câble, grosse corde.

Court, courtil, courtins, cour, jardin.

**Coute, couste, couyte, cuite,
kuite, kieute, quite, cotre, çoi-
tre,** matelas, lit de plume, couette;
lat. *culcitra.*

Coute pointe, cuite pointe, *culcita puncta,* matelas ou couverture
piquée. On dit aujourdh'hui mal à
propos *courte-pointe.* De *coitre,* **coi-
trard,** bâtard.

Coute, cote, coude, coudée; lat. *cubitus*; **acote,** appuyé sur le coude.
v. CODE.

Coutouflle, bouteille.

Cove, covee, covasse, retraite, tanière.

Covreciaus, couvercle, vase plat.

Couven, couvin, piquette.

**Couveiteus, conveiteus, convei-
tos,** convoiteux; **cuvise,** convoitise;
lat. *cupere.*

Covenant, covine, couvine, convention.

Cover, couer, couver; **coveice, co-
veresse, covoire,** poule couveuse;
lat. *cubare.*

Coverie, couvine, accouchement.

Covrir, couvrir; **covert,** couvert;
coverteor, covretor, couverture,
prétexte; lat. *cooperire, coopertorium.*

Coyer, attacher. Duc. v. *coytare.*

Cozine, dispute.

Crabacier, crabasier, détruire.

Crabe, crabot, chèvre, chevreau.

Crache, étable, écurie.

Craerie, droit payé pour extraire de la craie.

Craffer, écailler.

Cramignole, espèce de bonnet ou de toque.

Cramme, cresme, chrême ; **cresmeler,** oindre ; **cresmier,** vase où l'on conservait le chrême.

Cranche, malade ; all. *krank.*

Crane, grue ; **cranequin, crenequin,** petite grue, machine de guerre ; all. *krane, kranechen ;* angl. *krane.*

Craner, boucher les crans ou fentes.

Cranpi, plié, courbé ; all. *krampf.*

Crapault, guichet, petite porte.

Crapin, criblure de blé.

Cras, gras ; lat. *crassus ;* **craspeis, craspois,** gros poisson, baleine. v. PEISSON.

Cravanter, briser, renverser ; **craveure,** destruction ; lat. *crepare,* crever.

Creanter, cranter, creer, promettre, garantir ; **creant, crant,** promesse. V. GRANTER.

Creat, escourgeon.

Creauble, croyable.

Crebe, crèche.

Creil, claie.

Creissir, croissir, cruissir, cruistre, craquer, briser, casser ; isl. *krasa ;* angl. *to crash.*

Creire, croire, confier ; **je crui,** je crus ; **que je creisse,** que je crusse ; lat. *credere.*

Creitre, creistre, croistre, croître ; **crecessement,** accroissement ; lat. *crescere.*

Cremail, chèvre, chevreau.

Cremer, brûler ; lat. *cremare.*

Cremir, cremre, criembre, craindre ; **cremu,** craint ; **il crient,** il craint ; **ils criement,** ils craignent ; **ils criemstrent,** ils craignirent ; **il cremoit,** il craignait ; **il cremeroit,** il craindrait ; **cremor,** crainte ; **cremereus, cremeteux,** timide, peureux ; lat. *tremere, tremor.*

Cresmal, bonnet des catéchumènes.

Crenelle, sorte de vaisseau de guerre.

Crenu, couvert de crins ; lat. *crinitus.*

Crepin, gauffre, beignet.

Crepon, croupe, croupion.

Crespe, crêpe ; bret. *krampoez ;* gall. *crœmmwyth.*

Crestal, crestiaus, mur de château.

Cretine, creture, crue d'eau.

Creton, nom de poisson, espèce de pâté de porc.

Creuset, petit creux ; **creusequin,** coupe, gobelet.

Cretu, bâton ayant des entailles en forme de dents.

Cri, criage, cride, demande de secours ; **crier,** appeler au secours ; lat. *quiritare, clamare ad quirites,* selon Ducange.

Criator, crîere, créateur.

Criever, crever ; lat. *crepare.*

Crigne, crignete, crine, crinière.

Crimne, crime ; lat. *crimen.*

Crisme, crainte. V. CREMIR.

Crisnon, grillon.

Crist, Criz, le Christ.

Crob, cachot. Duc. v. *scroba.*

Croce, houlette ; bas lat. *croca, crocia ;* angl. *crook.*

Croche, certaine mesure de sel.

Crouchere, morceau de bois courbé où l'on attelle les bœufs.

Crocote, animal légendaire.

Crocus, crochu.

Crodler, croller, crosler, crauler, crouler, grouller, remuer, grouiller, trembler; **crolle, crolleis,** secousse.

Crollement, coup; **crolleres,** fondrières; isl. *krulla, krœlla,* mettre en désordre, brouiller.

Croil, verrou; **croille,** fourchette.

Croniser, mettre en chronique.

Crope, croupe, croupion; **cropet,** trapu; ital. *groppa,* esp. *grupa;* anc. all. *kryppa,* bosse.

Cropir, être assis (sur la croupe), cropir, demeurer immobile.

Cropoié, croupoié, endormi.

Croque, croquebois, croquet, bâton armé d'un croc.

Croqnier, faire le croquet, donner le croc en jambe.

Croste, crote, croûte; lat. *crusta.*

Croucefis, crucifix; **crucié,** crucifié.

Crucié, courroucé.

Crute, croute, chemin souterrain, pièce de terre creusée, crypte.

Cruelté, crucuté, cruauté; **cruous,** cruel; **crueusement,** cruellement; **cruyez,** cruel; lat. *crudelitas, crudelis.*

Cruelté, crueuté, crueté, crédulité; lat. *credulitas.*

Crues, creux; **cruesel,** petit creux.

Crul (je), je crus. V. CREIRE.

Cruiz, croix; lat. *crux.*

Crusiede, croisée.

Cu, pour **su,** son.

Cuard, poltron. V. COARD, COE.

Cuellir, cueillir; **cuellie, cuillie, cuillete,** récolte, cueillette.

Cuens, comte. V. QUENS.

Cuer, quer, cœur.

Cuerbece, bassesse.

Cuert, il court.

Cuevrir, couvrir. V. COVRIR.

Cui, à qui, auquel.

Cuider, cuidier kuider, croire, désirer; lat. *cogitare;* anc. ital. *coitare.*

Culcher (se) se coucher. V. COLCHER.

Cuignie, cognée.

Cuirie, cuirasse; lat. *corium,* cuir.

Cuirie, cour; lat. *curia.*

Cuitte, quitte; **cuitement,** quittement; lat. *quietus.*

Cuissin, coussin.

Cuite, matelas. V. COUTE.

Cuivert, culvert, terme injurieux; **aculvertis,** idem.

Culcer, culcier, culcher (se) se coucher; ital. *colcare;* lat. *collocare.* V. COLCHER.

Culuevre, couleuvre.

Culumb, pigeon. V. COLON.

Cumplir, accomplir.

Cumum, commun; **cumenier,** communier.

Cuncter, raconter.

Cungeer, congédier.

Cunroi, disposition. V. CONROI.

Cunte, cuntor (pour la rime), comte.

Cunustre, connaître; **cunu,** connu.

Cupler (se), se joindre, combattre.

Cunvivie, festin.

Curcir, curzir, acurzir, accourcir.

Curece, curuz, inquiétude, souci; **curius,** soucieux; lat. *cura.*

Curir, cuirir, écorcher, enlever le cuir; lat. *corium.*

Curlieus, coureur.

Curre, char.

Curt, curtil, jardin, courtil. V. COURT.

Custume, coutume.

Cute, coude; lat. *cubitus.*

Cutel, cutiaus, couteau. V.

Cuter (se), se cacher; lat. *occultare.*

Cuveitise, convoitise.

D

Da, dea, diva, particule jointe à oui ou à non, exclamation. V. DIVA.

Da, dat, dax, dé à jouer ; lat. *datum,* chance. (Ducange prétend que jeu de dé signifie *juis de Dé, judicium Dei.*

Daarain, daerin, dairien, derrain, dernier ; **daarainement, au daarain,** enfin, à la fin; lat. *de retro.* V. RERE.

Dablage, dablee, deaublage, récolte, redevance en blé.

Dace, don, hommage ; **dacier,** collecteur, receveur des tailles ; lat. *datio.*

Dactes, dattes ; **dadier,** dattier.

Dagner, daingner, daigner ; **qu'il daint,** qu'il daigne ; lat. *dignari.*

Dagone, certaine quantité de cuir. Duc. V. DACRA.

Dagonner, percer d'une dague.

Dagorne, vache qui n'a qu'une corne, vieille femme désagréable, composé de *dague* et de *corne.*

Dague, râillerie, parole piquante. Duc. v. *dagha;* angl. *dagger;* all. *degen,* épée.

Daguet, jeune cerf (le premier bois ressemblant à une dague.)

Daguette, petite dague.

Daguenelle, daguenette, poires ou pommes sechées au four.

Dahait, dahet, dahez, malheur, imprécation. V. DEHAIT.

D'aici en ant, d'ici en avant ; lat. *de hic in ante.*

Daie, daille, faux, fer de faux ; **dailler,** faucher, frapper, escrimer ; all. *theilen,* partager, diviser. Duc. v. DALHA.

Daient, deient (ils), ils doivent. v. DEER.

Daiere, (d'aiere,) derrière. V. RERE, AYER.

Daim, daine, daim.

Daine, nom d'un poisson. Duc. v. *piscis regius.*

Daintié, daintiez, deintié, mets délicat, morceau choisi ; primitivement les testicules du daim; angl. *dainty.*

Dair, dar, dare, darnairement, dernier, dernièrement. v. DAARAIN.

Daire, nom propre ; lat. *Darius.*

Dais, deis, dois, table à manger, tenture, ciel de lit. Duc. v. *dagus.* v. DEIS.

Dalle, delle, tranche, morceau ; all. *theilen,* couper.

Dale, fosse, évier; esp. *dala,* gouttière.

Dales, dalez, deles, de côté, à côté, çà et là. v. LEZ.

Dalfin, dauphin.

Dam, dan, damaige, damoe, tort, dommage ; **damager, damger, damner, damnisier, dampnister,** faire tort ; **damajant, damajos,** dommageable ; **dampnusement,** avec perte ; lat. *damnum;* **dammage,** nom donné à la pie.

Dam, **dame**, **damine**, **dalme**, **damne**, **danne**, **damp**, **danre**, **dans**, **dant**, **danz**, maître, seigneur; **damedé**, **damedeu**, Seigneur Dieu; lat. *Dominus Deus*. **Vidame**, *vice Domini*; **Damp Martin**, **Dampierre**, etc.

Damne, **dame**, femme mariée, belle-mère; **damoiller**, faire la dame.

Dameisel, **damigeil**, **damisiaus**, **damisel**, **danzeas**, **danzeaus**, **danzel**, **danziaus**, damoiseau, gentilhomme aspirant à la chevalerie; **dameisele**, **damisele**, **damle**, **dancele**, **danzele**, damoiselle.

Damoiseler, fréquenter les demoiselles; lat. *dominus*, *domnus*, *damnus*, et ses diminutifs *domicellus*, *domicellus*. v. DOM, DOMP.

Damaticle, dalmatique, vêtement d'église.

Damesche, domestique; lat. *domus*, *domesticus*.

Dampner, **damner**, condamner, blâmer, dommager. v. DAMAGER.

Dance, danse.

Dancel, **dansel**, **danzel**, **danziaus**, jeune homme; **danzele**, jeune fille. v. DAMEISEL.

Dandin, **dando**, clochette mise au cou des animaux, nom donné à un homme indolent. Duc. v. *sonalia*.

Dangier, **daingier**, **dongier**, puissance, domination, **être en danger** de quelqu'un, être sous la dépendance de quelqu'un. Droit de **danger**, redevance sur le prix de vente du bois; par extension, péril, difficulté, retard; bas lat. *domigerium*, *dongerium*; lat. *dominium*. Ce mot est dérivé avec moins de vraisemblance de *damnum*, par Raynouard et Diez.

Danjon, donjon. v. DONION.

Danoue, le Danube, fleuve.

Danrée, valeur d'un denier. v. DENEREE.

Danter, **daunter**, dompter; lat. *domitare*.

Dar, **dars**, **darde**, **dardelaus**, javelot, lance; **dardille**, petite flèche; **dardaire**, celui qui lance le javelot; **darer**, **daurer**, darder; angl. sax. *darodh*; ancien all. *tart*; Duc. v. *dardus*.

Dar, **dart**, **en dart**, en vain; ital. *in darno*.

Darai, **derrai**, je donnerai.

Daraire, derrière. v. RERE.

Dardaine, **dardene**, monnaie valant six deniers; **dardanaire**, **dardanier**, avare.

Darement, déclaration de guerre. Duc. v. *daramare*. v. ARAMIR.

Darese, usé, vieux.

Dareison, insulte, action contraire à la raison.

Darices, denrées, légumes. v. DENEREES.

Dariole, sorte de gâteau.

Darne, **daurne**, étourdi, fou.

Darne, portion, morceau; gall. et bret. *darne*, tranche; écoss. *tearb*, diviser.

Daron, vieux, rusé.

Darrain, **darrenier**, dernier. v. DAABAIN.

Date, dette; **dateur**, débiteur, caution.

Dati, **datil**, dattier.

Daton, date d'un écrit; lat. *datum*.

Datorber, détourner, déranger; lat. *disturbare*.

Dau, deux.

Dau, art. pour **dal**, du, de le.

Dauber, battre, tromper; pat. norm.

faire l'usure ; anc. all. *dubban*, frapper. v. ADOBER.

Daucheron, doloire, outil de tonnelier.

Daudehez, mauvaise rencontre. v. DEHEZ.

Daumais, dalmatique.

Daunoi, amour ; **daunoier,** prendre du plaisir. v. DONOI.

Daurade, nom d'un poisson, lancement d'un dard.

Daux, faucille. v. DAIE.

Dauxe, gousse d'ail ; **dauxer,** frotter d'ail.

Davaler, devaler, descendre, aller en bas.

Davant, devant ; **davantrien, devantrien,** antérieur ; lat. *de unte*.

Davest, saisine, dévêtissement ; lat. *vestire*.

Daviet, vieux, insensé.

Dayer, assemblée, veillée. Duc. v. *daeriœ*.

De, prép. à, avec, à cause de, depuis, entre, pour, sur, etc.

De, employé pour que, après un comparatif : **plus fort de moi,** plus fort que moi.

Dé, Deu, Dex, Dieu.

Dé, deuil. v. DUEL.

Dea, particule, affirmative. v. DA.

Deable, deauble, diable ; **deablie, deaublie,** diablerie.

Dean, deien, dien, doyen ; **deané, deanté,** chapitre de doyens ; lat. *decanus, decanatus*.

Deanne, espèce de cens. Duc. v. *dotitia*.

Dearne, portion ; **deartner,** partager. v. DARNE.

Deau, deaule, dé à coudre ; lat. *digitalis*. v. DEIT.

Deaulté, deauté, remède, soulagement.

Deaux, Dieu. v. DEX.

Debagouler, vomir, bavarder, injurier ; pat. poit. ; **bagout,** bavardage. v. BAGOULER.

Debraguer, dévaliser, détrousser. v. BAGUE.

Debailler, retirer un gage, délivrer. v. BAILLER.

Debail, état d'une femme veuve.

Debailler, découvrir une chose pour la manier plus aisément. Duc. v. OBTRECTARE.

Debailler, lancer un dard. Duc. v. *deserare*.

Debareter, enlever la coiffure, *barrette* ou *béret* d'une femme.

Debareter, mettre en désordre, tromper. v. BARAT.

Debateis, bataille ; **debatiere,** batailleur ; **debatre,** frapper. v. BATRE.

Debecher, médire, se prendre de bec. v. BECHER.

Debet, débat. v. BATRE.

Debie, debite, debitement, debte, dette, impôt ; lat. *debitum*.

Debiffer, défigurer, rendre difforme. v. BAFFE.

Deblaver, deblaer, debleer, moissonner, couper les blés, débarrasser.

Deblavure, récolte ; lat. *bladum*.

Debiere, trou d'où l'on tire de la terre. v. DERLIÈRE.

Deblonder, couper les extrémités d'un arbre.

Deboener, debonner, changer les bornes. v. BONNE.

Deboennement, debonnement, convention, abonnement. Duc. v. *abonamentum*.

Deboinaire, deboinairement, débonnaire ; **debonairement,** v. AIRE.

Deboiser, dégrossir, sculpter (enlever le bois).

Debondement, débordement. v.
BONDE.

Deboter, débouter. v. BOTER.

Debouquer, déboucher. v. BOCE.

Debrigandiner, désarmer (*brigan-
dine*, haubergeon, cotte de mailles).

Debriser, debruiser, debruser,
rompre, briser. v. BRUISER.

Debroisser, debruisser, faire retentir, faire du bruit ; prov. *bruzir*.

Debucher, debuscher, debuisser,
débusquer, faire sortir d'une embuscade. v. BOSC.

Debvoir, devoir ; **debuement,** dû-
ment. v. DEER.

Dec, des, dex, amende pour dommage fait aux fruits de la terre. Duc.
v. DECHA.

Decacher, chasser, poursuivre. v.
CACHER.

Decaïr, dekaïr, dequaïr, dé-
cheoir ; **decaant,** tombant ; **il de-
carrat,** il tombera (chanson de Roland). v. CADEIR.

Decaniser, faire le doyen.

Decarné, décharné, maigre ; **decar-
neler,** tailler, couper en morceaux.

Decauper, découper. v. COLP.

Deceivre, decivre, decoivre, tromper ; **decepte,** tromperie ; **deceva-
ble,** facile à tromper ; **decepteur,
decepveur,** trompeur ; lat. *decipere,
deceptum*.

Decepline, deceplie, decepline,
discipline, châtiment, mort ; **deciple,** disciple.

Decevrer, séparer. v. DESEVRER.

Dechaoir, déchoir. DECAÏR.

Decherqueler, decerqueler, faire
le partage des terres. Duc. v. *circa-
manaria*.

Dechès, dechiés, décès, mort ; lat.
decessus.

Dechevestrer, ôter le licol d'une bête
de somme. v. CHEVESTRE.

Decimer, decimeur, celui à qui ap-
partiennent les décimes.

Declairer, déclarer ; **declarance,**
déclaration.

Declaver, terme de musique, changer
de clef. v. CLAU, CLAVE.

Declancher, ouvrir une porte. v.
CLENQUE.

Decliner, descendre, s'éloigner, achever. v. CLINER.

Decoivre, decevoir, tromper ; **de-
coif,** déçu. v. DECEIVRE.

Decoler, décoller ; **decolage, de-
colace,** décollation. v. COL.

Decombrer, délivrer une chose sur
laquelle un arrêt avait été fait. v.
COMBRER.

Decompoter, decomputer, dé-
compter, changer l'ordre du temps ;
decompt, imputation. v. COMPOST.

Deconfes, sans confession.

Decoper, blesser avec une arme tranchante ; **decopement,** démembrement. v. COLP.

Decorc, decorement, embellisse-
ment, décors.

Decorer, decorir, decorre, courir, couler, degoutter ; **decoure-
ment,** écoulement.

Decors, décours ou décroissance des
astres. lat. *decurrere, decursus*.

Decreation, diminution de privi-
léges, décroissance, dégradation.

Decreis, decrois, diminué. v. CREI-
TRE.

Decreis, decretiste, juge, docteur en
droit.

Decrepite, décrépitude.

Decretable, espèce de bâton. Duc. v.
decretalis.

Decrevé, fatigué.

Decroer, décrocher, descendre.

Decroire, ne pas ajouter foi.

Decroisié, homme n'ayant pas pris part aux croisades.

Dedantrien, intérieur; **vertu dedan. triene** (sermon de saint Bernard), lat *de intro.*

Dedelez, auprès. V. DELEZ.

Dedens, dedans; lat. *de intus.* V. ENS.

Dederain, dernier. V. DAARAIN.

Deduire (se), se divertir, se conduire; ils se **deduistrent**, ils s'amusèrent. V. DUIRE.

Dee, deel, dey, dez, dés à jouer. V. DA.

Dee, deel, deit, dé à coudre, ital. *ditale*; lat. *digitalis*, de *digitus*, doigt.

Deer, devoir, **tu dees**, tu dois, nous **deons**, nous devons; **qu'il dece**, qu'il doive. lat. *debere.*

Deerne, deercne, decnne, fille, servante; all. *dirne*; bas all. *deeren.*

Deespoir, dédain, mépris. Duc. v. *despitus.* V. DESPIRE.

Deestance, situation malheureuse. v. ESTER.

Deez, malheur. V. DEHAIT.

Defaction, defacion, mutilation; **defaire, defere**, tuer.

Defaix, defens, deffois, defoy, défense; terre en **defay** ou **defois**, propriété réservée; **defens**, forteresse, lieu de défense; **defensable**, prohibé; **defenserie, défension**, défense; lat. *defensio.*

Defaldre, defaudre, defaurre, manquer, faire défaut, tomber; **il défaut**, il tombe; **defalans, defali**, tombé, mort; **defaulte, defaulte, defaute**, manquement, imperfection; lat. *fallire.*

Defamé, perdu de réputation. v. FAME.

Defardeler, déballer. V. FARDEE.

Defeit, defeis, defois, oubli, abandon.

Defeisance, abolition, destruction; lat. *defectus.*

Defenal', mois de juillet; *fenalis mensis; de fenum*, foin.

Defendere, fendre; lat. *findere.*

Deferer, deferger, déferrer, rompre les fers d'un prisonnier.

Defermer, defremer, defrumer, ouvrir, renverser, démanteler. v. FERMER.

Deffacer, dévisager; lat. *facies.*

Deffaé, desfaé, ensbrcelé. V. FAÉ.

Deffaille, deffiance, défi, dommage; **deffleur**, qui est toujours prêt à se battre.

Defiancer (se), sortir d'obéissance. v. FEI.

Definer, dépérir; **definaille**, fin.

Definir, déterminer, ordonner.

Defluer, couler.

Deflis, fatigué.

Deforcer prendre par force.

Deforeté, percé, dechiré; lat. *foratus.*

Defors, deforre, dehors; lat. *foris.*

Deforain, étranger, extérieur.

Deformé, defourmé, difforme, batard.

Defortune, mauvaise fortune.

Defossé, environné de fossés.

Defouir, creuser; lat. *defodere.*

Defouir, s'enfuir; lat. *diffugere.*

Defouler, defuler, fouler aux pieds. V. AFFOLER.

Defrai, paiement de la dépense d'une maison. V. FRAIT et FREDE.

Defraichir, défricher. Duc. V. DEFRONDARE.

Defrener, délivrer, rompre les liens.

Defresler, defresser, déplier. v. FRESELER.

Defriper, rendre le linge uni. V. FREPE.

Defriper (se), se contrarier.

Defrire, dépérir; lat. *frigere*, frire, faire rôtir.

Defroer, defrouer, defroisser, rompre, froisser; **defroe**, dévastation; **defroi**, rupture, guerre. V. FROCER, FROISSER.

Defruiter, perdre son fruit.

Defubler, defibler, degrafer. V. FUBLER.

Defuers, dehors. V. DEFORS.

Defuir, s'enfuir.

Defumé, vain, orgueilleux, plein de fumée.

Defundre, enfoncer, aller au fond. V. FONDRE.

Defurent, ils manquèrent, ils moururent; lat. *defuerunt*.

Degaber, moquer; **degabement**, moquerie. V. GAB.

Degan, sergent, garde d'un territoire; **Degaerie**, office de *degan*. Duc. V. DEGANIA.

Degaser, degaster, ravager. V. GASTER.

Degauroché, malade des suites d'une débauche. V. GORBE.

Degay, dégât. V. GASTER.

Degerpir, quitter. V. GUERPIR.

Degeter, degleter, degiter, renverser, chasser. V. GETER.

Degibier (se), se divertir. V. GIBER.

Degié, faible, délicat. V. DELGIÉ.

Degiler, deguiler, tromper, surprendre. V. GILE.

Deglainier, couper un épi, par métaphore, couper la gorge. V. GLAINE.

Deglavier, tirer le glaive. V. GLAVE.

Degner, deigner, doigner, daigner, juger digne; lat. *dignari*.

Degoi, chant des oiseaux; **degoiser**, crier, babiller. V. GOSILLER.

Degoler, couper la gorge. V. GOLE.

Degot, degotal, degontal, degoust, gouttière. V. GOTE.

Degourdeli, habile, expert. V. GOURT.

Degras (faire ses), degrater (se), s'amuser, s'agiter; bas. lat. *degravare*, se décharger (le ventre).

Degregner, degrinier, dédaigner, mépriser. V. GREINEUR.

Degrepie, deguerpie, veuve. V. GUERPIR.

Degret, degré; lat. *gradus*. V. GRET.

Deguaster, dévaster. V. GASTER.

Degueir, retrancher, diminuer.

Deguengandé, delabré; pat. poit. *degingandé*.

Deguier, borner; **deguiement**, bornage. Duc. V. DEGUARIUS.

Dehacher, hacher.

Dehaigner, maltraiter. V. MEHAIGNER.

Dehair, alerte, adroit, rusé.

Dehais, dehez, dehé, affliction; **se dehaitier**, s'affliger. V. HAIT.

Dehalé, amaigri, affaibli. V. HALE.

Dehallé, débarrassé; **belle dehalle**, heureuse décharge. V. HALLE.

Dehouser débotter; **dehousee**, fille ayant perdu sa virginité. V. HOUSE.

Dehoussier, se fendre, mourir.

Dehurter, heurter. V. HURT.

Deicier, faiseur de dés. V. DEIS.

Deicimene, dixième. V. DIS.

Deie, die, qu'il dise.

Deime, delme, deume, la dîme; lat. *decima*.

Deie, doie, doigt. V. DEIS.

Deigner, deingner, diner. V. DISNER.

Deinsmé, né dans le pays; lat. *de intus, natus*.

Deinte, deintet, dignité.

Deintez, mets recherché. V. DAINTIÉ.

Deis, dé à jouer.

Deis, dois, table, lit, baldaquin; lat. *discus*.

Deis, deit, dois, doigt ; lat. *digitus.*

Deis, deix, dex, dix ; **deismeur,** demeur.

Deit, pour **delit,** plaisir. V. DELIT.

Dejecter, écarter, mépriser ; lat. *dejicere, dejectum.*

Dejoste, dejouste, dejouxte, à côté. V. JOSTE.

Deju, jeûne, abstinence ; lat. *jejunium.*

Dejuc, le matin, temps où les oiseaux quittent le *juc.* V. JUC.

Dejugnir, dejuncter, désunir ; lat. *dejungere.*

Dejus, en bas ; lat. *deorsum.* V. JUS.

Dekaïr, tomber. V. DECAÏR.

Del, deu, dou, art. du (de le) ; lat. *de illo.*

Delazerer, déchirer ; lat. *dilacerare.*

Delair, deloir, nom du mois de décembre (*de l'air, de l'Ere*) ?

Delloier, délier. V. DESLOIER.

Delasser (se), se fatiguer, s'affliger. V. LAS.

Delcalté, déloyauté. V. LEAL.

Delcis, deleiz, delés, deled, auprès, proche. Prov. *delatz* ; ital. *de lato* ; comp. de la prép. *de* et de *les,* lat. *latus,* côté. V. LES.

Delcit, dellet, dellet, delit, joie, jouissance ; **se delicter,** se réjouir ; **delitable, delitaule, delitcus,** délectable ; lat. *delectatio.*

Delcit, deliet, delict, faute, délit ; lat. *delictum.*

Delgié, deugié, délié, fin, délicat.

Delinguer, quitter ; **delinquement, delinganche, delingance,** delaissement.

Deliganment, diligemment.

Deliquie, défaillance, évanouissement.

Delir, détruire, effacer ; lat. *delere.*

Delire, delirer, être en délire.

Delireus, fou.

Delivre, libre, quitte ; **a delivre, delivrement,** promptement, facilement.

Delivrere, libérateur ; **delivrande,** main-levée d'un prisonnier ; **delivrer,** livrer par trahison.

Delle, portion de terre. V. DALE.

Deloer, déconseiller, blâmer. V. LOER.

Deloi, desloi, désobéissance à la loi. V. LEI.

Deloi, delaiement, délai ; **deloier,** retarder. V. DESLAÍ.

Deloier, délier. V. LOIER.

Delrier, derrière. V. RERE.

Dels, delz, deux ; lat. *duo.*

Dels, dueils, deuil ; lat. *dolor.*

Delteton, triangle.

Delun, dilun, lundi ; lat. *dies lunæ.*

Deluge, deluve, diluve, duluve, ruine, déluge ; lat. *diluvium.*

Demage, dommage ; **demagier, demanger,** causer du dommage.

Demaine, demoingne, demeine, demenie, demeneuse, demenois, demaine, demaignement: 1° domaine, propriété, autorité ; lat. *dominium* ; 2° seigneur de fief, grand vassal, souverain ; lat. *dominus* ; 3° qui appartient au seigneur, propre, particulier ; lat. *dominicus* ; bas. lat. *domanalis.*

Demainer, commander ; lat. *dominari.*

Demaner, demainer, demeiner, mener, conduire ; **tu demerras,** tu conduiras, **demené,** réglé, **demenement,** conduite ; lat. *minare.*

Demaneis, demanois, demaint, demenee, demenie, demeis, à l'instant ; lat. *de mane* (Génin), *de manu* (Diez).

Demanence, ce qui demeure, ce qui reste ; lat. *manere*.

Demars, le mardi ; lat. *dies Martis*.

Demenchée, mesure de blé. Duc. v. *demanchiata*.

Demenguer, manger. v. MENGER.

Dementer (se), s'affliger, tomber en démence.

Dementoison, lamentation.

Dementre, **dementresque**, **dementreis**, **demettre**, **en dementiers**. Prov. *domentre* ; pendant ce temps-là, sur ces entrefaites ; lat. *dum interea, dum interim*.

Demesproison, mépris. V. MESPROISON, PROISIER.

Demesure, excès ; **à demesure**, outre mesure, à outrance.

Demercre, **demierke**, mercredi ; *dies Mercurii*.

Demetre (se), s'humilier, s'abaisser ; **demis**, humilié ; lat. *demittere, demissus*.

Demiau, **demion**, mesure de blé, demi-setier. Duc. v. *démellus, demianus*.

Demicelle, demoiselle.

Deminer, commander ; **deminement**. V. DEMAINER.

Demonceler, ôter d'un monceau.

Demoniacle, démoniaque.

Demorer, demeurer, retarder ; **qu'ils demorgent** ou **demeurgent**, qu'ils demeurent ; **demoere, demoree, demour, demoraison**, demeure, retard ; lat. *morari, mora*.

Demounir, affaiblir, diminuer ; lat. *diminuere* ou *demunire*.

Demprez, auprès, proche.

Dempter, dompter.

Demucer, **demusser**, dissimuler, se dédire. V. MUCER.

Demustrer, démontrer.

Denant, devant.

Denaus, haut de chausses. Prov. *denau*.

Deneir, donner.

Dencosté, à côté. v. COSTÉ.

Denemer, dénommer, **denement**, nommément.

Dener, denier ; **deneree**, objet de la valeur d'un denier, puis denrée ; **denarial**, étalon de monnaie ; **denrener**, vendre des denrées.

Denoi, **denui**, refus, désaveu ; **denoier**, refuser. V. NOIER.

Denoiant, de néant, inutilement. v. NOIANT.

Denommement, dénombrement.

Dens, épais ; lat. *densus*.

Dens, **denz**, (de ens,) dans ; lat. *de intus*.

Dens, **denz**, dent, **hurter le dent**, frapper la dent, formule de serment ; **asdenz**, sur les dents.

Dental, ce qui tient le coutre de la charrue ; **dentée**, coup sur les dents. v. ADENS.

Denuer, mettre à nu.

Deodande, accident mortel. Duc. v. DEODANDA.

Depaier, payer. v. PAIER.

Depané, **depanné**, **depanillé**, déguenillé. v. PANNE, PENNE.

Deparler, **deparoler**, cesser de parler, mal parler.

Departement, séparation ; **departeresse**, exécutrice testamentaire ; **departir**, partir, partager.

Depecier, **despecier**, **depiecer**, **depier**, **depescher**, **depser**, dépecer, séparer, annuler.

Depecement, séparation ; **depecheur**, qui viole une loi ; **depeschier un jugement**, l'annuler. v. PECOIER.

Depert, perte, dommage.

Depertir, départir.

Depiés (d'un membre), mutilé. Duc. v. *depitare.*

Depitement, depitance, colère ; **depitaire, depiteus,** celui qui se dépite aisément.

Deplan, deplain, sommairement ; lat. *de plano,*

Deplante, deplainte, plainte ; lat. *planctus.*

Deplaié, couvert de plaies ; lat. *plaga.*

Depleable (temps), saison où l'on retire des champs ce qui n'y sert qu'en été. Duc. v. DEPLERE.

Depointer, destituer.

Depopuler, dépeupler.

Deport, badinage ; **se deporter,** se rejouir, délai, droit sur un fief non desservi.

Depose, baissé ; **chief depose,** tête baissée.

Depourveement, pris au dépourvu.

Deprehender, deprendre, découvrir, surprendre.

Deprier, prier avec instance ; lat. *deprecari.*

Deprier, depriser, déprécier ; **depris,** convention sur le prix d'une chose ; lat. *depretiare.*

Depreindre, depriemer, abaisser, opprimer, détruire ; **depreint, depressé,** accablé ; lat. *deprimere, depressus.*

Depriver, cesser de traiter quelqu'un avec familiarité.

Depues, depuis. V. PUES.

Depulier, publier. Duc. v. *depublicare.*

Deputaire, depulere (de putaire), de mauvais lieu, immoral, méchant. V. AIRE.

Deputer, penser, réputer.

Dequerir, dequeurir (pour **decourir**), découler ; **il dequeurt,** il découle ; lat. *decurrere.*

Dequeurrir, découvrir. V. COVRIR.

Dequire, cuire.

Derainier, deresnier, haranguer, prouver son droit.

Derainement, discours ; **deraisnieres,** harangueur. V. RAISNIER, ARAISNIER.

Deramer, dépouiller, déchirer. V. RAM.

Deras, peau de mouton.

Derayure, sillon séparant deux champs. V. RAI.

Derenger, sortir des rangs. V. RENC.

Derider, deriser, railler ; lat. *deridere.*

Derliere, sablonnière. V. DEBLIÈRE.

Derocher, deroquer, se précipiter du haut d'un rochér.

Deroder, cultiver. Duc. v. *derodere.*

Derompre, rompre ; **derompture,** rupture, hernie ; **deroupt,** déroute, rompu ; **deroute,** désordre ; lat. *rumpere, ruptum.*

Deroute, de suite (*de rupto*).

Deronie, plante médicale.

Derrame, serment fait en justice. v. ARAMIR.

Ders, dais ; **derselet,** petit dais.

Dertruiye, maladie des dartres.

Deru, chêne ; bas bret. **derw,** d'où **dervée,** lieu planté de chênes. Duc. v. *dervum.*

Derroi, désordre ; **deroié,** déréglé. V. DESROI.

Derrabs, pain du prix de deux deniers.

Derree, denrée. V. DENER.

Derver, dierver, être insensé ; **dervelée, derverie,** folie ; **dervé, desvé,** furieux, forcené, d'où *endé* *vir*, rendre fou, endiabler; angl. *devil*; all. *Teufel*, diable.

Des, dais, table. v. DEIS.

Desaaige, minorité. v. EAGE.

Desaamer, desaimer, cesser d'aimer, dédaigner. v. AAMER.

Desabelir, déplaire. v. ABELIR.

Desami, ami, familier.

Desachier, desaquier, pousser, tirer. v. SACHIER.

Desachier, dessécher; lat. *dissicare*.

Desacointer, rompre une liaison. v. ACOINTER.

Desacoragier, enlever l'affection. v. CORAGE.

Desaerdre, desaherdre, désunir, détacher. v. AERDRE.

Desafaité, inconvenant. v. AFAITIER.

Desafeutrer, déharnacher. v. AFEUTRER.

Desafrer, enlever la broderie (d'un haubert). v. SAFRER.

Desafuber, dépouiller.

Desafier, refuser sa foi, nier. v. AFFIER.

Desaier, abuser, tromper.

Desailler, desceller. Duc. v. DESILLARE.

Desaise, malaise; **desaiser**, incommoder; angl. *decease*. v. AAISE.

Desajancer, déranger.

Desaloez, blâmé. v. LOER.

Desaorner, desatourner, priver d'ornements, déshabiller.

Desapareillé, mal pourvu.

Desapariller, séparer.

Desapetissance, manque d'appétit.

Desaperti, attristé.

Desarborer, abattre une forêt, enlever un objet exposé en public.

Desariter, déshériter. v. DESHIRETER.

Desarnir, desharnir, ôter le harnais (d'un cheval). v. HARNAS.

Desatrocher, desatropeler, se détacher, rompre les rangs.

Desaubage, repas après le baptême d'un enfant.

Desavancer, desvancer, devancer et reculer.

Desavarder, essarter, retrancher (Roquefort).

Desavenance, disgrâce; **desavenant**, inconvenant.

Desavoier, mettre hors de la voie. v. VEIE.

Desbanoy, désagrément, tristesse. v. ESBANOIER.

Desbareter, détruire, dépouiller. v. BARATER.

Desbendeler (se), se débander.

Desblamer, disculper, justifier.

Desbochier, desbouquer, déboucher. v. BOCE.

Desbochier, desboschier, ôter les racines, les branches. v. BOSC.

Desbourser, retirer un héritage des mains d'un acquéreur. Duc. *revocatio per bursam*. v. BORSE.

Desbuscher, ôter les fers à un prisonnier, à un cheval. Duc. v. *imbogare*. v. BOU.

Desc, plat; lat. *discus*. v. DEIS.

Descacier, pousser, chasser. v. CACIER.

Descaier, couper, scier. Duc. v. DISSICIO.

Descalengié, justifié, rétabli dans son honneur. v. CALENGIER.

Descalcier, decaucier, déchausser; **descaus**, déchaussé; lat. *discalceare*.

Descaussage, deschaussaille, droit payé par une nouvelle mariée.

Descaindre, desceindre, ôter la ceinture.

Descant, décadence, chute; **descendue**, adversité.

Descarcier, décharger. v. CARCIER.

Descellecment, ouvertement.

Descension, dissension, discorde.

Desceu, à l'insu.

Deschant, chant ou ramage des oiseaux.

Descharner, ouvrir les charnières. v. CARNIERE.

Descharpir, échapper, dégager, séparer. Duc. v. DISCAPIRE.

Deschauffauder, ôter un échafaud. v. ESCAFAUT.

Deschaussocre, deschaussoire, houe, instrument pour remuer la terre.

Deschevalcher, faire descendre de cheval.

Descheverres, trompeur. v. DECEIVRE.

Desci, deschi, dessi, deci, jusque, **desciqu'a** jusqu'à.

Descirer, desquirer, dessirer, déchirer ; **qu'il descust,** qu'il déchire ; **descirie, descirure,** déchirure, v. ESCIRER.

Desclairier, disclaircir, expliquer, éclaircir.

Descliquer, détendre, débander, parler sans raison. Duc. v. CLICHA.

Desclorre, ouvrir ; **desclos,** ouvert ; lat. *clorre.*

Descloes, percé, décloué ; lat. *clavus.* v. CLOU.

Descocher, partir, s'ébranler. v. COCHE.

Descolcher, mépriser.

Descolpe, descoulpe, descourpe, excuse v. COLPE.

Desconréé, mal équipé. v. CONROI.

Desconter (se), se séparer d'une troupe.

Descors, descort, inimitié, querelle, procès, sorte de poésie ayant des couplets inégaux.

Descorder, être en différend.

Descoudre, descontre, séparer, couper.

Descorreiller, déverrouiller. v. COROIL.

Descoter, porter un coup à travers les côtes.

Descoutumance, droit autorisé par la coutume. v. COSTUME.

Descoutanger, payer les frais, indemniser. v. COST.

Descovrir, descuvrir, découvrir ; **il descout,** il découvre. v. COVRIR.

Descroitre, diminuer ; **descreu,** diminuer ; **bailler au descrois,** donner au rabais. v. CREITRE.

Descuit, cru, mal cuit.

Desdebter, desdepter, acquitter ses dettes. v. DEBTE.

Desdeigner, desdingner, dédaigner.

Desdire, se taire, contredire.

Desdoloir, consoler, réjouir.

Desdormir, réveiller.

Desdruir, desendruir, affaiblir. Duc. v. DRUDA.

Deseagé, mineur.

Des enqui en avant, désormais ; lat. *de hac die in ante.*

Desempenner, enlever les plumes. v. PENNE.

Desenir, sortir du bon sens. v. SENÉ.

Desenor, desennor, déshonneur.

Desenrocci, dérouillé, poli.

Deserpillé, revêtu de mauvais habits, dépouillé. v. SERPELIÈRE.

Desertir, détruire, ravager ; **desertation,** délaissement ; **desertine,** désert.

Deservir, mériter ; **deserte, deservance,** mérite ; angl. *to deserve.*

Desestance, différence, contraste, querelle, malheur. v. ESTER.

Desestriver, quitter ou faire quitter les étriers. v. ESTREF.

Deseur, deseure, dessus.

Deseuri, malheureux. V. AUR, EUR.

Deséveuzer, s'excuser, désavouer. Duc. V. DESAVOUARE.

Desfaé, enchanté. V. FAÉ.

Desflecher, fléchir.

Desfriper, faire de folles dépenses.

Desgager, desgaiger, dégager, affranchir un gage.

Desgeunir, manger, se nourrir; lat. *disjejunare.*

Desgougener, desgougonner, ôter les chevilles ou goujons d'un coffre.

Desgrain, desgren, desguerain, droit de moudre son grain avant les autres.

Desgrainer (se), s'égrainer, se dissiper.

Desgrauder, dégrader.

Desgucher, chasser quelqu'un de sa place. Duc. V. DEGUASTARE.

Deshabiliter, rendre ou déclarer quelqu'un habile.

Deshireter, deshoirer, déshériter; **deshers,** ruiné, dépouillé de ses biens. V. HEIR, IRETÉ.

Deshonester, déshonorer.

Desier, desirier, desirade, désir; **desirox,** désireux; **desieurees,** prières, demande en justice; **desiraulc,** désirable.

Desigance, desingance, inégalité; **Desegal, desingaus,** inégal. V. IGAL.

Designé, desiné, marqué de signes.

Desirer, déchirer. V. DESCIRER.

Desimbringuer, terminer, discontinuer.

Desjogler, desjougler, cesser de railler; lat. *joculari.* V. JOUGLER, JONGLOIER.

Deske, jusque.

Deskevillage, sorte de droit. Duc. V. CAVILE.

Deskierkier, décharger. V. CARGIER, KERKIER.

Deslaer, deslaier, étendre, agrandir; lat. *dilatare.* V. DESLAI.

Deslacier, deslachier, détacher, lancer, pousser; **deslacier des cops,** détacher des coups. V. LACER.

Deslarré, mal habillé, celui dont les habits sont mal attachés. Duc. V. NODELLUS.

Deslavé, non lavé; **deslaveure,** malpropreté.

Deslai, deslei, desloi, crime, excès contre la loi.

Desleal, desleaus, desleel, déloyal; **deslealté,** déloyauté; **desleier, desloier, desleauter,** devenir déloyal. V. LEI.

Deslengier, injurier; lat. *lingua.*

Desligement, acquit, paiement.

Deslisteler, ôter la lisière. V. LISTE.

Desloer, deslouer, déconseiller, blâmer. V. LOER.

Desloier, délier. V. LOIER.

Desmable, sujet à la dîme; **desmeric,** dîme.

Desmailler, rompre les maillès.

Desmaler, se retirer de la mêlée. V. MESLER.

Desmanerer, desmanoyer, quitter, perdre, échapper.

Desmarrouer, aplanir, mettre de niveau. V. MARRE.

Desmoeler, ôter la moelle.

Desmonder, nettoyer, purifier. V. MONDER.

Desmurer, mettre hors de prison.

Desmusé, démoli, qui tombe en ruines.

Desnoquer, lâcher la noix d'une arbalète. V. NOIS.

Desociner, couper les veines, affaiblir.

Desogier, finir un procès, juger.

Desoigner, tirer d'inquiétude. v. SOING.

Desoivre, tromper. v. DECEIVRE.

Desoivre, limite, séparation. v. DESEVRER.

Desor, desore (des ore, des ore), maintenant, dès cette heure ; lat. *de ipsa hora ;* **des ore en avant ;** *de ipsa hora in ante ;* **des ore mais ;** *de ipsa hora magis.*

Desor, desore, sur, dessus. v. SORE.

Desos, desoz, sous. v. SOZ.

Desoscher, détacher. v. OSCHER.

Desoubiler, irriter. Duc, v. DESUBITARE.

Desoucer, dépouiller, piller. v. DEHOUSER.

Despaiser, fâcher, irriter, contre la paix ; **despaisié,** furieux ; lat. *dispacatus.*

Despaissir, rendre moins épais.

Despandre, dépenser ; **qu'il despenge,** qu'il dépense ; lat. *dispendere.*

Desparager, disparager, mésallier. v. PARAGE.

Despareil, dépareillé ; lat. *dispar.*

Despauler, enlever l'épaule.

Desper, despers, désespéré.

Despersuner, avilir, insulter ; prov. *despersonar.*

Despesse, dépêche, message. v. DEPECIER.

Despire, despiter, mépriser.

Despit, mépris ; **despit,** abject ; bas lat. *despicere, despectus.*

Despliance, étalage de marchandise et droit sur cet étalage.

Despoille, dépouille.

Despoise, diminution de poids. v. POISER.

Despondre, expliquer, exposer ; lat. *disponere.*

Despondre, se décourager ; lat. *despondere (animum).*

Desposseir, déposséder. v. POSSEIR.

Despriser, déprécier ; prov. *desprezar.*

Despues, despuis, depuis.

Despumer, ôter l'écume.

Desputoison, dispute.

Desquant, depuis quand.

Desquasser, rompre. v. DISQUASSARE.

Desquerquier, décharger ; **desquarquaige,** droit payé pour la décharge des vins.

Desquet, panier. v. DESC.

Desquiex, desquiaus, desquels.

Desrainier, haranguer, défendre son droit. v. DERAINIER.

Desraimbre, desraiembre, racheter. v. RAIEMBRE.

Desrai, desroi, dommage, désarroi ; **desraier, desreer,** sortir de la voie ; **desrée,** éperdu, égaré.

Desregner, enlever les rênes d'un cheval. v. REGNE.

Desreng, séparation ; **desrenger,** sortir des rangs, parcourir les rangs ; angl. *to range.* v. RENC.

Desrenier, dernier. v. DERRENIER.

Desrenter, éreinter ; prov. *desrenar.*

Desrés, non rasé.

Desriequir, défricher.

Desrieulé, déréglé, v. REULE.

Desrobeor, voleur. v. ROBER.

Desrober (se), se déshabiller. v. ROBER.

Desroier, sortir des rangs. v. DESRAI.

Desroier, composer pour obtenir une diminution de prix. Duc. v. DESPRETIUM.

Desroter, retirer, enlever.

Desrouyller, dérouiller, fourbir. Duc. v. *erubiginare.*

Desroyauter, ôter la couronne.

Desroyer, changer la culture d'une terre. Duc. v. DIROIARE.

Desrubant, desrube, desruble, desrubison, rocher escarpé, précipice; ital. *dirupare*; port. *derrubar*, tomber du haut d'un rocher; lat. *rupes*.

Dessacrer, profaner.

Dessaigner, desseigner, désigner, marquer d'un signe, délimiter.

Desseigneur, dessinateur, ingénieur.

Dessarter, dessarder, dessenarder, défricher. v. ESSART.

Dessartir, découdre; lat. *sarcire, sartum*.

Dessembler, déguiser; lat. *dissimulare*.

Dessembler, séparer; lat. *simul*.

Desserpilleur, voleur de grands chemins. v. SERPELIERE.

Dessieger, lever le siége. v. SIÉ.

Dessevrer, séparer; **dessevrance, dessevraille. dessevrement**, séparation. v. SEVRER.

Dessir, lever, arracher, démolir. Duc. v. DISSIRE.

Dessonier, dessounier, décharger, libérer. v. ESSOINE.

Destalcher, destaier, enlever les taches. v. TAICHE.

Destaindre, éteindre; **destaint**, décoloré.

Destance, retard, délai. v. ESTEN.

Destasser, s'élancer.

Desteler, s'ébranler, partir.

Destempré, mélange, détrempé. v. TEMPRER.

Destendiller, détendre.

Desterger, destergir, diviser. partager.

Desterrer, exiler, chasser du pays.

Destesé, détendu. v. ENTESÉ.

Destiper, distilper, desticper, vendre, débiter; lat. *stipis*.

Destiner, prédire, conseiller, assigner.

Destistre, destistrer, défiler, défaire de la toile. v. TISTRE.

Destoldre, destolir, enlever, empêcher. v. TOLDRE.

Destoper, destouper, déboucher. v. ESTOPER.

Destorber, empêcher, déranger; **destorbier, destourbier**, empêchement, trouble; lat. *deturbare*.

Destordre, détordre, dérouler, détourner; **il destorra**, il détournera.

Destorchier, tordre, briser; lat. *distorquere*.

Destoreiller, ouvrir. v. TORILLON.

Destorser, décharger. v. TORSER.

Detortelier, détortiller.

Destournée, conduit pour détourner l'eau.

Destraindre, destreindre, destrendre, presser, arrêter, blesser; **destrois, destroy, destraignement, destrenson**, tourment, punition; **destrie**, contestation, querelle; **destrains**, triste, tourmenté; **destreis, destraise**, obligation, nécessité; **destrois**, pressé, agité, chagrin, forcé par contrainte; **destreignable**, saisissable; lat. *distringere, districtus*.

Destraire, décrier, calomnier, détruire; **destrais**, détruit; lat. *distrahere*.

Destrale, destrau, hache, cognée; lat. *dextra*.

Destraper, destraber, destraver, dégager, dépêtrer, supplicier. Duc. v. TRAPPA; lat. *trabs*, poutre, solive, bois employé dans les supplices.

Destre, droite; lat. *dextra*.

Destreche, destret, destroit, destroy, détresse, contrainte. v. DESTREINDRE.

Destrier, detrier, detrié, cheval de main. V. DESTRE.

Destrier, faire opposition. V. DETRIER.

Destroé, troué. V. TROER.

Destroncener, briser, mettre en pièces, en tronçons. V. TRON, TROS.

Destruiement, destrussion, destruction.

Descrosser, détrousser, voler ; **descrosse**, vol, brigandage. V. TROSSER.

Desulteur, sauteur ; **desultation**, voltige sur un cheval.

Desvé, fou. V. DERVÉ.

Desvergognier, desvergonder, déshonorer. V. VERGOGNE.

Desvertoille, loquet d'une porte.

Desvoider, desvoinder, dévider ; **desvoideur, desvoutoire**, dévidoir. V. VOIDIER.

Desvoleper, ôter l'enveloppe. V. ENVOLEPER.

Deswaigier, dégager. Duc. V. DISVADIARE.

Det, dé à jouer. V. DOT.

Det, doigt. V. DEIT.

Detailler, qui vend en détail ; **detaillerie**, droit sur les ventes en détail.

Detaier, ôter la taie d'un oreiller, découvrir, dévoiler. Duc. V. *intectamentum*. V. TAIE.

Detau, deté, detor, detteor, qui a des dettes ; **detierres**, caution, répondant.

Detenie, detinée, arrêt, obstacle.

Detergir, nettoyer, purifier. V. TERDRE.

Detordre, tordre ; il **detuert**, il détord.

Detrahant, parole diffamatoire ; **tractement, detraction**, calomnie, invective.

Detrencher, trancher, diminuer ; lat. *detruncare*.

Detret, destrel, étau de serrurier.

Detrics, detricz, derrière ; lat. *de retro*.

Detri, detrie, detriance, detriement, retard, délai ; se **detrier**, différer, se tenir en arrière. V. RERE.

Deu, Dieu ; **deuesse**, déesse ; **Deumenti**, renégat. V. DÉ.

Deudroient (ils se), ils s'affligeraient. V. DOLOIR.

Deugié, délicat. V. DELGIÉ.

Deuist (qu'il), qu'il dût. V. DEBVOIR.

Deul, deuls, doel, duel, deuil, chagrin ; **se deuler, se douloir**, se lamenter.

Deuvre, debvre, devoir, avoir des dettes.

Devaler, descendre ; **devalee**, descente.

Devantaul, devanteau, devantel, devantiere, devantrin, tablier de femme, jupe.

Devantisser, devancer, aller devant ; lat. *de ante exire*.

Devantrien, antérieur, supérieur ; **devantraineté**, antériorité.

Devantriennement, précédemment.

Devé, fou. V. DESVÉ.

Deveer, devier, défendre ; **deveement, devet**, défense ; **devese**, pâturage réservé. V. VEER.

Devcier, deveer, sortir de la voie. V. VEIE.

Devenres, vendredi. V. DIVENRES.

Devest, dessaisine ; **devestison**, droit sur les mutations.

Deveurer, devurer, dévorer ; lat. *vorare*.

Devices, délices, richesses.

Devider, partager ; lat. *dividere*.

Devie, deviement, mort ; **devier**, mourir.

Deviers, du côté, de vers.

Deviller, déprécier. v. AVILLER.

Devignable, devinaille ; **devine,** devineresse ; **devineor,** devin.

Devinité, théologie.

Deviniere, moucheron, cousin.

Devise, armes, armoiries. Duc. v. DEVISAMENTUM.

Devise, partage, séparation, testament. Duc. v. DIVISA.

Deviser, partager ; **deviseor,** partageur, arbitre ; **robe devise,** robe de deux couleurs.

Devis, devise, devision, volonté ; **à devise, à devis,** à souhait, à volonté ; **avoir son devis,** avoir ce qu'on désire.

Devise, savoir ; **devision,** condition, ordre ; **deviser,** décider, ranger, dicter, narrer ; **deviseor,** narrateur.

Dewerpir, déguerpir. v. GUERPIR.

Dex, Diex, Diez (sujet) ; **Dé** (régime), Dieu.

Dex, dey, deux.

Dex, dez, dix ; **dexime, desime,** dixième.

Dex, amende pour dommage fait aux fruits de la terre. Duc. v. DECHI.

Dexcinc, quinze.

Dexendre, descendre.

Dey, dez, dé ; **deycier,** faiseur de dés.

Dezert, désert.

Di, jour ; **à cels dis** (cantique de sainte Eulalie) ; lat. *dies*.

Dia, diax, à gauche, **diu, diou,** à droite ; cri des charretiers. On croit ces mots d'origine gauloise.

Diabler, calomnier quelqu'un.

Diacne, diakne, diacre ; **diaconie,** sacristie ; **diacriser,** faire les fonctions de diacre ; lat. *diaconus*.

Diaculon, onguent. Duc. v. DIAQUILON.

Diaire, journal, livre de compte.

Dial, diaus, diax, diols, deuil, douleur ; **dieuler,** se plaindre. v. DUEL.

Diaspe, diaspre, diapre, jaspe, étoffe brodée de diverses couleurs ; **diaspreer,** colorer ; **diaprure,** variété de couleurs ; lat. *jaspis*.

Diaule, diavle, diable.

Dibendre, vendredi. v. DIVENRE.

Dibler pour **dobler,** assiette, serviette. v. DOBLIER.

Dicaze, dédicace, consécration d'une église.

Dicce, dike, digue ; **diccer, dicer, dikier, dieguer,** construire une digue.

Dieguerie, dikage, construction d'une digue. Duc. v. DICARE.

Dict, dit, **dictié, dis, dit, dittié,** discours, proverbe, poëme ; **dicter,** composer, parler ; **dicteur, diteor,** écrivain, orateur. **Ditelel, diterel,** opuscule, petit discours.

Didal, dé à coudre ; lat. *digitalis*.

Dideau, filet pour la pêche.

Didner, dîner. v. DIGNER.

Diemenche, diemenge, dimaine, diemaine, dimoinge, dimanche ; lat. *dies dominica*.

Dien, dienz, doyen. v. DEIEN.

Diener, valet, serviteur.

Dieosdi (Josdi), jeudi. v. JOSDI.

Diervé, insensé. v. DERVÉ.

Diesme, dîme ; **diestre,** mesure décimale.

Dieuesse, déesse ; **dieutelet,** petit dieu.

Diex, Dieu. v. DEX.

Diez, deux.

Diffament, diffame, diffamation, opprobre ; **diffameur,** diffamateur.

Differance, dispute, contestation.

Diffuge, chicane, subterfuge ; **diffuyr,** faire retraite.

Digame, bigame.

Digart, éperon, **diguer,** éperonner.

Dignandier, dinandier, ouvrier en cuivre ; **dinanderie,** ustensiles de cuivre (fabriqués à Dinan).

Digner, disner, diner. Duc. v. *dignerium, disnerium* ; lat. *disjejunare* (Littré) *discœnare.* (Diez).

Digneté, dignité.

Digan, Dijan, Dijon ; **digenois,** monnaie de Bourgogne.

Dijau, dijou, jeudi. v. JOSDI.

Dilaiement, délai ; **dilaier, dilater,** différer ; lat. *dilatare.*

Diligaument, diliantrement, dilijentrement, diligemment, promptement.

Diliger, chérir.

Dilogie, double sens, équivoque.

Dilon, dille, fausset ; au figuré, le membre viril.

Dilun, dilung, diluns, lundi ; lat. *dies lunæ.* v. DELUN.

Diluve, déluge ; lat. *diluvium.*

Dimars, mardi ; lat. *dies martis.*

Dimecre, dimerere, mercredi.

Dind, outil de tonnelier.

Diner, denier. v. DENEREE.

Dioes, diwes, jeudi. v. DIEOSDI.

Diptame, dictame.

Dins, dans ; lat. *de intus.*

Diruer, abattre, détruire ; lat. *diruere.* v. RUER.

Dis, diz, jour ; **tos dis,** toujours.

Dis, Dix, Dieu.

Dis, dit. v. DICT.

Dis, dix ; lat. *decem.*

Disime, dissime, dixième.

Disehuit, dix-huit.

Diseler, mettre par dizaine.

Diseau, disein, nombre de dix.

Disme, dixm e, dismerie, dixme rie, droit de dîme.

Dismier, dixmier, dîmeur.

Disagreer, refuser.

Discent, succession.

Discepter, contester.

Discinct, qui n'a point de ceinture.

Discipulage, école. v. DECIPLE.

Discorir, discurir, discourir.

Discovrir, discuvrir, découvrir.

Disetel, diseteus, disiteus, pauvre, nécessiteux.

Diseur, diseor, arbitre, juge.

Disgreger, séparer.

Disques, jusque.

Disinheriter, déshériter.

Disne, digne ; **disneté,** dignité.

Dispars, dispersé.

Dispatrier, expatrier.

Dissabte, samedi ; lat. *dies sabbati.*

Dissense, dissension.

Dissentere, dyssenterie.

Dissut, trompé, pour **deceut.** v. DECEIVRE.

Dissus, dissous, détruit ; lat. *dissolutus.*

Dist di in avant (Serment de 842), *de isto die in ante ;* dorénavant.

Dister, être éloigné ; lat. *distare.*

Distincter, distinter, distinguer.

Distirper, vendre, débiter. v. DESTIPER.

Distraier, enlever, arracher ; lat. *distrahere.*

Distrent, ils dirent ; lat. *dixerunt.*

Diurn, jour, de jour ; lat. *diurnus.*

Diva, exclamation, que l'on croit composée de deux mots, *di* (du verbe dire, et *va,* impér. d'aller). On trouve *va di* et *di va.*

Divenre, vendredi ; lat. *dies Veneris.*

Diverser, contrarier, injurier.

Diverser, se loger ; **diversoire,** auberge.

Do, don, du.

Do, deux.

Do, dos, don.

Doale, doaire, dot, douaire ; lat. *dotale, doarium.*

Dober, équiper. v. DOUBER.

Dober, frapper. v. DAUBER.

Doble, doule, double ; **dobler, doblier, dobletin, doblentin,** double.

Doblise, doblous, chose double.

Dobte, crainte ; **dobter,** craindre. v. DOTER.

Doce, douze.

Docement, doucement.

Dodasne, rivage.

Dode, soufflet avec le dos de la main.

Dodeliner, bercer pour endormir.

Dodin, sot.

Doe, doelle, douve, canal. Duc. v. DOA, DOELA.

Doe, doesse, docet, ballot, paquet. Duc. v. DOGA et DOCARE.

Doer, assigner un douaire.

Doian, huissier, sergent.

Doictée, autant qu'on peut prendre avec les doigts.

Dognoier, se réjouir. v. DONOI.

Doguin, brutal, hargneux.

Doi, dui, deux.

Doid, dois, doy, doigt. v. DEIS ; le DOIS MIRE, le doigt medium ou annulaire. v. MIRE, DEIS.

Doille, douille, douillet, délicat.

Doinse, mets délicat. v. DAINTIÉS.

Dois, dais.

Dois, dé à jouer.

Dois, doisil, doy, douet, duit, duizil, canal, conduit, ruisseau. Duc. DOITUS, lat. *ductio.* v. DUIRE.

Doittier, boîte, étui, en forme de doigt.

Dol, doleur, fraude, trahison ; lat. *dolus.*

Dol, doloison, douleur, deuil, plainte ;

doloir, doloser, douloir, souffrir, se plaindre ; **dolosant, dolus,** souffrant ; **dolerex, dolereus, doloros,** douloureux.

Dolc, dols, douc, dox, doux, agréable, **docour,** douceur ; lat. *dulcis.*

Doleiere, doloire ; **doler,** polir avec une doloire.

Doleure, doloere, copeaux.

Dolequin, courte épée à deux tranchants.

Dolon, bâton, bourdon de pèlerin.

Dom, domp, don, seigneur ; lat. *dominus.* v. DAM.

Domagier, domager, causer du dommage ; **domageus,** nuisible.

Domaie, domais, surtout de toile.

Domanier, domangier, seigneur, possesseur de domaine. v. DEMAINE.

Domas, dommas, semainier ; lat. *hebdoma.*

Domentre, doementre, tandis que. v. DEMENTRE.

Domerie, bénéfice conférant le titre de Dom.

Domesche, privé, domestique.

Domne, donne, done, dame ; lat. *domina.*

Donaire, écrivain public.

Don, donkes, dons, dont, donc. v. ADONT, ADONQUES.

Donde, dondon, dodu, gras ; **dondonne,** fille de joie.

Dondaine, machine à jeter des pierres, bouteille au large ventre. v. BEDON, BEDONDAINE.

Donne, donnee, don, largesse.

Donere, doncor, donneur ; **doneison,** droit de conférer un bénéfice ; **donoison,** donation, **je dorrai, je dorrois,** je donnerai, je donnerais ; **que je doinse, qu'il doinst,** que je donnasse, qu'il donnât.

Dongier, domination. v. DANGIER.

Donion, dongun, doignon, donjon, forteresse ; celt. *dun,* ferme, courageux (Burguy).

Donoi, dosnoi, dosnoiement, amusement, plaisir, amour ; **donoier, dosnoier,** faire la cour aux femmes, faire l'amour.

Don, dont, lisez **d'on, d'ont,** d'où ; lat. *de unde.*

Donzel, damoiseau. v. DANCEL.

Dondrecq, sorte de monnaie.

Donier, denier.

Donné, serviteur perpétuel d'un couvent, bâtard.

Dordorel, florin.

Dore, deur, porte de maison.

Doree, pâtisserie.

Dorelot, enfant gâté, homme efféminé.

Doreloterie, métier de rubanier.

Dores en avant, dorénavant. v. ORE.

Doreus, mesure de grains.

Dorgasse, terme injurieux.

Dorm, dors ; **dortcoir, dormentoire,** dortoir ; **dormicion,** envie de dormir ; **dormillier,** sommeiller ; **qu'ils dorgent,** qu'ils dorment ; **dortellier,** clerc veillant au dortoir; **dormieres,** dormeur ; **dorveille,** état d'une personne qui fait semblant de dormir.

Dormillion, torpille.

Dorsal, dorsel, dossal, manteau ; **dossiaux, dosseret,** dossier, tapisserie.

Dors, dos ; lat. *dorsum ;* **dorser,** briser le dos ; **dossiere,** coup donné sur le dos.

Dos, doz, deux.

Dosaine, douzaine ; **dosin,** mesure de blé (douzième partie de l'unité de capacité).

Dosil, dousil, duiset, duisil, fausset d'un tonneau. Duc. v. DUCICULUS, DUIRE.

Dosnoi, plaisir. v. DONOI.

Dosse, hache, cognée. Duc. v. DOSSA.

Dossage, droit sur les fourrures.

Doter, douter, craindre ; **je doz,** je doute ; **dotance,** doute ; **dotable, dotaule,** redoutable.

Doter, dompter ; lat. *domitare.*

Dou, du. v. DEL.

Douagiere, douairière. Duc. v. DOAGERIA.

Doualfe, conduit. v. DUIRE.

Douber, équiper. v. ADOBER.

Double, monnaie valant deux deniers.

Doubler, jeter par terre.

Doubler, doublet, doublette, doublier, besace, houppelande, filet.

Doublier, doublé, linge double, nappe ; **doubliere,** charrette traînée par deux chevaux. v. DOBLER.

Doubter, douter, douter, craindre ; **doutil,** craintif. v. DOTER.

Doud, doués, deux.

Douee, femme dotée, fiancée ; lat. *dotata.*

Douelle, dovelle, douille, douve d'un tonneau ; lat. *ductile.* v. DUIRE.

Douet, doche, douit, fosse, douve. Duc. v. DOA, DOGA, DOIS.

Douge, fin, délié. v. DELJIÉ et DEUGIÉ.

Doulcine, doulcemer, doucene, doucaine, douceine, flûte douce, cornemuse, vielle. v. DOLC.

Doule, double. v. DOBLE.

Douler, unir, polir. v. DOLER.

Douler, doulouser, être chagrin ; **doulens,** triste; **doulesis,** douleur.

Doulx, le dos de la main. Duc. v. DODUS, DODER.

Dour, la quatrième partie du pied géométrique. Duc. v. DORNUS.

Dourque, cruche.

Dous, dox, deux.

Dousselet, doussier, dais, dossier. v. DORSAL.

Doutriner, enseigner; **doutrinement,** enseignement.

Douvre, fossé où l'eau séjourne. Duc. v. DOVRA.

Dove, douve. v. DOUET.

Dovule, double. v. DOBLE.

Doyin, cruche.

Doys, distance d'un doigt.

Dra, drac, dracon, drage, diable, lutin, fée, sorcière.

Dragan, drahan, monnaie orientale valant environ 15 sous.

Drageon, bourgeon de la vigne.

Drageryes, dragées.

Dragorment, truchement.

Drague, sorte d'oiseau de proie.

Draie, draye, sentier, chemin de traverse.

Drancle, dranguelle, filet pour la pêche.

Drapaille, drapais, drapel, drapelez, dras, drapiaus, haillons, chiffons, langes, hardes; **drapperie,** garde-robe; **drapier,** laver et teindre les draps; **drappelage,** linge de lessive.

Draper, railler; **drapellé,** celui qui est raillé.

Drasche, drache, drague, dranche dresche, dreche, drague, marc de l'orge ayant servi à faire de la bière; anc. h. all.; *drescan,* battre le blé.

Dré, drès, dret, drez, drech, dreit, dreiz, droit; **drechier, drescier, drecier,** dresser; **drece, dresse, dreceoir, dressouel,** dressoir; **dreiture,** ce qui est dû; **dreiturier,** juste.

Dreis, dès; **dreiz au matin,** droit au matin, dès le matin.

Driguet, dringuet, espèce de jeu ressemblant au trictrac.

Drinquer, drinker, boire ensemble; all. *trinken.*

Dril, clair, brillant; **driller,** luire.

Drodmon, drodmunt, gondole, vaisseau.

Droe, drogue. v. BRASCHE.

Droitoier, faire valoir son droit en justice; **droiturel, droicturiel,** légitime.

Drolce, drouille, réserve faite dans un contrat, pot de vin.

Dru, drud, drus, drut, druz, ami, homme de confiance, amant; **drue,** maîtresse; **druion, druium, drugun,** confident; **druerie, drurie,** amitié, amour. Anc. h. all. **trut, drut,** aujourd'hui **traut,** ami.

Drut, druz, fort, robuste; **endruir,** devenir fort, gall. *droth;* kimr. *drud,* robuste, brave.

Druge, fuite, retraite.

Drugement, druguement, drogman. arabe *targôman, torgoman,* interprète, du verbe *taraga,* être voilé, caché.

Drylle, chêne femelle.

Du, Dieu; **por Du,** pour Dieu !

Ducasse, ducation, dédicace; lat. *dedicatio.*

Ducat, ducheaume, duchame, duché.

Duchoise, ducoise, duchesse.

Duel, doel, dueil, duel; lat. *duellum.*

Duel, doel, dués, duez, deuil, douleur; **dueillier, duluser,** s'affliger.

Dug, dugue, chef, guide; **duganel,** grand duc; lat. *dux.*

Dul, deux.

Duire, conduire, guider; **doist, duist (il),** il conduisit; **duisere, duitre,**

conducteur; **duit,** bien dirigé, instruit ; lat. *ducere.*

Duire, prendre du plaisir ; **duisant,** convenable, capable.

Duluve, déluge. v. DILUVE.

Dumas, dommas, dîme.

Dumet, duvet.

Dun, dum, montagne.

Dund, outil de tonnelier. v. DIND.

Duner, donner ; **qu'il dunge,** qu'il donne.

Dunt, dum (d'unt, d'um), d'où, dont; lat. *de unde.*

Duols, deuols, boiteux, infirme.

Duqu'à pour **dusqu'à** jusqu'à ; lat. *de usque ad.*

Durableté, durée.

Durandal, durandart, nom de l'épée de Roland.

Durement, considérablement, grandement.

Duresce, dureté.

Durfeus, impudent, effronté ; goth. *tharfan* ; angl. sax. *turfende* (Chevallet).

Dux, chef ; lat. *dux.*

Dusiens, sorte de démons ; en bas bret. *deuz* ; Franche-Comté, *dese.*

Dusne, dupe, lieu élevé. v. DUN.

Duzze, douze.

Dyees, prières terminant l'office, les jours de jeûne. Duc. v. DIETA.

E

E, conj., et.

E, ei (J') j'ai.

Eage, aige, eaige, âge. v. EDAGE.

Eagle, aigle.

Eaitir, comme **aatir,** avoir hâte.

Eame, heaume. v. HELME.

Eas, eaus, eauls, eaux, eax, as
pour **als,** pron. pers. eux.

Easmement, estimation.

Easmer, estimer. v. ESMER.

Eaue, eave, eauve, eau.

Eaulx, eaus, aulx.

Ebahi, esbahi, ebaubi, surpris,
étonné.

Ebalacon, ruade de cheval, estra-
pade.

Ebaudisse, hardiesse.

Ebe, reflux de la mer.

Ebee, vanne.

Ebetude, lourdeur d'esprit.

Ebisque, évêque ; lat. *episcopus.*

Eboeler, ebouailler, éventrer. v.
BOEL.

Ebouner, ranger, mettre en ordre.

Ebouer, ebover, effrayer ; **ebouaille,**
épouvantail.

Ebouffer, crever de rire.

Ebousiner, ebouziner, rompre,
fouiller la terre, défricher.

Ebriax, ebrieu, ebriu, ebrieux,
ebrui, ivre ; b. lat. *ebrius.*

Ebriex, Hébreu.

Ebuard, coin à fendre le bois.

Ebudes, terrains incultes.

Ee, voici ; lat. *ecce.*

Ecafer, fendre l'osier en deux pour le
disposer à être employé.

Ecallate, écarlate.

Ecang, morceau de bois dont on se
sert pour faire tomber la paille du
lin.

Ecarbouiller, ecacher, broyer.

Ecclise, église.

Echantiller, confronter un poids avec
le poids original.

Echanvroir, instrument d'agriculture.

Echard, echars, avare. v. ESCARS.

Echauguette, echarguette, lieu
couvert et élevé pour placer une sentinelle. v. ESCHARGAITE.

Eche, esche, mèche, amorce pour le
poisson.

Echecs, amendes qui font partie des
droits d'aubaine.

Echelier, râtelier.

Echemer, echamer, essaimer.

Échenal, echeneau, echenet,
echenez, gouttière.

Echequier, échiquier.

Echer, se tourmenter.

Echete, echette, echoite, echute,
eskec, héritage, succession.

Echeurre, échoir.

Echulas, échelle, échalas.

Eclaboter, éclabousser.

Eclaffer, éclater, fendre.

Ecleche, dénombrement de fief.

Eclisser, diviser.

Eclistres, éclairs ; **il éclistre,** il
éclaire.

Ecloi, ecloy, escoly, urine.

Ecofroi, grosse table, madrier.

Ecoison, encoisson, petite pierre en saillie.

Ecolage, escollage, école. V. ESCOLE.

Ecoler, enseigner.

Ecormonelle, châtaignes d'étangs.

Ecorne, affront ; angl. *scorn.*

Ecoter, étêter nn arbre.

Ecotier, nom de certains chantres d'église.

Ecouer, couper la queue. V. COE.

Ecouement, action de couper la queue.

Ecourgee, fouet.

Ecouvette, tergette à épousseter.

Ecracer, cracher.

Ecraigne, petite maison. V. ESCRENNE.

Ecrancer, échancrer.

Ecrenner, écorner.

Ecrevices, cuirasse faite de lames de fer.

Ecrouyer, écrouer.

Ecuage, droit qu'on payait pour s'exempter du service.

Ecuiage, état, condition d'écuyer.

Ec-vos, voilà, le voilà, vous voilà.

Edage, eded, edet, âge.

Edefiement, édification ; **edificier,** édifier, bâtir à neuf.

Edel, ancien, noble, fameux ; all. *adel.* Duc. V. EDELINGUS, V. ELIN.

Eder, aider.

Editer, edicter, proclamer une loi.

Edre, ceddre, lierre ; lat. *hedera.* V. IERRE.

Eé, eet, âgé.

Ees, abeilles, essaims d'abeilles.

Eesié, qui a des facilités.

Ef, œuf.

Eferms, enfermé.

Effaner, enlever les pousses inutiles des grains ; lat. *fœnum.*

Effant, enfant ; **efantelet,** petit enfant ; **effanche,** enfance.

Effe, eau, étang, marais.

Effecté, affecté, hypothéqué.

Effeoder, inféoder.

Efficaise, pouvoir, capacité.

Efficher, effichier, penser, inventer.

Effiner, apurer un compte. V. FINER.

Effisance, effet, cause.

Effocaige, chauffage. V. EFFOUAGE.

Effoel, effoucil, effouel, effouil, augmentation du bétail. V. FOUC.

Effondrer, effonder, effondre, enfondrer, couler à fond, rompre ; **effondrilles,** ruines.

Efformier, fourmiller.

Effort, aide, secours, main-forte.

Effouage, effouaige, redevance féodale, chauffage. V. FOUAGE.

Effoudre, éclair; **effoudrer,** éclairer.

Effouir, fouir, creuser.

Effraer, effrayer. V. ESFRAER.

Effresler, effrouer, froisser, rompre.

Effronter, attaquer front à front.

Effumer, esquisser, peindre légèrement.

Effustument, charpente, toit de maison. V. FUST.

Effutaige, bienvenue payée par les charpentiers.

Effuition, effusion, épanchement.

Egaiement, gaîté.

Egalable, qui peut être égalé.

Egalation, égalisation.

Egaleur, égaliseur.

Egalié, égalité.

Egandiller, étalonner.

Egard, egardeor, inspecteur, juge, arbitre.

Egarder, regarder.

Egardise, égard.

Egas, egaz, décision, jugement.

Egau, egaue, égal, égale.

Egaudir, chasser, aller dans une forêt. v. GAULT.

Egaut, esgaudee, bois, forêt. v. GAULT.

Egaveur, praticien, chicaneur.

Egener, tromper, frauder. v. ENGIN.

Egener, apauvrir. v. GEHENE.

Egidiens, monnaie de Saint-Gilles (Languedoc).

Egite, l'Egypte.

Egitissiens, Egyptiens.

Eglegie, église.

Egliper, glisser, couler.

Eglogaire, eclogaire, savant, qui fait des églogues.

Egohine, petite scie à main.

Egraffigner, egraffigner, égratigner.

Egrainoire, sorte de cage.

Egre, vif, impétueux, avide.

Egrement, vivement.

Egrun, plante acide ; lat. *acer.*

Egresse, issue, sortie ; lat. *egressio.*

Egue, jument ; lat. *equa.*

Egueille, egucuille, esgueille, aiguille.

Egue, eau.

Eguer, aiguaier, tremper le linge dans de l'eau claire.

Eherber, sarcler.

Ehouper, écimer un arbre.

Ehu, eu, part. pass. du v. avoir.

Ei, j'ai ; **eiez,** ayez.

Eicette, petite hache ; lat. *ascia.*

Eiciex, essieu de voiture ; lat. *axis.*

Eide, eie, aide, secours. v. AJUDE.

Eider, eidier, aider ; **eidieres,** qui aide, qui secourt.

Eigadiere, aiguière.

Eigau, rosée.

Eigassous, aqueux.

Eigné, aîné.

Eignés, egnés, ignéé, ignés, brûlé.

Eille, aile.

Eimes (nous), nous étions.

Einçois, einsois, ençois, avant, au contraire. v. AINÇOIS.

Einfermeté, infirmité.

Eikevos, voici ; lat. *eccum vos.*

Einglisse, église.

Eine, aine.

Einé, einné, aîné.

Eins, einz, en, dans, mais, an contraire. v. AINS.

Einsin, einsi, einseinc, einsint, einsit, ensi, ensing, ainsi, en cette sorte ; lat. *in sic.*

Eir, hier ; lat. *heri.*

Eir, héritier ; lat. *hæres.*

Eirau, maison rustique avec les bâtiments qui en dépendent, ferme. Duc. v. *hayrelium.*

Eirt, pour **ert,** il était ; lat. *erat.*

Eis, es, lui-même ; lat. *ipse ;* se trouve dans **essement, essiment, ansement,** de même.

Eis, es, abeilles.

Eis, sors, impératif de **issir.**

Eise, aise.

Eisement, faculté, pouvoir.

Eisil, vinaigre ; sax. *eosil ;* angl. *eisel.*

Eisine, ustensiles, batterie de cuisine.

Eisios, eivos, voici, vous voici. v. EIKEVOS.

Eissalet, vent du sud-est.

Eissi, ainsi.

Eissil, essil, exil, ruine ; **essiller,** exiler, détruire.

Eissir, issir, sortir, s'en aller ; lat. *exire ;* **j'istrai,** je sortirai.

Eis vos, voici. v. EIKEVOS.

Eit, joie. v. HAIT.

Eit, vivacité, rapidité. v. ATE.

Eit, aide. v. AIE.

Eitre, aire, aitres, place, grange.

Ejetec, renvoi ; lat. *ejectio.*

Eke, eike, eckevos, eskevos, voici, voilà ; lat. *ecce.*

Ekevin, échevin.

El, le, la, elle, lui ; lat. *ille, illa.*

El, dans le ; lat. *in illo.*

El pour **al,** autre ; angl. *else* ; lat. *aliud,* v. AL.

Elaire, Hilaire.

Elaires, landes de terre.

Elatie, elacion, elation, hauteur, fierté, amour-propre.

Elavasse, crue d'eau subite.

Ele, elle.

Ele, eles, elles, ailes d'oiseau.

Ele, aïeul, v. AEL.

Eleeicer, elesser, elesseir, se réjouir. v. ESLEECIER.

Elef, elefe (d'eau), flux de la mer.

Elespas, à l'instant. v. ENESLEPAS.

Eles, sorte d'instrument à vent, flûte.

Eleu, ileu, ici. v. ILOEC.

Eleutre, certain métal de composition.

Elez, rapide. v. ESLEZ.

Elider, éluder, briser.

Eliglé, estimé, apprécié.

Elin, gentilhomme ; prov. *adelenc ;* anc. all. *adalinc ; edeling,* noble.

Eliou, éclair, étincelle.

Eliser (une pièce de drap), la tirer par ses lisières.

Eliseurs, électeurs.

Eliter, prendre la fleur, l'élite d'une chose.

Elleiz, choisi, élu.

Ellent, élan.

Elles, ailes, rideaux d'autel.

Ellever, elliever, élever.

Ellevos, voici. v. EKE.

Ellire, choisir ; **ellieut, ellit,** choisi. v. ESLIRE.

Elme, elmet, heaume, casque.

Elocer, ébranler. v. ESLOCER.

Eloisc, clude, éclair, clarté.

Elonger, éloigner ; lat. *longe.*

Els, eux, elles.

Els, yeux.

Els, abeilles.

Elsament, ensemble.

Elsas, Alsace.

Eluec, ici, là. v. ILOEC.

Eluer, elugir, paraître, briller. lat. *lucere.*

Elugir, être troublé.

Elusion, illusion.

Em, en.

Emasculer, châtrer.

Emagoler, donner un mai.

Embaciné, armé d'un bassinet.

Embaisseur, ambassadeur.

Embaldir, enhardir. v. BALD.

Embanie, réserve de terres.

Embannir, proclamer un ban.

Embarbelee, flèche au bout de laquelle il y a des plumes.

Embarer, embarrer, pousser, froisser.

Embarnir, croître, fortifier, grossir. v. BER.

Embasmé, embassamé, embaumé ; lat. *balsamum.*

Embasteis, partageable.

Embaster, garnir de bâts.

Embatre, enbatre, engager une bataille, s'abattre. v. BATRE.

Embeleter, embellir, plaire.

Emberguer, couvrir, mettre à l'abri.

Embesoigner, mettre en besogne.

Embeu, imbibé, imbu, ivre.

Emblader, emblaer, emblaver, emblayer, embleer, ensemencer un champ en blé.

Emblay, instrument pour faire tourner la vis d'un pressoir.

Embler, aller à l'amble. v. AMBLER.

Embler, ambler, enbler, voler ;

s'embler, s'enfuir; **embler le Tonlieu**, frauder les droits; lat. *involare*.

Emboeller, arracher les boyaux. v. ESBOELER.

Emboer, couvrir de boue.

Emboier, percer de part en part. Duc. v. *imboccare*.

Emboieté, ivre, plein de vin. Duc. v. *bevriotus*; **emboivre**, imbiber. v. BEIVRE, BOIVRE.

Emboiser, tromper, surprendre; **emboiseur**, charlatan, fourbe. v. BOISER.

Emborder, environner, border; **s'emborder**, s'embarrasser.

Emboser, emboîter, enchâsser une chose dans une autre. Duc. v. *imbotare*.

Embonfûssement, orgueil, fierté.

Embouger, mettre des poches à un habit; lat. *bulga*. v. BOUGE.

Embouquié, corrompu, gâté. v. BOC.

Embourghebiers, bière de Hambourg.

Embousement, enduit; **embouser**, gâter, souiller, crépir. Duc. v. *imbutamentum*.

Embraceour, embrasour, solliciteur à gages et d'office des procès d'autrui. Duc. v. *embracitores*.

Embrachee, embrassee, embrassement.

Embrachez, baissé. v. EMBRONCÉ.

Embrami, tourmenté, triste.

Embrecer, embrasser.

Embrescher, mettre les fers aux pieds et aux mains.

Embresner, embrenier, salir, souiller. v. BRAN.

Embrever, faire entrer une pièce de bois dans une autre.

Embrever, embriever, embrief- ver, exposer par écrit, citer en justice, éteindre, amortir. v. BRIEF.

Embrevure, embreveure, registres archives, chartes.

Embrezer, allumer, embrâser.

Embriver (s') s'empresser.

Embroié, enfoncé.

Embroiloir, bâton pour serrer la corde qui entoure un ballot.

Embron, embronche, embrons, embrunchi, embrunc, embruns, baissé, caché, soucieux, pensif, colère.

Embroncher, embronchier, embruir, embruncher, embrunchier, embrunger, couvrir, cacher, s'irriter.

Embruiné, gâté, brûlé par la bruine.

Embruissement, attaque, assaut.

Embrunche, embuscade.

Embu, embout, embus, eimbut, entonnoir.

Embucher, embuscher, embusquer, tendre des embûches. v. BOSC.

Embuffler, tromper. v. BEFFE.

Embuier, embuieter, attacher avec des entraves. v. BOU.

Embulleter, faire une bulle.

Eme, guet; **faire eme**, guetter. v. ESME.

Eme, emme, respiration, haleine, âme, esprit; lat. *anima*. v. ANEME.

Eme, aesme, esme, prix, taux, estimation.

Emender, corriger, réformer, régler.

Emerveillable, digne d'admiration.

Emeser, bander, tendre un arc, diriger.

Emessure, charge, accusation. Duc. v. *emessura*.

Emeuter, emeutir, éternuer, rendre

des excréments ; **emeut,** fiente, déjec ion ; lat. *emittere.*

Emict, emit, vêtement ; lat. *amictus.*

Emicter, emier, réduire en miettes, écraser.

Emioucre, moulin à broyer.

Eminal, eminau, emine, eminee, mesure de terre, de grains et de liquides ; lat. *hemina.*

Eminchez, émincé, retranché ; lat. *minutus.*

Emmegroier, maigrir.

Emmainer, emmener.

Emmaladir, devenir plus malade.

Emmaler, faire des paquets.

Emmané, rempli de manne.

Emmanteier, emmenteler, envelopper d'un manteau.

Emmarer, tomber ou enfoncer dans un marais.

Emmargier, plonger, enfoncer ; lat. *immergere.*

Emmensissure, altération, dépérissement.

Emmeer, aimer ; **ammeement,** de bon cœur.

Emmeslé, confus, embrouillé.

Emmessé, qui a ouï la messe. v. AMESSÉ.

Emmessure, charge, accusation.

Emmi, emi, parmi, à moitié ; lat. *in medio.*

Emmiudrer, améliorer, rendre meilleur. V. MIEUDRE.

Emmoeler, emoeller, ôter la moelle.

Emmolier, amolloier, emollier, emoloier, amollir ; lat. *emollire.*

Emmourer, entourer de murs.

Emmusquer, parfumer de musc.

Emoir, emoyer (s'), s'inquiéter. v. ESMAI.

Emoignier, mutiler, estropier, ne laisser que les moignons.

Emologation, homologation.

Emorce, emorche, amorce.

Emoyer, émouvoir, remuer.

Empache, empagement, embarras, empêchement.

Empailli, pâli ; lat. *pallere.*

Empaindre, empeindre, pousser, enfoncer, embarrasser, entortiller ; lat. *impingere.*

Empainte, attaque, choc, ouragan. Duc. v. *impetcius.*

Empanage, apanage.

Empanerer, mettre dans un panier.

Empané, empené, ailé.

Empané, garni de pain.

Empanre, empenre, entreprendre.

Emparager, égaliser, marier.

Emparcher, emparquer, enfermer dans un parc.

Emparer, emperer, fortifier, élever des remparts.

Emparler, parler, plaider.

Emparlieres, orateur ; **emparlerie,** office d'un avocat.

Emparleur, taquet de moulin.

Empartir, accorder, faire part.

Empas, liens, chaînes.

Empasturer, faire paître.

Empatroner, mettre en possession.

Empaventer, paver.

Empeau, fente en écorce ; prov. *empeut.*

Empedement, instrument de torture ; lat. *impedimenta, compedes.*

Empeescher, empêcher ; **armeures empeeschanz,** armes défensives.

Empegé, empegié, poissé, gluant.

Empeitous, impétueux.

Empellement, palle ou bonde, pour lâcher ou retenir l'eau.

Empené, empennez, garni de plumes ; lat. *penna.*

Empenner, condamner à une peine;
lat. *pœna*.

Empenser, réfléchir, regarder, observer.

Empere, empire, juridiction.

**Emperier, emperaor, empercor,
empercre,** chef, empereur; **empe-
reis, empereris,** impératrice.

Empesche, sorte de pêche, fruit.

Empeser, fâcher, mettre en colère.

Empestrer, s'embarrasser, tomber dans
un piége; ital. *impastojare*. V. PAIS-
TRE.

Empetrer, empétreer, obtenir à
force de prières.

Empiger, empeser, enduire de poix;
lat. *picea*.

Empiennner, obliger quelqu'un à marcher à pied. Duc. V. IMPEDATURA.

Empiexgne, empeigne. Duc. V. IM-
PEDIA.

Empimenter, parfumer; lat. *pigmentum*.

Empier, empire.

Empierrier, empirer.

Empictement, base d'une colonne.

Empiquer, empaler.

Empitiver, avoir pitié.

Emplage, remplissage, total.

Emplaider, empleder, plaider, appeler en justice.

Emplaistre, emplastre, emplâtre,
emplacement, place vide.

Emplait, procureur.

Emplaite, entreprise, projet.

Emple, ample.

Empleir, empler, augmenter, emplir.

Emplever, empirer.

Emploe, petite carafe, burette. V. AM-
POLLATA.

Emploite, espèce, nature, Duc. V. IM-
PLICATURA.

Emploite, emplette; **emploiter,**
acheter.

Emplorer, emplourer, pleurer, im-
plorer.

Emplovoir, pleuvoir, mouiller.

Emplus, mouillé.

Enpoint, en point, en bon état.

Emport, emportement, faveur, déport.

Emport, action d'emporter, d'enlever
par force.

Empotionnement, potion médicale.

Empoudrer, remplir de poussière.

Empouiller, garnir, ensemencer une
terre.

Emprainture, peinture, empreinte.

Empres, après.

Empreigner, engrosser; **em-
prein,** gros, enceinte; lat. *prægnans*.

Empreignant, fertile.

Emprendre, emprendre, entreprendre; **emprise,** entreprise.

Empreu, en preu, en premier lieu.

Empreindre, empriendre, impri-
mer, fouler.

Empreuf, emprof, après, auprès;
lat. *in prope*.

Emprofondir, creuser, approfondir.

Emption, achat, acquisition.

Empué, couronne empuée, sorte
d'ornement de femmes.

Empucter, empucteir, imputer, accuser.

Empuigner, saisir avec le poing.

Empullenter, empullentir, empuantir.

Empunaisier, empuantir.

Emuchiez, évincé. V. MUCER.

Emulateur, émule.

Emuschier, émoucher; **emuscus,**
mouchettes; lat. *musca*.

En, an; em, am, dans; lat. *in*.

En, end, ent, int, de là; lat. *inde*.

En, ens, un; lat. *unus*.

En, on. v. OM.

Enaager, enaagier, déclarer majeur.

Enaises, environ, à peu près. v. ANAISE.

Enains, enans, enant, denant, avant, auparavant.

Enamer, enamourer, s'enamourer, aimer tendrement.

Enamerer, rendre amer.

Enangler, cacher ; **s'enangler**, s'angler, se mettre dans un coin.

Enapres, ensuite.

Enarchiez, voûté, arqué.

Enardoir, brûler. v. ARDER.

Enarmer, armer ; **enarme**, anse ou courroie d'un bouclier ; **enarmeures**, armoiries.

Enarrhement, arrhement, action de donner des arrhes, engagement, achat de grains sur pied et avant la récolte.

Enart, échafaud de maçon.

Enartos, habile. v. ART.

Enazier, couper le nez.

Enasprir, irriter ; **enasprie**, irritation, âpreté. v. ASPRE.

Enbaldir, publier, proclamer.

Enbarer, fendre, rompre. v. EMBARER.

Enbauchure, travée.

Enbesongner, faire travailler.

Enblanchir, blanchir.

Enbourcer, amasser, recueillir.

Enbourroumer (s'), se former en boue.

Embrami, courroucé.

Enbrechie, action de cacher.

Enbrechier, cacher, couvrir.

Enbrouchier, pencher vers la terre, cacher, baisser, couvrir.

Enbrous, enbruuché, enbruns, obscur, caché, couvert. v. EMBRON.

Enbuier, mettre dans les fers, dans les ceps. v. BOU.

Encacher, encacier, chasser. v. CACIER.

Encaenner, encaïnner, enchaîner. v. CAENNE.

Encal, sénéchal.

Encalcier, encaucier, enchalcier, enchaucier, poursuivre, pourchasser ; **encalz, enchalz, encauz**, poursuivi ; ital. *incalzare* ; lat. *calx*.

Encamaillié, tissu de mailles. Duc. v. CAMELAUCUM.

Encanter, charmer, enchanter, ensorceler ; **encanteor, encantere**, enchanteur ; **encantement**, enchantement, musique. v. CANT.

Encanter, vendre à l'encan ; lat. *in quantum*.

Encaper, enchaper, couvrir d'une cape.

Encarater, encarander, enchanter, ensorceler.

Encarcerer, encartrer, mettre en prison ; lat. *carcer*.

Encarchier, encarkier, charger, recommander.

Encarier, charrier, voiturer.

Encarner, prendre chair, s'incarner

Encarter, passer un contrat.

Encassiller, enchâsser ; lat. *capsa*.

Encastré, emboîter, enchâsser.

Encaucer, enchaucier, poursuivre. v. ENCALCIER.

Encaveure, emboîtement, mortaise.

Enceis, auparavant. v. ANCEIS.

Encembeler, allécher, amorcer, jouter. v. CEMBEL.

Encencier, encensoir.

Encendement, incendie.

Encenge, certaine mesure de terre, enceinte d'une clôture.

Encensir, donner à cens.

Enceintée, femme grosse.

Encenteer, enter un arbre.

Enceper, encheper, mettre des ceps, des entraves. v. CEPIER.

Encercer, encerchier, encércquier, rechercher.

Encercheur, chercheur; **encerchable,** qui peut être sondé.

Encerner, enchâsser, entourer; lat. *circinare (circus).*

Enchaison, occasion. v. OCHEISON.

Enchaitiver, rendre malheureux.

Enchanis, blanchi; lat. *canutus.*

Enchasteler, fortifier; **enchasteler un héritage,** le mettre en valeur.

Enchastonner, enfermer dans un chaton.

Enchastre, margelle.

Enche, conduit, canal, gouttière.

Enche, enque, encre; lat. *incaustum;* ital. *inchiostro;* angl. *ink.*

Encheir, encheoir, tomber, échoir, **encheue,** succession. v. CHEIR.

Encheper, enceper, mettre aux fers, enchaîner. v. ENCEPER.

Encherce, enchierement, enchère

Encheue, succession, héritage.

Encherre, enquerre, enquérir.

Enchi, ainsi, donc, là, ici.

Enchiser, enciser, inciser.

Enchoisoner, gronder, accuser. v. OCHEISON.

Enchomer, frapper, blesser. Duc. v. INCOMBRARE.

Encien, ancien.

Encien (à mon), à mon escient.

Encirailler, couper par morceaux. Duc. v. INCISILIS.

Encirer, couvrir de cire.

Encis, meurtre d'une femme enceinte.

Enciter, exciter.

Enclastre, lieu fermé, grange, chaton de bague. Duc. v. INCLAUSURA.

Enclaveure, clôture, fermeture.

Encleve, enclos.

Encliner, faire la révérence, s'incliner; **enclin,** baissé.

Enclinouer, petite avance de bois qui tient à chaque stalle des chaises du chœur, appelée communément *miséricorde.*

Encloeure, empêchement, obstacle.

Encloistre, enclostre, barrière, cloître; lat. *claustrum.*

Enclos, enclous, enclus, enfermé lat. *inclusus.*

Enclotir, se jeter dans un trou, se cacher.

Encluge, enclume. Prov. *encluget.*

Encocher, mettre dans une coche.

Encoeuvrir, encuevrir, renfermer, couvrir.

Encoi, encui, aujourd'hui. v. ANQUI.

Encoi, encui, ici même.

Encoison, ecoison, pièce de bois ou pierre qui fait saillie et sur laquelle porte une pierre.

Encolper, encouper, accuser, déclarer coupable.

Encolure, isthme, détroit.

Encombrer, encumbrer, nuire embarrasser.

Encombreus, malheureux, fâcheux.

Encombrier, enconbrier, encombrement, dommage; anc. allem. *komber;* sued. *kimber;* dan. *kummer;* goth. *gaumbera;* mal, inquiétude, Burguy tire **combrer** de *combler;* lat. *cumulare.*

Encomiaste, panégyriste.

Enconcher, équiper, arranger, parer.

Encontinent, incontinent.

Encontre, encontrée, encuntre,

rencontre; **encontrer, encuntrer,** rencontrer.

Encontre, contre, vers.

Encontre pleger, donner une caution. V. PLEVIR.

Encontrester, aller à l'encontre, contester. V. ESTER.

Enconvenancer, promettre, être d'accord.

Encopler, accoupler.

Encorcier, raccourir. V. CORT.

Encordeler, encorder, garnir de cordes.

Encorneter, mettre dans des cornets, faire des cornets.

Encorper, encouper, inculper, déclarer coupable.

Encorpeir, incorporer, mettre en prison.

Encorrir, courir; **encorrement,** confiscation.

Encortiner, encourtiner.

Encosté, à côté.

Encovir, encouvir, convoiter.

Encovrir, couvrir.

Encrainé (cheval), blessé sur le garot.

Encraissié, engraissé. V. CRAS.

Encravanter, encraver, grever, opprimer. V. CRAVANTER.

Encre, ancre de vaisseau.

Encremer, oindre du saint chrême.

Encrener, faire des crans ou entailles.

Encrescer, accroître; **encresce, encroisement,** accroissement; **encreu,** accru, grossi; lat. *crescere.*

Encresser, engraisser. V. CRAS.

Encrever, blesser, faire une plaie.

Encricsmé, encrimé, endurci dans le crime.

Encrochement, demande d'une redevance ou service plus considérable qu'il n'est dû. Duc. V. INCROCAMEN-TUM.

Encroer, encrouer, mettre en croix, accrocher.

Encrouter, encrouster, incruster.

Encrouter, devenir malade. V. EN-GROUTER.

Encrucher, lancer.

Encui, aujourd'hui.

Encuit, qui n'est pas cuit.

Encuser, accuser; **encusement,** accusation.

Encuté, caché, occulte.

End, en.

Endaim, endain, endan, enden, endent, enjambée, mesure, rang, rangée; bas lat. *andana.* Duc. v. *andellus.*

Endeble, endable, débile, maladif.

Endemain, lendemain; lat. *mane.* V. MAIN.

Endementiers, endementieres, endementre, cependant, tandis que, en ce moment; lat. *dum, interea.*

Endemetre, retarder. V. METRE.

Endent, espace que parcourt la faux en un seul coup.

Endenté, endenture, transaction dentelée, dont les morceaux se rapportent en les rapprochant pour en justifier la vérité.

Endenter, garnir de dents.

Endenture, temps de la dentition.

Enderai, dartre.

Endesver, endiabler. V. DESVÉ.

Endeter, devoir.

Endeux, tous deux. V. ANDEUS.

Endevenir, devenir, arriver.

Endict, jugé, condamné.

Endicter, enditer, ordonner, indiquer; **endicteur,** dénonciateur; **endité,** instruit.

Endiré, égaré. V. ADIRÉ.

Endive, espèce de chicorée.

Endizeler, mettre par dizaine.

Endoairer, endouairer, endower, assigner un douaire.

Endoi, endui, enduiz, tous deux. v. ANDUI.

Endoier, endoyer, montrer au doigt.

Endoier, ondoyer.

Endolomer, endouloumer, tuer, assommer par trahison.

Endormissement, endormisson, assoupissement, fatigue.

Endorrer, dorer.

Endorser, appuyer sur le dos, endosser.

Endossure, dos d'un toit.

Endoulenti, douloureux.

Endreit, endroit ; **endreit soi,** devant soi. v. DREIT.

Endroitoier, poursuivre son droit en justice.

Endruir, devenir fort et robuste. v. DRU.

Enduisement, enduison, action d'enduire. v. DUIRE

Endulcir, adoucir.

Endurement, tolérance, patience.

Endurir, endureir, rendre dur.

Eneawer, eneauver, abreuver, faire boire. v. EAUE.

Eneeische, aînesse.

Enegrir, aigrir.

Enel, enneax, ennel, enniax, esnau, esniau, anneau, bague. v. ANEL.

Energuerp, le présent de noce. Duc. v. MORGANEGIBA.

Enermi, enhermé, désert, abandonné. v. HERM.

Enerrer, arrher, faire un marché en donnant des arrhes.

Enerrer (s'), s'enfuir.

En es le pas, en es l'eure, sur-le-champ; lat. *in ipso passu, in ipsa hora.* Peut-être devrait-on dire, **en eslé pas,** *in rapido passu.*

Enesque, vaisseau de charge.

Enesses, aussitôt. v. ANAISE.

Enesser, exposer en vente.

Enestant, debout. v. ESTER.

Enfaer, enfeer, ensorceler. v. FAER.

Enfanger, embourber ; **enfangerie,** bourbier.

Enfancon, enfancegnon, enfancunet, enfechon, enfezon, petit enfant.

Enfances, exploits, belles actions de la jeunesse.

Enfant, infant, noble.

Enfanteresse, femme en couche; **enfanture,** enfantement.

Enfanteté, enfance; **enfantivement,** en enfant.

Enfantillonge, enfantize, action ou raisonnement d'enfant.

Enfantomer, enfantosmer, ensorceler, enchanter; **enfantosmeres,** enchanteur; **enfantement,** ensorcellement; lat. *fantasma.*

Enfardeler, empaqueter.

Enfatrouiller, embarrasser, tromper. Duc. v. *fatuare.*

Enfaxigner, ensorceler, enchanter. Duc. v. FASCINARE.

Enfelonner, enfelonnir, se mettre en colère. Duc. v. FELLO, cruel.

Enferge, chaînes; **enfergier, enferger, enferrer,** mettre aux fers.

Enferme, enferm, enfers, malade, infirme ; **enfermeté, enferté** infirmité.

Enfern, enfier, enfern, enfer.

Enfes, (sujet ; **enfant,** régime), enfant, guerrier, chevalier.

Enfestucer, mettre en possession par un fétu. Duc. v. INFESTUCARE.

Enfeti, infecté.

Enfeuchier, enfouir; **enfeu,** enfoui. Duc. v. *infoditus.*

Enffreir, mefreir, effrayer.

Enfiableté, badinage, familiarité.

Enfierir, devenir fier.

Enflamber, enflammer.

Enfleume, enflume, enflure.

Enfoir, enfouer, enfouir, enterrer; **enfouoi, enfouoit**, enfoui.

Enfoisseller, mettre le fromage dans le moule.

Enfolezir, enfoller, ensorceler, rendre fou.

Enfondre, enfoncer, aller au fond; **enfondure**, éboulement.

Enfondu, mouillé, percé; nom donné au garçon qui versait l'eau ou faisait fondre les graisses.

Enforcer, fortifier; **enforcement**, fortification; **enforcis**, renforcé; **enforceur**, homme agissant de force.

Enforcheure, écartement que présente la figure d'une fourche.

Enforesté, enfoncé dans une forêt.

Enfosser, enterrer.

Enfouille, entonnoir.

Enfourmoir, forme de soulier.

Enfrainte, bruit, tumulte.

Enfranchir, affranchir.

Enfreci, enfressi que, jusqu'à ce que.

Enfrener, mettre un frein.

Enfroidurer, incommoder de froid.

Enfruciuer, enfruiller, semer, ensemencer.

Enfrum, enfrun, enfruns, gourmand, avare; lat. *in* et *frunen*, gorge (Burguy).

Enfruns, courageux, ennemi. Duc. v. *infrunitus*.

Enfuerré, mis dans le fourreau. v. FUERRE.

Enfumer, couvrir de fumée, puis cacher, déguiser, oublier.

Enfus, couteau, outil de relieur.

Enfuseler, mettre du fil sur un fuseau.

Engagez, créancier.

Engagne, engaaingne, engan, engaigne, engaine, tromperie, ruse, finesse, talent, industrie, subtilité. V. ENGIEN.

Engaigerie, engagement.

Engaigner, enganer, tromper, abuser; **engannerie**, tromperie; ital. *ingannare*. V. GANNE, GANELON.

Engaignier, fâcher, irriter.

Engaioler, engajoler, emprisonner. V. GAIOLE.

Engaraire, sujet à corvées. Duc. v. *angariarius*.

Engarantie, garantie.

Engarbardé, taché, souillé.

Engarber, mettre en gerbes, accumuler.

Engarde, hauteur, lieu d'observation, avant-garde. V. ANSGARDE.

Engasse, espèce de lampe.

Engeigner, engeignier, engeinier, tromper. V. ENGIEN, ENGIGNIER.

Engele, engle, engles, ange.

Engenrer, engendrer; **j'engerrrai**, j'engendrerai; **engenui (il)**, il engendra.

Engendrure, engenrure, engicrure, génération, production.

Enget, contrat, engagement.

Engeter, chasser, délivrer.

Engeveleir, enjaveler.

Engien, engin, enging, esprit, invention, industrie, machine de guerre, détour, fourberie.

Engigneor, ingénieur, inventeur; **engigneus**, ingénieux; **engigner, engeigner**, amuser, tromper; lat. *ingenium*.

Engir, agrandir, multiplier; lat. *ingignere*.

Engironer, environner.

Englacier, se congeler.

Engle, angle, coin.

Engle, engles, ange.

Engles, Anglais; **Englesche,** Anglaise.

Englinceler, engliceler, englomer, engloumer, entasser, accumuler.

Englise, église.

Engloutement, embouchure d'une rivière; lat. *gula.*

Engluer, engluyer, couvrir de glu, attacher, attirer.

Englume, enclume. Duc. v. ENGLUMEN.

Engnès, Agnès.

Engoindre, enjoindre.

Engoir (s'), se réjouir.

Engolé, engoulé (terme de blason), orné de gueules ou de rouge. v. GOLE.

Engombrer, encombrer.

Engoncer, cacher, couvrir. v. ESCONCER.

Engordeli, engourdeli, engourdi.

Engorgié, glorieux, qui aime à se parer.

Engosse, enguisse, oppression, douleur; **engoissé, engoissieux,** triste, inquiet.

Engoulement, bouche de rivière.

Engouler, engouleir, engouer, manger avec avidité, engloutir; **engouement,** suffocation, obstruction. v. GOLE.

Engraigner, engreigner, accroître.

Engraing, accablement, pesanteur de tête.

Engranger, engrangier, engregier, engriger, aggraver; **engrigement,** perte.

Engravé, gravé, imprimé.

Engrais, engrois, violent, passionné;

engresser, désirer passionnément; **engresserie, engrestie,** violence, agitation.

Engresser, engraisser. v. CRAS.

Engriné, gangrené.

Engroisser, engroissier, engrosser, expédier.

Engroiter, engroter, engrouter, engruter, tomber malade; **engrot,** malade; **engrutement,** maladie; lat. *ægrotare.*

Engronner, entourer.

Engrumeler, mettre en grumeaux.

Engrun, objet aigre. v. Duc. v. EGRUNUM.

Engrunage, engrugnates, redevance qu'on payait en fèves.

Enguarde, tour d'observation. v. ANSGARDE.

Enguener, enguainer, enguignier, engueigner, enguignier, tromper, ruser. v. ENGANER, ENGIGNIER.

Enguenniller, couvrir de haillons.

Enguil, enguile, anguille.

Enguinaille, aine. Duc. v. ANGUINALIA.

Enguisse, taille, tribut, impôt.

Enhacher, enclaver.

Enhaer, enhaïr, tourmenter, détester. v. HAER.

Enhalcer, exhausser. v. HALT.

Enhaler, ahaler, embarrasser.

Enhan, ahan, tristesse; **enhaner, enhanier, enhanner,** se peiner, puis travailler à la terre; **enhannable,** labourable. v. AHAN.

Enhanster, enhanter, enhaster emmancher, pourvoir une lance de son bois. v. HANTE.

Enharmeskier, enharnesquier, harnacher.

Enhaser, entourer.

Enhaster, enhastir, enhanter,

embrocher, percer d'une lance. v.
HASTE.

Enhaster, enhastir, presser, exciter.

Enhaucer, hausser. v. HALT.

Enhelder, enheuder, enhouder, pourvoir une épée de sa poignée. v.
HELT, HEUT.

Enheudeure, poignée d'épée.

Enherber, enierber, empoisonner.

Enherdance, adhérence.

Enherdir, se hérisser ; lat. *hirtus.*

Enheredé, attaché par les pieds.

Enheritrix, héritière.

Enhermir, ruiner, dévaster.

Enherdre, attacher ; **enhers,** attaché ; lat. *inhærere.*

Enheuder, enhouder, attaché par des heudes ; **enheudure,** poignée d'épée.

Enheudeler, enlacer, tromper. v.
HEUDE.

Enhorter, exhorter ; **enhort, enhortement,** conseil, excitation.

Enhuy, aujourd'hui.

Eninaage, aînesse.

Enins, profondément ; lat. *in intus.*

Eniversaire, anniversaire.

Enjallé, gelé.

Enjalouser, rendre jaloux.

Enjenglé, babillard, railleur.

Enjocler, enjocller, enjoiler, donner des joyaux.

Enjombarder, tromper, séduire.

Enjourner, le point du jour.

Enjouter, tromper.

Enjuper, mettre une jupe.

Enjusk'a, enjosqu'a, jusqu'à.

Enkaener, enchaîner.

Enkembeler, jouter. v. CEMBEL.

Enkeoir, tomber ; **enkerrez, (vous),** vous tomberez. v. CADEIR.

Enki, enkeis, là, ici. v. ANQUI.

Enlaceure, enlacement, treillis.

Enlangagé, enlangagiez, bavard.

Enlangouré, ellangouré, languissant, langoureux.

Enlarder, embrocher.

Enlarger, étendre.

Enlatinié, instruit dans les langues étrangères.

Enlayer, enloyer, déférer le serment.
v. LEI.

Enleecier, réjouir. v. ESLEECIER.

Enleveure, rapt, enlèvement.

Enlieger, défier, appeler en duel. Duc.
v. INLEGIARE.

Enlignager, prouver sa descendance.

Enlire, élire.

Enloier, lier, obliger ; **enloiement,** obligation. v. LOIER.

Enlourdi, alourdi.

Enmaillié, émaillé.

Enmaioler, donner le mai.

Enmaladir, tomber malade.

Enmaler, emballer, mettre dans une malle.

Enmasser, amasser.

Enmerciment, amende pécuniaire.

Enmerler, mêler ensemble.

Enmetre (s'), s'entremettre.

Enmeute, mouvement, émotion.

Enmui, enmei, enmy, au milieu ;
lat. *in medio.*

Enmieudrir, améliorer. v. MIEUDRE.

Enmorache, instrument de musique.

Enmoudre, aiguiser.

Enmouvoir, enmuevre, émouvoir ;
unmeu, mu, ému.

Enmugelir, mettre en meule.

Enamouré, passionné.

Enne, une.

Enne, cane sauvage.

Enne, n'est-ce pas ; **ennement,** assurément.

Enneit, aîné. v. AINSNÉ.

Ennemistié, inimitié.

Enneu, ennoy, ennuy, enoy, douleur, offense, obstacle; **enneus, ennuiex,** ennuyeux. v. ANOI.

Ennigence, dépendance.

Ennion, annion, retard, délai d'un an.

Ennubler, se couvrir d'un nuage.

Ennubli, fâché, contristé.

Ennuler, annuler.

Ennuiter, faire nuit, commencement de la nuit. v. ANUITER.

Enoindre, oindre, frotter d'huile; lat. *ungere;* **enoit,** oint; lat. *inunctus.*

Enoit, cette nuit. v. ANUIT.

Enolier, enulier, enhuiller, administrer les saintes huiles; **enoliement,** onction.

Enombrer, obscurcir. V. AOMBRER.

Enopte, surveillant d'un festin.

Enor, ennor, enneur, honneur; **enorer,** honorer.

Enordir, salir, noircir. v. ORD.

Enordition, désordre, confusion.

Enorphenté, orphelin.

Enorter, exhorter; lat. *inhortari.*

Enosser, tuer; lat. *inoccare.*

Enouer, ôter les nœuds.

Enoysellement, élevage des oiseaux de proie.

Enoyter, enoiter, accroître, augmenter.

Enpaïené, attaché à la religion païenne.

Enpaprer, enpamprer, effeuiller un arbre.

Enparenté, ayant des parents.

Enpeindre, pousser, frapper, secouer.

Enpeinte, secousse, attaque.

Enpené, pourvu de plumes.

Enpenser, réfléchir, peser.

En permanant, éternellement.

Enpeser, chagriner, fâcher.

Enpesker, enpesquer, empêcher;

interroger; **enpesque,** empêchement, obstacle.

Enpieumenter, parfumer. Duc. v. PIGMENTUM.

Enpipauder, piailler, crier.

Enpitiver, avoir pitié.

Enplaidier, plaider.

Enploré, affligé.

Enpoindre, empoigner. lat. *pugnus.*

Enporter, obtenir par prière.

Enposte, fourbe, mensonger.

Enpourrer, appauvrir. v. POVRE.

Enpourrer, jeter de la poussière. v. POURRIERE.

Enprendre, entreprendre.

Empres, enpries, auprès, après, ensuite.

Enprof, enpruef, auprès; lat. *in prope.*

Enpullentir, empuantir.

Enquant, enchère; **enquanter, encanter,** mettre à l'encan; lat. *in quantum.*

Enque, encre; lat. *incaustum.*

Enquemancer, commencer.

Enquenuit, cette nuit.

Enquerre, enquierir, informer, enquérir, qu'il **enquierje,** qu'il recherche; ils **s'enquistrent,** ils s'enquérirent; **enquereur, enquieteur,** chercheur.

Enquitie, recherche, information.

Enquestoné, enchâssé; prov. *encastonat.*

Enqui, enquoi, aujourd'hui, ici.

Enquoison, occasion, fraude, enquête. V. OCHEISON.

Enrabasseur, fou furieux.

Enraciner, enrachiner, arracher.

Enraclé, enraqué, enfoncé dans une ornière. Duc. V. RACHIA.

Enragement, avec rage; **enragerie,** rage.

Enrager, arracher. v. ESRACER.

Enrailler, ouvrir.

Enraviestir, remettre en possession.

En ré, en reire, en arrière.

En recoi, en cachette, en secret.

Enrederie, enresdic, effronterie, impudence.

Enrefaiter, concubinage.

Enrelier, piquer les bœufs avec la pointe du soc.

Enrer, chercher, quérir.

Enresté, retenu par des filets ; lat. *retis*.

Enresvé, rêveur, fou.

Enrevé, enrene, entêté. Duc. v. ENARE.

Enrichoier, enrichir.

Enrichissierres, qui enrichit.

Enrievres, endurci.

Enrimer, enrhumer, au figuré ennuyer.

Enrisé, fou, qui rit de tout.

Enroé, enroué ; lat. *raucus*.

Enroer, rouer, mettre à la roue. v. ROE.

Enroier, enrayer, enroyer, tracer un sillon ; **enroie**, sillon. v. RAIE, ROIE.

Enroiser, rouir (du chanvre). v. ROISE.

Enroillié, enruillé, rouillé.

Enromancer, enromancier, traduire en roman.

Enroser, arroser.

Enrossiner, piquer avec des ronces. Duc. v. RUNCIE.

Enrotuler, enroulier, enregistrer, comprendre dans un rôle.

Enruillier, enrunger, rouiller.

Ens, enz, ans, anz, dedans ; lat. *intus*.

Ensacher, mettre dans un sac.

Ensafrené, couleur de safran.

Ensages, ensaugues, enseignes, insignes.

Ensaignal, ensaigne, médaille, monnaie.

Ensainner, ensaymer, répandre de la graisse ou sain ; lat. *sayinare*.

Ensainner, devenir fou, perdre le sens ; lat. *insanire*.

Enseinte, enceinte.

Ensaintir, devenir saint.

Ensaisir, mettre en possession.

Ensample, exemple.

Ensange, terre entourée de haies. Duc. v. ENCENGIA.

Ensanle, ensemble.

Ensarcher, chercher ; **ensarchement**, examen, enquête.

Ensaris, ansaries, paniers qu'on met à un âne.

Ensarrer, enserrer, mettre sous clef ; lat. *serra*.

Ensaucer, ensaucher, élever, exalter, exhausser.

Ensay, essai, épreuve.

Ense, envie, jalousie.

Ensecler, imposer un nom, nommer ; lat. *insigillare*.

Ensci, vaisseau pour la vendange ; lat. *ansa*.

Enseigne, enseingnie, ensigne, signal, enseigne.

Enseigner, apposer ses armes, désigner ; lat. *signum, signare*.

Enseingner, ensigner, enseigner ; **enseignement, enseignal**, enseignement, jugement ; **enseignerres, enseigneur**, qui enseigne.

Enseignié, ensenié, instruit, savant ; **enseignable**, attaché à une doctrine.

Enseignorir, devenir seigneur.

Enseler, seller un cheval.

Ensemblement, conjointement, semblablement, en même temps.

Ensement, aussi, ainsi.

Ensiens, ensient, science, ruse, avis. v. ESCIANT.

Enseoir, asseoir ; **il ensiet,** il s'assied.

Ensepelir, ensepulcrir, ensepouturer, mettre au sépulcre.

Ensequent, ensuivant.

Enser, enter, fendre.

Enserchier, rechercher soigneusement. v. CERCIER.

Enseré, égaré. Duc. v. SERARE.

Ensermenter, ramasser du sarment. Duc. v. SERMENS.

Enserver, mettre en servitude.

Enseure, enseuvre, poursuivre ; **il enseult,** il s'ensuit ; **enseute,** poursuite.

Enseverer, séparer.

Ensgiter, mettre dedans ou dessus.

Ensi, einsi, enseinc, ensinc, ensingues, eissi, issi, ainsi, aussi ; **n'ensi, n'ensi,** d'aucune manière.

Ensiant, ensiantre (à), à escient. v. ESCIANT.

Ensienneté, ancienneté.

Ensievre, ensuivre ; **ensievant,** selon, suivant.

Ensinier, humecter.

Ensinnes, fumiers ; **mener l'ensinne,** conduire les fumiers.

Ensir, sortir. v. ESSIR.

Ensiser, inciser.

Ensognie, ensoine, excuse. v. ESSOINE.

Ensoignante, concubine.

Ensoigne, ensoignement, marque, enseigne.

Ensoigner, ensonnier, mettre en inquiétude, en embarras. v. SOING.

Ensoing, vers, de côté.

Ensoler, couvrir le sol.

Ensonnil, entonnoir. v. ENTONNIL.

Ensor, de plus, en outre ; lat. *insuper.*

Ensorceré, ensorcelé.

Ensorquetot, ensurquetot, ensurchetut, ensurketut, surtout, par-dessus tout.

Ensoudrer, assaisonner. Duc. v. *sapor.*

Ensouple, rouleau de tisserand.

Ensourdir, rendre sourd.

Ensoyer, garnir de soies. Duc. v. *insetare.*

Ensoys, aussitôt. v. AINCOIS.

Ensuevre, ensevre, ensievir, ensievre, ensir, ensuir, ensivre, ensuivre, suivre.

Ensins, encis, meurtre d'une femme enceinte. Duc. v. *encimum.*

Ensus, enceinte.

Ent, end, en, de là ; lat. *inde.*

Ent, auparavant ; lat. *ante.*

Entailleres, sculpteur, ciseleur ; **entailleure,** ciselure.

Entaïs, attentif, habile, disposé à

Entaiter, désirer, prier. v. ENTESTER.

Entalanter, désirer ardemment ; **entalentis,** disposé à.

Entalemascher, déguiser, masquer.

Entaller, bâiller.

Entan, l'an dernier. V. ANTAIN.

Entandisque, tandis que.

Entandis, entanterin, entendis, cependant, pendant ce temps-là.

Entasché, enteschié, ayant de bonnes ou mauvaises dispositions. v. TESCHE.

Entasseler, entrelacer.

Entasser, pousser, poursuivre.

Ente, greffe.

Enté, triste, peiné ; **entée,** maladie de langueur.

Entemes, au contraire ; lat. *ante magis.*

Entemner, entamer.

Ententieux, attentif, appliqué.

Entendable, **entendible**, intelligible ; **entendeour**, auditeur.

Entendis, **entendif**, **entendieus**, attentif.

Entendiés, entendez.

Entention, **entencion**, intention, espérance.

Enter, enter, enregistrer, s'insinuer.

Entercer, distinguer, choisir, accuser.

Entercier, **enterchier**, mettre en main tierce.

Entercing, entier ; **enterin**, parfait, complet ; **enterieté**, **enterenité** **enterigneté**, perfection, achèvement, intégrité.

Enterinance, caution, sûreté. **enterinement**, entièrement ; **enteriner**, accomplir, garantir.

Enterinsable, trame de ce qu'on passe en travers.

Enterquer, enduire ; (de *terque* ou *goudron*).

Enterra (il), il entendra.

Enterrage, **enterraige**, enterrement, sépulture.

Enterrer, terrasser.

Enterver, examiner, reconnaître, comprendre.

Enteser, **entezer**, **entaiser**, **entoiser**, tendre, bander, ajuster.

Entesnier (s'), entrer dans sa tanière.

Entester, frapper à la tête.

Entens, entendu, sage.

Enthe, conduit.

Enticer, animer, exciter ; **enticement**, instigation. v. ATICIER.

Entient, escient. v. ENSIANT.

Entier, intègre, irréprochable.

Entomi, engourdi, endormi.

Entor, **entur**, entour, autour ; lat. *in* et *turnus*. v. TOR.

Entorser, faire un trousseau, mettre en paquet.

Entosche, poison ; **entescher**, **entoissier**, empoisonner ; lat. *toxicum*, *intoxicare*.

Entoussé, enrhumé ; lat. *tussis*.

Entoyer, envelopper d'une toile ou taie.

Entracouler (s'), s'entre-frapper.

Entrafier (s'), se promettre mutuellement.

Entrage, droit d'entrée d'un bail.

Entraiter, traiter, négocier.

Entrant, ingrédient médical.

Entre, conjointement, ensemble.

Entraver, **entrapper**, mettre les fers aux pieds ; **entraveures**, charpentes ; lat. *trabs*.

Entravestissement, don entre mari et femme.

Entrax, entre eux. v. AX.

Entrebande, pièce de bois qui en soutient deux autres.

Entrebee, bouche, ouverture. v. BAER.

Entrebie, fraise de porc.

Entrecambiable, échangeable.

Entrechapler, se battre à l'épée. v. CAPLER.

Entrechaungeablement, mutuellement.

Entrechenus, blanchâtre.

Entrecloz, demi-fermé, entr'ouvert.

Entrecontrer, rencontrer.

Entredailler (s'), se disputer. v. DAIE.

Entredit, interdit.

Entreel, **entreil**, **entruil**, entredeux des yeux.

Entreeser (s'), se récréer.

Entrefaillir (s'), se manquer de foi ; ils **s'entrefaudront**, ils se manqueront réciproquement de foi.

Entreferir (se), se blesser.

Entreflaer (s'), s'entre-flageller.

Entreget, **entregiet**, **entregette**

rie, jeu de passe-passe, adresse.

Entreguetteur, entregueteur, espion.

Entreguigner (s'), s'entre-regarder.

Entreingne, aîne.

Entrejointe, jointure.

Entrelaidir (s'), se dire des injures.

Entrelaissier, interrompre. v. LAIS-CIER.

Entrelacier, entrelachier, entrelacer, entortiller; **entrelas,** entortillement, embarras.

Entreligneuse, interligne.

Entrelouir, entreluire, luire à demi.

Entremedler, entremesler, entremêler, causer ensemble.

Entremelement, entremellcement, pêle-mêle.

Entrementiere, fourniture. Duc. v. *intretenire.*

Entrementiers, pendant ce temps. v. ENDEMENTIERS.

Entremeteur, métayer.

Entremi, au milieu.

Entremoien, cloison, séparation.

Entremuie, trémie d'un moulin.

Entreorgiller (s'), s'enorgueillir mutuellement. v. ORGUEL.

Entreoscher, opprimer, entailler. v. OSCHE.

Entreovrir, entr'ouvrir. v. OVRIR.

Entrepas (aller l'), aller au petit pas.

Entrepiés, sur pied.

Entrepoigner (s'), s'entrepoier, se battre, se frapper mutuellement. v. POINDRE.

Entrepooir, pouvoir à deux. v. POOIR.

Entreposcement, petit à petit.

Entrepresure, contravention.

Entrepreter, interpréter.

Entreprinse, entreprise; **entrepris,** embarrassé.

Entreramponer (s'), se faire des reproches mutuels.

Entrerompre, interrompre.

Entresain, entresegne, marque, impression; lat. *signum.*

Entresait, entreseit, entreset, certainement, aussitôt; lat. *in transacto.*

Entresec, arbre sur le retour. Duc. v. *intersiccum.*

Entresique, entresque, jusque.

Entretant, cependant, pendant ce temps, aussitôt.

Entretenement, entretien d'un bien

Entreterrer (s'), se renverser par terre, s'atterrer.

Entretoldre, se voler mutuellement. v. TOLDRE.

Entretrover, s'entre-rencontrer.

Entrevescher, s'embrouiller, s'embarrasser.

Entrevez, entrevu.

Entrevous, espace qui est entre les solives d'un plancher.

Entringner, achever, accomplir. v. ENTERINIER.

Entroblier, entrobler, entroblir, suspendre, troubler.

Entroduire, enseigner, engager, introduire.

Entronizer, introniser.

Entrues que, tandis que; lat. *intra hoc ipsum quod.*

Entruil, entroeil, entroel, l'entredeux des yeux. v. ENTREEL.

Entry, entrée.

Entulé, entullé, enturlé, sot, extravagant.

Enturner (s'). s'en retourner.

Enui, ennui; **enuius,** ennuyeux. v. ANOI.

Enuindre, enuingdre, oindre; **tu enuingderas,** tu oindras. v. UINDRE.

Enumbrer, se disait pour l'incarnation de J. C. v. AOMBRER.

Envair, attaquer ; **envaie, envaisement**, attaque, assaut.

Envaisseler, envasseller, enchâsser, enfermer. Duc. v. *invasatus*.

Envanir, évanouir.

Enveier, envoier, envaer, envoyer. v. VEIE.

Enveillir, vieillir.

Enveiser, enveesier, jouer, amuser, tromper ; **enveisié, envoisé**, gai ; **enveisure, envoisure, enveisement, envoisement**, habileté, fourberie.

Envenimoison, action d'empoisonner.

Enventrer, engloutir, avaler.

Enverré, véritable, avéré.

Envers, enviers, renversé, mis sur le dos ; lat. *inversus*.

Envers, auprès, en comparaison.

Enversaire, anniversaire.

Envestement, ensaisinement.

Envial, enviaus, envoyé ; **enviaille**, défi. v. VEIE.

Enviesir, vieillir ; **enviesissure**, vétusté.

Envillener, envillenir, déshonorer, blesser grièvement.

Envirolé, garni d'une virole.

Envirun, environ ; **enviruner**, environner.

Envis, vivant.

Envis, envie, jalousie ; **envis, enviteus**, désireux, empressé ; lat. *invidus*.

Envis, enviz, à envis, avec peine, malgré soi ; lat. *invitus*.

Envoer, envoyer. v. ENVEIER.

Envoisié, joyeux. v. ENVEISIÉ.

Envoulentif, résolu, déterminé.

Envoleper, envolaper, envelopper ; **envolsé**, enveloppé.

Envoulter, envoûter. v. ENVULTER.

Envous, voûté, bombé.

Envulter, envoûter, faire une effigie en cire pour la faire servir à des maléfices ou des sortiléges.

Enwagement, engagement, hypothèque.

Enwaigier, enwagiev, engager. v. WAGE.

Enwerpir, mettre en possession. v. GUERPIR.

Enynage, droit d'aînesse.

Enz, dedans. v. ENS.

Eoes, eofs, eoues, eufs, œuves, œufs.

Eo, eu, je (serment de 842)

Eovre, œuvre.

Epanir, épanouir.

Epanteau, épouvantail ; **epanter**, épouvan'er.

Eparses, rentes répandues en différents lieux. v. ESPARCIR.

Epauliere, partie de l'armure qui couvre l'épaule.

Epauter, epauteer, élaguer les arbres.

Epavité, droit d'épaves.

Epeter, epieter, empiéter.

Epeuter, faire peur.

Epicausteres, cheminées.

Epie, espion. v. ESPIE.

Epifaine, la fête de l'Epiphanie.

Epilense, épilepsie, mal caduc.

Epiloguier, épiloguer.

Epinal, epinoi, espinoi, lieu plein de buissons.

Epinocher, manger avec dégoût.

Epistle, épître.

Epluc, étincelle.

Epoigne, gâteau.

Epoigner, exposer

Epoindre, piquer.

Epoirer, eparron, epparon, lance, épieu.

Eponce, fuite, évasion.

Eponcer, tenir quitte.

Epouffer (s'), s'esquiver.

Epoutis, cputils, litière hachée très-menue.

Epreindre, presser, exprimer.

Epreint, serré, pressé.

Eprincon, maladie contagieuse.

Eps, els, es, le même; lat. *ipse,* ayant formé **esément, essiment, ensement, ansement, ansiment,** semblablement ; lat. *ipse.*

Eps, abeille, mouche à miel.

Eque, cavale, jument.

Equipart, pioche.

Er, air, mine, tournure.

Er, hier.

Erachier, arracher. V. ESRACHIER.

Erafler, craufler, égratigner.

Eragne, craigne, eraine, erane, araignée.

Eral, erald, eralt, héraut d'armes.

Erangier, estropier.

Erasme, défaut de comparaître à l'assignation.

Erbe, herbe.

Erbé, erbu, couvert d'herbes ; **erbier, erboie, erbois,** pré, pâturage.

Erbegier, eberjer, erberjier, loger, héberger ; HERBERGER.

Erce, ercie, herse.

Ereedekne, archidiacre.

Erchie, trait, portée d'un arc.

Erdoice, ardoise.

Erdre, être attaché ; **erdance,** attachement. V. AERDRE.

Ere, eres, ert, j'étais, tu étais, il était.

Ere, héritier ; **eretier,** héritage, domicile. V. HEIR.

Ere, place. V. AIRE.

Ereiner, éreinter.

Ereme, eremodicie, désert, ermitage.

Eres, hérisson.

Ereux, querelleur, désagréable.

Ergalice, erguelice, réglisse.

Ergotis, vaines disputes.

Erique, hérétique.

Ermaire, ermere, ermoise, armoire.

Erme, ermes, herems, hermes, terres en friche.

Ermenie, l'Arménie.

Ermin, ermine, Arménien, hermine.

Ermoise, armoise, sorte d'herbe.

Ermonfle, ermouffle, hypocrite.

Erner, pour **erener,** éreinter.

Ernious, ergnous, hargneux.

Ernuer, hernuer, hennir.

Eroi, eroy, erroy, équipage, préparatif. V. ARRAI.

Eronde, hirondelle. V. ARONDE.

Erre, erree, oirre, voyage, équipage, projet ; **errer, esrer, oirer,** se mettre en marche.

Errant, erraument, errement, erroment, sur-le-champ ; **errondonner,** marcher sans ordre.

Errede, fou, extravagant.

Errementer, former une plainte en justice; **errur,** trouble, peine.

Erre, erres, arrhes, caution.

Errener, rompre, casser les reins.

Erreus, ereus, erues, querelleur, colérique.

Errier, erres, erriere, derrière, en arrière.

Erseir, ersoir, hier au soir.

Ert, il était, il sera.

Ertayes, terres incultes.

Eruque, roquette, espèce de plante.

Es, ez, voici ; lat. *ecce.*

Es, ez, lui-même ; lat. *ipse.*

Es, ez, en les.

Es, ais, petite planche.

Es, eps, abeilles.

Esauchier, esaucier, accroître.

Esbaboyner, tromper.

Esbaier, esbahir, ouvrir la bouche;

Esbahi, esbois, étonné; **esbahiement,** admiration. V. BAHIS.

Esbaldir, esbaudir, prendre courage; **esbaudise,** joie, gaîté. v. BALD.

Esbaleure, esbauleure, enfoncement des lèvres.

Esbanir, convoquer, rassembler, v. BAN.

Esbanoi, esbanie, esbanoiement, joie, dissipation, jeu.

Esbanoier, esbanier, s'amuser, se réjouir. V. BANDE, BANOIER.

Esbaquié, meurtri.

Esbarber, tondre, ébarber.

Esbatre (s'), s'amuser, se réjouir; **esbatant,** gai, gaillard; **esbatement,** amusement; **esbaticer,** se promener çà et là.

Esbaubelir, esbaubir, surprendre, étonner.

Esbaudré, baudrier.

Esbbart (pour eswart), jugement, sentence. Duc. v. *esguardium.*

Esbeu, esbeuvré, ivre, abreuvé.

Esbleuir (s'), s'évanouir.

Esblocher, doler, unir. Duc. v. *blocus.*

Esbloir, éblouir; prov. *blauzir*; anc. b. all. *blodi,* timide.

Esboeler, esboueler, éventrer.

Esboner, esbonner, planter des bornes, affranchir; **esbonnement,** affranchissement.

Esbouchaire, cognée dont se servent les charpentiers. Duc. v. *esbuscare.*

Esbouffer, rejaillir, éclabousser.

Esbouler (s'), s'ébouler.

Esboulissant, bouillant.

Esbourer, esbrouer, esbusquier, ôter la bourre d'une étoffe. Duc. v. *esborrare.*

Esboutures, broussailles.

Esbrandir, embraser.

Esbraoner, couper par morceaux; de **braon,** gras de la fesse.

Esbrasier, embraser.

Esbrouir, esbruier, se troubler.

Esbrucier, esburucier (s'), reprendre courage.

Eseaange, escaanche, héritage. V. ECHOITE.

Escabieuse, scabieuse.

Escabort, escabousseur, trompeur, fripon. Duc. v. *escabotum.*

Escacele, escarcelle. V. ESCARS.

Escache (pour estache), droit d'amarrage.

Escachier, presser, cacher. V. CATIR.

Escachier, chasser. V. CACIER.

Escadaffault, escafauld, échafaud, théâtre.

Escaete, héritage.

Escafignon, chaussure légère. Duc. v. *scafones.*

Escafué, chenet de cheminée.

Escagne, escaigne, dévidoir, écheveau.

Escaigne, escange, échange.

Escai, gauche, côté gauche; **escaier,** gaucher.

Escaiele, échelle.

Escailles, escailleurs, escaillons, ardoises; **escailleur, escailleteur,** couvreur.

Escair, échoir; **escainte,** succession. V. CAIR, CADEIR.

Escaire, équerre.

Escait, mesure servant à l'arpentage.

Escaltivé, prisonnier, malheureux.

Escalavorgans, libertin.

Escalavorgement, déréglement.

Escalborder, monter, parvenir.

Escalcirrer, eschalcirrer, se regimber ; ils **eschalcirrouent,** ils ruèrent, ils se montrèrent récalcitrants ; lat. *calx.* v. ENCHALCER.

Escale, amende qu'on exigeait d'un prisonnier.

Escale, escalle, escaletes, coque, enveloppe, écaille.

Escalette, eschelete, crécelle, sonnette, petite échelle. Duc. v. SKELLA.

Escalfer, eschalfer, échauffer. v. CALD.

Escalguaite, sentinelle. v. ECHAUGUETE.

Escalagne, escalongne, escaloigne, échalotte.

Escambier, échanger, troquer.

Escance, eschac, eschance, héritage. v. ÉCHOITE.

Escame, escamel, escabeau ; pat. du Berry *echameau* ; lat. *scamnum.*

Escamoine, scammonée.

Escamper, escanper, décamper ; **escampie, escampe, escampette,** fuite.

Escandale, escandle, scandale, esclandre, querelle.

Escande, bateau, petite planche à couvrir les toits.

Escander, monter, grimper.

Escandillonage, droit de faire jauger les mesures.

Escanpierre, escalier. Duc. v. ASCENSORIUM.

Escanteler, escantiller, escandiller, mettre en pièces ; **escantaillon,** échantillon. v. CANT.

Escantir, iscantir, éteindre, amortir.

Escap, échappatoire ; **escaper,** échapper ; qu'il **escast,** qu'il échappe.

Escapin, escarpin ; ital. *scarpa.*

Escar, escars, eschars, chiche, ménager, avare ; **escharsement** avec épargne ; **eschariete,** économie.

Escar, mépris, v. ESCARNIR.

Escaras, escarchon, échalas, pieu.

Escarbillart, enjoué, rusé.

Escarbouiller, écraser.

Escarcelle, petit sac, bourse pour serrer l'argent ; angl. *scarce.*

Escarceté, rareté.

Escard, moyen de salut.

Escarder, carder.

Escardoile, maladie des yeux.

Escargaiter, esgargaitier, eschaugueiter, guetter, examiner.

Escarier, gaucher. v. ESCAIER.

Escarir, dicter, suggérer.

Escarlambir, sauter, franchir.

Escarmie, escrime. v. ESCREMIE.

Escarnellé, crénelé.

Escarnir, escharnir, se moquer, railler, blâmer ; **escarnissement,** raillerie ; anc. h. all. *skernon,* se moquer ; angl. *to scorn.*

Escarpoise, sorte de bateau. v. ESCANDE.

Escarri, dispersé, écarté.

Escarteler, écarteler.

Escarts, escas, droit seigneurial.

Escasable, bien sujet au droit d'escarts ou d'escas.

Escas, eschas, échecs.

Escassadour, réservoir, abreuvoir. Duc. v. *aiguerium.*

Escat, partie, parcelle.

Escau, échaudé, bouilli ; **escaudé,** échaudé ; **escaudis,** biscuit ; **escaudisseur,** faiseur d'échaudés. v. CALD.

Escaude, petite barque, petit bateau. v. ESCANDE.

Escaudé, plumé, qui a perdu sa queue ; lat. *cauda.* v. COE.

Escaufer, échauffer.

Escaufestre, malheur, accident.

Escaupz, baraque, échoppe.

Escaute, écaille de poisson.

Escauvaus, égout. Duc. v. *escheudus*

Escavelé, eschievelé, échevelé.

Escavi, eschevi, svelte, dégagé ; anc. h. all. *scaffian,* former, ordonner.

Escavris, écrevisse.

Escay, échantillon, modèle.

Escaïr, rencontrer, échoir. v. CAÏR.

Escerpe, escherpe, écharpe.

Escerper, couper, retrancher.

Escerveler, caser la tête, faire sauter la cervelle.

Eschableter, meurtrir, blesser.

Eschaboter, éclabousser.

Eschac, eschec, eskice, héritage, bien, anc. h. all. *schah,* butin.

Eschac, eschec, eskice, eschas, eschax, échecs ; **eschaquier,** échiquier ; persan, *schach,* roi.

Eschaguer, répartir également.

Eschace, béquille, potence, bâton.

Eschacier, chasser. v. CACIER.

Eschadeler, conduire, mener. v. CAELER.

Eschalacier, garnir une vigne d'échalas.

Eschalcirer, se regimber. v. ESCALCIRER.

Eschallier, échalier.

Eschalis, bois de lit, couchette.

Eschalpre, instrument à couper. Duc. v. *scalpellum.*

Eschampeler, blesser légèrement, effleurer.

Eschamperche, claie, cloison, palissade.

Eschanson, escancon, échanson ; **escancer,** verser à boire ; anc. h. all. *scancjan,* auj. *schenken.*

Eschandele, scandale, esclandre.

Eschantelet, petit coin, angle. v. CANT.

Eschappellerie, vol, pillage.

Eschapler, tailler, briser.

Eschaquer, répartir également, calculer ; **eschaqueté,** échiqueté. Duc. v. *scaccarium.*

Escharbot, escarbot.

Eschargaite, eschalguaite, eschealwaite, eschauguete, guet, sentinelle ; all. *schaarwacht.*

Escharge, redevances sur les terres.

Escharir, assurer. Duc. v. *scarire.*

Escharrir, mépriser. v. ESCARNIR.

Escharrer, conduire une voiture.

Eschars, chiche, avare. v. ESCAR.

Escharson, eschalasson, perche, échalas.

Escharte, petit nombre, chose mesquine.

Eschas, bâtiment, vaisseau.

Eschas, homme de néant.

Eschassé, éloigné, absent.

Eschau, laverie de cuisine. Duc. v· *escaldare.*

Eschaueer, éteindre en soufflant une chandelle.

Eschaucer, chasser.

Eschaucirer, tuer. v. ESCALCIRER.

Eschauder, échauffer.

Eschaufete, eschauffoison, ardeur, emportement.

Eschauffauder, échafauder, étayer.

Eschauffaudement, eschauffaudis, échafaudage.

Eschaugne, eschaule, bardeau, petite late, échalas. Duc. v. ESSANA.

Eschauguette, sentinelle. v. ESCHARGUAITE.

Eschavi, svelte, agile. v. ESCAVI.

Eschavin, échevin.

Esche, appât; lat. *esca.*

Esche, charnière.

Escheament, par hasard. v. ESCHAC.

Eschiete, escheate, escheison, eschoite, succession, héritage. v. ESCHAC.

Eschekeré, en forme d'échiquier v. ESCHAC.

Escheir, échoir.

Escheir, essayer.

Eschelatrer, planter des échalas.

Eschelement, escalade.

Escheler, eschellier, monter à l'échelle.

Eschelette, petite sonnette. v. ESCALETE.

Eschemer, essaimer.

Eschenau, escheneau, escheno, canal.

Eschenau, jeune chêne.

Escherbote, escarbot.

Eschergaiter, eschergaitier, surveiller, guetter. v. ÉCHAUGAITE.

Escherpe, escherpette, baudrier, écharpe.

Escherveler, faire sauter la cervelle.

Eschervys, chervis, espèce de légume.

Eschespie, ciseau. Duc. v. *scalpellus.*

Escheter, acheter.

Eschene, canal.

Escheurs, cri dans les querelles publiques pour demander du secours.

Escheus, querelleur.

Eschevellage, eschevage, cens capital qu'on appelait *chevage.*

Eschever, eschier, eschiever, eschir, eschuir, fuir, esquiver.

Escheves, escheutes, épaves.

Eschevete, peloton, écheveau de fil.

Eschié, eschief, redevance, aubaine.

Eschier, séparer, bannir.

Eschierpe, écharpe.

Eschiés, bonde, trou par où l'eau s'écoule.

Eschieu, essieu de voiture.

Eschiez, esquifs.

Eschif, eschiffe, guérite, échoppe.

Eschif, eschis, eschiu, exilé, banni.

Eschiffles, espèce de fortification.

Eschilles, eschillettes, esquilles, petites cloches.

Eschillon, ridelle de charrette.

Eschinee, échine, os.

Eschipart, instrument, engin pour la pêche. Duc. v. *schipa.*

Eschipre, matelot.

Eschisser, glisser, couler, tomber.

Eschiver, éviter, esquiver.

Eschivissement, négligence.

Eschoaite, eschoaiste, eschoete, succession, héritage. v. ESCHAC.

Eschoi, esquif.

Eschoison, occasion.

Eschoper, chopper, heurter.

Eschople, poinçon d'orfévre.

Eschuer, celui qui avait soin de la vaisselle.

Eschuiver, eschieuver, eschuir, prendre garde, esquiver; **eschuis,** excuse, subterfuge. v. ESCHEVER.

Eschuite, eschoute, chute, accident.

Esciant, escient, escientre, avis, sens, raison; **à escient, à escientre, escientrement,** en connaissance de cause.

Escientieux, sage, prudent.

Esciele, échelle. v. ESCHIELE.

Esciepe escierpe, poche, petit sac.

Escierveler, casser la tête.

Esciés, échecs.

Escil, bannissement.

Esciller, escillier, exiler. v. ESSILLER.

Escint, coffre, écrin.

Escintelle, étincelle; lat. *scintilla.* v. STENCELE.

Escirer, eschirer, esquirer, déchirer. anc. h. all. *skerran,* gratter; all. *scheren.*

Esciter, exciter, lat. *excitare.*

Escirper, extirper.

Esclabocer, esclaboter, éclabousser; **esclaboteure,** éclaboussure.

Esclace, esclaz, caillots, gouttes.

Esclaf, esclas, esclau, serviteur, esclave.

Esclaffer (de rire) éclater de rire.

Esclaidage, impôt sur les marchandises transportées en traineaux. Duc. v. *esclichium.*

Esclamasse, accusation, plainte publique.

Esclame, esclamine, manteau.

Esclame (terme de manége), cheval grêle et maigre.

Esclan, traineau.

Esclanche, esclence, esclanche, gauche; **bras esclant,** bras gauche; anc. h. all. *slink.*

Esclande, insulte, scandale; **esclander,** scandaliser.

Esclaper, fendre du bois.

Esclapos, petite arquebuse, escopette.

Esclar, éclair; **esclarier, esclairier, esclarchier, esclarcir,** éclaircir; **esclarissement,** éclaircissement.

Esclas, fossé.

Esclat, éclat, morceau.

Esclates, rejetons, petits enfants.

Esclavine, esclavie, robe, manteau de pèlerin.

Esclavine, espèce de dard ou javelot.

Esclavorgement, déréglement, libertinage.

Escleche, esclische, partie d'un tout, morceau; **esclecher, escles-** cher, **esclicer, eslischer,** démembrer, diminuer. v. ESCLIER.

Esclers, Esclavons, peuple païen comme les Sarrasins.

Escleve, serviteur, esclave.

Esclier, esclecer, esclisser, fendre, briser.

Esclic, esclisses, esclissettes, esclit, éclats, morceaux; anc. h. all. *slizan;* auj. *schleissen.*

Escliper, faire voile, mettre en mer.

Esclisse, traîneau; **esclisser,** conduire en traineau.

Esclistre, éclair. v. ECLISTRE.

Escloie, eau sale, urine.

Escloinne, querelle, colère. Duc. v. *scandalum.*

Esclop, sabot.

Esclope, esclopé, boiteux.

Esclore, découvrir, manifester.

Esclos, trace des pieds; prov. *esclau.*

Esclos, mis dehors, esclave.

Esclotouaire, esclotouere, sorte de filet, écluse, traineau.

Esclousure, esclotouere, esclotoure, écluse.

Esclunier, esclugnier, escluigner, examiner, rechercher avec soin.

Escluignement, esclung, recherche ordonnée par justice. Duc. v. *eschigniatio.*

Esclusier, éclabousser.

Escoeil, escoel, escueil, escuel, eskeul, accueil, abri, retraite.

Escoircer, écorcher; **escoeric, escoherie, escoir,** marchandises de cuirs; **escoffier,** marchand ou apprêteur de cuirs; **escoffraie,** boutique de corroyeur; **escoffle,** vêtement de peau; lat. *corium, excoriare.*

Escoffiou, sorte de coiffe de femme.

Escofle, escofles, escouffle, milan, oiseau de proie.

Escoillié, eunuque.

Escolage, escole, école; **escoler,** enseigner.

Escolatre, escolitre, celui qui enseigne.

Escolé, sage, instruit, bien appris.

Escoleiter, décolleter, découper.

Escolorjer, escolurjer, escoulurger, couler; **escoulourgeable, escoulurjant,** coulant, glissant, changeant.

Escolorit, pâle, décoloré.

Escolter, esculter, escoter, esconter, écouter, entendre; **escot, escout, escut,** guet, espion.; lat. *auscultare.*

Escomanger, escomenger, escominger, escomenier, excommunier, avoir en abomination.

Escomangement, excommunication; **escommageableté,** chose souillée, abominable.

Escombrer, débarrasser.

Esconmicher, escommicher, communier.

Escomovoir, escommoveir, animer, émouvoir; **escomeu,** excité, soulevé.

Escondire, excondre, excuser, fuir; **escondit, esconduit,** excuse; bas lat. *cxcondicere.*

Esconlourable, méconnaissable.

Esconser, cacher; **escous, esconsé, esconsant,** caché, se cachant; **esconse,** lanterne sourde; **esconsail,** abri, cachette; lat. *abscondere, absconsus.* V. ASCONDRE.

Esconvenir, convenir, arriver à propos; **esconvenance,** convention; **esconvenue,** provision.

Escopasse, souquenille, casaque.

Escopel, escoberge, escoperche, escoberge, bâton, perche. Duc. v. *escoparius.*

Escopeterie, décharge de mousqueterie.

Escopir, cracher, injurier, maudire; **escopé,** lâche, sans cœur. V. ESCUPIR.

Escorable, secourable.

Escorce, escorche, écorce; **escorcer, escorchir, escourcier,** ôter l'écorce; **escorchage,** droit sur les écorces; **escorte, escortelle,** baguette d'osier ou d'écorce; lat. *excorticare.*

Escorcer, escorcher, escourcier, écorcher; **escourseuil,** sac de cuir; lat. *corium, excoriare.*

Escorcier, escorchier, escourchier, écourter. V. CORT.

Escorcheor, couteau de chasse.

Escorcherie, filet pour pêcher à la mer.

Escorcher. fustiger, battre de verges, de courroies; **escorchié,** retroussé au moyen d'une courroie; lat. *corrigia.*

Escort, consentement, convention.

Escordeement, du fond du cœur.

Escordeir, escourder, faire un accord.

Escorner, mépriser; **escornofle,** mépris, humiliation.

Escorpion, scorpion, espèce de fouet, de vaisseau.

Escorre, escuer, escourre, escurre, escolre, secouer, enlever; **escosse, escousse,** ébranlement; **escot,** secoué, délivré; lat. *excutere, excussum.* V. RESCORRE, RESCOUSSE.

Escoru, écoulé.

Escossiere, partie d'un moulin.

Escosceres, dents molaires.

Escot, Ecossais.

20

Escot, escout, espion. v. ESCOLTER.

Escot, cens, écot, dédommagement; **escoter,** payer son écot.

Escot, écot, morceau de bois; **baton escotu,** bâton taillé.

Escotais, taillis.

Escoter, escouter, escoutoyer écouter. v. ESCOLTER.

Escote, écoute, corde attachée à la voile.

Escoube, escoubie, balai; **escoubete, escouvete,** petit balai; **escoubercte,** balayeuse.

Escouchiee, accouchée.

Escoudre, escouer, battre le blé; lat. *excutere.*

Escouer, ôter l'écorce de l'arbre; lat. *cortex.*

Escouer, retrancher la queue. v. COE.

Escoufalie, bassinoire.

Escoufestre, malheur, querelle.

Escouffle, escouble, milan, oiseau de proie, non d'une monnaie flamande.

Escoulsons, tenailles.

Escoupeler, couper l'extrémité des branches.

Escoupier, houppier.

Escourrau, térébenthine.

Escourre, agiter. v. ESCORRE.

Escourseuse, rouet, dévidoir.

Escous, secoué; **escousse,** secousse. v. ESCORRE.

Escouter, écouter. v. ESCOLTER.

Escouvenir, convenir; **il escouvient,** il convient.

Escouvers, rognures, criblures.

Escovettes, escouvettes, escouvillons, torchons, écouvillons.

Escouvi, engourdi.

Escouvilles, escouvyes, esquevilles, ordures, balayures.

Escrabouler, ecraboulier, écraser, éventrer.

Escrache, gale, rogne.

Escrafe, escrefe, nageoire.

Escramor, non d'animal légendaire.

Escraper, râcler, enlever; anc. all *schrafen.*

Escrassadure, écumoire.

Escraser, écraser.

Escraventer, escrevanter, étouffer écraser, crever; **escraveure,** destruction.

Escregne, escrienne, chambre pour la veillée; de *screnna,* chambre basse (loi salique).

Escrelate, écarlate.

Escremir, eskermir, faire des armes, escrimer; **escremie, eskermie,** joute, combat.

Escren, escran, écran.

Escrepe, escreipe, escerpe, écharpe.

Escressement, accroissement.

Escreitre, croître; **escreu,** grandi, accru.

Escreture, écriture.

Escrever, éclater, crever. v. CRAVANTER.

Escrevisse, écrevisse, cuirasse faite en façon d'écailles.

Escri, cri; **escrier,** crier.

Escriller, glisser.

Escrin, escrignet, escrinee, escrinct, coffre, cassette, écrin.

Escrire, escrivre, écrire; ils **escripsent,** ils écrivent; ils **escristrent,** ils écrivirent; **escripseur, escribe, escripteur, escrivain,** écrivain, historien, notaire; **escriptel, escritel,** enseigne, écriteau; **escreture, escriture, escripture,** écriture.

Escriptoire, escriptouere, cabinet d'écriture; **escripvcinie, escrivenage,** greffe; **escrese,** rôle d'écritures ; **escroux**, conclusion d'un marché.

Escroe, escroue, espèce de drap.

Escroelles, écrouelles.

Escrois, escroissement, escroix, bruit, fracas ; **escroissir, escrussir**, craquer, faire explosion.

Escroissement, escruissement, bruit aigu. Duc. v. *cruscire*.

Escroistre, augmenter, accroître.

Escroler, écrouler. v. CROLLER.

Escronnuée, sorte de corvée.

Escrouet, rouleau, cylindre.

Escrousser, creuser.

Escrouslon, tenaille.

Escroux, conclusion d'un marché.

Escrupir, cracher. Duc. v. *escopare*.

Escrusserie, préparation du lin.

Escu, écu, bouclier ; **escuet**, petit écu ; **escuchon, escucian**, écusson ; **escucené, escuchené**, écussonné ; **escuchier**, faiseur de boucliers.

Escuer, garnir d'un auvent nommé écu.

Esculer, écuyer ; lat. *scutum, scutarius*.

Escuage, escuiage, service militaire.

Escucel, arçon.

Escuche, époussetoir.

Escudelle, écuelle ; **escuelle, escualle, escueillier**, vaisselier, office ; lat. *scutella* ; prov. *escudela*.

Escueillie, invitation.

Escuel, escuellie, escuil, accueil ; **escueillir**, accueillir.

Escuerser, avoir mal au cœur. v. CUER.

Escuirex, escuireil, escurel, escuriel, escurol, escuros, escuirol, écureuil ; angl. *squirrel*.

Escuierie, escuirie, escurie, écurie ; **escuier**, mettre à l'écurie.

Esculuré, pâle.

Esculurger (s'), s'écouler, se répandre.

Escumenié, escumiegé, escumenié, excommunié.

Escumenge, escumminge, escumeniment, excommunication.

Escumier, jeter de l'écume.

Escupir, cracher ; **escupie**, crachat, bave.

Escurer, dégraisser, nettoyer.

Escurre, secouer, enlever ; **il escut**, il enleva, il secoua ; lat. *excutere, excussum*.

Escurzir, obscurcir.

Escus, excuse.

Escuser, accuser. V. ENCUSER.

Escussiau, espèce d'écuelle.

Escussiaux, escutels, écussons.

Esdemetre, s'élancer ; lat. *ex demittere*.

Esdevenir, arriver, survenir.

Esdire, interdire, troubler ; **esdit**, étonné, interdit ; **ediré**, égaré, perdu.

Esdolorcir (s'), s'attrister.

Esdordison, étourdissement.

Esduire, écarter, éconduire ; **esduite**, fuite.

Ese, contentement, joie.

Esement, pareillement. v. ENSEMENT.

Eserter, déserter.

Eseugiteur, exécuteur testamentaire.

Eseurer, essegurer, esseurer, assurer, promettre.

Esfacadure, rature, l'action d'effacer.

Esflamé, enflammé.

Esfondre, tempête, tonnerre.

Esfondre, esfondrer, esfundrer, enfoncer, aller au fond.

Esforbi, fourbi.

Esforcement, esfors, esfouert, force, effort, entreprise.

Esforcer, esforcier, esforchier, fortifier; **esforcé,** augmenté ; **esforcis, esforcible,** fort.

Esfraez, esfreer, esfroier, esfredir, effrayer ; **esfrai, esfrei, esfroi, esfreissement, esfreedement, esfreur,** effroi, frayeur; lat. *frigidus*.

Esfraindre , briser , enfreindre; lat. *effringere*.

Esfroncher, froncer les sourcils.

Esgaier, égayer ; **esgaiement,** gaîté.

Esgaiter, faire le guet. v. GAITE.

Esgar, esgard, esgarde, esgardement, esguard, esguarz, eswart, égard, attention, regard, réflexion.

Esgarder, esguarder, eswardeir, eswarder, regarder, juger.

Esgards, juges, examinateurs.

Esgaré, hors de lui-même, inquiet; **esgareemènt,** d'une manière égarée. v. GARER.

Esgarrade, plaie, balafre; **esgarreter, esgerreter,** couper les jarrets. Duc. v. *esgarrare*. v. GARRET.

Esgaudir, chasser dans une forêt v. GAUT.

Esgaudir, se réjouir. v. GAUDIR.

Esgelouer, gémir, se lamenter.

Esgener, appauvrir, diminuer, frauder.

Esglantier, rosier.

Esglinder, glisser, s'échapper.

Esglise, esglixe, église.

Esglisser, jeter de l'eau dans laquelle il y a de la terre glaise, appelée *glisse*. Duc. v. *gliseria*.

Esgoeller , nettoyer la bouche. v. GOLE.

Esgoir (s'), se réjouir ; **il s'esgot,** il se réjouit.

Esgossé, rompu, ruiné.

Esgot, tronc, rejeton d'arbre.

Esgouter, égoutter.

Esgraßguer, esgrafer, esgrifer, écrire d'une manière illisible, puis égratigner. v. GRAFE.

Esgrette, aigrette, oiseau.

Esgrui, esgrun, fruit âcre.

Esgrounir (s'), s'essuyer la barbe. v. GRENON.

Esgruiner, esgrumer, esgruner, réduire en poudre , détruire. all. *krume*, petit morceau.

Esgueer, aiguaier, tremper du linge dans l'eau. v. AIGUE.

Esguet, guet, embuscade. v. AGUAIT.

Esguilhade, esguillee, aiguillon.

Esguiller, enfiler une aiguille.

Eshalcier , eshaucier , élever exhausser. v. HALT.

Esheudir, animer, encourager ; **esheudissement,** encouragement.

Esheurs, cri, demande du secours.

Esil, esjouil, vinaigre. v. EISIL.

Esinent, resté non accompli.

Esister, résister, éviter, parer.

Esjamber, enjamber.

Esjareter, couper les jarrets. v. ESGARETER.

Esjauger, jauger.

Esjoie, joie; **esjouir, esjoyer (s'),** se réjouir ; **esjoiance , esjoyssement,** joie.

Eskandeler, publier, diffamer.

Eskas, eskes, échecs ; **eskerkeré eschequeré,** échiqueté.

Esquené, abattu, affligé. Duc. v. *eschinare*.

Eskerisseeur , celui qui dicte ou suggère à un autre ce qu'il doit dire.

Eskermie, combat. v. ESCREMIE.

Eskernir, mépriser. v. ESCARNIR.

Eskiec, butin. v. ESCHAC.

Eskiex, eskix, exilé, banni.

Eskigner, **esquigner**, grincer les dents.

Eskip, esquif, équipage, fourniture.

Eskiver, esquiver. v. ESCHIVER.

Eslaindé, **eslaindre**, machine de guerre propre à lancer des pierres.

Eslaisser, **eslaissier**, **eslaisir**, lâcher, élargir, s'élancer; **eslais**, **esles**, élans; **tout à eslais**, avec empressement. v. LAISSIER.

Eslarde, lévier, gros bâton.

Eslargessement, retard.

Eslargir, agrandir, prodiguer, faire des largesses; **eslasement**, élargissement.

Eslavasse, **eslavee**, crue d'eau, pluie d'orage.

Eslaver, défricher, essarter.

Esle, aïeule.

Esle, aile d'oiseau.

Eslé, rapide.

Eslecer, **eslecher**, **esleecer**, **esleescier**, se réjouir. v. LEECE, LIE.

Esleis, élu. v. ESLIRE.

Eslever, accoucher, délivrer.

Eslevure, relief.

Eslider, glisser, passer légèrement; angl. sax. *slidan*.

Esliecer, égayer. v. ESLEECIER.

Eslier, délier.

Esligier, payer, compenser.

Eslinder, **eslinguer**, lancer, fronder; **eslingue**, fronde; **eslingueur**, frondeur; **eslingoere**, courroie, longe.

Eslire, entendre, concevoir, choisir; **eslis**, **eslit**, élu; **eslitemeat**, **esliture**, **esleiture**, **eslite**, élite, élection.

Eslocher, **eslocier**, **eslolssier**, **eslosser**, ébranler, secouer. v. LOCHER.

Esloïdes, éclair.

Eslongier, **eslonzier**, éloigner, écarter.

Esloignance, **esloigne**, éloignement, délai.

Esloser, acquérir de l'honneur.

Eslourder, **eslourdir**, rendre pesant; **eslourdement**, étourdissement.

Esloy, aloi.

Esmaer, **esmaier**, **esmayer**, **esmoier**, émouvoir, étonner, être en émoi; **esmai**, **esmaiement**, **esmoi**, émoi; **esmaiable**, inquiétant.

Esmail, **esmal**, **esmaus**, émail; **esmaillerie**, ouvrage en émail; bas lat. *smaltum*; ital. *smelto*; anc. h. all. *smelzan*, fondre, auj. *schmelzen*.

Esmance pour **aesmance**, opinion appuyée sur des combinaisons. v. AESMER.

Esmanchon, manche; **esmanché**, emmanché, estropié.

Esmande, amende.

Esmarveillé, **esmarvoillié**, émerveillé, étourdi.

Esmarir, **esmarrir (s')**, s'affliger, v. MARIR.

Esmarmeler, anéantir, détruire.

Esmayer, planter un mai.

Esme, casque. v. HELME.

Esme, **esmance**, **esmee**, estimation, jugement, opinion; **esmer**, peser, considérer. v. AESMER.

Esmeralde, émeraude.

Esmeré, **esmerez**, précieux, recherché, émaillé, richement travaillé.

Esmerer, **exmerer**, affiner, épurer, éprouver; b. lat. *ex merare*; lat. *merus* pur. v. MER, MIER.

Esmerillon, émerillon, oiseau de proie; b. lat. *smerilio*; all. *schmerl mirle*.

Esmeiriller, esmirveler (s'), s'émerveiller; il **s'esmervaut**, il s'étonne; **esmervillement**, surprise.

Esmeudre, esmoldre, aiguiser; **esmoleur**, émouleur; lat. *emolere*.

Esmeut, excréments.

Esmier, esmieter, briser, mettre en miettes; **esmieures**, miettes; **esmiocre**, instrument à briser.

Esmigaux, bracelets, joyaux.

Esminage, droit sur les grains.

Esmine, certaine mesure des grains. Duc. v. *hemina*.

Esmics, esmieux, esmui, esmuys muet.

Esmoateur, fléau à battre le blé.

Esmocheor, chasse-mouche; **esmocher**, chasser les mouches.

Esmoeler, ôter la moelle.

Esmoeter, esmotir, devenir humide, moite. v. MOISTE.

Esmoder, rompre, se rompre.

Esmonter, monter.

Esmorche, appât, amorce; **esmorcher**, amorcer.

Esmoter, briser les mottes de terre; **esmotouer**, herse, fléau.

Esmougnoner, mutiler, estropier.

Esmouter, lever le droit de mouture.

Esmouvement, commotion, dispute.

Esmouvens, remuant, querelleur.

Esmucettes, mouchettes. Duc. v. *mucatorium*.

Esmuer, remuer.

Esmutation, émeute.

Esmutiler, mutiler, estropier.

Esnaser, priver du nez.

Esnaturer, dénaturer.

Esne, esneche, esneke, esneque, esnesques, vaisseau de charge; anc. h. all. *snaga*.

Esné, aîné; **esneage**, aînesse.

Esneier, esnetier, nettoyer.

Esnercir, noircir.

Esnuer, dépouiller, mettre à nu.

Espaare, barre.

Espadon, espafut, épée large.

Espaenter, espoenter, épouvanter.

Espactes, espeete, espoete, plumes des ailes.

Espaigniere, sorte de table ou de coffre.

Espaigner (s'), se mettre en mer.

Espailer, espailler, battre le blé; **espailles**, broussailles.

Espaignois, espaignos, Espagnol.

Espaisse, espace.

Espal, étalon des poids et mesures.

Espaler, espacler, espaeler, étalonner, échantillonner; **espaclement**, mesurage.

Espalde, espalle, espale, épaule.

Espaliere, armure qui couvre les épaules.

Espame, pamoison; **espami**, pâmé.

Espan, espane, étendue de la main, empan; anc. h. all. *spanna*, aujourd'hui *spanne*, de *spannen*, étendre.

Espandir, espandre, espanir, épandre, disperser, épanouir; **espandi, espani**, épanoui, étendu; **espandres**, rumeur publique.

Espancir, expier.

Espaner, tenir entre ses deux mains.

Esparade, glissade.

Esparager, esparcir, espandre, répandre, accorder; lat. *spargere*.

Espargoier, espargouer, aspersoir.

Esparjure, parjure, qui jure à faux.

Esparn, esperne, espairne, esparnableté, épargne; **espernance, esparner, espairner**, épargner; **espairnable**, digne d'être épargné.

Esparpeiller, éparpiller, séparer, désunir.

Esparre, oreille de charrue, barre.

Espars, espart, éclairs ; **espart,** il éclaire.

Espartir, éparpiller, répandre ; **espartir,** partir ; **espartement,** sortie, départ.

Esparvage, office de pilote.

Espasmis, pâmé.

Espasier, fontainier, constructeur d'aqueducs.

Espasse, travée.

Espand, espant, réservé dans une forêt.

Espande, châlit, bois de lit. Duc. v. *spondalis.* v. ESPONDE.

Espaule, épaule ; **espauler,** soutenir, secourir ; **espauloier,** remuer les épaules.

Espaulure, fracture de l'épaule.

Espaurir, espourir, effrayer. v. PAUR.

Espauter, espuanter, épouvanter.

Espautier, couper, éventrer.

Espauveir, perdre, égarer.

Espave, espauvier, objet égaré donnant lieu au droit d'aubaine, saisie, confiscation ; **espave, espavée,** aventure.

Espaventement, frayeur, épouvante ; **espaventer,** épouvanter.

Espavin, éparvin, maladie du cheval.

Espaure, espoure, planchette.

Espaut, défens, réserve dans une forêt. v. ESPAND.

Espaye, épée.

Especetier, briser, dépecer.

Espesce, espèce, especial, spécial ; **especiaument,** spécialement.

Espesce, espisce, épice ; **especiaire,** épicier.

Espece, espeiche, épeiche, anc. h. all. *speh,* pic.

Especer, especier, mettre en pièces ; v. PECOIER.

Espee, espele, épée. v. SPEDE.

Espeer, espeier, frapper de l'épée.

Espeignolle, épagneul.

Espeingnol, Espagnol.

Espeir, espier, espere, espoir, sens ; **al mien espeir,** selon mon sens ; **Esperer,** attendre, craindre ; **esperaire,** qui attend avec patience.

Espeis, espes, épais ; **espesse, espoisse,** épaisseur ; **especer,** épaissir.

Espeler, dire, expliquer, épeler ; **il espelt, il espeut,** il explique.

Espeller, espellir, éclore, paraître en dehors.

Espeluchier, houspiller.

Espendise, dépendance.

Espendouere, espèce de fourche.

Espener, blesser avec une flèche, frapper.

Espenir, espeinir, espenoir, punir, châtier, souffrir une peine.

Espenuer, espenuier, ouvrier, manœuvre.

Espens, pensée, souci, dépense.

Espensement, épanchement.

Esperdre, étonner, déconcerter. **Esperdu,** éperdu.

Espere, sphère.

Espergne, économe ; **espergner,** épargner. v. ESPARN.

Esperis, esperit, espirs, esprit, science.

Esperitable, espiritaule, esperitaux, esperitel, céleste, spirituel.

Esperitableté, spiritualité ; **esperiter, esperir,** reprendre ses esprits.

Espermenter, expérimenter.

Esperoit, poignard.

Esperon, sorte de monnaie ; **espe-
ron, esperonne,** partie de charrue.
Esperon, éperon. v. ESPORON.
Esperoner, espérer. v. ESPEIR.
Esperriger, esperir (s), se réveil-
ler, se mettre en mouvement; lat.
expergiscere.
Espert, ouvert ; v. APERT.
Espertement, adroitement.
Espertiniere, gibecière.
Esperver, épervier.
Espes, épais ; **espesse,** épaisse ; lat.
spissus.
Espese, espice, espeus, épice.
Espesche, espleche, terre ou pré
dépouillé.
Espeurer, espeurir, effrayer ; v.
ESPAURIR.
Espeuse, épousée.
Espic, épi, aspic.
Espide, espérance.
Espidimie, maladie épidémique.
Espie, espion ; **espiement,** embus-
cade; **espier,** épier, trahir.
**Espié, espief, espiel, espiex, es-
pieu, espiol,** épieu, javelot, bâton.
Espier, redevance en blé ; lat. *spica.*
Espicule, espuile, épingle; **espicu-
ler, espillier,** épinglier.
Espigachier, epigachier, parfu-
mer, rendre brillant.
Espinace, pinasse, sorte de vaisseau.
**Espinceau, espinchau, espin-
ciau,** boucle, épingle.
Espincher, serrer avec des pinces.
Espine, épine ; **espinette, espinon,**
petite épine ; lat. *spina ;* **espinois,
espinos, espinus,** épineux.
Espingarde, espringarde, gros
mousquet.
Espinile, la partie antérieure de la
jambe. Duc. v. *spinale.*
Espinoche, épinard; ital. *spinace.*

Espinocle, espèce de poisson.
Espiot, épieu.
Espiote, épeautre.
Espinter, espiter, enfoncer.
Espir, espirt, souffle, esprit ; **espi-
rement,** évocation des esprits ; **es-
pirer,** souffler, inspirer ; **espirital,**
spirituel, céleste; lat. *spiritus, spirare.*
Espital, hôpital.
Espleier, étendre, éployer.
Espleit, esploict, esploiete, reve-
nu, produit d'une terre, force, vi-
gueur, rapidité.
Espleiter, espletier, esploicter,
travailler, agir, exiger.
Espode, sorte d'épicerie.
Espoenter, espointer, épouvanter ;
espointal, épouvantail ; **espoen-
taule,** épouvantable.
Espoir, espoire, espois, peut-être,
vraisemblablement substitué au latin
forsan.
Espoir, avis, opinion ; **al mien es-
poir,** à mon avis. v. ESPEIR.
Espois, épais. v. ESPEIS.
Espoit, espois, épieu. v. ESPIÉ.
Espolet, espoleste, fuseau de tisserand. Duc. v. *spola.*
Esponce, esponsion, abandon, quittance ; **esponcer,** quitter.
Espondaus, espoudeurs, témoins
d'un testament.
Esponde, chaussée, digue, bois de
lit, table ; lat. *sponda.*
Espondre, interpréter , exposer; **il
espout,** il expose ; lat. *exponere.*
Espondre, promettre; **espos, espous,** époux ; **esposer, espouis-
ser, espuser,** épouser ; **espouse-
rie,** épousailles ; lat. *spondere, spon-
sum.*
Esponge, libre, franc, volontaire. Duc.
v. *expontaneus.*

Esporle, droit de relief; **esporler,** acquitter ce droit.

Esporon, espouron, éperon; **espourouner,** éperonner; anc. h. all. *sporo,* auj. *sporn.*

Esportule, salaire, honoraires.

Espotoile, apostole, le pape.

Espouri, espoeri, effrayé, surpris.

Espous, éclaboussure.

Espousser (s'), devenir poussif.

Espoussete, sac, chiffon.

Espousseter, expulser la poussière; **espoussette,** vergette pour ôter la poussière.

Espoutre, poussière.

Espoy, grande épée, épieu.

Esprahir, mettre en pré.

Espraindre, exprimer, extraire.

Esprainte, empreinte.

Espraule, soliveau.

Espreker, espreguer, poindre, piquer; flam. *pricken.*

Esprendre, surprendre.

Esprendre, embrâser; **espris,** enflammé.

Espres, fini, borné; **espresser,** presser; **à espressité,** exprès.

Esprevier, épervier.

Espriet, rame, aviron.

Esprimenter, expérimenter, juger.

Espringer, espringuer, espringaler, danser, sauter, trépigner; **espringale, espringerie,** danse; **espringale, esprigarde,** machine à lancer des pierres; **espringardier,** soldat armé de l'espringale; angl. *to spring.*; **espreingot,** nom d'un oiseau.

Esprimier, rejeton, scion.

Esprisier, estimer, priser.

Esprité, spirituel.

Esproher, asperger; anc. h. all. *sprühen,* mouiller.

Esprohon, étourneau; anc. h. all. *spra.*

Esprover, esprovoir, espruver, essayer, éprouver; **esprovance,** épreuve.

Espucher, espuchier, espusier, puiser, épuiser; lat. *puteus.* v. PUIZ.

Espuer, espoier, espuyer, soutenir, appuyer; lat. *podium.* v. PUI.

Espurger, purger; **espurgement,** purgation.

Espy, épieu.

Esquacher, esquasser, esquatir, écraser, briser, écacher; lat. *quatere, quassare.*

Esqualier, égaler, aplanir.

Esquallate, écarlate.

Esquarde, esquerde, écharde, petite esquille.

Esquarir, équarrir; **esquiere, esquire,** équerre.

Esquarteler, esquarterer, écarteler.

Esquarmuncher, escrimer, escarmoucher.

Esquarterer, écarteler.

Esquel, accueil, intention, manière. v. COILLIR.

Esquelle, sonnette; v. ESQUILLE.

Esquelle, esquielle, échelle, troupe en ordre de bataille.

Esquembaux, bottines.

Esquemneste, esquevinesse, fourrure d'écureuil.

Esquenin, pour **esquevin,** échevin.

Esqueppart, pioche; Duc. v. SCHIPPA.

Esquerde, rondin, petite bûche.

Esquerir, esquerre, rechercher; **j'esquerrai,** j'examinerai.

Esquermie, alchimie.

Esquermir, escrimer.

Esquern, moquerie, médisance; v. ESCARNIR.

Esquerpe, écharpe, ceinture.

Esques, achats, acquêts.

Esqueure, secouer, extraire ; **j'esquerrai,** j'extrairai. V. ESCORRE.

Esquevellé, échevelé.

Esquevin, esquievin, échevin ; **esquevinage,** l'étendue de la juridiction des échevins.

Esquiavine, habit d'esclave ou de paysan. V. ESCLAVINE.

Esquie, fusil, escopette.

Esquielle, esquiere, esquierre, corps de troupe en bataille; lat. *scara.*

Esquier, esquiver ; **il esquiwid,** il esquiva ; **qu'il s'esqueuve,** qu'il s'esquive ; V. ESCHIVER.

Esquier, écuyer.

Esquieu, esquif. V. ESQUIPPE.

Esquigironné (terme de blason), gironné. Duc. V. ESCUCHONETUS.

Esquigner, éclater de rire.

Esquille, sonnette, petite cloche ; **esquiller,** annoncer à son de cloche. Duc. V. *esquilla.*

Esquilmette, aiguillette.

Esquinel, échine.

Esquipart, binette, pioche.

Esquipper, éclabousser, glisser, rejaillir, sauter.

Esquippe, esquif ; **esquiper,** s'embarquer.

Esquire, équerre.

Esquirel, esquirex, esquirol, esquiruel, écureuil.

Esquirelle, esquevinesse, fourrure d'écureuil.

Esquirer, déchirer. V. ESCIRER.

Esquirre, squirre.

Esquitter, quitter, céder.

Esquoceresse, femme débauchée. Duc. V. ESGUOGOZAMENTUM.

Esquot, écot.

Esquoux, arbre dont on secoue les fruits.

Esracer, esracher, esrager, arracher, déraciner ; lat. *eradicare.*

Esrafilade, estafilade, cicatrice.

Esrager, enrager ; **esragiement,** rage ; **esrajeis,** furieux.

Esrainier, parler, raisonner.

Esramie, bataille engagée. V. ARAMIE.

Eserer, voyager ; **esror, esrour,** erreur. V. ERRE.

Esreser, raser.

Esriier, cracher avec effort.

Esrin, écrin.

Esroc, sorte de bois.

Esrouté, dérouté, brisé.

Essaboir, éblouir, fasciner.

Essade, eissade, bêche, houe. Duc. V. AISSADE.

Essaie, paille, fourrage.

Essaier, peser, examiner; lat. *exagium,* examen.

Essaigner, essaner, esseigner, ensanglanter, perdre son sang.

Essaigouere, fossé, rigole. V. AIGUE.

Essaillir, essaidre, assaillir, atteindre ; **essaut,** assaut.

Essairgette, guet ; V. ÉCHAUGAITE.

Essaisonner, changer l'ordre de la culture des terres.

Essaicer, essaucer, exhausser, augmenter; **essauchement,** exhaussement, accomplissement. V. ESALCER.

Essaic, essalle, latte, bonde.

Essaicé, vent du sud-est.

Essamblir, défricher.

Essample, exemple.

Essauer, guérir.

Essarcie, agrès de vaisseau. Duc. V. EXARCIA.

Essarger, donner, concéder.

Essart, essartement, défrichement, destruction.

Essau, essayau, évier, égout; **es-sauer, essaver, esseaver,** écouler, dessécher.

Essay, quai, port. Duc. v. ESSAYUM.

Esse, est-ce.

Esse, écluse, bonde.

Essection, choix, nomination, élection.

Essede, charriot, char.

Essedaeres, gladiateur combattant sur un char.

Esseguer, rouir le chanvre. v. AIGUE.

Essegurer, donner caution; **esschu-rement,** assurance.

Esseketeur, exécuteur.

Esseiler, employer, occuper.

Essein, mesure pour les grains.

Essein, ainsi.

Essele, esselette, esseule, clôture faite avec des petites lattes; lat. *axis, axiculus.*

Esseler, mettre en presse entre des éclats de bois.

Essement, essiment, pareillement.

Essemer, ensemencer; **essemec,** terre ensemencée; **essemaige,** crue des bestiaux.

Essemple, exemple.

Essener, assigner, convenir.

Essengier, ranger sous l'enseigne.

Esserber, ôter les mauvaises herbes.

Essermenter, ôter les sarments.

Esserpiller, couper, ravager; **esser-pillerie,** pillage.

Essete, aisette, petite hache; lat. *ascia.*

Esseuler (s'), s'écarter, demeurer seul.

Esseuver, essuyer, dessécher.

Essevant, en avant, devant.

Essever (s'), prendre son cours, partir.

Essevir, assurer, rendre stable.

Essiance, chicane, supercherie.

Essiaver, s'écouler, se retirer; **es-siau,** évier; **essiaviere,** égout. v. IAUE.

Essief, modèle, patron.

Essient, connaissance; **à escient,** sciemment.

Essier, chicaner, tergiverser.

Essienter, excepter.

Essigner, assigner, donner hypothèque.

Essil, latte. v. ESSELE.

Essil, exil, ruine.

Essillier, bannir, ravager.

Essimer, maigrir, exténuer.

Essir, sortir.

Essogne, essoigne, essoiner, es-songne, essuigne, peine, fatigue, excuse; **essoinement,** excuse pour non-comparution en justice; **esso-nie,** droit d'aubaine; **essoinieres,** celui qui excuse en justice.

Essogner, essoigner, excuser. v. SOING.

Essoif, essoefe, sorte de corbeille d'osier.

Essoir, asseoir, poser.

Essombre, ombre, sombre.

Essorbé, aveugle; lat. *exorbatus.*

Essorber, aveugler. v. ORBE.

Essopier, qui occupe une échoppe.

Essorbir, absorber.

Essoree, à cette heure.

Essorer, prendre son essor; lat. *ex-aurare,* s'élever dans les airs.

Essorer, sécher; lat. *ex-aurare,* exposer à l'air.

Essort, hâle, air sec.

Essoriller, esauriller, essoreiller, couper les oreilles.

Essos, désossé.

Essoul, essui, essieu.

Essoumete, bois mort, branche desséchée.

Essour, essoure, source.

Essoute, abri, couvert.

Essoyer, essayer.

Essue, essieu.

Essuer, essuier, sécher, essuyer.

Essui, vent ou chaleur qui sèche.

Essuyon, balai, torchon.

Essyader, faire couler l'eau. v. ESSIAVER.

Ester, estavoir, estovoir, se tenir, être debout; **estout,** il se tenait, il était; **en estant,** debout; **estons,** nous sommes; **j'estrai,** je serai; **nous estions, nous estiomes,** nous étions; **qu'il estuve,** qu'il soit.

Estance, état; **estuve, estuche,** qu'il soit, qu'il arrive.

Esta, estee, station; **estage,** situation.

Estué, établi.

Estabani, pâmé, évanoui.

Establage, droit d'étalage.

Estable, estable, stable; **estableté,** stabilité; **estaulis,** établi.

Estableric, étal; **establier,** celui qui étale.

Estac, estace, estache, estachete, estachon, estake, estaiche, estaque, esteche, pieu, colonne; **estacade,** enceinte fermée; **estacadé,** lié, attaché; **estacon,** boutique.

Estachier, estaquier, attacher à un pieu; **estacheis,** combat auprès des palissades; angl. sax. *staca,* pieu; all. *staket,* clôture de palissades.

Estacemens, banquier, changeur.

Estaciun, station.

Estage, maison, rang, état.

Estager, estagier, estadier, estaigier, fermier, locataire d'une maison; **estagierement,** à demeure.

Estaie, échéance, saison.

Estaillaus, ciseaux.

Estaillon, levier, partie d'un charriot.

Estaimyer, potier d'étain.

Estain, étain; lat. *stannum.*

Estain, estais, fil de chanvre ou de soie, étamine; lat. *stamen.*

Estainchier, mettre opposition, retrancher.

Estaindre, éteindre.

Estaindre, fin, mort, trépas.

Estaiat, estainet, fini, mort, trépassé, éteint.

Estair, se tenir debout; v. ESTER.

Estais, lent, paresseux, étamine.

Estais, esteit, état, condition. v. ESTER.

Estal, estalle, état, position, arrêt; **prendre son estal,** s'arrêter, prendre position; **à estal,** en repos; anc. h. all. *stal;* **estaler,** s'arrêter; **estal,** étal, écurie, d'où étalon.

Estaliement, attentivement.

Estaliere, enceinte de pieux.

Estalon, arbuste qu'on laisse monter et pousser en haut.

Estaloner, étalonner.

Estame, estamene, estamet, estamine, étoffe, espèce de chemise; lat. *stamen.*

Estamperche, longue perche qui est debout.

Estampois, monnaie frappée à Etampes.

Estanc, estang, estais, fatigué; **estancier, estancher, estangchier,** étancher, rassasier, exténuer; lat. *stagnum, stagnare.*

Estanchement, estanchat, digue, écluse; **estanche,** vivier.

Estancele, étincelle; **estanceler,** étinceler; lat. *scintillare.*

Estanchier, héritier collatéral. v. ES-
TER.

Estancherre, festin, repas.

Estandart, étalon des poids et mesures.

Estande, bord, rivage de la mer.

Estandre, estendre, estendiller,
étendre.

Estant (estre en), être debout; **faire
estant,** résider. v. ESTER.

Estantaillon, escantaillon, mon-
tre, échantillon.

Estape, estapple, estaple, foire;
estaplage, droit de marché.

Estappe, pieu, perche.

Estaque, poteau. v. ESTAC.

Estarlin, esterlin, monnaie.

Estature, stature.

Estau, estault, boutique. v. ESTAL.

Estaubli, établi, bâti.

Estaucer, estaucier, prendre un
état, s'habiller; **estauceure,** habillement.

Estaudeaux, poulets élevés à la campagne. Duc. v. HAISTALDI.

Estaule, esteule, chaume.

Estaule, étable; **estaulié,** établi;
estaulir, établir.

Estaullier, baston estaullier, bâton soutenant un étau.

Estault, saisie faite par justice.

Estaulx, stalle d'église.

Estaupineur, taupier.

Estaure, fenêtre, jalousie.

Estaux, vente à l'enchère, vente forcée.

Estavauls, estaveus, flambeaux.

Estave, grand filet, droit qu'on payait
pour pouvoir le tendre.

Estavoir, provisions. v. ESTOVOIR.

Este vos, voici, voyez-ci. v. EKEVOS.

Este, chappe, chasuble.

Este, pour **estat,** état.

Esté, estey, estez, été; **estival,**
d'été.

Estebe, manche d'une charrue.

Esteil, poteau, pieu, jambage d'une
porte.

Esteille, estelle, étoile; **estellé,**
parsemé d'étoiles.

Esteleige, estellaige, étalage.

**Estellin, estelin, estrelin, ester-
lin,** monnaie, sterling.

Estempel, course où le vainqueur
avait un prix.

Estenet, lattes, échalas.

Estens, exténué.

Estepes, estepies, pièces, morceaux
de bois.

Ester, esteir, être, exister, être debout, comparaître; **nous estiomes,
nous estiemes,** nous étions; **il
esteverait, il estoucrait,** il serait.

Ester, canal où l'eau de la mer monte
pendant le flux.

Estere, querelleur, violent, méchant,
séditieux.

Estale, mauvais sujet.

Esterman, pilote. v. ESTURMAN.

Esterminal, nom d'une pierre précieuse.

Estermination, extermination. v.
TERMINE.

Esterner, renverser, prosterner; **es-
terneis, esterni,** renversé; lat.
sternere.

Esterpe, race, lignée, branche; lat.
stirps; **esterper,** couper, arracher,
extirper.

Esters, estiers, à l'exception, hormis.
v. ESTRE.

Estés, estez, pont, passage.

**Estes le vos, estes les vos, estes-
vos,** voici, voilà. v. EKEVOS.

Estete, outil de charron.

Esteu, mesure pour les liquides.

Esteuf, balle pour jouer à la paume.

Esteule, estaule, esteulle, eteu-ble, eteule, paille, chaume; **esteuler,** ramasser les **esteules ;** lat. *stipula.*

Esteur, balle du jeu de paume, ballon.

Esteurdre, enlever, arracher ; **s'esteurdre,** se débarrasser.

Esteurse, entorse.

Esteut, il convient.

Estevenants, estevenons, monnaie des comtes de Bourgogne; d'**Estevene,** Etienne.

Esthamme, trame. V. ESTAME.

Esticele, estincele, étincelle ; lat. *scintilla.*

Estienvre, Etienne.

Estier, choisir.

Estier, ester, canal.

Estifflet, bagatelle, niaiserie.

Estincelle, étincelle, paillette d'or.

Estindre, estigure, éteindre, mourir; **estins, estint,** fini, anéanti.

Estioler, devenir mince.

Estiomene, sorte d'érysipèle.

Estiquer, frapper d'estoc ou de la pointe.

Estiquete, petit pieu qui sert de but à certains jeux.

Estival, estivaus, estiviaux, botte légère, bottine ; all. *stiefel.*

Estivatge, impôt sur le poisson.

Estive, espèce de cornemuse ; **estiver,** jouer de cet instrument.

Estivelot, pot, cruche, vase.

Estiver, estiveir, mettre les bestiaux aux pâturages d'été.

Estevos, voici, voilà. V. EKEVOS.

Estme, estime, jugement.

Estoblage, droit pour pâturage des pailles.

Estoc, espèce d'épée, pointe, pieu, **Estocer, estochier, estocader,** frapper de la pointe; anc. h. all. *stoch,* aujourd'hui *stock,* de *stican,* percer.

Estoc, tronc d'arbre, souche, origine, lignée; **estocage, estoicage,** droit payé au seigneur pour immeubles appartenant à son *estoc.*

Estofe, garniture, ornement, étoffe ; **estofer,** approvisionner ; **estoferesse,** couturière, lingère.

Estofement, d'une manière étoffée.

Estofure, garniture ; all. *stoff.*

Estofants, amassant pièce à pièce.

Estoide, éclair.

Estoier, estoyer, serrer, rengaîner une épée.

Estoicre, estoire, histoire.

Estoiez, vous étiez. V. ESTER.

Estoire, estoirement, provisions, vivres, flotte.

Estombel, aiguillon.

Estomeir, estomir, étonner, troubler.

Estoner, étourdir, faire perdre connaissance.

Estompacier, mettre au pilori.

Estope, estupe, étoupe; **estoper, estuper,** boucher, étouper; lat. *stuppare* ; **estopillon,** bouchon.

Estoquer, estoquier, frapper, pousser, casser. V. ESTOC.

Estor, estour, estur, choc, tournoi, désordre; anc. h. all. *sturm,* agitation violente.

Estorbage, alarme.

Estorbellon, esturbeillon, tourbillon, tempête.

Estorce, effort, essai, entreprise.

Estorcos, estercos, estorcenos, rapace, avare.

Estordison, estordoison, estorduison, étourdissement.

Estordre, détourner, soustraire, se dégager, arracher; **estors,** dérobé, extorqué; lat. *extorquere.*

Estore, histoire.

Estorer, estorier, estrer, faire, créer, construire, orner; **estore, estorement,** construction, approvisionnement.

Estormir, esturmir, estourmir, combattre, étonner, étourdir; **estourmie,** combat, tumulte; **estormey,** maître d'escrime.

Estornel, estorniax, étourneau.

Estors, entorse.

Estors, esquivé. v. ESTORDRE.

Estorse, pressurage, dernier effort.

Estotie, estoutie, estultie, folie, sottise.

Estoublage, droit dû au seigneur sur la paille, le chaume.

Estouble, paille, chaume. v. ESTEUBLE.

Estoublir, troubler.

Estoudeau, jeune coq.

Estouponer, rompre, renverser.

Estouquet, estoucquet, petit pieu, souche de vigne.

Estourbeillon, tourbillon.

Estourder, accorder, céder, donner.

Estourner, se cacher, se sauver.

Estout, estouz, estot, fou, hardi, furieux.

Estoutie, estotie, fureur, impudence; **estoteier, estoutoier,** maltraiter, traiter avec hauteur; all. *stolz.*

Estoussir, tousser.

Estoutiant (à mot), à voix basse.

Estoy, j'étais.

Estovoir, estavoir, estoveir, estouvoir, estuver, action de faire des provisions, devoir, nécessité, besoin; **il estuet,** il convient; **il estouvera,** il conviendra; **qu'il estouce,** qu'il convienne; espag. *estuvò,* il convient; *estuviera,* il conviendra. v. ESTER, STEIR.

Estoyer, être, subsister, paraître.

Estoyne, pièce de charrue.

Estrabot, estraboz, pièce de vers satiriques; espag. *estribo,* refrain.

Estrac, serré, étroit; **à estrac,** sur-le-champ.

Estrace, race, extraction.

Estrade, estrage, estraige, route, chemin public, appentis, maisonnette, aire à battre le blé.

Estrader, estraier, aller et venir.

Estradiot, sorte de milice.

Estraier, retirer; lat. *extrahere;* **estraiere,** droit sur les biens délaissés.

Estraier, estrain, estraigne, estraine, étranger; lat. *extraneus.*

Estraigne, estraine, estreine, étrennes; lat. *strena,* heureux présage.

Estraigne, casaque.

Estraindre, estreindre, serrer, resserrer; **estraint,** lié, comprimé; **estreinture,** compression; lat. *stringere.*

Estraine, estrains, tasse à mettre du vin.

Estrainniere, estrannere, drapeau; étendard.

Estraintes, sorte de vêtement, caleçon.

Estrait, reclus, solitaire.

Estram, estrain, estran, estraier, chaume, couverture en paille; lat. *strumen.*

Estramaçon, estramasson, espèce d'épée large et tranchante; **estramaconner,** se battre.

Estrange, étranger; **estranger,** abandonner, chasser.

Estranler, étrangler.

Estrape, estrapoire, espèce de faucille; **estroper,** scier.

Estre, iestre, outre, hors, dehors; **en estre, estiers,** en outre; lat. *extra.*

Estre, iestre, être, vie, constitution, caractère, manière de vivre.

Estre, chambre, maison, demeure.

Estrechier, estrecier, rétrécir, resserrer; **estrece,** étroitesse.

Estree, chemin, route, départ, arrivée; angl. *street;* all. *strasse;* ital. *strada;* lat. *strata via.*

Estree, espèce d'oublie.

Estreer, abandonner, quitter.

Estreer son fié, remettre le fief au suzerain; **estreciere,** bien abandonné.

Estref, estreef, estreu, estriu, étrier pour monter à cheval; anc. h. all. *streban,* soutenir.

Estreit, étroit; **estreice,** étroite.

Estrelage, droit sur le sel.

Estrelin, monnaie. V. ESTALLIN.

Estreloy, déloyauté.

Estreper, estriper, déraciner, détruire, extirper; **estrepement,** dégât, ravage; lat. *exstirpare.*

Estrichoire, linge à laver.

Estricque, étui de bois renfermant le fer d'une faux.

Estrie, ce qui sert à resserrer, à contenir.

Estrie, fantôme, spectre, sorcière, loup-garou.

Estrif, estris, estrit, estrivement, querelle, combat, différend; **à estrif,** avec rapidité; **estriver, estrier,** disputer, poursuivre, contrarier; **estriveur,** querelleur; anc. h. all. *strit,* querelle, bruit.

Estris, affamé.

Estrinec, escrinee, petit coffre, écrin.

Estroble, chaume. V. ESLEUBLE.

Estroer, estrouer, percer, ouvrir, mettre en pièces.

Estroisser, estroissier, retenir, raccourcir.

Estront, excrément humain; bas. sax. *strunt,* fumier; ital. *stronzo.*

Estrontoier, attaquer, injurier.

Estropoir, herse.

Estros, estrous, estrus, emportement, violence; **estrossement, estrousement,** impétueusement.

Estrosser, estroasser, estrusser, pousser en avant.

Estroteir, piquer, fâcher, irriter.

Estrousse, droit seigneurial dû par ceux qui recueillent du foin.

Estroncer, estronner, ébrancher, étêter.

Estruer, étrier.

Estruire, instruire, construire.

Estruit, joyau, parure.

Estrumele, agile, aux grandes jambes. V. TRUMELIERES.

Estude, estuide, estudie, étude, école; **estudiole,** cabinet d'étude.

Estuelle, écuelle de bois.

Estuer, se tenir debout: **il estut,** il se tint debout. V. ESTER.

Estuert, il arrache. V. ESTORDRE.

Estuet, il faut, il convient: V. ESTOVOIR.

Estui, estoi, étui, barque, boutique; **estoier,** mettre dans l'étui, mettre en réserve.

Estuiaus, bottines, chaussures. V. ESTIVAL.

Estuire, à plaisir, exprès.

Estultie, sottise: **estutement,** sottement. V. ESTOTIE.

Estuoir, estovoir, mobilier, profit.

Estuper, étouper. V. ESTOPER.

Esturent, ils se tinrent debout. V. ESTER.

Esturion, esturgeon.

Esturmant, estrument, pilote; holl. *stuurman;* angl. *steersman;* all. *steurman,* de *steuer,* gouvernail, et *man,* homme.

Esturmeus, vaisseaux, navires.

Esturnes, étourneau.

Estuvaux, sorte de bottines. Duc. v. *estivalia*.

Estuve, étuve; **estuveur**, baigneur.

Esuitaire, miette, petit morceau.

Esvanter, prendre l'air, se rafraîchir.

Esvantoir, esvanteure, bondon, trou d'un tonneau.

Esvanuer, saisir. Duc. v. *esvanuare*.

Esvaudie, querelle, criaillerie.

Esve, eve, esvie, eau, rivière.

Esvel, éveil; **esveiller**, éveiller.

Esverrer, détruire les vers.

Esvertin, vertige, épilepsie.

Esvertuer (s'), s'évertuer.

Esvesquié, évêché.

Esvier, s'égarer, sortir de son chemin, mourir.

Esvigorer, prendre de la vigueur.

Esvolé, étourdi, inquiet.

Esvos, esvous, voici, voilà. v. EKE-VOS.

Esward, égard, attention, règlement.

Eswardage, l'office ou le salaire de l'inspecteur.

Eswardeir, eswarder, regarder, considérer.

Etancot, souche, bloc, tronc.

Etaupinier, tueur de taupes.

Eteles, copeaux, éclats de bois.

Eterne, éternel; **eternie, eternise**, éternité.

Ethimologuer, homologuer.

Etou, itou, aussi, avec.

Etraier, étranger. v. ESTRAIER.

Estremplee, estamplee, soufflet de forge.

Etrousse, adjudication forcée.

Etrusser, mutiler, abattre. v. ESTRAS-SER.

Etester, couper la cime des arbres.

Eu, en le.

Eu, pour **el**, lui, le.

Euf, œuf.

Euge, eus-je.

Eussiemes (nous), nous eussions.

Eule, eulle, elle; **euls**, eux.

Eul, œil.

Euler, euller, remplir jusqu'à la bonde, jusqu'à l'œil du tonneau; **eullage**, remplissage.

Eulogie, eucharistie, présent, don.

Euls, oels, besoin. v. OES.

Eupatoire, sorte de plante purgative.

Eur, eure, bord, limite. v. ORE.

Eur, eure, heure; **a ore**, à propos.

Eur, sort, chance; **euré, cureus, cuireus, bieneuré**, fortuné. v. AÜR.

Eure, ewre, travail, œuvre.

Eureur, orateur, parleur, avocat.

Euriel, eurieus, loriot. v. ORIOL.

Eurnel, ernel, champ inculte.

Eus, euz, eux.

Eus, eux, euz, les yeux; **cusse de l'œil**, orbite de l'œil. Duc. v. *eussinus*.

Eus, besoin. v. EULS.

Eusse, cheville de fer qui retient la roue d'une voiture.

Eust, le mois d'août.

Eutaule, étable.

Eutaule, espace de huit jours, octave.

Eutime, eultime, dernier.

Euvant, auvent.

Euve, eau.

Euvre, étendue de terre qu'un homme peut labourer en un jour.

Euvrer, ouvrer, travailler.

Euvrir, ouvrir.

Euxer, sortir, s'en aller.

Evadant, agresseur.

Evaginer, tirer du fourreau, mourir.

Evain, Eve.

Evaniment, evanouisson, évanouissement.

Eve, ewe, eau.

Evecteur, ravisseur.

Evection, enlèvement.

Eventoir, éventail.

Everdumer, exprimer le suc d'une
plante.

Everriateur, balayeur.

Evertir, renverser, abattre.

Evesque, eveske, evesche, évêque;
eveschie, evesquiet, évêché.

Evoig, en vain.

Evolage, étang bien empoissonné.

Evolé, inquiet, étourdi.

Evos, voici, voilà. v. EKEVOS.

Ewal, égal.

Ewer, égaler, comparer; **ewalement**,
également. v. IGAL.

Eward, égard. v. ESWARD.

Ewe, eau; **ewage**, droit sur l'eau.

Ewe, droit, réglement. Duc. v. *euva*.

Ewette, abeille.

Ex, eux.

Ex, exs, les yeux.

Exage, exaige, balance.

Exain, essaim; **exaimer**, essaimer.

Example, exemple.

Exaper, échapper. v. ESCAPER.

Exauctorer, briser, dégrader.

Exaulchier, exhausser.

Exavin, échevin.

Excalceation, l'action de se déchausser.

Excees, exceps, excès, désordre.

Exceguer, dessécher.

Excersité, exercice.

Excerter, défricher, essarter.

Exchoier, exchoiter, héritier,
échoir. v. ÉCHOITE.

Exclusaige, permission de faire construire des écluses.

Excoriation, écorchure.

Excortement, prudemment, sagement, avec grâce. v. CORT.

Excubiteur, soldat, sentinelle.

Excusanche, excuse.

Excussion, discussion, secousse.

Exemplir, essarter, défricher.

Exeques, exequies, funérailles, con-
voi.

Exerciter, exercer, conduire une armée.

Exevant, sortant.

Exfruit, jouissance, usufruit.

Exheredité, privation d'héritage.

Exiguer, faire le partage des bestiaux
mis à cheptel. v. IGAL.

Exile, bardeau, échandole. Duc. v.
exendola.

Exile, mince, faible, sec.

Eximette, broussailles. Duc.v.*exinuare*.

Exir, sortir; **exiture**, issue.

Exoine, excuse; **exoiner**, excuser. v.
ESSOINE.

Expaisé, expatrié.

Expedience, dépêche, expédition.

Expeller, chasser.

Experiment, experment, connaissance; **expermenter**, connaître.

Expert, clair, sûr, certain.

Expilation, vol, pillage.

Expleche, pré dépouillé. Duc. v. *es-
plencha*.

Explee, expleche, bien, ferme, domaine. Duc. v. *explegium*.

Expleit, rente, revenu d'une terre.

Espleiter, esploictier, esploiter,
exploiter, marcher rapidement. v. ES-
PLEIT.

Exponee, expoucion, quittance, décharge.

Exponille, exposition, explication.

Expresser, énoncer, exprimer, presser.

Exquerir, rechercher, enquérir.

Exsil, gaîne, fourreau d'épée.

Exstenciller, garnir d'ustensiles. Duc. v. *ustensilia*.

Extant, estant, existant. v. ESTER.

Extens, étendu, large; **extense**, étendue.

Extoller, élever, priser; **exollence**, élévation, orgueil; **extollé**, élevé, haussé.

Extortionere, concussionnaire.

Extremiser, administrer l'Extrême-Onction.

Exue, issue.

Exuffructaire, usufruitier.

Exuler, bannir, exiler.

Exurement, relèvement, droit de rentrer en possession d'un bien.

Exurer, exurier, assurer, protéger.

Eyciex, essieu de voiture.

Eyke vos, voici. v. EKEVOS.

Eyme, eysme, estimation; **eymer**, estimer. v. ESMER.

Eyral, terrain en friche. Duc. v. *eirandus*.

Eys, abeille.

Eyssuilet, eystiblet, sifflet, coup de sifflet.

Eystene, bûche, pique, pièce.

Eynglise, église.

Ez, dans, en, à côté.

Ez, dans; **ezle, ezles**, dans le, dans les.

Ezvos, ezvous, voilà. v. EKEVOS.

F

Faauté, serment de fidélité.

Fabe, fève.

Fabel, fableaus, flave, flavelle, discours, histoire, fable; lat. *fabula*.

Fabler, fabloier, faveler, favieler, causer, faire des contes; **fableor, fablieres**, conteur; **fableus**, fabuleux.

Fabre, ouvrier; **fabrerie, fabrice**, fabrique, atelier.

Fabriceur, fabricien, fabriqueur, maître de fabrique.

Fac, fach, fais, imp. de faire.

Face, fache (qu'il), qu'il fasse; **tu fesis**, tu fis; **ils facaient**, ils faisaient; **facons, fachons**, faisons; **qu'ils faicent**, qu'ils fassent; **nous faimes**, nous fîmes; **facere, faciere**, faiseur, inventeur.

Facende, faciende, affaires, ferme, métairie.

Fachart, fâcheux, rustre. Duc. v. *fachinus*.

Fache, facque, poche, sac.

Fache, face.

Fache (terre en), terre en friche.

Fachenottes, cérémonies du 1er dimanche de carême.

Facheor, faucheur; **facillage**, travail de faucille.

Facenier, facheinier, sorcier, Duc. v. *fachinerarius*.

Facon, petit levier d'un char. Duc. v. *faco*.

Facture, fais, faiture, structure, maintien, air, manière.

Facule, flambeau, brandon.

Fade, déplaisant; lat. *fatuus*.

Fade, fae, feie, fee, espèce de démon, fée; **faer, faerer**, enchanter, ensorceler; **faerie**, enchantement, fantôme; **faé, feeit**, ensorcelé; lat. *fata*, de *fatum*.

Fadrin, frère.

Fael, vassal, sujet. V. FEEL.

Facuille, feuille.

Fafellue, conte, bagatelle. V. FANFELUCHE.

Fage, hêtre; **fene, fain, faie, faiete**, lieu planté de hêtres; lat. *fagus*. V. FAGE, FOU.

Fagotier, fagontier, faiseur de fagots.

Fagotaille, ce qui sert à remplir une digue.

Fagoteur, homme méprisable.

Faictis, faitis, bien fait, bien ajusté. **pain faitis**, pain fait avec soin.

Faicticement, joliment, artistement; lat. *factitius*.

Faicturerie, art magique, sorcellerie.

Faide, inimitié, querelle; all. *fehde*, querelle; bas lat. *faida*; **faider, faidir**, agir comme ennemi; **faidieu, faidit**, chassé, proscrit.

Faier, donner en fief, inféoder.

Faille, torche, flambeau; lat. *fax, facula*.

Faille, falie, falure, faillance,

défaut, faute, fausseté ; **sans faille,** sans faute.

Failli, faux, sans parole, **faillir, failloir, falir,** faillir, manquer, tromper ; **il faut, il faura,** il trompe, il trompera ; lat. *fallere.* v. FALDRE.

Faillon, fils, petit garçon.

Fain, fin.

Fain, fayn, faim ; lat. *fames.*

Fain, fein, foin ; **faineresse,** faneuse ; lat. *fœnum.*

Faindre, feindre, hésiter, se ménager, travailler nonchalamment ; **faincte, fainctie, faintise, fointise,** négligence, tromperie ; **faint, faintis, faignant,** lâche, sans courage ; **faindere,** trompeur ; lat. *fingere.*

Faîne, fouine.

Faineance, paresse.

Faintement, faussement, avec dissimulation.

Fairce, farce.

Fairdiaux, fardeaux.

Faire, fere, dire, parler ; lat. *fari.*

Faire, fere, agir ; **faire que fol, que gentil, que sage,** agir follement, gentiment, sagement ; **faire sanc,** blesser ; **faisableté,** facilité ; **faisiere,** facteur.

Fais, faux, méchant, traître .

Fais, faihs, fes, botte, faisceau ; **à un fais,** en un monceau, en masse ; lat. *fascis.*

Faisablement, facilement ; **faisance, faisableté, faisande,** action, corvée, redevance ; **faisieres,** faiseur, auteur.

Faisil, ordure, vidange.

Faisin, faixin, feacin, sorte de fagot.

Faisne, faine.

Faisnieur, gardien des corps morts. Duc. v. *faisnator.*

Faisse, bande, bâton, faisceau.

Faisseil, faissins, faixins, fascine.

Faisselle, moule à fromages. Duc. v. *fiscina.*

Faisser, faissier, bander, panser une plaie ; **faissette,** petite bande ; lat. *fascia.*

Faissine, panier d'osier. Duc. v. *fessina.*

Faissoir, bêche, houe.

Faiste, feiste, faîte ; lat. *fastigium* ; **faistage,** droit sur chaque maison.

Faitard, paresseux ; **faitardise,** nonchalance.

Faiteor, faiteur, faitre, faitiere, créateur, constructeur. v. FAIRE.

Faiteus, faituel, criminel.

Faiture, maléfice ; **faiturier,** sorcier.

Fakeniart, valet de chiens.

Falarique, espèce de dard auquel on attachait des torches.

Falcheison, fauchaison, récolte de foin ; **falcheur,** faucheur ; **falcie,** coup de faux ; lat. *falx* ; **falcaire,** épée en forme de faux.

Falcheison, tromperie.

Falchinier, sorcier, enchanteur.

Falcon, falcun, fauc, faucon.

Falde, faulde, faude, claie, parc à brebis ; **falder, fauder,** plier ; **faldestoil, faudestuef, faudestuel,** fauteuil ; all. *falden,* plier ; *stool,* siége.

Faldate, faldote, falte, espèce de jupon, garde-chausses.

Faldre, failir, falir, faloser, tromper ; lat. *fallere.*

Falenie, félonie, fausseté.

Falibourde, faligoterie, conte, faribole.

Falise, bord de la mer, falaise.

Falleré, enharnaché.

Fallez, société de négociants. Duc.
v. *falleti*.

Falorde, falourde, falue, falot,
conte fait à plaisir ; **falorder, fa-
lourder,** tromper ; lat. *fallere*.

Falot, sorte de vêtement.

Falouque, bateau, felouque.

Fals, falz, fax, faux, trompeur ; **fal-
ser,** tromper ; **falseteiz,** fausseté ;
falsement, faussement.

Fambray, tache, ordure, fumier.

Fambreer, composer un mortier.

Fambrer, fumer une terre.

Fame, femme ; **famenin,** féminin.

Fame, renommée.

Fam, fan, faim.

**Fameilleus, famelous, famis, fa-
millant, famolent,** affamé, famé-
lique.

Fameiller, familler, avoir faim.

Famel, fer de javelot.

Famelaires, caleçon.

Fan, foin, fourrage ; lat. *fœnum*.

Fan, temple ; lat. *fanum*.

Fan, faon. V. FEON.

Fane, fangue, boue, fange ; pat. poit.
fagne ; pat. norm. *fangue* ; **fanger,**
couvrir de boue.

Fangier, fangis, bourbier, marais ;
goth. *fani*; angl. *fen*.

Fandace, fente, crevasse.

Fandofle, machine de guerre propre à
jeter des pierres.

Fanfeluche, fanfeluc, fanfelure,
fanfreluche, chose de peu de valeur, moqueries.

Fanon, phanon, étendard, rideau,
tapis, manipule des prêtres; all. *fahne,*
drapeau.

Fanoul, fanouil, fenouil.

Fant, enfant.

Fantasier, fâcher, contrarier; **fanta-
sieux, fantas,** fantasque.

Fantosme, fantiau, fantôme.

Fantosmerie, vision, vapeur.

Faonement, enfantement ; **faoner,**
mettre bas. v. FEON.

Faouzil, faucille.

Far, phare, détroit.

Fara, terre à blé.

Farache, farasche, farouche, bourru.

Farasse, torche, flambeau.

Farat, amas, troupeau.

Farce, fourrure, ouate ; **farceiller,**
parer, habiller.

Farcer, rire, plaisanter.

Farcereau, farceur; **farcerie,** plaisanterie; **farcesque,** plaisant.

Farchiel pour **falchiel,** faucille.

Farcholez, espèce de bois.

Fardage, fardel, fardeau, bagage.

Fardeler, mettre en ballot ; **farde-
lier, fardeleur,** porte-faix.

Fardet, fart, fard, ruse; **fardement,**
déguisement ; **fardeur,** qui farde ;
fardoille, conte fait à plaisir.

Faredot, farelle, farot, lanterne,
falot.

Fare, sorte de filet.

Farge, forge; **fargier,** forgeron; **fargier,** forger.

Farinage, droit de mouture.

Farnese, fournaise.

Farramas, nom donné à une femme
de mauvaise vie. Duc. v. *faramanni*.

Farra (il), il manquera.

Farree, soufflet, coup de poing.

Fasant, faussant, trompeur.

Faschiel, fascine.

Fastras, fastroulle, fatras, billeve-
sées, mensonges ; **fastrasie,** folie,
fantaisie.

Fasque, étui, pochette; v. FACHE.

Fasti, fastigation, ennui, embarras;
fastigoux, ennuyeux.

Fat, destin; lat. *fatum*.

Fatieres, tuiles en dos d'âne qu'on met sur l'arête d'un toit.

Fatiste, factiste, fatuaire, enthousiaste, pöète.

Fau, fauteau, fayard, fou.

Fau, fou, fouteau, hêtre; lat. *fagus.* V. FAGE.

Fauble, fable. V. FABEL.

Fauc, faucon. V. FALCON.

Fauc, faux ; lat. *falx.*

Faucage, fauchaison, fauchee, action de faucher.

Fauchet, crapaud, espèce d'araignée, espèce de râteau.

Faucie, appel d'un jugement comme faux.

Fauconiers, sacoche de cuir pour mettre sur le cheval.

Fauconnage, sorte de redevance.

Faucre, arrêt d'une lance. V. FAUTRE.

Faude, faulde, parc , clôture ; **faudage, faultrage,** droit de parcage. V. FALDE.

Faude, charbonnière.

Fauder, faire du charbon.

Faudre, tromper ; **il faut,** il trompe. V. FALDRE.

Faufellue, conté; **fafelluer,** conter ; **fafelleur,** conteur. Duc. V. *famfaluca.*

Faugibe, faucille.

Faulté, fealté, feaulté, foi, fidélité, hommage.

Faulté, communauté ; **assembler la faulté,** assembler les habitants d'une commune, d'une ville.

Faulté, fauteit, feudataire.

Faulture, trou, crevasse.

Faulveau, gros bœuf.

Faunier, bûcher.

Faunoier, nier. V. NOIER.

Faunore, faux nom.

Fauque pour **fors que,** excepté que; comme **faubourg** pour **forsbourg.** V. FORS.

Fauquet, petite faux, sorte d'arme.

Faus, faux ; **fauser,** tromper ; **fausine,** tromperie ; **faussonner,** faire de la fausse monnaie. V. FALS.

Faussart, fauchart, fauchon, arme ressemblant à une faux.

Faussiller, faucher ; **faussilleur,** faucheur. V. FAUC.

Faussonner, faire de la fausse monnaie, tromper.

Fautable, digne de foi.

Faute, défaut, mauvaise habitude ; **à la faute,** à l'extrémité.

Fautier, criminel ; **fauterie,** participation à un crime.

Fautre, garniture d'une selle, appui de la lance. V. FELTRE.

Fautre, matelas, lit, grabat.

Fautrer, chasser, mettre dehors ; bas lat. *falcastrare.*

Fauvel, fauvain, fauvau, couleur fauve.

Faux, endroit où quelque chose finit. V. FALDRE.

Favart, sorte d'armure. Duc. V. FAVERIN.

Favele, flavelle, flatterie , fable. V. FABEL.

Favier, lieu planté de fèves; **faviau, fayan,** fève, haricots.

Favre, fevre, ouvrier ; lat. *faber.*

Fax, pâle, blême .

Fax, fou, V. FOLS.

Fax, faux à faucher.

Fay, faye, fayant, fayart, hêtre, arbre. V. FAGE.

Fay, écurie, étable. Duc. V. *fayssa.*

Faye, cape ou mantelet.

Fayne, fouine.

Faytilier, sorcier, devin.

Fazoh, façon.

Fé, fey, fex, troupeau, bétail; angl. sax. *fé o*.

Feal, fidèle; **fealté**, fidélité. v. FEEL.

Feage, fonds de terre donné en fief.

Feble, feuble, flebe, faible; **febless**, faiblesse.

Febre, febvre, fièvre; **ferrous**, fiévreux.

Febve, fève, haricot.

Febvre, febure, fevre, ouvrier forgeron. v. FEVRE.

Fec, feu. v. FOC.

Fecce, faisceau. v. FESSE.

Fecoir, houe, bêche. v. FESSOIR.

Fee, fei, feid, foi; **fedeil, feal, feel, fecus, foial**, fidèle, vassal; **feclement, feiaument**, fidèlement; **feilté, feclté, feauté, feiauté**, fidélité; **feimenti**, qui a trahi sa foi.

Feer, faer, enchanter, ensorceler.

Feez, fees, charges féodales.

Feez, faix, faisceau; lat. *fascis*.

Fegir, figer, congeler.

Feie, feiec, fois.

Feignes, lieu planté de hêtres. v. FAGE.

Feignement, feinte, prétexte. v. FEINDRE.

Feil, feille, fuelhe, feuille, feuillage; **feillee**, feuillée, fagot.

Fainasse, temps dans lequel tombent les faines. v. FAGE.

Feinte, feintie, feintise, feinte, ruse.

Feire, foire, marché; lat. *feriæ*.

Feis, fois; **à la feis**, à la fois, quelquefois.

Feis, je fis; **nous feismes**, nous fîmes; **il feist**, il fit; **feit, feiz**, fait. v. FERE.

Feitis, fetiz, bien fait. v. FAITIS.

Fel, fellon, felon, injuste; **felenesse, felonesse**, trompeuse; **terre fe-**
lonesse, mauvaise terre; **felonie, felunie**, félonie; bas lat. *fello* (IXᵉ s.), anc. h. all. *fillo*, bourreau; *fillan*, fouetter.

Feltre, fealtre, fautre, feutre; bas lat. *filtrum*, d'où *filtre*; all. *filz*; angl. sax. *felt*. v. FAUTRE, AFEUTRER.

Feme, femme; **femeaulx (enfants)**, jeunes filles; **femeni**, féminin; **la gent de femenie**, la gent féminine; **femineau**, adonné aux femmes.

Femier, feimbrier, feimbroy, feins, fems, fumier; **femer**, fumer; **femorier** fosse à fumier; lat. *fimus*.

Femoraus, haut-de-chausses; lat. *femoralia*.

Fen, foin; **fenaie**, prairie; **fenage, fenal, fenaii**, ce qui concerne les foins; temps de les faucher; **fenacil, fench, fenchee**, meule de foin; **fete des fenels**, fête de Saint-Pierre; **feneril, fenier**, grenier à foin; **fenison**, fenaison; **fener**, faner, dessécher; lat. *fœnum*.

Fendace, fendasse, fendure, fenture, fente, crevasse; **fentis**, fendu; **fendou**, bois fendu.

Fenestre, fenestris, boutique, fenêtre, tabernacle d'autel, parquet; **fenestrelle**, petite fenêtre; **fenestrage**, droit d'ouverture, exposition des armes avant les tournois; **fenestré**, pourvu de fenêtres; **habit fenestré**, habit tailladé; **fenestrier**, marchand étalagiste; **fenestrey**, espèce de passeport.

Fenlant, paresseux, fainéant.

Fenir, achever, finir; **fenions**, finissons; **fenis**, fini.

Fenis, phénix.

Fenois, fenou, fenoys, fenouil.

Fenomie, physionomie.

Fenon, manipule, fanon.

Fenon, râteau à foin. v. FEN.

Feoder, fouder, foudre, grande cuve ou tonneau à vin ; all. *fuder.*

Feoffer, donner en fief ; **feoffement,** inféodation ; **feoffeur, feouffour,** qui donne en fief. v. FIEU.

Feol, fidèle. v. FEEL.

Feon, faon ; **feoner,** mettre bas. v. FAONER.

Feor, prix ; **à nul feor,** à aucun prix. v. FUER.

Fer, fere, feran, ferein, fier, farouche, cruel ; **ferement,** fièrement, cruellement ; **ferté,** fierté, cruauté ; lat. *ferus, feritas.*

Ferant, couleur de fer, gris. v. FERRANT.

Fere, ferie, jour de repos ; **ferable,** férial ; **ferier,** chômer, fêter ; lat. *feriæ.*

Fere, agir, faire ; **feret,** petite affaire.

Ferer, fierer, ferre, frapper ; **ferement,** coup ; **qu'il ferge, qu'il fierge,** qu'il frappe ; **il ferra,** il frappera ; **fereor, fereur,** combattant, qui frappe ; **fereis, feris,** bataille ; lat. *ferire.*

Ferer, porter ; lat. *ferre.*

Ferfel, ardeur.

Ferge, ferce, fierce, fierge, nom donné à la reine, au jeu d'échecs.

Ferigoule, firigoule, lavande, arbrisseau.

Ferieus, feriere, espèce de vase.

Ferine, farine ; **ferinage,** droit de mouture.

Ferlié, lié de fer.

Ferlin, ferling, frelin, petite monnaie ; ital. *ferlino* ; anglo-sax. *feordhling.*

Ferm, ferme ; **fermer, fremer,** fermer, affermer ; **fremal, fremail, fermoil, fermoilet,** agrafe, boucle, chaine ; **fermailleur,** faiseur de boucles ; **fermaille, fermeille, ferme,** promesse, gageure.

Fermaus, soutien, répondant.

Fermeté, firmeté, ferté, fortification, forteresse ; lat. *firmus, firmare, firmitas.*

Fermiller, frémir. v. FREMILLER.

Fernaisie, frénésie.

Fernir, fournir.

Ferongle, enflure, tumeur. Duc. v. FERUNIA.

Ferpe, ferperie, frange, friperie ; **ferpier,** fripier.

Ferrant, couleur de fer, gris ; **poil ferrant, cheval ferrant,** du lat. *ferrum,* plutôt que de l'arabe *faras, equus generosus,* comme le pense Ducange. v. AUFERANT.

Ferrare, sorte d'herbe.

Ferrat, ferrieu, vaisseau à puiser de l'eau. v. FERIEUS.

Ferrer, marquer avec un fer.

Ferre, serrurier, maréchal ; **ferrier,** marteau.

Ferree, hoyau, houe.

Ferrette, épée.

Ferri, Federi, Federic, Fedri, Ferry, Fré, Frédéric.

Ferriere, vase que l'on portait en voyage.

Ferron, ferronier, marchand de fer.

Ferrot, ancienne petite monnaie.

Ferrou, verrou.

Ferru, ferut, blessé, frappé.

Fersarmé, armé de fer.

Fert, fiert (il), il bat, il frappe.

Ferte, poids de deux onces.

Fertere, châsse ; lat. *feretrum.* v. FIERTE.

Ferté, forteresse. V. FERMETÉ.

Fertin, ferton, fierton, monnaie d'argent.

Ferue, portion d'héritage.

Ferue (à la), à mesure, à proportion.

Ferule, bâton pastoral.

Fervement, avec ferveur.

Fervesti, fervestu, couvert d'une armure de fer.

Fes, feis, charge, fardeau. V. FAIS.

Fes, feis, fois, terme désignant la quantité et le temps.

Fesacien, physicien, médecin.

Fesne, magie, enchantement; **fesner**, fasciner, charmer.

Fesse, fasce, terme de blason.

Fessel, faisceau.

Fessele, panier d'osier. V. FISCELE.

Fessoir, fessouer, fessoul, houe, bêche; **fessoree**, mesure de terre, autant qu'un homme peut en labourer en un jour avec le fessoir.

Fesson, main-d'œuvre, façon.

Festage, fetage, fête, festin; **festacle**, ornement d'autel.

Festage, faiste, feste, festre, faîte, sommet; **fester**, mettre le faîte à une maison; **festissure**, arête d'un toit; lat. *fastigium*.

Feste, cour, assemblée, fête; **festelete**, petite fête; **festal, festial, festif, festival, festive**, qui concerne les fêtes; **fester, festier**, festoyer; **festiement, festoiement**, réjouissance, bon accueil; **festiveté**, solennité; lat. *festum, festivitas*.

Feste, espèce de cordage.

Feste du regard, entrevue de mariage.

Festier, festiver, festoier, régaler, faire festin, jouter, combattre avec des lances.

Festu, fétu, paille; **rompre le festu**, abandonner, se brouiller; lat. *festuca*; prov. *festuc*.

Fetard, fetars, paresseux, fainéant; **fetardie**, paresse.

Feu, fu, fou, foyer, maison, famille; **feuage, fouage**, droit sur chaque maison; **fouier**, foyer; lat. *focus. focagium*.

Feu, fou, hêtre. V. FAGE.

Feu, feude, fief; **feudal**, féodal. V. FIEU.

Feu, défunt; **feurent**, défunts (*il fut, ils furent*).

Feuer, fouiller. V. FOÏR

Feuté, fidélité. V. FEEL.

Feuillart, feuillet, bouchon, enseigne de cabaret.

Feuilletier, cartonnier, cartier.

Feul, feus, cruel. V. FEL.

Feuleux, pierre à feu, à fusil.

Feuline, falot, brandon.

Feulle, pioche, houe, bêche. Duc. v. *foditare*.

Feulpier, feupier, fripier. V. FERPE.

Feur, foer, fuer, prix, valeur. V. FUER.

Feurs, hors, dehors. V. FORS.

Feurmariage, droit payé par le serf pour épouser une femme libre. Duc. v. *foris maritagium*.

Feur, feurre, fourreau, gaîne, étui.

Feurre, foare, foarre, fouarre, paille, fourrage; **feurrier, fuerrier**, fourrageur. V. FUERRE.

Feurs, devis ou marché, traité conclu, frais avancés pour l'engrais des terres.

Feutrier, chapelier. V. FELTRE.

Feuses, fumier, boue.

Feust, bois, forêt. V. FUST.

Feuté, foi, serment de fidélité.

Feutrait, banni,

Feutraite, droit payé pour exploiter une mine de fer.

Feutrer, travailler le feutre ; **feutrier,** drapier, chapelier. v. FELTRE.

Feuwage, droit pour chaque feu. v. FOUAGE.

Feuwille, fagot, bourrée. Duc. v. *foillata.*

Fevre, fièvre ; **fevros,** fiévreux.

Fevre, feivre, feyvre, ouvrier ; **fe-vreure, fevrure,** forge, atelier. v. FORGIER, FURGIER.

Fex, feus, félon. v. FEL.

Fex, fey, troupeau.

Feye, brebis.

Feyre, foire.

Fez, poids, fardeau, impôt.

Fez, à la fois, quelquefois, une fois.

Fez, foi, hommage. v. FÉ.

Fi (je), je fus.

Fi, fiz, fit, certain, convaincu ; **fiance, fie, fye,** foi, promesse ; **de fi, de fit, fiement,** avec confiance ; **fiable,** digne de foi ; **fianchier, fiancer,** garantir, promettre ; **fiancer prison,** se rendre prisonnier ; **fianceus,** plein de confiance ; **fi (je),** je confie ; **fianchie,** fiancée.

Fiamette, petite flamme.

Fiante fiente, fumier ; **fianter,** ôter le fiens ou fumier ; **fianteur,** porteur de fumier. v. FIENS.

Fiastre, filiastre, beau-fils.

Fibre, bièvre ou castor ; lat. *fiber.*

Ficar, falot ou lanterne fichée au bout d'un bâton.

Ficier, fixer, ficher, attacher ; **fichier en terre,** enterrer ; bas lat. *fixire,* de *figere* ; **fichet,** poche ; **ficheron, fichoir, fichoire,** tout ce qui sert à attacher.

Fie, foie.

Fié, fied, fief ; **fié chevel,** fief dominant ; **fieffeur,** qui donne en fief ; **fieffement, fieffage,** revenu d'un fief ; **fiefvier,** feudataire. v. FIEU.

Fie, fiche, figue ; **peler la fie,** duper, tromper ; **vendre la fie,** trahir.

Fié, fiede, fiée, fieie, fois (diction numérale) ; **mainte fiée,** souvent ; **tierce fiée,** la troisième fois ; **une fiée,** une fois ; **à une fiée,** à la fois ; lat. *via.*

Fié, fier.

Fieble, fiez, faible, débile ; **fiebleche,** faiblesse.

Fiecteur, fabricateur ; lat. *fictor.*

Fiegard, place publique, rivière.

Fiel, fil, filet.

Fieltre, cercueil. v. FIERTE.

Fiens, foin. v. FAN.

Fiens, fumier ; **fiembrer, fiambrer,** fumer. v. FIME.

Fier, figuier. v. FIE.

Fier, nom d'un raisin.

Fier, fer ; **fierer,** ferrer, mettre aux fers.

Fiere, fierain, bête sauvage ; lat. *fera.*

Fierce, fierche, fierge, la dame au jeu d'échecs ; du persan *firz,* visir. (Diez).

Fieresse, fiereté, fierour, firour, fierté, pompe ; **fierettement,** avec pompe.

Fierir, fierrer, frapper ; **il fiert,** il frappe ; **qu'il fierge,** qu'il frappe ; lat. *ferire.*

Fierer, ferer, porter ; **il fiert,** il porte ; lat. *ferre.*

Fierté, forteresse. v. FERTÉ.

Fierte, fiertois, fiertre, fiestre, châsse, cercueil, brancard ; lat. *feretrum.*

Fierton, petite monnaie ; **fierton-**

neur, officier des monnaies. Duc. v. , *ferto*.

Ficte, outil de tonnelier. Duc. v. *fictus*.

Fieu, fix, fils ; lat. *filius ;* **fillieus**, prov. *filhet*, filleul, petit fils; lat. *filiolus*.

Fieu, fied, fioud, fiu, feu, fief ; **fieute**, droit féodal ; **fieufer, fieuver, fiever**, fieffer; **fiedvet**, feudataire; angl. sax. *fehu ;* anc. h. all. *fihu*, bétail, biens, richesses; bas lat. *feudum, feodum.*

Ficus, faible.

Ficus, attaqué d'une maladie appelée fi ou fy.

Fige, attache. v. FICIER.

Figer, figuier; **fighe**, figue.

Figuline, art du potier de terre.

Fil, fi, fy, maladie qui attaque les bœufs. Duc. v. FICUS.

Filardeau, jeune brochet.

Filat, congre.

Filate, nom d'une pierre précieuse.

Filatere, filatiere, filatrie, reliquaire en forme de croix, bandelette sur laquelle les Juifs écrivaient les préceptes du Décalogue.

Filatre, filiastre, fillastre, beau-fils, belle-fille.

Filette, fillette, fouillette, feuillette.

Filiol, fillon, fillicus, fillues, filleul; **filiolage, filleurage**, présent d'un parrain à son filleul.

Fillachere, filandrier, marchand de fil; **filanche, filandre, filardeau, fillas**, filet, frange.

Fillaresse, filleresse, fileuse, quenouille ; **fillaille**, paquet de fil ; **fillouer**, corderie ; **filloue, fillouse, fillatiere**, cordelière ; lat. *filum.*

Fillette, filiette, petit baril, coque, prieuré dépendant d'une abbaye.

Filleule, linge servant à couvrir le calice pendant la messe.

Filou, petit bâton d'ivoire.

Fils ou fille de bas ou bast, bâtard, bâtarde. v. BAST; **fils de lisce**, fils de femme débauchée. v. LISCE.

Fimbrie, fimbries, bordure, frange.

Fini de vent, respiration, haleine.

Fime, fumier; **cams fimetés**, champs fumés ; lat. *fimus.*

Fin, borne, district.

Fin, fius, entièrement, parfaitement.

Fin, fine, poli, sincère ; **fineté**, sincérité.

Finable, finel, final ; **finablement**, finalement.

Finage, finaison, fine, but, fin, limite, finance, amende, taxe, transaction, accommodement; **finement, finicion**, achèvement, fin, destruction ; **jor del finement**, jour du jugement dernier ; **finer**, achever, payer finance, mourir; lat. *finire.*

Fingart, cheval rétif.

Fins, finages, pièces de vignes, grains, légumes.

Fins, saison où l'on partage les terres labourables.

Fioc, feu, incendie. v. FOC.

Fioler, boire, se griser, faire le brave.

Firmer, assurer.

Fironer, agir en cachette. Duc. v. *furetus.*

Firté, fierté, supériorité.

Fis, fit, certain, assuré. v. FI.

Fiscalin, qui appartient au fisc, serf obligé de cultiver les biens de son seigneur.

Fisc, fisque, panier de jonc. Diminut. fiscelle.

Fisicien, fisecien, médecin ; **fisi-
que**, science de la médecine.

Fisinier, forgeron, taillandier. Duc.
v. FUSINA.

Fisseliere, piége pour prendre le pu-
tois et les chats sauvages appelés
fissiaus. Duc. v. *fissine*.

Fisson, aiguillon pour conduire les
bœufs.

Fistule, espèce de flûte.

Fiu, fief ; **fiuotier**, possesseur d'un
fief. v. FIEU.

Fiul, fius, fils. v. FIEUS.

Fiuldre, foudre.

Fizable, fidèle, sincère ; **fizance**,
fidélité, confiance.

Fizonomie, physionomie.

Flabel, flabiax, flable, fable, conte,
discours ; **flaboier**, conter des fa-
bles.

Flabel, flable, éventail.

Flac, flache, flaque, flasque, mou,
lâche.

Flache, flachee, flachier, flaquis,
flaque d'eau, étang, eau dormante.
lat. *flaccus*.

**Flac, flache, flaische, flasche,
flascon**, flacon ; **flasconer**, boire
abondamment.

Flasche, flèche de lard. v. FLICHE.

Flacargne, flacargue, brocard, insulte.

Flachel, flachet, espèce de bâton.
Duc. v. FLAGELLATA.

**Flael, flaial, flagel, flaiel, flaiax,
flaeiax**, fléau, fouet ; **flaeler**, fouetter, accabler ; **flaielement**, flagella-
tion ; **flageau**, fléau ; lat. *flagellum,
flagellare*.

Flage, bouge, cuisine. Duc. v. FLA-
GUS.

**Flagel, flageol, flageos, flageus,
flajol**, flageolet ; **flageler, flajol-**

ier, jouer du flageolet ; **flagolle-
ment**, son du flageolet.

Flagerade, flageron, sorte d'arme
offensive. v. FLAEL.

Flagosse (poire), poire molle.
v. FLAC.

Flahaut, flahute, flûte. v. FLAUSTE.

Flaine, taie d'oreiller, matelas.

Flairie, confrérie.

Flair, flaireur, odeur ; **flairer**,
rendre une odeur ; lat. FRAGRARE.

Flais, fagot de menu bois pour pêcher ;
flaitieur, celui qui s'en sert. Duc.
v. FLECTA.

Flaische, flaske, bouteille. v. FLAC.

Flaistrir, flétrir.

Flaistre, flestre, flétri ; **flaistir,
flestrer**, flétrir.

Flame, flambe, flamble, flamme,
flambeau ; **flambars**, feux follets ;
flamans, ardent ; **flambant**, flam-
mant, oiseau ; **flameron, flame-
role**, chandelle, lampe ; **flami-
che**, espèce de galette cuite à la
flamme.

**Flamber, flambeter, flambir,
flamboier**, reluire, étinceler, jeter
des flammes ; **flambius**, flambant.

**Flamengant, flamenge, flamin-
gant**, Flamand ; **flamencherie**,
Flandre, chose faite en Flandre.

Flamengel, flamenjel, conteur de
fleurettes, doucereux.

Flans, flanchet, flanc, côté ; **flan**,
meurtrière, canonnière.

Flanchiaus, couverture et ornement
des rideaux d'un lit.

Flanchiere, armure qui couvrait tout
le corps.

Flanchir (se), porter la main au côté.

Fland, flond, rouge, vermeil.

Flaon, pièce de métal.

Flaon, flans, sorte de gâteau, flan ; bas lat. *flado, flato* ; all. *fladen*.

Flareur, odeur. v. FLAIR.

Flascon, flacon. v. FLAC.

Flasque, flaque, endroit boueux, canal ; **flasquer,** éclabousser.

Flassadier, ouvrier qui fait les flassades ou couvertures de lit. v. FLOSSADE.

Flassaie, lourdaud, gauche, nigaud.

Flassar, couverture de chevaux.

Flat, coup, tape ; **flatir,** abattre, aplatir ; **flater,** flatter ; **flateros, flateor,** flatteur ; anc. nor. *flat* ; anc. h. all. *flaz,* plat.

Flastrie, sorte de mesure pour les liquides.

Flatin, couteau de poche.

Flatte, bouse de bœuf ou de vache.

Flaucheur, babillard.

Flauniarde, flauzon, sorte de pâtisserie. Duc. v. *flantones.*

Flauste, flaute, flaut, flûte ; **flautele,** petite flûte ; **flauster,** joueur de flûte ; **flauster, flauester,** jouer de la flûte ; lat. *flatus,* souffle, d'où *flatuer* et avec transposition *flauter* (Barbazan).

Flave, faible, pusillanime.

Flavel, flaveleau, flageolet.

Flavel, parole ; **flavelage, flavele, flavauté,** flatterie , mensonge. v. FLABEL.

Flaveur, odeur.

Flayau, flayel, fléau, barre ; **fleer,** battre avec un fléau. v. FLAEL.

Flebe, fleble, faible, débile ; **flebile,** qui est digne d'être pleuré.

Flece, flecque, flèche ; **flechier, flegier,** fabricant de flèches.

Flecher, flechier, fléchir ; **il flecha,** il fléchit ; lat. *flectere.*

Flechieres, flecieres, branches d'arbre entrelacées ; **flechissable,** flexible ; **flechissableté,** flexibilité.

Flee, fleet, flet, flict, endroit que la mer couvre et abandonne dans son flux et reflux.

Flegard, rivière, lieu public, grand chemin. Duc. v. *fluctus.*

Fleirer, flairer.

Flemme, flamme.

Flenc, espèce de coutil.

Flepier, flespier, fripier. v. FERPIER.

Flesque, endroit boueux. v. FLASQUE.

Flestre, fistule, maladie fistulaire.

Flestre, flétrir. v. FLAISTRE.

Flet, flez, poisson plat ; **flette,** nacelle, bateau plat. v. FLAT.

Fleve, faible.

Flenme, flegme, pituite.

Fleurette, sorte de monnaie.

Fleuste, flûte ; **fleutiere,** flûteur. v. FLAUTE.

Fliche, flicque, quartier de porc, flèche de lard ; bas lat. *flichia* ; angl. sax. *flicce* ; anglais *flitche.*

Flieme, lancette. Duc. v. PLAMMERIARI.

Flin, pierre dure ; ang. *flint.*

Floc, floche, flocon ; **flocel, flochel, floichel,** petit flocon ; lat. *floccus* ; **floceler, flocheler,** tomber en flocons.

Floc, troupe. v. FOLC.

Flondre, fronde ; lat. *funda.*

Flonne, bouquet d'oignons ou d'aulx.

Floquer, flotter.

Floquet, certain habit ecclésiastique.

Flor, flour, flur, fleur, farine ; **floré,** bordé de fleurs ; **florir, flurir,** fleurir ; **barbe florée,** barbe blanche ; **florence, florette,** monnaie, florin ; **floron,** fleuron.

Flos, terre inculte, pâturage. Duc. v. FRAUSTUM.

Flossade, flossale, flossoie, couverture. Duc. v. FLOSSADA.

Flote, troupe, rassemblement, flotte ; **en flote,** en troupe ; **flot,** flux ; **floter,** flotter ; lat. FLUCTUARE.

Flotte, écheveau, paquet ; **mettre en flotte,** resserrer.

Flouin, vaisseau léger. Duc. v. *fluentare.*

Flouter, flûter. v. FLAUTE.

Floyel, fléau, affliction. Duc. v. *flagellare.*

Fluie, fluive, fleuve ; **fluet,** petit fleuve, inondation ; **fluviel,** fluvial ; lat. *fluvius.*

Flum, flun, fleuve ; lat. *flumen.*

Foe, fole, fouc, foulc, fulc, troupeau, multitude ; all. *volk* ; angl. *flock.*

Foc, fou, fo, feu ; **foee, fouage, feuage,** droit dû au seigneur sur chaque feu ; **fouier,** foyer ; lat. *focagium.*

Foace, fouace, gâteau cuit sous la cendre.

Foee, foiee, fois. v. FIEE.

Foens, faon, enfant.

Foial, féal.

Foignée, redevance en foin ; **foignier,** marchand de foin. v. FAIN.

Foil, feuille ; **foillie,** gâteau feuilleté ; **foillis,** feuillu ; **foillards,** feuillards, nom donné à certains brigands.

Foildre, foudre.

Foimenti, parjure, qui manque à la foi qu'il a donnée. v. FEI.

Foineson, temps où naissent les faons. v. FEON.

Foir, fuir ; lat. *fugere.*

Foir, fouir, creuser, fouiller la terre ; **fossion,** action de creuser, houe, instrument de labourage ; lat. *fodere fossum.*

Foirer, fêter, chômer ; **foirier,** préposé à une foire ; lat. *feriæ.*

Fois, foiz, feiz, fei, foi ; **foitable,** homme digne de foi. v. FEI.

Foisil, morceau d'acier qui sert à faire du feu, puis arme à feu, fusil ; ital. *focile.* Duc. v. *fugillus.*

Foisne, faîne, fruit du hêtre. v. FAGE.

Foison, fuison, fuson, abondance, force, résistance ; lat. *fusio.* v. FONDRE.

Foisson, houe. v. FOIR.

Fol, fous, fox, faux, fax, fou ; **foler, foleier, folioler,** flotter, agir follement, faire de folles dépenses, railler, dire des folies ; **folor, folour, folesté foleté, folage,** folie, sottise ; **foleet, foleiz,** badinage ; **folieuse,** femme de mauvaise vie, du lat. *follere,* se remuer çà et là, d'où *follis,* soufflet de forge ; selon d'autre du celt. *foll, fol,* fou.

Fol, instrument à vent.

Fol, hêtre. v. FOU.

Folc, troupe. v. FOC.

Foler, fouler aux pieds, accabler ; ital. *follare.* v. AFFOLER.

Folage, droit de mouture ; **moulin, foleres,** moulin à fouler les draps.

Folesuye, jeu de pelote ou ballon. Duc. v. *folasellum.*

Folion, feuille.

Follain, cocon de soie ; **folot,** esprit follet. v. FOL.

Fonchiere, fond, creux.

Fonchine, instrument pour la pêche.

Fonde, bourse, douane, magasin public.

Fonde, fondefle, fondefle, fondufle, font, fronde ; lat. *funda, fundabulum.*

Fonds, fous, font, fund, fond, base ; lat. *fundus.*

Fondre, aller ou jeter au fond ; **fon-**

deiz, **fondoire**, **fondure**, fond, creux, vallée; **fontenis**, bas-fond, marécage; **fondere**, **fondeur**, fondateur; **fondre**, **fundre**, fondre, détruire, ruiner; **fonture**, fonte; lat. *fundere*.

Fons, **font**, **funt**, eau, fontaine; **fontanelle**, **fontenelle**, petite fontaine.

Fool, soufflet. v. FOL.

Foon, faon; **fooner**, mettre bas. v. FEON.

Fór, prix, valeur. v. FUER.

For, **forg**, **fourg**, four; ital. *forno*; lat. *furnus*.

Forage, droit d'usage dans une for ; **foragier**, celui qui a ce droit.

Forage, fourrage.

Forain, étranger; **rue foraine**, rue écartée. v. FORS.

Forbanir, **forsbanir**, chasser; **forban**, **forbin**, **forbeu**, **forbuis**, **forbu**, exilé, proscrit. v. BAN.

Forbeter, tromper. v. BETER.

Forbir, **furbir**, nettoyer, fourbir; anc. h. all. *furban*, *furbjan*.

Forboivre, abreuver plus qu'il ne faut. v. BOIVRE.

Forboter, **forbouter**, chasser, mettre dehors. v. BOTER.

Forborc, **forbours**, **forsbourg**, faubourg.

Force, **forcesces**, ciseaux; lat. *forceps*.

Force, pays fortifié; **forcelet**, petit fort.

Force, **forche**, **forque**, **furche**, fourche, colonne, poteau; **forchee**, usage d'attacher à un bâton fourchu les parties de l'animal laissées aux chiens de chasse; **forcele**, **forchele**, **fourcele**, **fourchel**, poitrine, le sommet fourché du *sternum*; **forceure**, **forcheure**, enfourchure; **forgier**, remuer avec la fourche; **forchat**, bâton fourchu. lat. *furca*.

Forceler, cacher; lat. *celare*.

Forcenerie, folie, extravagance. v. FORSENERIE.

Forceret, **forcier**, **forchier**, coffre, cassette, écrin; **forcetier**, faiseur de **forciers** ou cassettes.

Forcesainte, boucle, agrafe de ceinture, coffret de reliques.

Forceur, **forcur**, plus fort; lat. *fortior*.

Forchaucher, abaisser sous ses pieds; lat. *calcare*. v. ENCALCIER.

Forclore, **forsclore**, fermer; **forclose**, action de fermer, de barrer le chemin.

Forcomandeur, usurpateur.

Forconseiller, mal conseiller.

Forconter (se), faire un faux calcul.

Fordine, **fourdine**, prunelle, fruit.

Forel, fourreau.

Forelores, perdu, inutile; **foreleres**, vaines paroles; all. *verlieren*; angl. sax. *forloren*. v. FRELORE.

Forer, aller au fourrage.

Forer, percer, gâter, piller.

Fores, **forest**, **fourest**, forêt; **forestage**, droit d'usage dans une forêt; **foretier**, forestier.

Forescapy, droit sur les choses trouvées dans le fief du seigneur.

Forfaire, altérer, défigurer; **forfaire**, **forsfaire**, encourir la confiscation; **forfaire son fief**, perdre son fief pour avoir manqué en quelque chose à son seigneur; **se forfaire de mort**, commettre un crime digne de mort; **forfacture**, forfaiture, confiscation; **forfait**, délit, amende.

Forfamilier, émanciper. Duc. v. *forisfamiliare*.

Forfuyance, droit payé par un serf pour passer à un autre seigneur.

Forg, four. v. FOR.

Forge, fabrique, construction ; **forgier**, **fergier**, fabriquer ; **forgement**, fabrication de monnaie.

Forgeret, **forgier**, coffre, cassette.

Forghes, forces, espèce de ciseaux.

Forgiser, tromper, oublier ; **forgisent (ils)**, ils trompent.

Forgugier, **forjugier**, dénier justice. v. JUGIER.

Foriere, **fouriere**, lisière d'un bois, terre destinée à la pâture ; lat. *foras*, *pars forasia*. v. FOREST.

Forjouster, bien jouter.

Forissir, sortir.

Forjuger, juger par contumace, débouter quelqu'un d'une demande.

Forjurer, **forgurer**, quitter, abandonner, renoncer.

Forlignier, dégénérer, sortir de la lignée. v. LIN.

Forloingner, **forlonger**, éloigner.

Formaller, faire un acte conforme aux lois ou à l'usage.

Formariage, **forimarige**, droit payé par le serf pour épouser une femme libre, ou une serve d'un autre seigneur.

Forme, **fourme**, **furme**, forme, manière ; **formage**, **furmaige**, fromage ; lat. *forma*.

Formee, lettres scellées pour mettre une sentence à exécution.

Formener, mal mener.

Forment, **fortment**, fortement.

Forment, froment.

Formete, escabelle.

Formis, **formiz**, fourmi ; **formier**, fourmilier.

Formis, **forsmis**, mis dehors, dessaisi.

Formort, droit du seigneur sur les biens des bâtards et autres, après leur mort ; **formorture**, **formoture**, héritage qui arrive par mort.

Forn, four ; **fornage**, droit de four ; **fornier**, cuire dans un four ; **fornier**, boulanger. v. FOR.

Fornesture, fourniture.

Fornicaresse, femme de mauvaise vie. Duc. v. FORNICATRIX.

Fornir, **furnir**, fournir ; **forniment**, habillement ; anc. h. all. *frumjan*, *frumman*.

Fornoier, nier. v. NOIER.

Forpaisé, **forpaysié**, qui est hors de son pays.

Forperie, friperie ; **forpex**, fripier. v. FERPERIE.

Forque, fourche. v. FORCE.

Forre, **fourre**, paille ; **forreau**, fourreau ; **forrier**, fourrier. v. FUERRE.

Forrer, fourrer.

Fors, usages, coutumes d'un lieu. Duc. v. FORUS.

Fors, **foers**, **foer**, **far**, hors, dehors, hormis, excepté ; **forain**, étranger ; **defors**, dehors ; **deforien**, venant du dehors ; **chose deforiene**, chose d'ici-bas ; **deforaincté**, extériorité, mondanité.

Forsage, viol.

Forsclore, empêcher. v. FORCLORE.

Forsener, rendre ou devenir forcené ; **forsenerie**, **forceneric**, **forcenement**, furie, extravagance, frayeur. v. SENÉ.

Forserre, forgeron, ouvrier en fer. Duc. v. FORSORIUM.

Forsfaire, mettre hors. v. FORFAIRE.

Forsier, **fossier**, qui viole les tombeaux.

Fors, **forz**, fort ; **forment**, fortement ;

forche, fortesse, force ; **forta-blement**, par force ; **fortelesse, fortresche**, forteresse, fortifica-tion.

Fortraire, séduire, enlever subtile-ment.

Fortune, fortunal, fortunel, trésor trouvé par hasard, accident, tempête. Duc. v. *fortunale.*

Fortuneusement, par accident, par malheur.

Forveier, forvoier, fourvoyer. v. VEIE.

Fos, fou. v. FOLS.

Fosse, trou, prison, cachot ; **fosse coie**, latrine, privé ; **fosscer, fosser**, entourer de fossés, labourer. v. FOIR.

Fosseree, autant de terre qu'un homme en peut fouir dans un jour ; **fosseur, fossoer, fossour**, pio-che, houe ; **fossier** (larron), voleur qui déterre les morts ; **fossion**, ac-tion de creuser ; **fossoirie**, métier de celui qui fait les fossés ; lat. *fodere, fossum.*

Fou, feu, hêtre. v. FAGE.

Fou, foc, feu ; lat. *focus ;* **fouace, fouage**, espèce de pâte ; **fouage**, droit sur chaque feu.

Fouage, fouille, préparation du cuir en le mettant dans la fosse au tan. v. FOIR.

Fouailler, faire la fouaille ou curée du sanglier. Duc. v. *fuagium.*

Fouane, houssine, baguette.

Fouaron, fouasse, pain, gâteau. v. FOC.

Fouc, foucq, troupeau. v. FOC.

Fouchiere, fougère. Duc. v. *foucheria.*

Foudroier, effrayer, épouvanter.

Fouee, droit dû sur chaque feu.

Fouec, droit sur les bois.

Fouee, chauffage, fagot, bourrée ; **faire fouee d'autrui**, acquitter les char-ges d'un autre. Duc. v. *focata.*

Fouel, assemblée, troupe. Duc. v. *foucagium.*

Fouel, curée du sanglier. v. FOUAIL-LER.

Fouer, creuser ; **foueur**, celui qui creuse. v. FOIR.

Fouerre, fourrage. v. FUERRE.

Fouesil, fusil. v. FOISIL.

Fouger, séduire, suborner. Duc. v. *fuginare.*

Fouger, fougier, fouir, fouiller, creuser. v. FOIR.

Foui, fui (je), je fus.

Fouille, espèce de pioche.

Fouinette, petite fourche. Duc. v. *fuscina.*

Fouisson, buisson. Duc. v. FOAGIUM.

Foulage, droit de mouture ; **vin de fort foulage**, vin de bonne qualité. Duc. v. *follare.*

Fouleur, foulon, folie, extravagance ; **foullie**, offense, blâme.

Fourc, fourcq, branche fourchue, endroit où une chose se bifurque.

Fourcelle, fourcel, poitrine, esto-mac. v. FORCELE.

Fourceller, couper avec des forces ou ciseaux. v. FORCE.

Fourchefiere, sorte d'arme en forme de fourche.

Fourchegerbes, fourche propre à mettre les gerbes sur un charriot.

Fourchette, fourche ; **fourcheure**, enfourchure.

Fourchié, terme de blason. v. FORCE.

Fourcoisir, résister.

Fourer, garnir, doubler ; goth. *fodr*, gaîne, enveloppe, d'où **fouriel**, four-reau. v. FUERRE.

Fourer, voler, butiner; lat. *furari.*

Fourest, forêt. v. FOREST.

Fourmagier, marchand de fromages. v. FORME.

Fourment, fortement. v. FORMENT.

Fourmenterie, marché au blé. v. FORMENT.

Fourmelle, escabelle, petit banc.

Fourmis, fremis, fourmi.

Fourmont, espèce d'outil.

Fourniger, nier, renier; prov. *fornigar,* lat. *negare.*

Fournille, menu bois propre à chauffer le four.

Fourniron, garçon fournier. v. FORNIER.

Fourquier, grande fourche. v. FORCE.

Foursch, fossé sec.

Foursené, forcené.

Fourtraire, séduire, suborner. v. FORTRAIRE.

Fouse, fosse.

Fouté, fidélité.

Fouté, celui qui a prêté serment de féauté au souverain; **foutu,** celui qui manque à sa foi; **foutre le camp,** déserter. Duc. v. *fidelitas.* v. FEAUTÉ.

Fouteau, hêtre; lat. *fagus.*

Foux, fox, soufflets de forge. Duc. v. *folus.*

Fouyer, certaine chasse qui se fait au feu. v. FOUEE

Fouyer, imposer chaque feu.

Fouyne, fourche. Duc. v. *fuscina.*

Foy, fidelité; **foyal,** féal; **foyauté,** fidélité.

Foyement, exécuteur testamentaire. Duc. v. *fideicommissum.*

Foyneaulx, terme de mépris, videur de fumier. Duc. v. *fuscina.*

Fra, il fera.

Fracon, fragon, fraijon, petit houx. Duc. v. *froncina.*

Fracteur, infracteur.

Frados, fradous, misérable, impie; prov. *fradel;* anc. h. all. *freidac, frédic;* fugitif, apostat. v. FRARIN.

Frael, balle, caisse.

Fraiaus, cabas.

Fraier, fournir aux frais, à la dépense; **fraié,** constitué en frais. v. FREDE.

Fraigneis, bris, action de briser.

Fraileté, fragilité; angl. *frailty.*

Frain, fraine, frein; lat. *frenum.*

Frainchar, sorte de mesure de blé; Duc. v. *francarium.*

Fraindre, rompre, briser; **frecte, freite,** brèche, fente, esclander; **fraiture,** rupture; lat. *frangere.*

Frainte, friente, bruit, querelle. lat. *fremitus.*

Frairé, affaibli, débile.

Fraireur, cousin fraireur, issu de germain.

Fraische, frêne; lat. *fraxinus.*

Fraisete, gland ou bouton en forme de fraise. Duc. v. *fresellus.*

Fraisne, fresne, fraisse, frêne; **fresnin,** fait de frêne; lat. *fraxinus.*

Fraissengue, fraysse, truie qui a mis bas. Duc. v. *friscinga.*

Frait, brisé; **fraite, fraitain, fraiture,** ouverture, brèche. v. FRAINDRE.

Fraite, canal, bras d'eau. Duc. v. *fracha.*

Fraity, terre inculte, pâturage. Duc. v. *fraus.*

Frameille, framure, agrafe, boucle. Duc. v. *firmale.*

Franc, libre, noble, loyal, fier, intrépide; fem. **francc; Franceis,** Français; **francesche,** Française; **Francor (geste Francor),** histoire des Francs; **francir,** affranchir; **francise,** franchise; **francoier,** parler ou agir à la française; goth. *freis;* anc. all. *frei,* libre.

Franc, étable à pourceaux. Duc. v. *francum.*

Francarte, franchar, mesure de blé.

Franchee, valeur du franc.

Franchileches, franchise ; **tenir en franchileches,** tenir en franchise.

Franchir, affranchir ; **franchir une rente,** la racheter.

Franchir pour **fianchir,** fiancer.

Francorine, franc d'origine. V. ORINE.

Frangomate, affranchi.

Franquiesme, terre qui n'est pas sujette à un cens. V. FRANC.

Frape, piége, ruse ; **savoir de frape,** avoir de l'adresse ; **frapaille,** canaille.

Fraper, frapier (se), se lancer, s'échapper.

Frapiller, frapper à plusieurs reprises.

Frapin, malheureux, mendiant.

Frapon, coup.

Frareschc, toute espèce de bien qui vient par héritage ; **frareschcur,** cohéritier. Duc. v. *fraternitas.*

Frarie, frairie, confrérie.

Frarin, frairain, fratrain, frère, fraternel, puis pauvre, et enfin coquin, misérable ; lat. *fraternus.* v. FRADOS.

Frasnel, rejeton de frêne.

Fraus, terre inculte.

Fraudousement, frauduleusement.

Frazeure, machine à broyer.

Freasee, sorte de droit ou d'impôt. Duc. v. *freagium.*

Free, pays, canton. Duc. v. *frecum.*

Freau, cabas, panier.

Frede, dépense, frais, amende, paie du roi ; b. lat. *fredum ;* all. *friede,* paie. V. FRAIER.

Fredeleus, frileux.

Fredir, maltraiter, battre. Duc. v. *fredare.*

Fregne, frêne.

Fregon, petit houx.

Fregou pour **fourgou,** ustensile de four.

Freilleux, frileux.

Freindre, briser. V. FRAINDRE.

Freindre, freir, frémir, trembler ; **freinte,** frémissement ; lat. *fremere.*

Freir, frire ; lat. *frigere.*

Freiton, petite monnaie d'argent.

Freiz, froid.

Frelin, la quatrième partie d'un denier. V. FERLING.

Freloque, espèce d'ornement en forme de houpe ; d'où **freloquié,** ce qui a cet ornement. Duc. v. *flocus.*

Freloo, frelu, perdu. V. FRERELORE.

Freluque, frelusque, petite monnaie. Duc. v. *ferlina.*

Fremail, boucle, agrafe ; **fremaille,** gageure, enjeu ; **fremailles,** fiançailles ; lat. *firmare.*

Fremer, fortifier, fermer ; **fremure,** fermeture ; **frem,** ferme, fermement

Fremi, fourmi.

Fremir, fremiller, fremoier, frémir ; **fremillon, haubere fremillon,** casque ayant des anneaux enchevêtrés les uns dans les autres ; **fremur,** frémissement, bruit ; lat. *fremere.*

Frenaisieux, frenasieux, frénétique ; **fremoisieusement,** furieusement.

Freneyr, fremnier, ouvrier qui fait les freins ou mors des chevaux.

Frenoisieusement, avec furie, en furieux.

Freor, freeur, freour, frayeur. V. ESFREER.

Frepier, fripier ; **frepperie,** friperie.

Frerage, freresche, partage entre frères ; d'où **frerager** et **frera-gier,** partager fraternellement.

Frereus, cousin.

Frerastre, beau-frère.

Frere-bourt, frère convers chargé de faire valoir la métairie d'un monas-tère. Duc. v. *burs.*

Fres, frésc, freis, frais, jeune, nouveau lustre ; anc. h. all. *frisc.*

Fresange, fresance, fresanche, fresongeau, fraissangue, jeune porc ; droit de glandée ; anc. h. all. FRISKING ; all. mod. *frischling.* Duc. v. *friscinga.*

Fresas, fèves sans cosses.

Fresaude, sorcière, enchanteresse.

Fresc, fresch, fresq, frais, gaillard ; **freschement, de fresque,** à l'ins-tant, tout de suite ; all. *frisch* ; angl. *fresh.*

Fresche, frestex, friche, terre in-culte.

Frescau, fraiseau, freseles, fran-ges ; **cauces à fresel,** chausses ornées de franges ; **freseler, frete-ler,** ondoyer, flotter.

Fresine, affranchie.

Fressouoir, poêle à frire. Duc. v. *frixorium.*

Frestaige, frestet, fretet, réde-vance faite à un seigneur pour être protégé par lui. Duc. v. *fretum.*

Freste, festre, sommet, ouverture, brèche ; anc. h. all. *first.*

Frestel, sorte de flûte ou de flageolet ; **faire son frestel de quelqu'un,** se jouer de quelqu'un ; **fresteler,** courir, s'empresser.

Frestil, frestiz, terre en friche. v. FRESCHE.

Fretail, soliveau.

Freté, forteresse. v. FERTÉ.

Frete, ferete, espèce de flèche, d'an-neau de fer.

Freté, fresé, croisé, entrelacé.

Fretelé, brodé.

Fretelet, fretillet, petit bassin. Duc. v. *freteletus.*

Fretille, paille.

Fretin, freton, petite monnaie. Duc. v. *freto.*

Freule, mince, frêle.

Frichete, terre en friche. v. FRESCHE.

Frichon, frisson.

Friequement, à l'instant, tout d'a-bord. v. FRESC.

Friente, bruit, sédition. v. FREMIR.

Frier, freier, frier, frôler, frotter. v. FROER.

Fries, friez, confins, alentours.

Frics, terre inculte. v. FRESCHE.

Frieul, poêle à frire. v. FREIR.

Frigastier, fregedier, frigesier, refroidir. v. FREIZ.

Friges, chaînes.

Friller, trembler du froid ; **frieuleux,** frileux ; **frillouselé,** sensibilité au froid ; **frillousement,** froidement.

Frimer, frémir.

Fringuer, fringaler, frigaler, sautiller ; bret. *fringa* ; écos. *ring, rinc* ; gall. *rengi,* prompt, alerte.

Frinte, bruit, frémissement. v. FREMIR.

Frire, frémir, frissonner de peur.

Frisque, frique, friche, poli, ga-lant, vigoureux ; **frisquement,** agréablement, galamment ; **frique-nelle,** coquette. v. FRESC.

Fritelet, écusson ou sorte d'ornement fretté. v. FRETELÉ.

Frivoleux, frivole.

Frivort, estre frivort, faire froid. Duc. v. *pellicia.*

Frixoir, poêle à frire ; **frixure,** fri-ture.

Fro, froc, frou, terre qui n'est pas cultivée, maison, chemin public proche d'une ville.

Froberge, épée, sabre. Duc. v. *froberga.*

Frochier, frogier, frouchier, profiter, fructifier ; lat. *fructus.*

Frocolet, écusson. v. FRETELET.

Froer, froier, frouer, freer, frier, froisser ; **froiscié,** froissé ; **froisseis, froisseure,** froissement ; **qu'il frousce,** qu'il froisse ; **froion** coup, meurtrissure ; ital. *fregare ;* lat. *fricare.*

Froidour, frais, fraîcheur.

Frois, froische, frais. v. FRESC.

Frois, rompu, brisé.

Fromentage, droit sur les terres à froment.

Fromentee, bouillie ou ragoût fait avec de la farine.

Fronc, front.

Fronce, fronche, ride.

Froncer, fronchier, froncer, rider.

Fronche, clou, abcès.

Fronchigne, instrument pour la pêche.

Fronquer, ronfler, renifler.

Frontelet, bandeau de religieuse.

Frontiere, façade, ornement du front.

Frontoyer, côtoyer.

Frontueusement, hardiment, avec effronterie.

Fronx, troupeau. Duc. v. *frotta.*

Froqueur, froquier, ouvrier qui répare les routes.

Frosser, bâtir sur le *fros* ou terrain public inculte. v. FRO.

Frosterie, foresterie, droit sur les forêts.

Frouchine, servante de cuisine ; all. *frauchen,* diminut. de *frau,* femme.

Froumage, fromage. v. FORMAGE.

Froumenté, vin froumenteit, vin de cens et rente. Duc. v. *frumentaticus.*

Froumigerie, espèce de bouillie.

Frouste, froustis, froux, terre inculte. v. FRO.

Froyre, meubles, ustensiles.

Fru pour **feru,** frappé. v. FERIR.

Frucherie, fruiterie.

Fruier, produire des fruits.

Fruisser, fruissier, froisser, rompre.

Fruitage, toute espèce de fruits.

Frum (nous), nous ferons.

Frumal (fremail), boucle, agrafe.

Frume, mine, contenance.

Frumeté pour **fermeté,** forteresse ; **frumure,** prison. v. FERTÉ.

Frunche, ride ; **frunchier,** froncer, rider. v. FRONCE.

Fruste, reste ; **frusquin,** reste de patrimoine ;

Frusté, effacé, raturé.

Fruttuaire, usufruitier.

Fu, fuc, face, fuus, fuz, feu ; lat. *focus .*v. FOC.

Fu, il fut.

Fuee, fuie, fuite ; lat. FUGA.

Fudos, nom du feu de la Saint-Jean.

Fuedal, émouchoir, chasse-mouche.

Fuell, fuel, fuil, feuillet, lettre.

Fuellioler, s'élancer dans les airs.

Fuelles, espèce de pioche.

Fuelles, épines, broussailles, menu bois sec.

Fuellie, feuillée.

Fuer, feor, feur, fuor, fuur, prix, valeur. v. FEUR.

Fuer, mettre à prix.

Fuer, fuir, chasser.

Fuerre, ferre, forreial, forreiau, gaîne, fourreau ; **fuerre,** paille, fourrage ; **aler en fuerre,** aller fourrager ; bas lat. *fodrum ;* anc. h. all. *fuotar.*

Fuers, hors, dehors. v. FORS.

Fuel, il fouit. v. FOIR.

Fuet, faible, menu.

Fuete, fosserée.

Fueté, feauté, serment fait au seigneur.

Fui, je fus.

Fuildre, foudre.

Full, fuile, feuille ; **fuillir (se),** se couvrir de feuilles ; **fullie,** feuillée.

Fuils, fuis, fuiz, fils.

Fuir, creuser ; fouir ; lat. *fodere.*

Fuiret, fuiron, furet ; **fuireteur,** celui qui a soin de ces animaux ; **furiller,** fureter.

Fuisie, physique, médecine.

Fuison, quantité, foison ; **fuisoner, fuisonner,** abonder, suffire ; lat. *fusio.*

Fuiste, fuite ; **fuitif,** fugitif ; **venir à fuistes,** venir se réfugier.

Fuiter, mettre en fuite.

Fule, troupeau. v. FOLC.

Fulcir, affermir, assurer ; lat. *fulcire.*

Fulun, foulon.

Fulee, gâteau feuilleté.

Fulve, fauve.

Fulz, troupeau. v. FOC.

Fum, fun, fumée ; **fumaige,** redevance levée sur chaque cheminée ; **fumee,** colère.

Fumere, fumée ; **fumeril, fumery,** cheminée, tuyau de cheminée ; lat. *fumus.*

Fumiere, funchide, trou à fumier ; lat. *fimus.*

Funaius, funeiaus, cordages, câbles ; **funne,** lieu où on les fait ; lat. *funis.*

Funde, fronde ; **fundeier,** jouer de la fronde.

Fundre, détruire de fond en comble.

Furcel, fourche. v. FORCE.

Furcher, foullier, chercher.

Furer, dépouiller.

Furger, fourgonner, remuer avec une perche ; **furgir les ongles,** couper ou nettoyer les ongles. Duc. v. *furgo.*

Furgir, fournir.

Furgon, fourgon, ustensile de four.

Furine, maladie de cheval. Duc. v. *furina.*

Furiorité, furiosité, fureur, folie, furieuse.

Furmage, fromage.

Furmeire, créateur.

Furment, froment.

Furnir, fornir, fournir, garnir ; teut. *warrien* ; b. lat. *vuarnire* ; ang. *to furnish,* **voie furnie,** voie pavée.

Furre, paille. v. FOUERRE.

Furrelique, petite monnaie.

Furrer, fourreau. v. FORRE.

Furt, furture, vol, larcin, exaction.

Fusciau, fuseau, bois d'une flèche ; **fuselier,** faiseur de fuseaux.

Fuse, espèce de mouche.

Fusee, sorte de bâton.

Fusicien, médecin.

Fusse, soufflet. Duc. v. *fussina.*

Fust, fus, fuz, bois, fût ; **fuste,** poutre ; **fuster,** abattre du bois, saccager, piller ; fustiger ; **fustage,** ouvrage de bois ; **fustaillerie,** marchandise de futailles ; **fustaillier,** tonnelier, faiseur de futailles ; **fusterie,** place au bois ; **fustier,** charpentier ; **fustive,** fait de bois ; lat. *fustis.*

Fustaine, fustaingne, vêtement de futaine. Duc. v. *fustana.*

Fustereau, nacelle, petit bateau.

Fut à fat, mesure rase.
Faur, prix. v. FUER.
Faye, colombier.

Fuyne, fourche. Duc. v. *fuscina·*
Fy, espèce de lèpre, maladie des bœufs,
terme de mépris,

G

Gaablier, gabellier, recèveur de la gabelle. Duc. v. *gablum.*

Gaaignier, gaenier, guaigner, gaignier, gainner, cultiver, labourer, puis gagner, profiter.

Gaagnage, gaaignerie, ferme, métairie, gain; **pres gagnéaux,** prés ensemencés tous les ans; **gaaigneres, gaaigneor, gainur,** cultivateur; **gaignard,** voleur; **gaaig, gaaigne, gaaing, gaaïn, waing.** revenu, gain, butin; **gaaignaule,** labourable; ital. *guadagnare;* prov. *gazanhar;* anc. h. all. *weidanjan,* chasser, pâturer.

Gaaine, guaine, gaîne.

Gaant, géant. v. GAIANT.

Gab, gaberie, gabeis, gabet, gabatine, gabbemant, gabas, plaisanterie, raillerie; **gaber, gabuser,** railler; **gaberes, gabeor, gabuseur,** moqueur, dissimulé; scand. *gabba;* gall. bret. *goapa,* moquerie.

Gaban, sorte de manteau, caban; lat. *caput.*

Gabare, sorte de bateau. Duc. v. *gabarotus.*

Gabel, sarment de vigne.

Gabeler, lever l'impôt sur le sel.

Gabian, oiseau de rivière, plongeon.

Gabie, hune de vaisseau.

Gabiole, cage, prison. v. GAIOLE.

Gable, fronton, pignon d'une maison; bas lat. *gabalum;* bas all. *gabel;* angl. *gable;* all. *giebel.*

Gache, aviron.

Gacherte, terre gacherte, gachiere, gacquiere, guasquieres, jaschiere, terre non ensemencée.

Gachier, espèce de gros drap. Duc. v. *gachum.*

Gachil, guérite, espèce de fortification.

Gade, chèvre; all. *geiss;* ang. *gout.*

Gaeng, gain. GAAIGNER.

Gaf, gaffe, croc, crochet; angl. *gaff,* harpon.

Gafftellement, sorte d'enduit, de colle. Duc. v. *gafare.*

Gafue, endroit étroit et tortueux.

Gagie, gagerie, gagement, gaigement, engagement; **gageaille,** enjeu; **gagier, gager, ensgagier,** engager; **gagier,** dépositaire; **gagees,** bétail trouvé en délit; **gagere,** saisie, engagement.

Gagner, labourer; **gagnage,** fruit du travail; v. GAAIGNER.

Gagnon, cagnon, chien. v. GAIGNON.

Gagoncé, nom d'une pierre précieuse. v. JACONCE.

Gagui, gros et gras.

Gahin, l'automne, saison où l'on cueille les fruits appelés *gains.*

Gai, guai, wai, interj. malheur; lat. *væ.*

Gai, gay, gaiet, vif, alerte, geai.

Gaiant, jaiant, géant; **gaiande,** géante; lat. *gigas.*

Gaiche, gâche, aviron. v. GACHE.

Gaide, guède, pastel. v. WAIDE.

Gaif, gaive, chose égarée et qui n'est réclamée de personne ; b. lat. *vaivium, res vaiva ;* ang. *waif ;* all. *schweifen,* s'égarer.

Gaige, gage ; **gaigaille,** gageure, v. WAGE.

Gaignon, gainon, waignon, chien, dogue. v. CAGNON.

Gaillarde, sorte de monnaie.

Gaillart, gaillard, hardi. V. GALER.

Gaillofre, méchant cheval. Duc. v. *gallofero.*

Gaimenter, waimenter (se), s'affliger. V. GRAMENTER, GUAIMENTER.

Gaïn, waïn, regain.

Gaïne, gehenne, tourment.

Gainchir, détourner. V. GANCHIR.

Gaiole, gaole, jaole, cage, prison, geôle ; **gaiolier.** geôlier ; **gaioler,** caqueter (comme un oiseau en cage) ; lat. *cavea,* dimin. *caveola ;* bas lat. *gabiola, gayola.*

Gair, jeune garçon. V. GARS.

Gaire, guaires, guaures, guieres, geres, compte, souci ; lat. *cura ;* **n'a gaire,** naguère (il n'y a guère) ; **être gaires de,** avoir souci de.

Gairet, guéret. V. GARAIT.

Gais, gailis, guet, patrouille.

Gais, passage de rivière, gué.

Gais pour **gas,** plaisanterie. v. GAB.

Gaiste, guède, pastel. V. GUESDE.

Gaite, gais, guait, waite, guet, sentinelle ; **gaitier, gaiter, gueiter, waitier,** guetter, prendre garde, faire attention ; **gaite, gais, guete, waite,** celui qui fait le guet, sentinelle ; anc. h. all. *wahtên ;* angl. *to watch.* V. AGAIT.

Gaitreus, pauvre, misérable.

Gaive, chose égarée. V. GAIF.

Gaixon, son où il y a encore de la farine.

Gal, certain poids de laine. Duc. v. *galdum.*

Gal, gaus ; pat. norm. *jau,* coq ; lat. *gallus.*

Gal, galt, bois. V. GALT.

Galafre, nom donné à l'Algalife ou Calife.

Galan, galans, galon, parure ; **galander,** orner, embellir.

Galan, galans, galant, courageux ; gall. *goll,* force, vigueur ; irl. *gall ;* bret. *gallod.*

Galance, garance.

Galancier, églantier.

Galandir, garantir.

Galange, galloigne, sorte d'épicerie. V. GARINGAL.

Galapentin, épée, sabre.

Galatas, galetas.

Galatine, gelée de viande ou de poisson, gélatine.

Galavart, glouton ; esp. *galavardo.*

Galays, galois, épaves.

Galbanon, espèce de gomme parfumée ; **galbanoner,** nettoyer les vitres.

Galbe, partie antérieure du pourpoint.

Galcher, gaucher, fouler les draps. V. GAUCHER.

Galcheur, moulin à fouler les draps. Duc. v. *gauchatorium.* V. GAUCHER.

Gale, galerie, réjouissance, jour de fête ; **galois,** aimable, galant ; **galerie,** réjouissance ; **galer, galir, galler,** sauter, se réjouir, célébrer une fête ; **faire la galle,** se réjouir ; **galée,** assemblée.

Galecte, galette.

Galee, galesce, galiace, galie, vaisseau, galère ; **galliotage,** piraterie ; du lat. *galea,* casque, comme *galère* de *galera.*

Galemart, écritoire. Duc. v. *calamarium*.

Galer, **galerne**, vent du nord-ouest.

Galesse, du pays de Galles.

Galet, gorge, gosier.

Galet, silex, pierre.

Galet, arme de chasse.

Galet, jeu ; **galoire**, table pour le jeu des galets.

Galgue, **gaugue**, sorte de noix. v. GAUGE.

Galice, calice.

Galifre, grand mangeur.

Galinat, poulet ; **galine**, jeune coq ; **galinier**, poulailler.

Gallande, guirlande, couronne.

Gallices, chaussures, espèces de galoches.

Galloie, sorte de mesure de capacité.

Gallois, **galeois**, **galois**, aimable, gentil, gaillard. v. GALER.

Galos. galop ; **galoper**, galoper ; **les galopiaux**, au grand galop; goth. *klaupan*, s'élancer.

Galou, coquin, fripon. Duc. v. *galiator*.

Galouette, espèce de baril.

Galoy, droit seigneurial sur les biens de ceux qui ne peuvent tester.

Galoys, nom attribué à certains gendarmes.

Galrigache, **galvache**, vin de liqueur. Duc. v. *garnachia*.

Galt, bois, forêt ; all. *wald*.

Galvauder, poursuivre une affaire avec ardeur.

Gamaches, espèce de guêtres.

Gamaffrer, frapper, blesser. Duc. v. *gamacta*.

Gambage, **jambage**, droit dû au seigneur sur la bière. Duc. v. *camba*.

Gambaison, **jamboison**, **jamvison**, **gambeisure**, **gonbison**, **wambeison**, vêtement pendant sur les jambes, housse de cheval ; bas lat. *gambasio* ; anc. h. all. *wamba*, ventre.

Gambe, **ganbe**, jambe ; **gambet**, **jambet**, croc-en-jambes ; **gambaier**, **gambadir**, **gambeter**, sauter, se divertir ; **gambiere**, armure des jambes ; **gambaron**, ayant les jambes courtes et grosses (sobriquet donné à Robert duc de Normandie, dit aussi Courteheuse).

Game, pierre précieuse, gemme.

Gamel, **gamele**, sorte de vaisseau, ustensile de cuisine.

Gamenter (se), se plaindre. v. GUAIMENTER.

Gamion, camion.

Gamite, fourrure de chamois ou de daim.

Gammare, crabe de mer.

Gan, gain. v. GAAGNER.

Ganache, **ganasse**, **garnache**, grosse mâchoire ; lat. *gena*, joue.

Ganache, **gaunache**, vêtement de paysan ; bas lat. *gaunacum*. v. GONE.

Ganche, **guanche**, adresse, subtilité, détour ; **ganchir**, **gauchir**, **guenchir**, **guencir**, se détourner, esquiver, éviter avec adresse ; **guenchissant**, adroit ; **faire guenche**, abandonner ; anc. h. all. *wankjan*, *venkjan*, céder, se retirer.

Ganchier, gantelet.

Gandir, **gandiller**, s'échapper, se sauver ; **gandee**, fuite, déloyauté ; all. *wenden*.

Gane, **ganet**, jaune.

Gane, **ganne**, **ganelon**, **ganilon**, **wanelon**, traître, parjure. v. ENGAIGNIER.

Ganeon, débauché, habitant d'une petite maison.

Gangle, raillerie ; **gangler**, babiller,

railler; **gangleor**, menteur. v. JAN-
GLE.

Gaagner, cultiver, labourer, faire valoir. v. GAAGNIER.

Ganguil, sorte de filet.

Ganive, ganivet, ganivot, canif,
couteau ; **ganivier**, coutelier. v. CA-
NIVEL, CNIVET.

Ganneau, qui peut être labouré. v.
GAAGNIER.

Ganote, vêtement à placer sur le haubert.

Gans, ganse, gaunte, oie, canard ;
all. *gans* ; angl. *goose*.

Gant, want, gant, gage ; **gantex**,
gantier.

Gante, jante.

Gantier, chantier. Duc. v. *ganta-
rium*.

Gaole, prison ; **gaolier**, geôlier. v.
GAIOLE.

Gap, fraude, tromperie. v. GAB.

Gar, gard, jardin. V. GARDIN.

Garait, garet, guaret, gueret,
champ dépouillé de ses fruits.

Garande, gîte du cerf.

Garanne, warenne, vivier, garenne;
garannage, droit de garenne.

**Garant, guarant, warant, gue-
rent**, protecteur, chef, seigneur;
garandir, garantir ; **garandie**,
guarantison, garantage, garantie ; anc. h. all. *warén*, protéger, garantir. v. GARER.

Garas, broussailles, menu bois.

Garbe, guerbe, gaibe, contour,
gracieux ; ital. *garbo*, agrément ; anc.
h. all. *garwi*, ornement.

Garbe, jarbe, gerbe ; **garbage**,
droit de gerbes ; **garber, garbe-
jer**, voler des gerbes ; anc. h. all.
garba.

Garbos, garboz, garbouteau,

espèce de petit poisson. Duc. v. *gar-
bola*.

Garbouil, garbouillement, trouble,
dispute. v. GRABOUIL.

Garbum, vent de sud-ouest. Duc. v.
garbinus.

Garchas, gué.

Garchon, garchun, garçon. v. GARS.

Gard, jardin.

Garde, dommage, crainte, danger. v.
GARDER.

Gardelende, sorte d'habillement.

Garder, guarder, warder, regarder, et, par extension, veiller sur quelque chose, la garder, la défendre ;
se garder d'un danger, c'est y penser,
y regarder ; **garde** signifie aussi un
danger, une chose que l'on regarde.
dont on se garde ; **gardein, gar-
deor**, garde ; **gardaine**, gardienne;
gardeur, tuteur ; **gardier, gar-
doien**, sujet au droit de garde.
AGARDER, ESGARDER ; anc. h. all.
v. *warten*.

Gardin, jardin, verger ; **gardenier**,
jardinier. all. *garten* ; angl. *garden*.

Gardoner, médire. Duc. v. *gardo*.

Gare, garet, garez, jarret.

Gare, garel, de diverses couleurs.

Garel, gareau, gareus, boiteux ;
lat. *varus*.

Garer, guarer, observer, prendre
garde, garantir, guérir. v. GARIR.

Garet, guéret ; **garetier**, labourer un
guéret ; **garez**, le temps de la moisson.

Gargate, gargaite, gargeton, gosier ; **gargoner**, parler du gosier,
jargonner.

Gargau, ouverture d'un tonneau.

Gargoile, garguel, jarguel, gar-
gouille, tuyau, égout d'un toit ; lat.
gurges.

Garie, chêne.

Garier, guerroyer. v. GUERIER.

Garillant, terrain bourbeux.

Gariment, garantie v. GARANT.

Garingal, sorte d'épice ou de plante odoriférante.

Garir, **guarir**, **warir**, **gaurir**, **guaurir**, préserver, racheter, sauver, garantir; **garieur**, caution, répondant; **il garra**, il guérira, il garantira; **gareson**, **gariol**, barrière; **garison**, garantie, provision; **garite**, guérite; **gariter**, faire des guérites; goth. *varjan*; all. *wehren*, défendre. v. GARER.

Garlande, guirlande, couronne; bret. *gwir*, courbé (chevallet): anc. h. all. *wiara*, couronne (Frisch).

Garmenter, se plaindre. v. GUAI-MENTER.

Garmier (se), se gourmer.

Garnir, **guarnir**, **warnir**, avertir, prémunir, instruire; **garnache**, manteau; **garnement**, **garniment**, vêtement, armure, ornement; **garnesture**, **garnison**, provision; **se garnir**, se mettre en sûreté; **garni**, riche; anc. h. all. *warnôn*; angl. sax. *warnian*; all. *warnen*.

Garoes, temps de la moisson. Duc. v. *garrigua*.

Garol, **garoul**, **garlox**, **garal**, **garwal**, (loup) garou, homme-loup; **garouage**, lieu de débauche; angl.-sax. *werewolf*; bas lat. *gerulfus*.

Garpir, abandonner. v. GUERPIR.

Garrat, fagot, bourrée.

Garre, **garreau**, vache ou bœuf de deux couleurs; lat. *varius*. v. VAIR.

Garret, jarret.

Garr, jambe; garrot de cheval, partie du corps au dessous de la jambe; ital. *garretto*; bret. *gar*, *gara*, jambe.

Garriges, **garrigues**, terres incultes.

Garrot, **garreau**, **guarot**, gros bâton, dard. Duc. v. *quadrellus*. v. CARREL.

Garrus, nom d'arbre, houx.

Gars, **garz**, **garson**, **garchun**, garçon, jeune homme; **garcunchel**, **garchunct**, petit garçon; **garchunlere**, femme débauchée; **garser**, courir les femmes. Ital. *garzone*; esp. *garzon*; b. lat. *garcio*; prov. *guars*, *guarzon*; pourrait venir du bas breton *gwerc'h*, jeune fille. Le français, *garce*, pris d'abord en bonne part et devenu plus tard une qualification injurieuse. Diez le tire du latin *carduus*, origine des mots *garzo*, *garzuolo*, cœur de chou; **garzocu**, bouton de vigne; **garzon**, laiteron: tous dérivés du latin *carduus*.

Garsoil, gosier.

Gas, ruine, dévastation. v. GASTER.

Gas, gâteau. v. GASTEL.

Gas, moquerie. v. GAB.

Gasche, **gaschis**, aviron, rame. Duc. v. *gachum*.

Gascher, **gaschier**, tacher, souiller; **gaschie**, **waschie**, tache; **gascher**, **gaschis**, **waschis**, cloaque; all. *waschen*.

Gaschiere, **gasquiere**, jachère; **gasquierer**, mettre une terre en jachère.

Gaser, **gasiller**, **gaziller**, jaser, babiller.

Gasteboise, terme de la fabrique des monnaies.

Gastel, **gastiel**, **gastiax**, **wastel**, gâteau; bas lat. *gastellum*; bret. *gwastel*; **gastellerie**, droit sur la vente des gâteaux; **gastellier**, pâtissier.

Gaster, **guaster**, **gastier**, piller,

perdre, dévaster, ravager ; **gaster sa peine**, perdre sa peine ; **gast**, dévastation ; **gaste, gnaste, waste**, inculte, solitaire ; **gastement**, ravage, perte ; **gastin, gastine, wastine**, désert ; lat. *vastare*.

Gaste-samis, étoffe de soie.

Gasteur, garnisaire.

Gastier, sergent gastier, messier.

Gastine, désert. V. GASTER.

Gaston, bâton. V. BASTON.

Gastrer, mettre en culture.

Gate, jatte.

Gatoiller, chatouiller. V. CATILLER.

Gau, gaux, moulin à fouler les draps. V. GAUCHER.

Gaubeson, sorte de vêtement V. GAMBOISON.

Gauce, gaus, gousse ; **gauce aillie**, gousse d'ail.

Gauch, souci des champs.

Gaucher, gâcher. V. GASCHIER.

Gaucher, fouler les draps ; **gauchoir**, moulin de foulon. anc. h. all. *walchan*. V. GALCHER.

Gaucourte, (gone courte), sorte d'habillement.

Gaud, joyeux. V. GAUDIR.

Gaud, gaude, gaudine, bosquet, parc, jardin. V. GALT.

Gaudin, fable, chanson gaillarde.

Gaudir, gaudeir, gaudoier, se réjouir ; **gaudence**, réjouissance ; **gaudisiere, gaudiscor, gausseur**, bon vivant. V. *gaudere*.

Gauge, étranger ; **nois gauge**, noix exotique. anc. h. all. *walah*.

Gauge, bêche.

Gaune, jaune. V. JALNE.

Gaule, verge, baguette ; **gaulit**, taillis.

Gaule, impôt, taille, ce que l'on paie à son seigneur à titre de protection.

Gault, gaut, bois, forêt ; **gaultier**, bûcheron ; **gaultrer, gautrer, gaulter**, courir çà et là, voler, tromper. V. GALT.

Gaune, jalne, jaune; ital. *giallo;* ang. *yellow*.

Gauplumé, mal peigné.

Gauppe, femme débauchée ; **gaupinet**, fainéant, paresseux.

Gaus, hibou.

Gaus, coq V. GAL.

Gausle, machine à tirer de l'eau.

Gaute, joue, mâchoire.

Gavardine, habit de dessus.

Gave, trou, cave.

Gave, gavet, gaviete, gavion, gaviot, gosier.

Gave, sable, grève.

Gavel, gaveu, sarment, javelle.

Gaveler, chasser, découper ; **gavelle, gavelis**, découpure, morceau.

Gaveler, resserrer, ramasser.

Gaveler, mettre l'impôt sur le sel. V. GABELLER.

Gavelot, gaurlot, gavelos, javelot.

Gay, jay, gai, joyeux (nom donné par suite au geai) ; **gayerie**, divertissement, plaisir.

Gay, gayf, abandonné ; **gayable**, saisissable. V. GAIF, GAIVE.

Gayard, croc, crochet.

Gayer, egayer, abreuver, laver.

Gayn, gain, blé, automne. V. GAIN.

Gaynier, labourer. V. GAAGNIER.

Gayole, prison. V. GAIOLE.

Gaz, plaisanterie. V. GAB.

Gazai, gajai, fermier, métayer ; **gazaille, gajaille**, bail.

Gazi, testament ; **gazier**, exécuteur testamentaire.

Gaziller, causer. V. GASER.

Ge, je ; **ges**, je les.

Gebier, gibier.

Geeter, gieter, jeter.

Gee, giest, ghez, ghie, levure de bière.

Geer, aller à gué.

Geet, giez, jet, jeton.

Geet, ges, gest, giez, lacet, filet, bordure.

Gehene, gehaëne, gehine, gêne, tourment; **gehiner, geheingner, gehener,** tourmenter, donner la question.

Gehir, confesser; anc. all. *jahen,* affirmer.

Geindre, geimbre, giendre, gémir, se plaindre.

Geir, coucher; **geiste,** gîte. v. GÉSIR.

Geis, geiz, répartition. deniers, calcul. v. GEET.

Gelde, gesde, geude, gueude, geldon, geudon, compagnie, société; angl. sax. *gild.*

Geldiere, espèce de lance.

Geleyde, gheleide, guelay, sauf-conduit.

Geline, poule; **gelinier,** poulailler; **gelinage,** redevance payée en poules.

Gelle, mesure de capacité.

Geloingnie, geloinie, mesure pour les grains ou pour le sel. Duc. v. *galo.*

Geloser, jalouser.

Gelosie, jalousie; ital. *gelosia;* lat. *zelum.*

Gembe, jambe. v. GAMBE.

Gemblet, gimblet, guimblet, vrille, foret. v. GUIMBELET.

Geme, poix ou goudron; **gemer,** frotter avec de la poix.

Geme, gemme, pierre précieuse; **geme,** orné de pierreries.

Gemmant, gémissant.

Gemme, gouvernante d'une jeune fille. Duc. v. *gemmades.*

Gen, genne, marc de raisins. Duc. v' *gen.*

Gencer, orner, embellir, agencer.

Genceor, joli, agréable. v. GENT.

Gendre, genre, race; **gendrer,** engendrer; lat. *generare.*

Gene, genne, jeune; lat. *juvenis;* **genure,** plus jeune; lat. *junior.*

Geneal, gencaus, tireur d'horoscope.

Genccier, étui, gaîne.

Geneivre, genévrier; lat. *juniperus.*

Genelle, sorte de fruit sauvage, prunelle.

Geneschier, genissier, genissieu, sorcier, enchanteur; **genoche,** sorcière. Duc. v. *genitialii.*

Genestaire, sorte de lance.

Geneste, genette, espèce de fouine.

Genest, genestre, genestays, genêt; **champ genistre,** champ de genêts.

Genest, genet, cheval d'Espagne.

Genitaires, genitilles, génitoires.

Genitin, nom donné à un vin d'Orléans.

Genitris, mère; lat. *genitrix.*

Genever, janvier.

Genevois, Génois.

Gengle, vanterie, orgueil; **gengler,** jouer, folâtrer; **gengleres, gengleor,** farceur, bateleur; **genglois,** tromperie, v. JANGLER.

Genice, génisse; lat. *junix.*

Genieus, ingénieux.

Genoche, sorcière. v. GENESCHIER.

Genol, genoil, genuil, genoal, genillon, genoillon, genouillon, genou; **genoiller, genoler,** s'agenouiller; **genolliere,** genouillère.

Genoufriere, giroflée.

Gensemil, jasmin.

Gens, gent, gentien, beau, poli, gracieux ; **gencor, gensor,** plus gentil ; **gentelesse, gentilise,** noblesse, action gracieuse ; **gentement,** gracieusement.

Gent, gant, gage. v. WANT.

Gente, jante.

Gente, oie. v. GANS.

Genus pour **chenus,** vieux. v. CANU.

Geo, je.

Gepte, taille, impôt. Duc. v. *gita.*

Ger, gers, oison, jars.

Gerbie, sorte de lance. javelot.

Gerbier, amas de gerbes ; v. GARBE.

Geredon, gerredon, récompense. v. GUERREDON.

Gere, gerre, guerre.

Geres, guère. v. GAIRE.

Geret, jarret. v. GARET.

Gergerie, mauvaise herbe, ivraie. Duc. v. *zizanea.*

Gergon, jargon.

Germe, jeune brebis qui n'a point encore porté. Duc. v. *germgia.*

Gerner, germer ; lat. *germinare.*

Gernier, grenier. v. GRANIER.

Gernon, moustache. v. GRENON.

Geron, gerum, giron, partie de vêtement, tablier, sein, côté ; **geroné, gironné,** terme de blason ; ital. *gherone* ; esp. *giron* ; anc. h. all. *géro,* de *gér,* épieu, lance, à cause de la forme du pan d'habit qui était à la ceinture (Grimm).

Geronnée, autant qu'un giron ou tablier peut contenir.

Gerouwaide, dévidoir. Duc. v. *gigilla.*

Gerpir, quitter. v. GUERPIR.

Gerrier, guerrier ; **gerriere,** guerrière.

Gerromet, serviteur. v. GROMET.

Gerir, guérir. v. GARIR.

Gery, nom d'arbre.

Ges, je les ; **ges, gees, gies,** lien pour attacher les oiseaux de proie. v. GET.

Ges, gez, gai.

Gese, espèce de dard, de pique.

Gesillon, gazouillement.

Gesir, jesir, gisir, être couché ; **gesine,** couche, tanière ; **gesu,** couché ; **gessine,** cérémonie des relevailles.

Geskerech, le mois d'août. Duc v. *garrigua.*

Gesque, jusque. v. DUSQUE.

Gesse, espèce de légume. Duc. v. *gessia.*

Gesse, gouttière. Duc. v. *gessum.*

Geste, race, lignée, histoire, chronique.

Gestre, ébène.

Get, plur. **ges,** courroie avec laquelle on *jette* l'oiseau après le gibier ; **geter,** jeter ; **getoier, getouoir,** jeton ; **getoire,** pelle de bois ; **gettaison,** action de jeter ; **gette,** redevance ; **getter,** faire la répartition de l'impôt. Duc. v. *gita, gitare.* v. GITER.

Geu, lien, joug ; lat. *jugum.*

Geu, jeu ; lat. *jocus.*

Geü, couché, v. GESIR.

G'eu, j'eus

Geude, société ; **geudon,** compagnon. v. GELDE.

Geule, bouche, guenle. v. GOLÉ.

Geun, jeun ; **geuner,** jeûner.

Geurle, corbeille à deux anses, du lat. *gerulus,* porteur.

Geus, Juif.

Geuse, gorge, gosier.

Geust, geut (il), il coucha. v. GESIR.

Geyndre, plus jeune, nom donné au principal garçon d'un boulanger ; lat. *junior.*

Gewir, être enterré. v. GESIR.

Geys, gis, gypse, plâtre.

Ghaskerer, labourer.

Gheuchir, guenchir, se détourner, esquiver. v. GANCHIR,

Gherpir, abandonner, délaisser. v. GUERPIR.

Gheude, société, confrérie. v. GELDE.

Ghille, supercherie. v. GILE.

Ghisarme, sorte d'arme. v. GUISARME.

Ghisele, ôtage.

Gibacier, gibecier, bourse, gibecière. v. GIBE.

Gibe, gibbe, gibault, sorte de pioche, instrument aratoire.

Gibelet, giblet, gimbelet, guimblet, espèce de pâté, de gibier.

Giber, gibecer, gibeer, aller à la chasse, giboyer, se débattre, s'agiter, lutter. v. REGIBER.

Gibet, espèce de fronde. Duc. v. *gibetum.*

Gibolees, giboulées.

Gibout, giboust, bossu; lat. *gibbosus.*

Gié, giet, giest, gietz, jet, source.

Giens, gieres, guère.

Giens, famille. v. GENS.

Gieraucie, hiérarchie, les chœurs ou ordres des anges.

Giere, g'iere, j'étais, je serai.

Gieres, ainsi, donc.

Gierre, guerre.

Gieser, dard, pique.

Giesir, être couché. v. GÉSIR.

Gieu, giu, jeu.

Giez, seuil d'une porte, saillie, avance.

Giffe, gifle, joue, soufflet sur la joue; **giffard, gifflarde,** qui a de grosses joues. v. GIFFARDUS.

Gigante, truffe.

Gige, gighe, gigle, gigue, instrument de musique, espèce de danse; **gigueor,** joueur de gigue; **giguer,** courir, gambader.

Gigue, grande fille maigre.

Gigimbre, gingembre.

Gigneus, gignos, intelligent, adroit. v. ENGIEN.

Gii, jeudi.

Gii, Giif, les Juifs.

Gilbe, instrument de labour. v. GIBE.

Gilde, communauté, confrérie. v. GELDE.

Gile, gille, supercherie; **giler, giller,** tromper, duper; **gilleor,** trompeur, hâbleur. v. GUILE.

Gimbert, persil.

Gimblas, gaule, houssine.

Gimblet, guinblet, vrille, foret. bret. *gwimeler;* irl. *gimeleid;* écos. *gimleid.*

Gimple, guimple, espèce de voile pour les femmes, de turban pour les hommes, puis cornette d'étoffe attachée à une lance.

Gimpler, guimpler, se couvrir la tête; anc. h. all. *wimpel.*

Gin, racine, sillon.

Gine, gêne, instrument de supplice. v. GEHENE.

Ginet, peu à peu.

Gingasse, fiche, petit clou.

Gingeole, jujube.

Gingives, gencives; lat. *gingiva.*

Ginguet, faible, de mauvaise qualité; **vin ginguet,** vin aigre.

Gipe, gippon, jupon; **gipponier,** tailleur.

Girbon, motte de gazon.

Gire, être couché. v. GÉSIR.

Gires, douleurs de l'enfantement.

Girer, giroyer, tourner, virer.

Giron, habillement, tablier, enceinte, sein, poitrine. v. GERON.

Girvie, sorte d'arme, lance. Duc. v. *gieverina.*

Gisarme, guisarme, sorte de hallebarde. v. GUISARME.

Gisclar, gisclet, loquet de porte.

Gise, guise, façon, manière.

Gise, aiguillon à bœufs.

Giterne, espèce de guitarre. Duc. v. *guiterna.*

Gister, giter, être couché.

Giter, jeter; **giteis,** jet; **gitteur,** jeteur. v. GET.

Gius, Juif.

Gius, jeu; **gius parti,** pièce de vers offrant une alternative.

Giuste, juste; **gius, giuste,** juste mesure de capacité.

Givee, flotte de bois.

Giz, gypse, plâtre; bas bret. *gyp.*

Givre, guivre, serpent. v. VIVRE.

Glacher, glachier, glacoier, glisser, détourner un coup; **glachon, glacon,** toile fine, sorte d'habit militaire, d'armure.

Glacoir, glassouer, égout. v. GLASSER.

Glager, joncher, répandre.

Glaiol, glaiolais, glaie, glaiaire, glay, glaïeul; lat. *gladiolus.*

Glain, glaine, glave, glesve, glaive; **glainclot, glaivelot,** petit glaive.

Glaine, glenne, glane, gerbe; **glainer, glesner,** glaner; **avoir glanne,** avoir le droit de glaner; avoir quelqu'un dans sa glanne, en être le maître.

Glaive, gleive, massacre, douleur, frayeur.

Glandure, espèce d'ornement.

Glaon, glouon, glaïeul; v. GLAIOL.

Glaon, brins de bois propres à faire des corbeilles.

Glas, glais, glat, glap, cris confus, comme de trompettes, plus tard son de cloches; prov. *clas;* ital. *chiasso;* lat. *classicum.*

Glas, glaive, poignard. v. GLAVE.

Glason, guazon, gazon; **glasoneux,** lieu où croît le gazon.

Glasser, glisser, couler; **glassoir, glassouer,** conduit pour faire écouler l'eau.

Glasset ou **graisset,** grenouille; lat. *rana viridis;* gall. *glás;* bret. *glaz,* vert; irl. et éc. *glas.*

Glatir, aboyer; **glat, glatissement,** aboiement, cris confus. v. GLAS.

Glau, glaïeul. v. GLAIOL.

Glaugiol, nom de poisson. Duc. v. *casseron.*

Glaus, sorte de plante, herbe au lait.

Glave, glesve, glaine, lance, pique; **glavelot, glaviot,** demi-lance.

Glay, cri confus. v. GLATIR.

Glay, verdure. v. GLUI.

Glays, instrument de musique.

Glazaus, glaïeul. v. GLAIOL.

Glé, loir. v. GLIS.

Gleisse, glese, terre glaise. v. GLISE.

Gleive, glesve, glaive. v. GLAVE.

Glenne, glenon, botte, gerbe; **glener,** mettre en gerbe. v. GLAINE.

Glete, ordure, pourriture, humeur, mucosité; angl. *gleet,* écoulement.

Glot, ver blanc qui se trouve dans la viande gâtée.

Gleton, gletteron, glouteron, bardane. Duc. v. *lappa.*

Glic, glicq, sorte de jeu de cartes. Duc. v. *glissis.*

Gliceau, peloton de fil.

Glichoir, glichouere, canal. v. GLASSER.

Glichy, plate-forme. Duc. v. *glatia.*

Glieyde, pivoine.

Glinser, glisser, couler.

Glioire, partie du harnachement.

Glis, gliton, loir.

Glise, glaise; lat. *gliceus,* de l'adj. *glis, glitis,* argile.

Glise, église ; **gliseur,** marguillier.

Glisse, gravier, sable. Dus. v. *glisseria.*

Gloc, gloe, bûche, poutre, menues branches d'arbres.

Glop, boiteux. v. CLOPS.

Glore, glorie, gloire, ciel ; **gloriex, glorios,** glorieux ; **glorier,** glorifier ; **gloriete,** petite chapelle ; **glos,** qualification donnée aux fils de rois. Duc. v. GLORIA.

Glos, glot, gloton, glout, glous, glouz, glouton, gourmand ; **parole gloute,** parole injurieuse ; **glotonin,** libertin ; **glotir,** engloutir, avaler ; **gloutenie,** gloutonnerie, débauche ; **glous,** égout ; lat. *glutire.*

Glouon, mesure de capacité. v. GLAON.

Glouper, tomber goutte à goutte ; **gioupe,** gorgée. v. GLOP.

Glui, glu, gleu, gluion, gluiot, gluy, gluyon, chaume, paille ; **gluier, gluyeter,** ramasser du chaume. v. GLENNE.

Gluyz, glu ; **gluyer,** gluer, coller.

Gnac, coup de dent.

Gnier, guigner, cligner les yeux.

Gob, gobbe, gobet, morceau, bouchée ; **tout de gob** (auj. tout de gô), tout d'une bouchée.

Gobe, goban, officieux, vaniteux, qui se goberge.

Gobe, gebelot, gobelet ; **gobeloter,** boire avec excès ; lat. *cupa,* coupe.

Gobelin, démon familier, lutin ; angl. *goblin ;* all. *kobold.*

Gobet, gobetee, coup de cloche donné par le battant et par intervalles.

Gobin, bossu ; ital. *gobbo ;* lat. *gibbosus.*

Gobisson, pourpoint. v. GAMBAISON.

Goceon, sorte d'habit de guerre. Duc. v. *godebertus.*

Goces, gocet, pupitre, colonne de lit.

Godale, sorte de bière ; angl. *good ale,* bonne bière.

Godandar, godandart, godebert, demi-pique ou longue javeline.

Goder, godailler, se livrer au plaisir ; **gode, godine** (gouine), femme de mauvaise vie ; kyrm. *god,* luxure.

Godon, godart, libertin, gourmand ; **godin,** mignon, gentil ; **godelereau,** godélureau.

Godine, brebis qui ne peut plus porter.

Godins, gaudins, brigands habitant les bois. Duc. v. *gualdus.* v. GAUD.

Goe, serpe. v. GOIE.

Goffe, de mauvaisse qualité, mouillé ; **goffement,** grossièrement.

Goffre, golfe ; all. *waffel.*

Goffre, gaufre.

Gogue, amusement, raillerie, mets friand ; **être en gogues,** être en goguette ; **gogaille,** repas joyeux ; **gogailler, gogayer,** se moquer, se réjouir ; bret. *gógé ;* gall. *gogan.*

Gohatereau, goîtreux. Duc. v. *gutturosus.*

Goheriaus, tombereau. Duc. v. *gostarium.*

Goie, goiard, goil, goisset, goiz, gouet, gouy, espèce de serpe. Duc. v. *goia, goyardus.*

Goie, joie ; **goir,** jouir ; **goiart, goions, goyart,** joyeux, enjoué ; ital. *gioia, gioioso ;* lat. *gaudium.*

Goignon, goujon, cheville de fer ou de bois.

Goir, jouir. v. ESGOIR.

Goire, goiran, oiseau appelé aujourdhui bondrée ; all. *geier.*

Goitron, gorge, gosier ; lat. *guttur.*

Gole, golle, gule, bouche, gueule.

Golence, petite mesure de grain.

Goliard, sorte de monnaie.

Goloier, manger gloutonnement.

Goliard, gouliart, goulart, goinfre, ivrogne ; **goliardie**, fausseté, tromperie, friponnerie ; bas lat. *goliardus.*

Golion, habit de guerre.

Gollee, collet d'un habit.

Golot, goulot, ravin, chemin creux.

Golouser, jalouser.

Gomer, petite monnaie, chose de peu de valeur.

Gomir, vomir ; **gomissement**, vomissement.

Gomme, paquet, ballot, nasse, où l'on conserve le poisson, le trou au-dessous de la roue extérieure du moulin. Duc. V. *gumma.*

Gonc, jonc ; **joncier**, joncher ; lat. *juncus.*

Gonc, gune, robe de moine ; **gonelle, gunele**, casaque, tunique ; écoss. *gun* ; gall. *gwn* ; irl. *gun* ; angl. *gown.*

Gonfanon, gunfanon, confanon, gonfalon, étendard, bannière ; **gonfanoyer**, porte-étendard ; anc. h. all. *gund, kund*, combat, et *fano*, angl. *fahne*, drapeau.

Gonfondre, confondre.

Gopil, renard. V. GOUPIL.

Gorc, gort, gorge, gouffre, canal ; **gorgier, gorgoier, gorgorier**, murmurer, gronder, railler, insulter.

Gorgueier, avaler une liqueur.

Gorgieur, goulu, gourmand ; **gorgias, gorgiasse**, glorieux, vaniteux.

Gorgialement, magnifiquement ; **gorgiasité**, vanité, parure.

Gorgere, gorgerain, gorgerete, gorgery, gorgias, tour de gorge, collerette de femme ; **gorgies**, gorgière, hausse-col ; **gorgiere**, coup de poing. lat. *gurges.*

Gord, stupide, engourdi ; bas lat. *gurdus* ; esp. *gordo.*

Gorgotha, Golgotha.

Gorle, gourle, bourse, sac de cuir ; **goriet, gorreau**, collier de cheval ; **gorlier, gourlier**, bourrelier ; **gorlez**, cornet à jouer aux dés.

Gorme, gourme, boue, saleté ; **eau gormie**, eau sale, eau stagnante ; **gormer, gourmer, gormander, gourmander**, manger immodérément ; **gormé**, goîtreux ; **se gourmer**, faire le gros cou, se rengorger ; **gourmader**, maltraiter.

Gorme, gourme, valet de chambre, groom. GROMET.

Gorpil, gorpiex, renard. V. GOURPIL.

Gorra, il jouira. V. GOIR.

Gorre, truie ; **gorin, gorron**, cochon ; **gorreau**, petit cochon, goret ; celt. *gor*, boue, saleté, fumier. v. GORME.

Gorre, nom de maladie.

Gorre, vanité, luxe ; **gorrier**, homme vaniteux ; **se gorrer**, se glorifier ; **gorrer**, rubans de nouveaux mariés.

Gorriau, collier de cheval.

Gors, gort, gorge, gouffre, golfe. v. GORC.

Gosce, gousse ; ital. *guscio*, milan. *gussa.*

Gosset, gousset, nom donné à une pièce d'armure couvrant le vide de l'aisselle.

Goster, gouster, goûter ; lat. *gustare.*

Gote, gute, gouste, goutte ; **goter, degoter**, couler goutte à goutte ; lat. *gutta.* V. ESGOUTER.

Gouais, gouays, goué, goys, espèce de raisin.

Gouays, armé d'une arme appelée goe. V. GOE, GOIE.

Goubeaut, gobelet, godet. v. GOBE.

Goudenart, javeline.

Goue, grotte, caverne.

Gouere, gougere, gouiere, sorte de pâtisserie.

Gouet, gouge, serpette. v. GOE.

Gouffart , gouffourt , gouffront, sorte de bâton ferré.

Gouffe, mouillé ; **gouffement**, grossièrement. v. GOFFE.

Gouffi, goulfi, enflé , orgueilleux, bouffi.

Goufre, goufle, golfe.

Goujard, gonjat, celui qui fréquente les gouges.

Gouge, servante, fille de mauvaise vie, v. GOGUE.

Gougon, cheville de fer.

Gouhourde, courge ; lat. *cucurbita*.

Goulafre, gouliard, goulous, glouton ; **gouliarder**, manger avidement ; **goulee**, grosse bouchée, rire démesuré ; **goulet**, ruisseau.

Goule, gouliere, poche, bourse.

Goule, commencement du mois d'août, *gula augusta*.

Gouldron, goudran, goultron, goudron ; arab. *al gatran*. Duc. v. *alquitranum*.

Gouleeur, mesureur, arpenteur.

Goulouser, jalouser, envier. v. GOLOUSER.

Goulpete, tromperie , renardie. v. GOUPIL.

Goume, gomme.

Gounelle, robe. v. GONE.

Goupil, goupieux, gourpil, verpil, woupil, renard ; **goupillage**, tromperie ; **goupiller**, tromper, poltronner ; **goupilleur**, fuyard, chasseur aux renards ; **goupillon**, queue du renard ; lat. *vulpex*.

Gourbaut, goinfre, glouton.

Gource, buisson, lieu couvert.

Gourdaine, gourdanne, instrument de pêche, barque élargie en forme de courge. v. GOUHOURDE.

Gourder , prendre quelqu'un à la gorge.

Gourdine, voile, rideau, courtine; lat. *cortina*.

Gourdine, grotte, lieu retiré.

Gourfels, instrument de pêche.

Gourfoler, gourfouler, battre, maltraiter, détruire.

Gourgiere, gourgerie, tour de gorge. v. GORGERIE.

Gourgie, blé d'automne.

Gourgon, trait, flèche.

Gourgouler, gourgousser, murmurer ; **gourgoux, gourgos**, querelle.

Gourgue, l'endroit où tombe l'eau après avoir fait tourner la roue du moulin.

Gourmander, pat. norm. *gournacher*, manger goulument. v. GORME.

Gourmet, valet. v. GROMET.

Gourmancien, devin, astrologue.

Gournal, gournaut, espèce de poisson de mer.

Gourpil, gourpille, renard. v. GOUPIL.

Gourrer, voler, tromper.

Gouspiller, gâter, gaspiller, houspiller.

Gousse, espèce de chien.

Gouster, goutoier, goûter ; **gouteis**, dégoût.

Gouterel, gouttière.

Gouteron, partie de l'armure qui couvrait le dessus de la gorge. v. GOITRON.

Goutiere, sorte d'ornement de lit.

Gouvion, goyon, goujon; lat. *gobio*.

Gouyaulx, morceaux de pâte grattés au pétrin.

Gouyer, goy, guiart, serpe.

Gouz, gouache, gouchon, chien.

Govente, jeunesse. v. JOVENTE.

Governer, gouverner ; **governer es governour, govreneres,** gouverneur.

Goy, gohier, goyart, boiteux.

Goy, gouc, gouyer, gros couteau, serpe ; bas lat. *goia* ; **goymeré,** sujet au travail de la serpe.

Goyer, gouier, débauché. v. GOUGE.

Goyr, jouir ; **goyvre,** jouissance. v. GOIR.

Graal, graax, greal, grasal, bassin, vase; prov. *grazal*; **saint-graal,** vase fameux dans les poëmes de la chevalerie ; **graal, graille, greal,** bâton pastoral, crosse.

Graanter, consentir; **graantement,** consentement. v. CREANTER.

Graarie, graierie, gruerie, propriété d'une partie de bois; **grayer, gruyer, verdier,** propriétaire ou garde d'une forêt ; anc. all. *gruo,* vert, verger.

Graatz, graaux, agréable, gracieux; **gracie, graiee, grasce,** grâce ; **gracier, grasier,** remercier; **graer,** agréer, plaire ; lat. *gratia,*

Grabeuche, grabouil, trouble, grabuge ; **grabeau,** discussion ; **grabeler, grabouiller, grabuger,** disputer; **grabeleur,** disputeur, observateur; all. *graben,* creuser.

Grac, groc, grai, grès, roc, rocher, celt. *cray,* pierre, d'où *craie* ; bret. *crae, krae,* rivage, grève.

Grael, graduel.

Grael, gril ; **graelier, graeillier,** griller. v. *graile.*

Grafe, graffe, griffe, stylet pour écrire, greffe ; **graffon,** crochet ; **grafier, graffier,** écritoire, greffier; **graffigner,** égratigner; lat. *graphium.* V. ESGRAFIGNER , ESGRAFER.

Graffilon, espèce de cerises.

Gragan, débris, restes.

Graier, faux, menteur.

Graier, garde ou propriétaire de bois. v. GRAARIE.

Graigne, graigneur, plus grand. v. GREIGNEUR.

Graigne, souci. v. GRAM.

Graigne, grain, graine.

Grail, graile, gril, grille ; **graaillier, graelier,** griller ; lat. *craticula.* V. GRAEL.

Graile, trompette, instrument retentissant ; **grailoier, graloier,** jouer de cet instrument.

Graile, corneille noire; **grailler** crier comme la corneille. Duc. v. *gracilla.*

Graile, graille, graele, greil, gresle, délicat, mince, grêle ; lat. *gracilis.*

Graindre, grelynor, plus grand, plus âgé ; **graindier,** accroître, augmenter; lat. *grandis.*

Graine, mal de tête, migraine.

Graine, écarlate, garance. Duc. v. GRANUM.

Graisset, gresset, grenouille verte.

Grambille, sorte de bière.

Gram, graim, grains, fâché, triste; **gramoier, gremoier, gremier,** affliger, attrister, gémir ; anc. h. all. *gram,* fâché, mécontent ; *gramjan,* irriter.

Gramaire, gramere, grammairien.

Gramenter, se plaindre. v. GUAIMENTER.

Gramment, grantment, grandement v. GRANT.

Grance, grince, bois de lit.

Grance, granche, grange; **gran-geage,** droit sur les granges.

Grangerie, métairie; **grangier,** métayer.

Granche, jeu de dés.

Grancrenelle, nom d'une antienne de l'office de la Nativité de la Vierge.

Grandité, grandeur.

Grane, grain, graine; **granier,** grenier.

Granequin, sorte d'arbalète. V. CRA-NEQUIN.

Granier, trémie du moulin **(le fust granier);** lat. *granarium.*

Granier, grenier; lat. *granarium.*

Gransonner, murmurer. V. GRAM.

Grant, granz, grand; **graindre, greigneur,** plus grand; **grandime,** très-grand; **grant sire,** grand-père; **grandeiche, grandesce, gran-dité, grandur,** grandeur.

Grant, gré, volonté, cession de biens; **granteis,** créance; **granter,** accor-der; **granteur,** donateur. V. GRAAN-TER.

Granne, croc, crochet.

Graphier, greffier. V. GRAFE.

Grapeus, sale, dégoûtant.

Grapier, ce qui reste du blé après qu'il a été nettoyé.

Grapper, vendanger; **grappeur,** grapilleur.

Grarie, droit sur un bois. V. GRAARIE.

Grasal, grazal, sorte de vase. V. GRAAL.

Grasbouc, grashouc, veau gras, cri des bouchers de Paris.

Graset, graisse, huile; **grasier, graissier, grachier,** marchand de graisse, **gras humé,** bouillon gras. V. CRAS.

Grasier, grasir, grazir, grateler, graticuser, faire grâce, remercier, agréer.

Graspeis, graspois, gros poisson. V. CRASPOIS.

Grassat, baquet.

Grat, gré; **de grat,** gratuitement.

Grater, gratter; **gratuser,** égrati-gner; all. *kratsen;* suéd. *kratta.*

Grateine, ratière, souricière.

Gratisse, gratuise, gratuiseur, graturse, bourre, espèce de mau-vaise laine; **gratue,** râpe.

Grave, grève; **gravel, gravage, graver,** gravier, gros sable. V. GRAE.

Gravelot, javelot. V. GAVELOT.

Graverie, charge, corvée; **grave-rend, gravereux,** percepteur, pré-posé aux corvées.

Grave, officier supérieur; all. *graf.*

Graveure, fente, crevasse, gravure; all. *graben.*

Graule, corneille noire. V. GRAILE.

Graunter, accorder; garantir. V. GRA-ANTER.

Grax, griffes, ongles. V. GRAFE.

Gred, gré; **greer,** consentir, agréer; lat. *gratia.* V. GRAER.

Greel, graduel. V. GRAEL.

Greffane, noix ayant une coque très-dure.

Grege, gregos, difficile, nuisible.

Gregeois, grezois, grigeois, grec. V. GREU.

Grefve, peine, grief. V. GRIEF.

Grefve, le gras ou l'armure des jam-bes. V. GREVE.

Gregier, grever, peiner; lat. *gravare.*

Gregneur, greigneur, greindre, plus grand. V. GRANT.

Greil, gril. V. GRAEL.

Greille, instrument de musique; **greillets,** boucles d'oreilles. V. GRAILE.

Greins, fâché. V. GRAM.

Greis, volonté, gré. V. GRED.

Greislier, griller. v. GRAEL.

Grei, bourgeon.

Grement, grièvement; lat. *gravi mente.*

Gremir, gémir. v. GRAM.

Grenet, grenat.

Grene, grenete, marché aux grains. v. GRANE.

Grener, germer.

Grenier, glandée, saison des glands.

Grenier, banne, toile grossière.

Grenon, guernon, moustache, barbe; anc. h. all. *grâni.*

Greoce, greoche, pie-grièche.

Grepe, crèche, mangeoire; ital. *greppia*; all. *krippa.* v. CREBE.

Gres, grave, pesant. v. GRIEF.

Gres, degrés, pas, allure; **gresser,** poursuivre; lat. *gressus.*

Gresilli, gresillé.

Gresiller, écraser, mettre en pièces.

Gresillon, grillon.

Gresillons, menottes de fer.

Gresle, trompette. v. GRAILE.

Gresle, grêle.

Gresois, Grec; **gresse,** Grèce. v. GREGEOIS.

Gresse, graisse; **gressin,** marchandise.

Gresset, grenouille verte. v. GRAISSET.

Greu, griu, grius, Grec. v. GREGEOIS.

Grevais, triste, grave.

Grevaz (saint), le mardi gras.

Greve, cheveux partagés sur le haut de la tête.

Greve, gravier, sable.

Greve, grevette, grevine, bottines, armure des jambes.

Grevels, greveus, grevos, pesant, pénible; triste. v. GRIEF.

Grever, griever, griefver, grieter inquiéter, courroucer, nuire; **greveusement, griement,** triste-ment, d'une manière incommode.

Grevier, canal, conduit d'eau; lat. *graverium.*

Greullon, instrument pour cerner les noix.

Greunier, grogner; lat. *grunnire.*

Greuse, plainte, gémissement.

Griage, droit sur les bois. v. GRUAGE.

Grieche, griesche, grieté, charge, redevance, ennui. v. GRIEF.

Grief, gries, fém. **grieve, greve,** pénible, dangereux.

Grifon, grifau, griffon; lat. *gryphus*; **grifaigne,** sauvage, hagard.

Griger, grieger, grever, peser; **il griet,** il se tourmente; **greveus, grevos,** pénible; **graverous,** charges; **gregos, grejos,** difficile, nuisible; **griefment, griement,** difficilement; **griesté, grieté,** chagrin, difficulté; lat. *gravis, gravare.*

Grife, griffe; **grifon,** crochet; **grifer,** égratigner; **griffeu,** armé de griffes; all. *greifen.* v. GRAFE.

Grigleur (terme injurieux), lépreux. Duc. v. *grigulosus.*

Grigne, grignette, petite croute de pain, d'où grignoter; lat. *granum,* grain (Diez).

Grigner, remuer, grimacer.

Grigeois, grigois, Grec.

Grignon, barbe, moustache. v. GRENON.

Grignor, plus grand. v. GREIGNOR.

Grei, grille, grillon, criquet, petit animal.

Grilette, grenouille.

Grille, maigre. v. GRAILE.

Grille, espèce de jeu. Duc. v. *grilla.*

Grimacerie, grimace; **grimaud,** d'humeur chagrine, nom donné à un cierge. v. GRAM.

Grince, attache du bouclier; angl. *grin*; suéd. *girn.*

Gringalet, petit, chétif, nom d'un cheval dans le roman de Perceval. v. GRIGNE.

Gringnieux, méchant, hargneux.

Gringoter, gringuenoter, fredonner, chanter ; **gringotis**, chant, ramage.

Gripon, griffon.

Grippes, rapines, injustices.

Gris, grius, Grec.

Gris, griffe. v. GRAFE.

Grisard, nom donné au blaireau.

Grisil, grésil, grêle.

Grisopas, nom d'une pierre précieuse.

Grive, mauvaise femme ; **griveleur**, trompeur ; **griveler**, tromper.

Griz, gries, gris ; **grisleté**, couleur grise.

Grocier, grochier, groucier, grouchier, se plaindre, murmurer ; **groucement**, plainte ; anc. h. all. *grünzen*.

Groe, champ fermé de haies.

Groe, groi, grou, roc, pierre dure ; all. *cragg*.

Groenet, fourchette.

Groigner, grondre, groudir, greugnier, grogner ; lat. *grunnire*.

Groffe, espèce de lance.

Grognet, groignet, sorte d'arme défensive. Duc. v. *grugnum*.

Groig, groing, grouin. v. GROIGNER.

Groignette, étoffe, collerette, fraise.

Groilloier, grêler, grésiller.

Groing, cap, promontoire.

Groirie, bois, forêt. v. GRAERIE.

Groisse, grossesse, grosseur.

Grolce, groslee, certain repas.

Groler, grouler, grouiller, se remuer.

Groler, rôtir, mettre sur le gril.

Gromeler, murmurer, parler entre ses dents.

Gromet, grometel, gromme, garçon, serviteur; b. lat. *gromus*, angl. *groom ;* anc. all. *gram*.

Gromette, gourmette de cheval.

Gron, giron. v. GERON.

Grondre, grondiller, murmurer; **grondillement**, murmure. v. GROIGNER.

Grondine, voile, rideau.

Gronelle (terre), terre marécageuse. Duc. v. *gronna*.

Gronger, frapper du poing sur le grain.

Gronier, grogner.

Gronsonner, groussonner, murmurer. v. GROCIER.

Gros, pavillon d'un cor, certaine monnaie, produit des impôts sur une ville.

Grosbois, piques, lances.

Grossaire, secrétaire (qui met les actes en grosse).

Grosser, grousser, grossoyer, mettre en grosse ; **grossement**, grossièrement.

Grous, grouz, gros, gras ; **grous**, gros chien de chasse.

Grousser, se plaindre. v. GROCIER.

Grousser, grossoyer. v. GROSSER.

Grouselier, groseillier.

Groussan, petit blé.

Gru, grust, espèce d'orge. v. GRUEL.

Gruage, impôt, barrage ; **gruer, gruier**, mettre un impôt, grever.

Grue, fraise de veau.

Gruel, gruez, greus, gruis, gruau; angl. sax. *grut ;* all. *grütze*.

Gruir, crier. v. GROIGNER.

Gruge, pièce de terre rocailleuse. v. GROE.

Grumel, pelote.

Grun, grumel, grumeau, petit grain ; **grumer**, mâcher, émietter ; all. *krume*.

27

Gruler, grelotter, trembler. v. GROLER.

Grus, femme débauchée. Duc. v. *grussus.*

Gruve, sorte de redevance.

Gryache, jeu de dés.

Guaaingner, gagner. v. GAAGNER.

Guage, gage; **guagier,** gager. v. GAGE.

Guagoin, cochon de lait. Duc. v. *gorrinare.*

Guai, wai, malheur.

Guaimenter (se), se plaindre, se lamenter. v. GARMENTER.

Guanivel, canif. v. CANIVEL.

Guaite, sentinelle. v. GAITE.

Guant, gant; anc. all. *want;* all. *wante.*

Guaranion, cheval entier, étalon, b. *waranio.*

Guarder, garder.

Guaret, guéret.

Guarir, guérir; vous **guarrez,** vous guérirez. v. GARIR.

Guarnir, garnir; **guarnement,** vêtement. v. GARNEMENT.

Guason, garçon. v. GARS.

Guaster, détruire; **guastine,** désert. v. GASTER.

Guayer, chandelle, ou flambeau de cire.

Guayer, gayer, guéer, passer à gué.

Guayn, l'automne. v. GAIN.

Guaytier, guetter. v. GAITE.

Gucche, louche.

Guedelle, guède ou pastel.

Gueder, manger avec excès.

Guedousle, bouteille à double col.

Gueisseiller, boire, faire bombance. v. GUERSEY; angl. *wassailer,* ivrogne.

Gueline, poule. v. GELINE.

Guementer, se lamenter. v. GUAIMENTER.

Guenart, denier blanc à l'écu.

Guenche, finesse, détour; **guenchir, guencir,** tourner à gauche. v. GANCHIR.

Guenelle, banderole.

Guenelon, parjure; **guenaux,** gueux, misérable. v. GANELON.

Guevippe, femme mal vêtue.

Guenoche, sorcière, enchanteresse.

Guerance, garance.

Guerant, garant.

Guerde pour **guesde,** pastel.

Guerdon, présent, récompense. v. GUERREDON, WERREDON.

Guere, beaucoup.

Guergue, charge, dépense; **guerir,** entretenir, fournir à la dépense. Duc. v. *guergueria.*

Guerreer, guerier, guerroyer.

Guermenter (se), se plaindre, être mécontent. v. GUAIMENTER.

Guerne, poule; **guernellier,** poulailler. v. GUELINE.

Guernon, moustache. v. GRENON.

Guernoner, grenoner, grommeler.

Guerpir, gerpir, werpir, délaisser, céder; **guerpie,** veuve; **guerpie, guerpison, gulpine, gulpison,** délaissement; anc. h. all. *werfan.*

Guerredon, gerredon, werdon, récompense, salaire.

Guerredonner, werdoner, récompenser; anc. h. all. *widarlôn (widar,* en retour, et *lôn),* salaire.

Guerreer, guerrier, guerroyer; **ils guerriouent,** ils guerroyèrent; **guerrieur, guerreur,** homme de guerre.

Guerrie, redevance pour la guerre; anc. h. all. *werra,* rixe, combat; angl. *war.*

Guerruler, injurier.

Guersai, guersoi, ivrognerie; **guessiller,** s'enivrer. v. WESSAIL.

Gues, guest, guet.

Guesde, gueude, goucde, guède, pastel. v. WAIDE.

Guespe, guêpe ; lat. *vespa.*

Guespiller, dissiper, gaspiller.

Guestiere, sorcière.

Guesver pour **gaiver,** abandonner. v. GAIF.

Guete, sentinelle. v. GAITE.

Gueude, société, troupe. v. GELDE.

Gueulle, gibecière, bourse. v. GOLE.

Gueusson, goût, qualité de la chose qu'on goûte.

Guez, weiz, gues, gué ; anc. h. all. *wat.* v. WAITE.

Gui, Juif.

Gui, façon, guise.

Guichart, rusé. v. GUISCARD.

Guiardon, récompense. v. GUERRE-DON.

Guices, guichel, guichelet, guiget, wiguet, guichet ; all. *winkel.*

Guiche, guige, anse de l'écu ; anc. all. *wicke,* lien.

Guiche, finesse, détour.

Guidel, pêcherie.

Guiel pour **joiel,** joyau.

Guienné, déguenillé. Duc. v. *depanare.*

Guier, gucer, guider, conduire ;

Guieour, guierres, guide, chef ; **guiage, guidage, guionage, wienage,** sauf-conduit.

Guigerne, guinterne, sorte de guitare.

Guignier, regarder de côté, faire signe, lorgner ; ital. *ghinare,* sourire ; anc. h. all. *kinan.*

Guinoche, sorte de bâton.

Guillade pour **aguillade.** aiguillon.

Guile, guille, ghile, supercherie ; **guiller,** tromper ; **guilleor,** fourbe ; angl. sax. *vile,* astuce. v. GILLE.

Guillenleis, gâteaux du nouvel an. v. AGUILANNEUF.

Guillot, petite monnaie. Duc. v. *gigliati.*

Guimbclet, vrille, foret. v. GIMBLET.

Guimple, guimphc, morceau de toile ou d'étoffe, voile de femme. v. GIMPLE.

Guincher, guigner, cligner les yeux en regardant du coin de l'œil.

Guindole, espèce de cerise ; **guindolier, guindonier,** cerisier ; pat. *guindou.*

Guindre, sorte de rouet, de dévidoir ; all. *winden,* rouler ; angl. *to wind.*

Guignage, terre labourable.

Guion, guionage, sauf-conduit.

Guiper, tisser, dévider ; all. *weisen* ; angl. *weave.*

Guipillon, goupillon. v. GOUPIL.

Guisarme, wisarme, arme tranchante, hache.

Guiscard, guischard, guiscos, fin, rusé ; **combat guiscos,** combat périlleux ; **guiscosie,** ruse ; anc. nor. *visk-r.*

Guise, manière, façon, puis avis, pensée, opinion ; all. *weise* ; angl. *wise.*

Guiseler, donner caution.

Guiterne, guinterne, guitare.

Guiterre, bouclier de cuir.

Guitreux, guittereux, armé de boucliers nommés *guiterres.*

Guitreux, goîtreux.

Guivre, guivere, vivre, serpent ; b. lat. *vuivra* ; lat. *vipera.* v. WIVRE.

Gule, gole, goule, gueule. v. GOLE.

Gule, commencement, le premier jour du mois. v. GOULE.

Gule, collet d'habillement.

Gulpine pour **guerpine,** cession. v. GUERPIR.

Gune, gunelle, robe. V. GONE.

Guole, habillement, fourrure.

Guoy, serpe. V. GOY,

Gurdingue, cordage servant à retrousser les voiles ; angl. *gourdine* ; suéd. dan. *gardeng* ; holl. *gorden*.

Gurpir, abandonner; **gurpison,** abandon. V. GUERPIR.

Gute, goutte; **gutos, gutus, guteus,** goutteux.

Gut (il), il se coucha. V. GESIR.

Guterel, gorge, gosier.

Guve, guvette, chouette.

Guyer, guider ; **guyete,** sentinelle. V. GUIER.

Gwarder, garder. V. WARDER.

Gwee, gué.

Gyreur, tourneur. V. GIRER.

Gway, malheur; all. *weh.* V. GUAI.

Gyron, giron. V. GERON.

H

Ha, il a.

Haa, terme employé pour signifier une épée. Duc. v. *haa.*

Haasins, Assassins, sujets du Vieux de la montagne.

Haage, âge.

Haastir, oser, disputer. v. AATIR.

Habaans, regardant avec surprise. v. BAER.

Haber, avoir.

Haber, havre.

Habereau, sorte d'habit.

Habergage, haberge, habergement, habitation, hôtellerie, étable; **habergier,** loger. v. HERBERGE.

Haberz, cotte de mailles. v. HALBERC.

Habet, ruse. v. ABET.

Habier, hallier, buisson.

Habiliter, habilleter, habillonner, habituer, rendre habile, armer, habiller.

Habit, état, condition, demeure.

Habitacle, habitaige, habitement, habitation; **habiteor, habiteur,** habitant.

Habitanage, droit de bourgeoisie.

Hable, capable, habile.

Hable, havre. v. HAFNE.

Habonde, abondance.

Habout, fonds de terre désigné par ses tenants et aboutissants. v. ABOUT.

Hace, hache; **hacette,** lancette; **hachon, hachereau,** petite hache.

Hachee, hachie, hacie, pénitence, souffrance. v. HASCHIERE.

Hachepit, bâton, échalas. Duc. v. *acheletus.*

Hados, hadot, hadoux, espèce de poisson de mer.

Haer, haenger, hadir, hater, heer, haïr; **qu'il hache,** qu'il haïsse; **haence, haingne, hainance,** haine; **hainé, haigné,** haï; all. *hassen;* angl. *to hate.*

Hafne, havre. v. HAVENE.

Haffre, Africain.

Hague, haille, haion, haie, clôture; **haier, haiier,** enclore, chasser dans un enclos; anc. h. all. *hagen;* all. *hegen,* enclore.

Haguilenne, haquilenlo, haquirenleux, présent du premier de l'an. v. AGUILANNEUF.

Hai, excl. ha; **hai las, hai mi,** hélas. v. AIMI.

Haie, secours. v. AIE.

Hain, hameçon; lat. *hamus.* v. AIN.

Haigron, hairon, héron; anc. all. *heigir, heigro;* pat. du Berry *aigron,* d'ou *aigrelle;* **haironier,** héronnier.

Hairang, hareng.

Hair, héritier. v. HEIR.

Haire, douleur.

Haire, emplacement, aire.

Hairel, haireau, maison rustique; b. lat. *hayrelium.*

Haise, haison, haion, haize, clôture. v. HAGUE.

Haiste, hâte.

Hait, joie; **dehait,** déplaisir.

Haitier, rehaitier, se réjouir, se

bien porter, être en joie ; **haitié, hettié,** joyeux; en bonne santé ; bret. *het,* plaisir ; écoss. *ait,* plaire. V. DEHAIT.

Haistriaux, hêtres.

Haiz, la ville d'Aix.

Hakesins, Assassins. V. HAASINS.

Halagues, arbalêtriers.

Halaigre, haligre, allègre, vif.

Halberc, hauberc, osberc, haubert, ancien collier de fer, cuirasse ; bas lat. *halsberga;* anc. h. all. *halsberc* (*hals,* cou; *bergen,* défendre)

Halberge, halbergage, maison, manoir. V. HERBERGE.

Halbran, jeune canard sauvage; all. *hall.*

Halci, haussé.

Halciz, pour **aleis,** marche rapide. V. ALEIR.

Hale, halle, salle, maison de ville, assemblée ; **hallage,** droit de vendre à la halle ; anc. h. all. *halla,* temple.

Halenee, souffle; **halener,** respirer.

Haler, tirer à soi avec force; all. *holen;* angl. *to hale.*

Halecret, haleret, armure, corcelet couvrant la poitrine.

Halgam, sorte de petite monnaie.

Halicorne, bagatelle, frivolité.

Haligote, lambeau; **haligoter, haligoter,** rapiécer, déchirer.

Halle, hâle, air chaud ; holl. *hael,* sec.

Halle, helle, hesle, aile. V. AELE.

Hallebic, impôt sur le poisson de mer.

Hallchote, grape ; **hallchoter,** grapiller.

Hallchout, cri pour faire courir sus à quelqu'un. V. HEREBOUT.

Hallebrenne, faible, débile.

Hallepiguaille, qui pille les halles, voleur. Duc. v. *hala.*

Hallier, homme qui remonte les bateaux.

Hallot, halot, bûche, hallier.

Halme, heaume. V. HELME.

Halsbergol, petit haubert. V. HAL-BERC.

Halt, alt, haut ; **haltor, hautor, haucor,** pius haut; **haltours,** droits de haute justice. V. ALT, HAUCIER.

Halt, séjour, arrêt, repaire.

Halte, helt, heut, poignée d'épée. V. HELT.

Halteres, poids fort lourd.

Halxaire, auxiliaire.

Hambais pour **gambais,** espèce de vêtement. V. GAMBAISON.

Ham, hameau ; **hamlet,** petit hameau, demeure ; anc. h. all. *heim.*

Hamee, manche.

Hamequin, sorte de mesure.

Hameur, hamee, engin pour pêcher.

Hamoigner, hamoigner, amener, exécuter.

Han, ham, bruit d'une poitrine fatiguée ; **haner,** se fatiguer, labourer ; **hannier,** laboureur. V. AHAN.

Hanap, hanas, coupe, vase, avec anse et pieds; **hanapel,** petit hanap; bas sax. *nap;* anc. h. all. *hana.*

Hanaphat, hanapier, étui de hanap.

Hanaperie, l'art de faire des hanaps; **hanepee, hanaphat,** contenu d'un hanap.

Hanchost, délateur.

Hanche, le tour de haute hanche, le croc en jambe, d'où **hanchier.**

Hanepier, poitrine.

Hanepier, crâne, casque qui le couvre.

Haneselin, housselin, robe longue ; Duc. v. *housia.*

Hanne, henne, hennard, mauvais cheval, mulet.

Hange, haange, haine. V. HAER.

Hanir, hennir.

Hannon, la partie d'une charrue appelée coquille.

Hannouarts, porteurs de sel.

Hanon, poisson de mer, merlus.

Hanot, hanoyt, destruction ; **hanoter, haneter une maison,** c'est en ôter la couverture en punition du crime du propriétaire.

Hansacs, coutelas ; ang. sax. *hand seax,* poignard (de *hand,* main et *seax,* couteau).

Hansager, défier.

Hansart, ansart, sorte de javelot lancé avec la main.

Hanse, association ; **hanser,** recevoir quelqu'un dans un corps de marchands. v. ANSAGE. ; all. *hanse.*

Hanste, hante, bois de lance ; ang. *handle* ; all. *hand* ; lat. *hasta.* v. ANSTE.

Hanste, hanche.

Hant, hante, hantins, penchant, fréquentation, d'où hanter, fréquenter, habiter ; all. *heim.*

Hante, tante ; **hantin,** oncle. v. ANTE.

Hanter (se), se jeter sur.

Hanture, poignée. v. HELT.

Haoir, haïr ; **haor, haur,** haine. v. HAER.

Haouer, essarter avec une houe ; **haouee,** terre essartée.

Hape, hache ; **hapiette,** petite hâche ; **haper,** prendre, saisir.

Haple, heple, traîneau, dévidoir.

Haque, haquet, cheval à moitié coupé, demi-hongre, petit cheval ; ang. *hack, hackney.*

Har, harelle, baguette, fouet.

Harasse, grand bouclier.

Harau, clameur ; **harauder,** élever une clameur. v. HAREU.

Haraux, enlèvement de chevaux ennemis.

Harballeur, querelleur, chicaneur.

Hard, hardi ; **hardaille,** troupe de vauriens.

Harde, bâton de charrette.

Hardel, hardelle, coquin, fripon.

Hardel, partie de l'habit.

Hard, hardee, hardel, hardeillon, hardiau, hart, botte, fagot, lien.

Hardement, audace.

Hardi, hardit, petite monnaie de cuivre. v. ARDI.

Hardicort, Harcort, Harcourt, escarmoucheur, qui attaque, qui défie.

Hardie, sorte de vêtement commun aux hommes et aux femmes.

Hardier, hardoyer, provoquer.

Hardiere, grosse corde, crémaillère.

Hardieus, étourdi.

Hardine, sable, gravier.

Harele, harelle, cri, proclamation ; **hareler, harer, harier,** exciter, défier ; **hareleux,** séditieux ; **haroublettes,** charivari. v. HAR, HAREU.

Harengade, poisson de mer ; **harengerie,** marché au poisson.

Harer, harier, fatiguer, exciter.

Haret, haretz, bord, extrémité ; bret. *harz, harzon,* borne ; gall. *ardat,* frontière ; écoss. *eirthis,* bord.

Hareu, haro, harol, harou, cri pour demander des secours ou réclamer justice ; **hareusement,** tumultueusement ; anc. hall. *hera,* sax. *herod,* ici, venez ici (Diez).

Hargan, petite monnaie, v. HALGAN.

Hargaus, sorte de vêtement.

Hargne, harne, mauvaise humeur ; **hargnier,** quereller, chagriner.

Hargoter, ergoter. Duc. v. *argutio.*

Hargouler, prendre quelqu'un à la gorge.

Harigot, flûte, flageolet.

Hariquidam, paiement de bienvenue.

Harle, hâle, air chaud; **harlé,** basané, séché.

Harligoter, déchirer, mettre en pièces. v. HALIGOTE.

Harmeré, armé; **harmier,** bander une arme.

Harmin, hermin, hermine, Arménien.

Harnas, harnois, herneis, habillement d'un homme de guerre, meubles, ustensiles, filet pour pêcher; anc. bret. *hoiarn*; irl. *horan*, fer.

Harnascher, harnacher; **desharnachier,** ôter le harnais.

Harnicheur, voiturier.

Haronde, hirondelle. v. ARONDE.

Harou, clameur de haro; **harouce,** orgueilleux, chicaneur. v. HAREU.

Harpaille, troupe de coquins.

Harpaste, ancien jeu de balle.

Harpeor, herpeur, qui joue de la harpe.

Harper, harpier, prendre piller; **harpins,** harpon, croc; **harpeur,** harponneur.

Harrebanne, fille ou femme débauchée. Duc. v. *herebannum.*

Harrier, vexer, molester. v. HAR.

Harriver, garnir, meubler.

Hars, arc, art.

Harsegaye, lance. Duc. v. *archegaye.*

Harsel, hasel, haseau, sorte de claie, de haie.

Hart, corde, fagot, lien fait de plusieurs brins d'osier, le supplice du gibet. v. HARD, HARDEL.

Has, hax, enjambée.

Hasche, haschee, haschie, haschere, hasquee, souffrance. v. HACHIE.

Hase, femelle du lièvre; all. *hase*; holl. *haas, haze.*

Hasé, rustique, grossier.

Hasel, haseau, planche. v. AIS.

Haser, fâcher, irriter.

Hasesis, assassins, peuple du Vieux de la Montagne.

Haseter, terme du jeu de dés.

Hasle, odieux, hideux; all. *hasselich.*

Haste, hastelle, hastillon, hate, broche, pique; **haster.** mettre à la broche, rôtir, brûler; **hastier,** rôtisseur; **haterel, hatereau, hasterel, hastier.** pièce cuite à la broche; **hatemenue,** côtelette rôtie. lat. *hasta.* v. ASTE.

Haste, hâte, promptitude; **hastif, hastin, hastis,** prompt, emporté; **hastement, hastiument,** promptement; **hastivel,** poire hâtive, all. *hast.*

Hastir, haster, fâcher. v. AATIR.

Hasterel, hattereau, haterel, haterol, cou, chignon du cou; all. *halsader,* artère du cou.

Haterel, broche, morceau rôti. v. HASTE.

Hastisser, lever le bâton sur quelqu'un.

Hattaine, querelle. v. ATAINE.

Hattiveau, fou, étourdi.

Hattute, appât, amorce.

Hauban, impôt; **haubannier,** celui qui le paie.

Haubby, haquenée.

Hauberc, haubert; **haubergé,** armé du haubert; **haubergenier,** fabricant de hauberts. v. HALBERC.

Hauberge, auberge. v. HERBERGE.

Haucher, haucier, hauleier, hausser.

Haucor, hautor, halter, hauteur; **haulsaire, haussaire,** hautain. v. HALT.

Haucton, cotte de mailles. v. AUCOTON.

Hauder, lasser, fatiguer.

Haudrague, instrument pour couper ou arranger les herbes dans un fossé.

Hauee, droit de prise. v. HAVEE.

Hauiller, appeler à haute voix. v. HOUIER.

Haule, havle, havre. v. HABLE.

Haulle, halle. v. HALE.

Hault-brai, cri pour appeler du secours.

Haulte, hampe.

Haultemort, espèce de chat sauvage.

Haument, commandement.

Haumer, hausmer, ajuster. v. ESMER.

Haus, maison.

Hautban, hauban.

Hautaie, hautesce, hauteur.

Hautelliche, haute lice.

Hauton, menu grain qui reste après que le blé a été vanné.

Hauvet, crochet. v. HAVET.

Hauvreduche, le haut de la tête.

Hauxaire, huissier; lat. *ostiarius*.

Hauwiaus, hoyau, houe.

Havage, havageau, havee, havoingue, droit de prendre au marché autant de blé qu'en peut contenir la main.

Havaire, havene, havle, havre, banc de sable. v. HAFNE.

Have pour **ave,** je vous salue.

Havet, croc, crochet; **haver,** accrocher, saisir; **havos, havot, havir,** pillard.

Havette, espèce de chapeau. v. HUVESTE.

Havon, havot, havotee, certaine mesure de grain.

Hax, haz, enjambée.

Hay, âne.

Hay, cri pour appeler au secours.

Hayceré, acéré.

Hayer, fermer de haies. v. HAGUE.

Haygne, haine.

Hayne, espèce de panier.

Hayon, hangar.

Hayron, héron. v. HAIGRON.

Hazeter, terme de jeu.

Hazeteur, meunier, ânier.

Hé, haine; **cueillir en hé,** prendre en haine; **heer,** haïr. v. HAER.

Heage, redevance due à cause de la maison qu'on habite.

Heas, verge, bâton.

Heberge, hôtellerie. v. HERBERGE.

Hebergier, héberger.

Hec, heche, hecque, hequet, hecquet, petite pointe; **hecquer,** faire une pointe, aiguiser.

Heck, filet à prendre des oiseaux.

Hedar, heder, vif, léger.

Heé, âge. v. AÉ.

Heer, haïr. v. HAER.

Heer, pleurer, gémir.

Hef, bâton à l'usage des charretiers.

Hehousse, houx.

Heingre, maigre.

Heir, héritier; ang. *heir*. v. EIR.

Heire, chemise de crin, haire, discipline; ang. *hair*, cheveu, crin; all. *haarhemd*.

Heireau, maison rustique.

Heirer, marcher. v. ERRER.

Hel, helle, helt, champ fermé de haies, barrière.

Hele mot, conte, discours plaisant.

Heler, heller, helluer, boire, se réjouir; **helle,** assemblée séditieuse; **helluion,** gourmand, débauché.

Hellebie, droit sur le poisson. v. HALLEBIC.

Hellebit, sorte de jeu.

Hellequin, lutin, esprit infernal; all. *helle*, enfer, et *kind*, enfant.

Helberc, campement, maison. v. HERBERGE.

28

Helloires, hielloires, présents d'étrennes.

Helme, heaume ; anc. h. all. *helm*, de *helen*, protéger, couvrir.

Helt, heltz, heut, garde d'épée ; **hender,** emmancher ; **hendure,** poignée d'épée ; anc. h. all. *helza*, poignée d'épée. V. ENHELDER.

Hemer, ajuster, viser ; angl. *to aim.*

Hemi, interj., malheur à moi, hélas !

Hemin, Arménien.

Hemiole, proportion entre deux choses.

Hemye, grosse corde, ou plusieurs cordes tortillées ensemble.

Henap, henas, coupe. V. HANAP.

Hendeux, furieux, enragé.

Hendragier, endraghier, nettoyer une rivière.

Henel, henyeus, pieu, morceau de bois, pique.

Henger, fatiguer, presser.

Henis, anis.

Hennin, coiffure de femme.

Henor, honneur ; **henorer,** honorer.

Hent pour **heut,** poignée d'épée.

Hentich, clôture faite avec des pieux.

Henu, chauve. V. CANU.

Heoque, filet pour prendre les oiseaux.

Heose, chaussure. V. HEUSE.

Hequet, pointe, petite porte. V. HEC.

Her, heir, héritier ; **herage,** lignée, succession.

Her, héraut. V. HERALD.

Her, hier ; lat. *heri.*

Herable, hercable, labourable ; lat. *arabilis.*

Heralt, herold, heraut, héraut d'armes ; **heraulder,** exciter au combat ; **heraulderie,** office de héraut ; ital. *araldo* ; angl. sax. *hari, hére*, armée.

Herandie, heraudie, embarras, douleur, casaque d'esclave.

Herbaire, herbage ; **herboie, erboie,** lieu herbeux, prairie ; **herbe, herbelee,** potion faite avec des herbes, puis poison ; **herbaire,** empoisonneur ; **herbé,** empoisonné.

Herbegage, herbaux, droits sur les prairies, les forêts ; **herbeiller,** brouter ; **herbeline,** brebis maigre mise en bon pâturage ; **herberie,** paturage ; **herbier,** marchand d'herbes ; **herboliser,** herboriser ; **herbu, herbequié,** herbeux.

Herbalestiere, meurtrière, arbalestière.

Herban, corvée, ou ce qu'on paie pour en être exempt ; b. lat. *herebannum.*

Herbere, herberge, herbert, helberc, tente, campement militaire, puis maison, auberge ; anc. all. *heriberg*, de *heer*, armée, et *bergen*, protéger.

Herbegant, habitable ; **herberger,** héberger, habiter ; **qu'il herbert,** qu'il héberge.

Herbout, herbaus, famine, stérilité.

Herbrigié, vêtu d'un haubert.

Herce, herche, herse ; **herecor,** garçon de charrue ; **hercer, hercher,** conduire la herse.

Herchelle, brin d'osier.

Herde, herte, troupeau ; **herdier,** berger ; **herdeier,** chasser aux bêtes fauves ; **herdal,** ce qui appartient au troupeau ; anc. h. all. *herta, herda* ; all. *heerde.*

Here, camp, armée ; all. *heer.*

Her, here, seigneur ; all. *herr.*

Hereau, maison rustique. V. HAIREAU.

Hereau, sorte de tonneau.

Herebout, terme employé pour exciter et animer ; bas lat. *herebannum.*

Heredital, fonds assigné sur un héri-

tage; **héréditaulement, herita-
blement,** par héritage; **heritance,
herité,** héritage. V. HEIR, IRETAGE.

Herer pour **arer,** labourer; l. *arare.*

Héremps, terre inculte; **heremite,**
ermite; **heremitaine,** solitude.

Herenc, hereng, hierene, harang.

Heres, arrhes.

Herese, herege, doute, hérésie; **he-
rite,** hérétique.

Heresent, désertion d'armée.

Herestes, angles d'un mur.

Herens, désagréable.

Hergant, habillement de dessus pour
les femmes.

Hergne, hernie.

Hergne, défaut, chose digne de blâme.

Hergne, hergneux, hargneux, querelleur; **hergner,** se plaindre.

Hericon, hérisson, cheval de frise;
héricié, hérissé; lat. *hericius, eri-
cius.*

Heriban, herisban, convocation,
arrière-ban. V. ARIBAN

Heriener pour **erener,** éreinter.

Herier, terme obscène. Duc. V. *heries.*

Hérigoter, erigoter, ergoter, éperonner, garnir de pointes, de là probablement *seigle ergoté.* V. HERICON.

Heriquet, boutique, échoppe. Duc.
V. *herrid.*

**Herle, sonner une cloche à
herle,** sonner le tocsin; gl. *her-
linini.*

Herloder, herlot, jeune garçon; gall.
herland. V. ARLOT.

Herm, erme, terre non labourable,
solitude; **hermitains,** ermite;
lat. *eremus,* désert. V. HEREMPS.

Herneis, hernois, harnais. V. HAR-
NAS.

Herme, heaume. V. HELME.

Hernoux, terme injurieux donné à un
mari trop complaisant (*être logé à
l'hôtel Saint-Hernoux*). Duc. V. AR-
NALDUS.

Heroes, héros; **heroide,** héroïne.

Heronier, herondier, maigre, décharné.

Herpe, herpe; **harpeur,** harpeur.

Herpe, instrument de iabour, herse;
herper, hercher, hierper, her-
ser; bas bret. *herp, hearp.*

Herrayne pour **araine,** sablière.
V. ARAINE.

Hers, échafaud, estrade.

Hersse, herse, coulisse servant à fermer les portes.

Herseir, her seir, hier soir.

Hertaye, hertoye, terre inculte. Duc.
V. HERTEMUS.

Herte, harde, troupeau. V. HERDE.

Heru, herupé, hérissé. V. HUREPÉ.

Hes, abeilles. V. ES.

Hes, houe. Duc. V. *aissada.*

Hesart, destruction. V. ESSART.

Hesbergage, hôtellerie. V. HERBERGE.

Hescaudel, espèce de gâteau. Duc.
V. ESCAUDETUS.

Hese, herse. Duc. V. *haisellus.*

Hesmer, estimer, viser, ajuster. V.
ESMER.

Hesperie, occident; lat. *vesper.*

Hesse, hestre, hêtre; all. *heister.*

Hewer, agacer, stimuler; al. *hetzen.*

Hestaus, banc, escabelle. V. ESTAL.

Hesse, qu'il haïsse. V. HEER.

Hestension, enquête, visite.

Hestoudeau, gros poulet; bas lat.
haistaldus.

Het, joie, plaisir; **hetié,** joyeux; **he-
ter, hetier,** flatter, caresser; arm.
het, désir; **dehet,** tristesse. V. HAIT.

Hete, heto, exclamation, ha, hélas.

Hetriaux, morceaux de viande grillés.
V. HASTEREL.

Heu, aujourd'hui. v. HUI.

Heuce, heus, heusse, aisse, cheville de fer.

Heucque, heuque, sorte de robe. Duc. v. *huca.*

Heud, mesure de grain. Duc. v. *hodius.*

Heudrir, laisser pourrir du drap ou du linge.

Heuer, heuher, houer, fouiller la terre avec une houe.

Heul, aïeul.

Heult, hels, helt, garde de l'épée, poignée ; **espec enheldie d'or,** épée à garde d'or ; anc. nor. *henda,* saisir ; anc. all. *helza ;* all. *halten,* saisir. v. ENHEUDER.

Heurier, qui compte les heures. v. ORE.

Heurous, heureux, chanceux. v. AÜR.

Heurt, heurteure, choc, coup. v. HURT.

Heus, peau de mouton.

Heus, sorte de navire.

Heuse, heusiaus, hose, chaussure, bottine ; b. lat. *heusia et osa.*

Heuzé, hosé, chaussé.

Heut, garde de l'épée. v. HEULT.

Heute, hutte, cabane.

Heux, cri pour arrêter un criminel b. lat. *huesium.* v. HU.

Heuxer, sortir ; lat. *exire.*

Heyme, faisceau de cordes.

Heze, planche, porte. v. AIS.

Hiaime, hiame, heaume. v. HELME.

Hide, hisde, frayeur, épouvante, douleur ; **hideus, hisdeus,** effrayant ; **hidor, hisdor,** effroi ; bret. *heüz, euz,* effroi. Duc. v. *hida.*

Hide, mesure de cent acres.

Hie, effort, énergie, appel ; angl. sax. *hyge,* ardeur ; flam. *hüghen,* respirer fortement.

Hie, instrument dont on se sert pour enfoncer le pavé ; **hieur,** paveur ; **a une hic,** ensemble, en masse.

Hierc, heronnière, étable à porcs.

Harlequin, arlequin. v. HELLEQUIN.

Hierre, lière (li hierre) ; lat. *hedera.* v. YERRE.

Hignchan, morceau de chair.

Hille, rideau, pavillon (terme d'église). Duc. v. HILLA.

Hillier, marchand d'huile.

Hillier, flanc, côte ; lat. *ilia.*

Hindart, cabestan.

Hiraudie, heraudie, casaque, souquenille.

Hiraus, hirlaut, héraut d'armes. v. HERALT.

Hircosité, odeur du bouc ; lat. *hircus.*

Hirecon, hérisson.

Hirpe, herse ; **hirpes,** piége ; lat. *hirpex.* v. HERPE.

His, hisse, sorte de casaque ou capote. Duc. v. *hissus.*

Hisdel, hisdeus, hideux ; **hisdor, hisdur,** épouvante ; **hisdeous,** hideux. v. HIDE.

Histar, friche, terrain couvert de halliers. Duc. v. *hirsis.*

Historier, raconter.

Hivernache, hivernage, blé d'hiver.

Hobe, hobete, cage à poulets. Duc. v. *hobas.*

Hobe, hobel, hobereau, houbet, espèce de petit faucon ; gall. *hebog,* faucon ; écos. *seobag, seabag.*

Hobelciz, pillage.

Hobene, hauban.

Hober, sortir, s'en aller. v. OBIER.

Hobert, haubert.

Hobin, cheval d'Ecosse, dont l'allure est très-douce.

Hobeler, monter un cheval hobin ; écoss. *hobby.*

Hoc, croc, crochet ; bas lat. *hoccus ;* all. *hacken.*

Hocer, hocier, hocher, remuer ; holl. *hülsen.* v. OSCHER.

Hoche, terre cultivée et enfermée de fossés ou de haies.

Hoche, espèce de jeu de hasard.

Hochebos, hocquebos, espèce de vaisseau ; **hocquebute,** arquebuse ; **hochebride,** cheval fougueux.

Hocqueler, hocler, vexer, chicaner.

Hocqueleur, chicaneur. Duc. v. *hocquelator ;* **hocquemelle,** empêchement, obstacle.

Hocquet, bâton de berger, houlette, fléau. b. lat. *hocquetus ;* **hocqueter,** ébranler en secouant.

Hoder, fatiguer, importuner.

Hoe, oui, hô !..

Hoe, hoie, hoel, hoette, pioche, houe. v. HOUAU.

Hoeilles, ouailles. v. OEILLES ; lat. *ovellæ.*

Hoese, botte. v. HOSE.

Hoet, certaine mesure de grain. Duc. v. *hodius.*

Hoge, hogue, hoguette, hougue, colline ; ang. sax. *how ;* bas lat. *hoga.*

Hognement, hoignement, hogueman, commandant, capitaine ; all. *hoch mann* (*hoch* haut et *mann* homme).

Hoguer, hoguiner, molester, fâcher ; **hoguineur,** railleur ; all. *höhnen.*

Hoguette, petit tonneau. b. lat. *hogettus.*

Hoguinelle, troupe de mendiants.

Hoi, hui, aujourd'hui ; lat. *hodie.*

Hoi, hoe, ho, exclamation.

Hoicher, étouffer.

Hoict, huit. v. OIT.

Hoigne, hoingne, plaisanterie, gronderie, **hoigner, hoingner,** plaisanter, grommeler.

Hoiler, hoiller, chanter, se divertir. v. HELLER.

Hoir, or.

Hoir, ouïr. v. OIR.

Hoir, héritier ; **hoirerie,** succession. v. HEIR.

Hoire, voyage. v. ERRE.

Hoischer, cultiver ; **hoischon, hoischeton,** cultivateur. v. HOSCHE.

Hoisez, houx, houssine. v. HOULX.

Hoissier, jouer au jeu qu'on appelle *hoche.*

Hoiste, hostie ; lat. *hostia.*

Hole, houle, maison de débauche ; **holier, houlier,** libertin. Duc. v. *hullarii ;* anc. h. all. *holi.*

Holdragier, curer l'eau.

Holler, courir, changer de place.

Hollon, éminence, rideau. Duc. v. HOGA.

Hom, hon, hons, hum, huem, huens, om, um, on, homme, on ; **homece, hommesse,** courage, virilité ; **homaige,** foi, hommage ; lat. *homo.*

Homeau, humlet, homons, petit homme.

Homecide, homicide ; **hommee,** mesure de terre plantée en vignes, ce qu'un homme peut en cultiver en un jour. Duc. v. *homata.*

Honeste, honestre, honnête ; **honeison, honesté, honurance,** honneur, dignité ; **honor, henur,** honneur ; **honurer,** honorer ; **honrable, honraule,** honorable ; **honrage,** seigneurie, fief.

Hongner, gronder. v. HOIGNE.

Honir, hounir, hunir, honnir, couvrir de honte ; **hontage,** honte ; **hontex, hontos, hontous,** modeste, honteux ; **hontoyer, hontcier,** faire ou avoir honte ; goth. *haunjan ;* all. *höhnen,* bafouer.

Hoole, le dos d'un couteau. Duc. v. *houla.*

Hoper, sauter, bondir; ang. *to hop;* all. *hüpfen.*

Hoppe, houppe, bouffette, sorte d'ornement qu'on attachait aux habits. Duc. v. *houpeta.*

Hoqueler, chicaner. v. HOCQUELER.

Hoquerel, piége.

Hoquet, bâton. v. HOCQUET.

Hor, héritage, terre. v. HEIR.

Horbee, certain espace de temps.

Hordel, hordos, hord, sale. v. ORD.

Horde, hordeis, hourdeis, hordois, hourt, palissade, barrière, échafaud, combat; **horder,** garnir de palissades. v. BEHORD, BEHORDER, BORDER.

Hore, heure. v. ORE.

Hore, femme de mauvaise vie; all. *hure;* ang. *whore.*

Horis, sorte de monnaie de Bretagne.

Horpil, renard. v. GORPIL.

Horraille, partie d'une charrue. Duc. v. *horrenduis.*

Horribleté, chose horrible.

Hors, ours. v. ORS.

Hors, maintenant. v. ORE.

Hors, hers, échafaud, estrade.

Horsbore, faubourg. v. FORSBOURG.

Hors prise pour **forsprise,** exception, réserve dans une cession.

Hort, fonds tenu par plusieurs propriétaires.

Hort, jardin; **hortalessies,** plantes potagères. Duc. v. *hortalia;* lat *hortus.*

Hortraire, tirer en dehors; lat. *foras trahere.* Duc. v. *forisbarium.*

Horzain, étranger.

Hoscelain pour **hostelain,** hôtelier. Duc. v. *hostelarius.*

Hosche, pièce de terre fermée de fossés. Duc. v. *hoscha.*

Hosche, instrument de labourage, pic, entaille; **hoscher,** entailler. v. OCHER.

Hoscher, secouer, remuer; flam. *hotsen, hütsen.* v. OSCHER.

Hose, huese, house, housel, housiaus, guêtre, botte; **hoser, hueser,** botter; anc. h. all. *hosa.* ital. *uosa.* v. HEUSE.

Hoseque, obsèques; lat. *obsequiæ.*

Hossit, écurie, étable.

Hossy, vieillard ridicule.

Host, armée, expédition. v. OST.

Host, hôtel. v. OSTAL.

Hostage, droit d'hospitalité; **hoste, hostager,** paysan habitant dans une métairie; **hostel, host, hostelee, hostellage, hostellerie, hosticus, hostiez, hostise,** hôtel, logement; **hosteller,** loger; **hostellain,** aubergiste; lat. *hospes, hospitalis.*

Host, armée; **hostage,** ôtage, caution; **hostiage,** querelle, inimitié; **hostice,** obligation d'aller à la guerre, **hostoier, hostoyer,** faire la guerre; **hostillement,** hostilement; lat. *hostis.* v. OST.

Hoster, ôter.

Hostil, hostillement, outil; lat. *ustensile.*

Hostouer, hotoier, autour, épervier; **hostricier, hotoier,** valet chargé des autours. Duc. v. *hostoarius.* v. OSTOIR.

Hot, il eut.

Hot, troupeau de moutons; Duc. v. *hogettus.*

Hote, hoste, hotte; **hoterer,** porter avec une hotte; b. lat. *hota;* **hotereau, hoteril, hotterel,** petite hotte, partie de tombereau; **hotiel, hostiel,** certaine mesure de grain. Duc. v. *hota.*

Houage, travail avec la houe.

Houame, houhamet, scélérat.

Houan, hougan, cette année; lat. *hunc annum.* v OAN.

Houau, houel, houette, houe. v. HOE.

Houbeler, piller. v. HOBELER.

Houbiller, traire une vache. Duc. v. *huba.*

Houc, hameçon.

Houcc, houcette, houche, houe, housse, robe longue; **houcepinguier,** houspiller; **houcier, houchier,** revêtir d'une longue robe; anc. all. *hulst,* manteau; *hülle, hüllen,* envelopper.

Houdri, sale, puant; pat. nor. *hoddri;* bret. *hudun.*

Houe, brebis de deux ans. Duc. v. *hogettus.*

Houer, huer, crier; **houette,** chouette.

Hougue, robe, manteau; **houguines,** partie de l'armure qui couvrait les membres. v. HUGUE.

Houle, espèce de jeu. Duc. v. *houla;* arm. *houl,* flot.

Houle, lieu de prostitution; **houlleur, houlier,** débauché; all. *höhle,* caverne, antre. v. HOLE.

Houlx, houlsce, houx, endroit plein de houx; **houssure, houssiere,** lieu plein de houx; all. *hulse,* de là *houssine, houssoir.*

Houneraule, honorable.

Hounir, honnir. v. HONIR.

Houpeau, houpier, émondeur, cardeur; **houppier, hupier,** arbre écimé, baliveau.

Houpegai, houppegai, vol fait avec adresse.

Houpius, renard. v. GOUPIL.

Houppenbier, sorte de bière.

Houquet, chicane, difficulté. v. HOCQUET.

Houqueton, hausse-col. Duc. v. *houqueto.*

Hour, hourd, hourt, hourdage, hourdeis, hourdel, palissade, fortification; **hourder,** garnir de claies. v. HORDE.

Hourier, débauché. v. HOLIER.

Housse, housel, housiaux, houze, housset, botte, guêtre; **houspailler, houspouiller,** goujat, maraudeur. v. HEUSE.

Housour, palissade. v. HOUR.

Houssi, épais, grossier.

Houst pour **host,** armée. v. OST.

Houste, vassal.

Houstil, casanier. v. HOSTEL.

Houtillement, meuble, outillage. Duc. v. *hustilimentum.*

Houyer, labourer avec une houe.

Hu, huage, huerie, huhe, hoy' huz, huée, cri pour arrêter les criminels.

Hual, petit rayon de roue. Duc. v. *huale.*

Hubiller, houspiller.

Huce, huge, huche, armoire, coffre; **huceau,** petite huche; all. *hütte,* petite demeure; angl. *hutch,* coffre. Duc. v. *hucha.*

Hucer, hucier, huchier, huer, crier; prov. *ucar.* Duc. v. *hucciare.*

Huche, sorte de navire, valeur numérale, dépôt de l'argent public.

Huchet, huquet, cornet à jouer aux dés.

Hucours, cri, appel. v. HU.

Hucque, huquet, heugue, sorte de robe, de bonnet, de capuchon; anc. all. *heuke.* Duc. v. *huca.*

Hudel, espèce de charrette. Duc. v. *hudera.*

Hueil, œil.

Huem, huens, homme. v. HOM.

Hues, profit. v. OES.

Huese, huesel, chaussure. v. HEUSE.

Huet, blanc; angl. *white*.

Huet, sot, nigaud. Duc. v. *hugo*.

Huette, sorte de chapeau. v. HUVETTE.

Huevre, œuvre.

Huge, hugette, loge, huche, coffre. v. HUCE.

Hugelauge, espèce de nappe.

Hugue, huque, robe, manteau. v. HOUGUE.

Huguerie, Hongrie.

Hui, huy, aujourd'hui; prov. *huei*; hui mais, désormais; hui main, ce matin.

Huiau, coucou, mari d'une femme infidèle.

Huidive, huisdive, oisiveté, paresse, inutilité.

Huier, crier, huer. v. HU.

Huigner, murmurer. v. HOIGNER.

Huilau, éclair.

Huiou, huiau, sorte de serpent.

Huis, hus, uis, ois, porte, entrée; huisclet, petite porte, huisier, uissier, huissier; lat. *ostium, ostiarius*. v. UIS.

Huisier, huissier, sorte de vaisseau.

Huistre, huître. v. OISTRE.

Huitante, quatre-vingt; huitaule, octave; huitisme, huitième; huittieve, octave, espace de huit jours.

Huitiemier, commis percevant l'impôt du huitième. v. OIT.

Huiseus, oiseux; huiseuse, oisiveté; l. *otiosus*.

Huison, cri. v. HU.

Huistace, Witace, Eustache.

Huivre, guivre, serpent. v. WIVRE.

Huller, husler, hurler; hulote, oiseau hurleur.

Hulotte, trou de lapin; all. *höhle*, creux, cavité; ang. *hole*. v. HOLE.

Humcete, sorte de jeu de cartes.

Humbre, ombre.

Humele, humle, humble; humeliance, humilité; humelier, humilier.

Humlement, humblement.

Humel, humez, bouillon; humeure, breuvage.

Humier, usufruitier.

Hume, câble. Duc. v. *huna*.

Huneison, moquerie; hunir, honnir. v. HONIR.

Huon, espèce de vêtement.

Huon, Hugon, Hugues, compl. de huc,

Huns, homme. v. HOM.

Huque, sorte de vêtement, de calotte; bas lat. *huca*.

Hurcoite, espèce de houppe ou d'ornement d'habit.

Hure, tête; hurault, bourru, mauvaise tête, mauvaise hure; hurebec, chenille de vigne.

Hure, hurie, moquerie, cri. v. HU.

Hurepais, hurepez, herupé, qui a la tête hérissée.

Hurer, hurler; hurleis, hurlement. v. HULLER.

Hurons, nom donné aux factieux de la Jacquerie.

Hurous, huros, heureux, chanceux. v. AÜR.

Hurque, sorte de navire. Duc. v. *hulca*.

Hurier, débauché. v. HOLIER.

Hurt, hurteis, hurtage, hurtement, choc; hurter, heurter; hurtepillier, houspiller; bas lat. *urtare*; prov. *urtare*; ang. *to hurt*. Kymr; *hurdh*, choc; *hyrdhu*, frapper.

Hurtage, droit d'ancrage. Duc. v. *hurtagium.*

Hus, cri de bataille. v. HU.

Hus, heus, porte. v. UIS.

Hus, huz, hors, en dehors.

Hus, us, coutume; lat. *usus.*

Husserie, ouverture de porte. v. HÜIS.

Huster, brûler. lat. *ustulare.* v. USLER.

Hustin, hutin, hus, bruit, dispute.

Hustiner, hustineur, hustineus, hutin, quereller.

Hutinet, espèce de maillet.

Hutlage, proscrit, hors la loi ; angl. *outlaw.* Duc. v. *utlaga.*

Hutree, cheville de fer pour les tonneliers.

Huve, huvet, huveste, huvette, sorte d'ornement de tête, coiffure; bas lat. *huva;* anc. all. *huba,* houppe, coiffure.

Huve, huvette, huette, luette (la luette); lat. *uva,* raisin.

Huvrelas, huvrelau, auvent.

Huxe, huche.

Huy, aujourd'hui. v. HOI.

Huy, cri. v. HU.

Huydard, décharge d'un moulin. Duc. v. *huydardus.*

Huyho, mari dont la femme est infidèle. v. HUIAU.

Hyalme, heaume. v. HELME.

Hye, hie, hoyau.

Hyne, cavale; **hynerie,** haras. Duc. v. *hinnitivus.*

Huz, cri. v. HU.

Huytil, huztil, outil.

I

I, y; lat. *ibi*.

Ia, oui.

Ials, Ious, yeux. V. IOLS.

Ials, iaux, iauls, eux ; entriaux, entre eux.

Ianime, heaume. V. HELME.

Iauve, iave, iawe, eau. V. AIGUE.

Ibiche, ibin, ibex, chamois, biche, V. BISSE.

Ice, icel, icil, icis, iciz, ichel, ichil, ichius, celui, celui-ci ; lat. *ecce ille*. V. CE, CEL, CIL.

Icco, iccols, iccou, iccque, ichco, ichou, celui-là. V. CEO.

Icest, icist, iciz, ichist, celui-ci. lat. *ecce iste*. V. CEST.

Iceus, ceux. V. CEL.

Iccine, aine.

Icte, terre jetée hors d'un fossé ; icter, lancer. lat. *jactare*.

Idle, idcle, idole.

Idonc, idunc, idunkes, donc.

Idoul, fainéant.

Ielme, heaume. V. HELME.

Ieppe, savon.

Ieque, jument. lat. *equa*.

Ier, iere, hier ; ierseir, hier soir; lat. *heri* V. HER.

Ierbe, herbe.

Iere, j'étais ; iert, il était; ies, iet, tu es, il est ; iestre, être. V. ESTER.

Iermite, ermite.

Ierre, lierre. V. HIERRE.

Iex, iox, yeux, V. IOLS.

Ieve, eau. V. EVE.

Ifernal, infernal.

Igal, égal ; igance, égalité ; igaument, également. V. EWAL.

Iglise, église ; lat. *ecclesia*.

Ignel, ignals, ignelesse, promptitude ; ignelement, promptement, prompt. V. ISNEL.

Ignise, épreuve du feu, du fer chaud ; lat. *ignis*.

Ignoticion, connaissance.

Ihezechiel, Ezéchiel.

Iki, iqui, ici. V. ANQUI.

Il, lui ; il et gie, lui et moi.

Ilec, ilecques, illec, illecques, illecques, ilekes, en ce lieu. V. ILOQUES.

Illent, sur-le-champ.

Illiers, iliers, ilies, hilliers ylliers, entrailles ; iliaque, ce qui concerne les flancs, les intestins ; lat. *ilia*.

Illider, briser, enfreindre; lat. *illidere*.

Iloques, illoques, illuec, illuecques, iluc, iluques, là, en ce lieu; lat. *in illo loco*. V. ILEC.

Illutation, friction.

Imagene, imalge, ymage, image; imagaire, imagier, sculpteur.

Imal, imeaux, mesure pour les grains.

Imbriaque, pris de vin ; lat. *ebrius*.

Imbrinquier, cacher, embarrasser.

Imbroille, confusion. V. BROIL.

Ime, prix, estimation.

Imès, ymès, jamais, désormais.

Immobles, immuebles, immoubles, immeubles.

Immoutable, immutable, immuable.

Immunie, exempt, libre ; lat. *immunis.*

Immuniser (s'), s'immiscer.

Immuter, changer.

Imoux, très-doux.

Imparager, faire un mariage convenable.

Impareil, sans pareil.

Impartir, partager, départir ; **impartauble,** qui ne peut être partagé ; **impartiaule,** impartial.

Impastation, espèce de maçonnerie avec des matières mises en pâté.

Impeccance, impeccabilité.

Impedemie, épidémie ; **impedimié, impidimié,** attaqué par l'épidémie.

Impediteur, qui met opposition.

Impeisser, renvoyer, chasser.

Impense, dépense ; lat. *impensa.*

Impere, empire.

Imperere, imperieres, impereor, empereur.

Imperice, imperité, ignorance ; **imperit,** ignorant.

Imperiniable, inaccessible.

Impertinaeité, bonté, facilité.

Impetrer, obtenir ; **impetrale,** qui peut s'obtenir ; **impetresse,** consolatrice.

Impitieux, sans pitié.

Impollu, sans péché.

Importable, insupportable.

Impositeur, fermier des impôts.

Impropere, reproche.

Impuigner, attaquer.

In, ins, en, dans.

Incaguer, défier ; **incagade,** bravade.

Incentif, ce qui excite.

Inclit, illustre.

Incolumité, bonne santé.

Incommelin, étranger. Duc. v. *incommelinus.*

Incommutaule, qui ne peut être changé.

Incoube, incube ; lat. *incubus.*

Incours, confiscation.

Indague, mal vêtu, sale.

Indart, hindart, cabestan.

Inde, ynde, couleur de bleu ; **indeier, indoier,** avoir la couleur bleue, miroiter.

Indiche, indice.

Indie, Inde.

Indiot, idiot.

Indire, indiquer, répartir ; **droit d'indire,** droit de répartition.

Indiscus, non discuté.

Indispost, indisposé.

Indoine, propre. v. IDOINE.

Indoire, indouire, induire, introduire.

Indormable, qu'on ne peut endormir.

Indoult, indulgence, indult ; **indoultaire,** celui qui profite d'un indult.

Induce, induge, induis, induisse, indus, délai, congé, trêve ; lat. *induciæ.*

Induisse, indusse, induction.

Induisier, induizier, être dans la disette, l'indigence ; lat. *indigere.*

Indut, revêtu.

Inel, prompt. v. ISNEL.

Infamcir, infamier, noter d'infamie.

Infer, infern, enfer ; **infernaus,** infernal.

Inferms, infers, infirme ; **infermeté, enfermité,** infirmité. v. ENFERME.

Infestucation, mise en possession, par le fétu ; lat. *festuca.*

Infeuder, inflexer, inféoder. Dnc. v. *infiteos ;* v. FEU, FIEU.

Infigé, attaché ; lat. *infigere.*

Infixer, insérer.

Infligion, infliction.

Infondre, verser.

Infortuner, rendre malheureux.

Infoursiat, infortiat, nom donné au deuxième livre du *Digeste.*

Infrainture, désobéissance ; lat. *infractio.*

Ingal, égal. v. IGAL.

Ingegner, ingignier, s'ingénier, tromper ; **ingeniere,** ingénieux.

Ingremance, magie, nécromancie.

Ingres, entrée èn possession ; lat. *ingressus.*

Ingrins, nom d'une faction en Flandre. Duc. v. *isengrinus.*

Inguelande, Angleterre.

Inhiber, défendre.

Iniaux, rapide. v. ISNEL.

Inition, commencement ; lat. *initium.*

Innimer, animer, exciter.

Innuer, faire un signe de tête, consentir ; lat. *innuere.*

Inquant, encan ; **inquanter,** vendre à l'encan ; lat. *in quantum.*

Inquiester, faire une enquête.

Inquidence, iniquiedance, imprévoyance. v. CUIDER et QUIDER.

Inrotuler, enregistrer.

Insané, insensé.

Insi, insin, insins, ainsi ; lat, *in sic.*

Insignier, insigne.

Insoler, couvrir un édifice d'une charpente.

Inspis, regarde (impér) ; lat. *inspice.*

Instiger, instigier, pousser, animer ; lat. *instigare.*

Insule, insulette, île, petite île.

Insulse, fat, sot.

Insult, tumulte, émeute. Duc. v. *insultus.*

Intendit, intention ; **intens,** attentif, tendu.

Interin, entier ; **interiner,** accomplir.

Intermettre, discontinuer ; lat. *intermittere.*

Internal, internel, intérieur.

Interpos, interposé, relâché, interrompu.

Intrepos, interruption.

Interrupte, interrompu.

Intivuis, opprobre, outrage.

Intoussigné, empoisonné ; lat. *intoxicatus.*

Intrer, entrer ; **intrade, intrage, introie, introit,** entrée ; **intraire,** qui entre ; **intrans,** entrée, commencement. v. ENTRAGE.

Intriquer, embarrasser.

Introditement, introduction.

Introduit, savant, industrieux.

Intruire, introduire.

Intrure, établir par force ; lat. *intrudere.*

Intumation, intimation.

Invader, invaisser, envahir ; **invasé,** obsédé par le démon ; **invasible,** attaquable.

Invertir, changer de place.

Involution, embarras.

Io, milan, oiseau de proie.

Io, je (serment de 842).

Iol, ions, œil, yeux ; lat. *oculus.*

Ionques, jamais. v. ONQUES.

Iotes, légumes.

Iqual, iquel, ivel, iwal, iwel, égal ; lat. *æqualis.* v. EWAL.

Iqui, iki, qui, ici, v. ANQUI.

Iragne, iraigne, iraignie, irontaigne, iregnie, araignée, toile d'araignée ; lat. *aranea.*

Irer, irier, iraistre, irestre, mettre

en colère, chagriner ; **irascu, iré, irié, ireux, iros,** colère, emporté ; **ire, iror, irance,** colère ; **irement, ireusement, irousement,** avec colère ; lat. *irasci, ira.* v. AÏR.

Ireçon, hérisson ; lat. *erinaceus.*

Ireter, hériter ; **iretage, ireté,** héritage, possession ; lat. *hæreditas* ; **iretaulement,** par héritage.

Irois, Irlandais.

Iroumes (nous), nous allâmes.

Irriser, railler ; **irriseur,** railleur.

Isambrun, isaubrun, sorte d'étoffe.

Isendor, porte de fer ; all. *eisen door,*

Isengrin, nom donné au loup.

Isle, ille, île.

Isnel, isnials, isniel, agile, prompt ; **isnel le pas,** aussitôt ; all. *schnell* ; ital. *snello* ; anc. all. *snel.* v. IGNEL.

Issi, iessi, ainsi, aussi ; lat. *in sic.*

Issir, iscir, essir, istrer, useir, sortir ; **ist,** il sort ; **is,** sors ; **isse,** qu'il sorte ; **istrai,** je sortirai ; **issce,** revenu ; **issue,** descendance ; lat. *exire, exitus.* v. EISSIR, ESSIR.

Issuguer, mettre à sec. lat. *exsiccare.*

Ist, il est ; il sort.

Ist, ce, celui-ci (serment de 842).

Istausse, Eustache.

Istoire, istore, histoire ; lat. *historia.*

Istrer, sortir. v. ISSIR.

Ital, itaus, itaux, itel, iticus, tel ; lat. *talis.*

Itant, autant, de même, ainsi ; lat. *in tanto.*

Iterato (jugement d'), condamnation, portant contrainte par corps.

Iterer, recommencer.

Itrestant, autant. v. ALTRETANT.

Iuci, aujourd'hui. v. OI.

Iuel, œil. v IOL.

Iuque, iuques, jusque.

Ius, porte.

Ive, ivel, sorte d'herbe. v. IVRAIE.

Iveir, iver, ivernage, yvern, hiver, en hiver ; lat. *hibernum (tempus).*

Ivel, égal ; **iveler,** comparer. v. EWAL, EWER.

Iviere, ivir, ivoire ; lat. *ebur.*

Ix, yeux. v. IOLS.

J

Ja, jai, déjà ; **ja seit que,** combien que, quoique, bien que ; lat. *jam sit quod.*

Ja jour, jamais.

Jaasour, instrument de labourage.

Jacence, jacouce, jagonce, jacinthe ; lat. *hyacinthus.*

Jacence, vacance.

Jacer, être couché ; **il jacoit,** il était couché.

Jaceres, jacheres, jachieres, jaquieres, jachères, terres en friche ; **jacherer,** labourer ; lat. *jacere.*

Jacerant (haubert), maillé. V. JASERANT.

Jaches, Jakes, Jaiket, Jakemes, Jacques.

Jacque, jake, espèce de casaque militaire, jaquette.

Ja çoit que, quoique. V. JA.

Jacter (se), se vanter.

Jacture, perte.

Jacunds, droit d'avènement des évêques.

Jadau, jadaulx, jadeau, jadiau plat, jatte ; bas lat. *jadellus.*

Jafuer, rire, s'amuser.

Jasupiere, jachère. Duc. v. *jascheria.*

Jagliaus, fleur du glaïeul.

Jaglonnee, botte de foin. Duc. v. *jaloncia.*

Jai, déjà. V. JA.

Jaians, jagan, jayans, géant ; lat. *gigas.*

Jaidis, jadis ; lat. *jam dies.*

Jaie, jalet, geai.

Jaicu, jaïu, vin nouveau.

Jaiet, jayet, pierre précieuse ; lat. *gagates.*

Jaicole, gaiole, jaole, cage, geôle, prison ; **jaolage,** emprisonnement ; lat. *cavea, caveola.*

Jaine, gêne.

Jale, jalle, jaloys, jallois, jalie, vaisseau, vase à mesurer les liquides. V. GALIE.

Jalage, jalaie, jallage, jallée, droit de jaugeage.

Jalee, gelée.

Jale, boule. Duc. v. *jalea.*

Jalet, petit caillou propre à être lancé par une machine ; **jaillir,** lancer ; **jalie,** action de lancer ; lat. *jaculus, jaculari.*

Jallouande, dévidoir.

Jalne, jane, jaune ; **jaulnet, jaunette,** fleur des champs ; **janir,** jaunir ; **janisse,** jaunisse.

Jaingle, raillerie. V. JANGLE.

Jame, gambe, jambe ; **jambayer,** marcher à grands pas ; **jambet,** croc-en-jambe ; **jambiere,** sorte de bottes. V. GAMBE.

Jamble, écrevisse de mer.

J'ame, j'aim, j'ain, j'aime.

Jame, jamme, gemme, pierre précieuse, gomme, colle.

Jame, Jaimes, Jacques.

James, jamais.

Janblanc, nom d'un oiseau de proie.

Janetaire, javeline.

Jangle, gangle, babillage, raillerie; **jangler, gangler,** railler, bavarder, criailler, piailler ; **jangleor, janglerre, ganglerre,** bavard; holl. *jangelen,* janken. (Burguy).

Jannaie, janniere, terre plantée de genêts. Duc. v. *janesteria.*

Janne, Jannes, Gênes.

Jenre, gendre.

Jant, joli; **jantis,** gentil. v. GENT.

Jante, gamte, nom d'oiseau.

Jannel, mois de janvier; lat. *januarius.*

Jape, sapin.

Japeraille, injure. Duc. v. *jangularia.*

Jaque, jasque, casaque de guerre; **jaké,** couvert d'une jaque.

Jaques, jaquier, sot, grossier. Duc. v. *jaquei.*

Jarbe, garbe, gerbe, baquet, cuvier.

Jargonner, jergonner, jergauder, caqueter. v. GARGETER.

Jarguerie, jarderie, ivraie.

Jarie, gerçure; **jarié,** gercé. Duc. v. *jarreia.*

Jarion, jari, bâton de chêne.

Jarle, corbeille. v. GEURLE, JALLE.

Jarman, germain.

Jarrige, terre inculte.

Jarron, jambage, jante de roue.

Jarroce, espèce de vesce. Duc. v. *jarrossia.*

Jars, jas, jasard, jau, oie mâle; bret. *garz* ; écoss. *ganra, ganradh* ; irl. *ganra.*

Jarse, ventouse.

Jas, couchette; lat. *jacere.*

Jasard, bavard ; **jaserie,** bavardage; **jaspiner,** bavarder.

Jasciere, jachère.

Jaserenc, jaserois, jaseron, jazeran, cotte de mailles. En esp. *jazarino* signifie algérien; serait-ce l'origine de Jazeran ? (Burguy.)

Ja scit, ja soit que, bien que, quoique ; lat. *jam sit quod.*

Jasseau, fagot, gerbe.

Jau, coq.

Jau, barbeau, poisson.

Jau, robinet.

Jau, jaut, jot, œuf de plâtre mis dans le nid des poules pour les exciter à pondre.

Jauce, jause, jausse, jaune. v. JALNE.

Jauge, partie de charrue.

Jaulger, jauger.

Jaurer, jurer.

Jaurer, persil, plante potagère.

Jausir, jouir; lat. *gaudere.*

Jautoir, jautoer, terme de blason.

Javart, javert, sorte de maladie, chancre.

Javeau, javelle.

Javrelot, javelot ; lat. *jaculum.*

Javole, javeole, javiole, cage ; lat. *cavea, caveola.* v. JAIOLE.

Jax, bercail, bergerie.

Jazer, jazir, gésir, être couché ; lat. *jacere.* v. JACER.

Jazour, instrument de labourage. v. JAASOUR.

Jazeran, maille; **jazequené,** maillé. v. JASERAN.

Jay, geai.

Ject, jecteis, jectement, jeteis, jitteis, jet, minute ou projet d'acte.

Jecteur, jetteur ; lat. *jactus.*

Jehan, Johan, Jehannet, etc., Jean; lat. *Johannes.*

Jehir, gehir, jeiehir, avouer, confesser; all. *iahen.*

Jeir, geixer, être couché. v. GESIR.

Jel, je le.

Jehui, dès aujourd'hui ; lat. *jam hodie.*

Jeler, geler.

Jeli, jili, joli, jovial.

Jeline, poule. v. GELINE.

Jelos, jelox, jaloux, **jelosie,** jalousie. v. GELOSIE.

Jen, je.

Jene, jenue, jemble, jeune. v. JOENE.

Jenneichs, exploits de jeunesse.

Jenoil, jenoillon, genou. v. GENOIL.

Jent, jentieus, jens, gentil. v. GENT.

Jeo, jeou, je.

Jeoille, geôle. v. GAJOLE.

Jergerie, ivraie, mauvaise herbe. v. GERGERIE.

Jerne, nom d'arbre.

Jergoiller, jargonner, parler du gosier. v. GARGON.

Jes, je les.

Jesmé, gemmé.

Jesque, jusque. v. DUSQUE.

Jesir, se coucher. v. GESIR.

Jesture, gesture, jeteiche, ouvrage moulé.

Jesuin, de la religion de Jésus.

Jeu, je.

Jeude, fantassin. v. GELDE.

Jeue, joue ; lat. *gena ;* bas lat. *geusia.*

Jeuer, jewer, jouer. v. JOER.

Jeument, également.

Jeung, jeuns, qui est à jeun ; **jeunower,** jeûner.

Jeurent (ils), ils se couchèrent. v. GÉSIR.

Jeus, Jius, Juif ; lat. *Judæus.* v. JUIS.

Jeuvaison, temps de la jeunesse. v. JOVANCE.

Jo, je.

J'o, j'entends. v. OÏR.

Jo, jos, joug ; lat. *jugum.*

Jober, railler ; **jobet, jobelin, jobelot,** nigaud, jobard ; v. flam., *jobb,* nigaud.

Joc, joce, jocu, jeu.

Joculatoires, jeu à lancer des javelines ; lat. *jocus.*

Joc, joug.

Joc, joue ; **joec,** coup sur la joue.

Jocdi, jocsdi, judi, juesdi, jeudi ; lat. *Jovis dies.*

Joel, joial, joyau, bijou.

Joene, joefne, joesne, jone, josne, jeune ; **Joenece, joenesse,** jeunesse ; **joenvre,** plus jeune ; **jovent, jovent, joveute,** jeunesse ; **jovencel,** jouvenceau. v. JUEFNE.

Joer, joier, jouer ; lat. *jocari.*

Joeument, jument.

Jog, jug, juf, ju, joug.

Joguer, jouguer, être en vacances. v. JOQUER.

Jogleor, jengleor, joglerres, jugleor, juglerres, jongleur ; **joglerie,** jonglerie ; lat. *jocus, jocari, joculator.*

Joi, j'oi, j'entends. v. OIR.

Joians, joiax, joiex, joios, jois, joious, joyeux ; **joive,** joyeuse.

Joiette, jouissance, usufruit. v. JOC.

Joignant, joingnant, joint, jointif, jointis, jointoiant, bien fait, affecté, ajusté ; **jointeur,** outil de tonnelier ; **jointier,** billot ; **jointe, jointée,** main fermée, poing.

Joine, joigne, jeune ; **joienete,** jeunesse ; **joindre,** plus jeune.

Joindrage, redevance pour faire paître les jeunes bestiaux. Duc. v. *junior.* v. JOENE.

Joins, jonc.

Jointe, note de musique aiguë.

Joïr, jouir.

Joire, Georges.

Joise, jugement, justice. V. JUISE.

Jol, je le.

Jolif, jolis, jolivet, joulis, gai, plaisant ; **jolieté, joliveté,** joie, amourette ; **jolivetement,** avec joie ; **joiler, joliver, joluier,** s'amuser ; **jolifre,** caresse ; **jolloier,** rendre gai, embellir ; anc. nor. *jol,* repas ; suéd. *jul.*

Jolosie, jalousie. V. JELOSIE et GELOSIE.

Jonche, junche, junc, jonc ; **jonchee, jonquee, jonchet, joncherie, joncerie, jonchiere,** lieu où il croît des joncs ; **jonquier,** joncher ; **jonssiee,** botte d'herbes ; lat. *juncus.*

Jongleor, jougleor, jungleor, jongleur. V. JOGLEOR.

Jone, jeune. V. JOENE.

Joous, jous, jeudi. V. JOEDI.

Jop, flèche, timon de voiture. Duc. V. *joppa.*

Joquer, jouquer, être en vacances. V. JOGUER.

Jor, jorn, jurn, jour ; **jernoier, jorneer,** voyager, faire des journées ; **jornal, jornaux,** journée, bataille ; **jornal,** étoile du jour ; **jornoier,** commencement du jour ; lat. *diurnus;* ital. *giorno;* **jornage,** sorte de blé, nommé aussi hivernage. Duc. V. *juornagium.*

Jorassier, prunier ; **jorroise,** prunelle. Duc. V. *jarrossia.*

Jorront (ils), ils jouiront. V. JOIR.

Jorront (ils), ils joueront. V. JOER.

J'os, j'ose.

Jo's, je les.

Joske, josque, jusque.

Josne, jeune. V. JOENE.

Joste, juste, auprès.

Joste, joule ; **joster,** jouter. lat. *juxta.*

Jostise, justice ; **jostiser,** rendre la justice.

Jottier, vendeur de choux.

Jou, jeu. V. JOC.

Jou, je.

Jou, jouc, joug, hauteur, colline.

Jouquier (se), se jucher, percher ; lat. *jugum.*

Jouee, soufflet sur la oue. V. JOE.

Jouel, nom d'une maladie épidémique.

Jouel, jowel, jouellez, joyau, bijou ; angl. *jewel.* V. JOEL.

Jouene, jeune, joule, jousne, jeune. V. JOENE.

Joufiles, grosses joues.

Jouise, jugement. V. JUISE.

Journade, sorte de casaque.

Journeer, journier, travailler à la journée ; **journet,** breviaire. V. JOR.

Jouste, jouxte, auprès ; **jouster,** jouter. V. JOSTE.

Jouzion, limande. Duc. V. *libella.*

Jovance, jovant, jovence, jovente, jouvente, jeunesse ; **jouvancel,** jouvenceau ; **joveignor, juvegnieur,** plus jeune ; **joviaus,** jeunes taureaux. V. JOENE.

Jowes, joues. V. JOE.

Joye, mesure pour les liquides. V. JUSTE.

Ju, je.

Ju, jeu. V. JOC, GIEU.

Ju, aide, secours ; **faire ju,** secourir. Duc. V. *jubare.*

Ju (je), je me couchai. V. JEIR, GESIR.

Ju, juc, joug ; lat. *jugum.* V. JOC.

Jube, jubon, vêtement, jupon.

Jube, tribune d'église où se disait le *Jube, Domine.*

Juce, juceor, jucier, juge ; **jucement,** ugement.

Juee, jeu. v. JOC.

Juefne, juene, juesne, jeune; **juvenor, juvenur**, plus jeune; **juvenerie, juveignerie**, droit du plus jeune; lat. *juvenis*. v. JOENE.

Juei, aujourd'hui; lat. *hodie*.

Juel, bijou. v. JOEL.

Juer, jouer; **juere**, joueur. v. JOER.

Juerie, jugerie, ressort d'un juge.

Juerie, juirie, juesrie, juiverie, nation juive.

Juerre, jurer; **je juerrai**, je jurerai. lat. *jurare*.

Juers, Georges.

Juesdi, jeudi. v. JOEDI.

Juet, arpent. Duc. v. *jugatum*.

Juf, jug, joug. v. JOG.

Jugier, juger; **jugieres**, juge; **jugeor**, jugeur.

Jugleor, juglerres, jongleur; **jugler**, jongler; **juglerie**, droit des jongleurs; **juglois**, vanité, forfanterie. v. JOGLEOR.

Juibet, juybet, gibet.

Juie, julep, jus.

Juignet, jugnet, juingnet, junet, juillet.

Juigneur, plus jeune. v. JOVEIGNOR.

Juille, courroie qui sert à attacher les cornes des bœufs au joug; lat. *jugum*.

Juindrage, droit exigé par les boulangers ou meuniers appelés *joindres*. v. JOINDRAGE.

Juindre, joindre; **ils juinstrent**, ils joignirent; **juinet**, joint; lat. *jungere, junctus*.

Juis, Juif; **juisel, juistel**, petit Juif. v. JEUS.

Juisarme, jusarme, lance, pique; **juisarmier**, armé de lance.

Juise, juisse, jugement, justice; **juiser, justiser**, juger; **juisme**, très-juste. v. JUGIER.

Juissien, Jussien, Egyptien. Sainte Marie la **Jussienne**, pour l'Egyptienne, nom d'une rue de Paris.

Juit, arpent.

Julet, juillet. v. JUGNET.

Julley, Juliers; **julite**, habitant de Juliers.

Jumentier, valet d'écurie.

Jun, june, jung, juin; lat. *junius*.

June, juns, jonc; lat. *juncus*.

Junet, uni; **lait junet**, lait caillé.

Juncture, jointure. v. JOIGNANT.

Juner, jeûner; **junee**, jeûne.

Junibarc, cheval timonnier.

Jup, jupe, soutane; **jupel**, petite jupe; arab. *gubba*; all. *schaube*, manteau.

Juper, jupper, crier; **jupee**, distance d'où l'on peut entendre certain bruit. Duc. v. *jupa*.

Jupicelle, genièvre.

Jupin, débauché.

Juque, jusque.

Jur, jurn, jurnee, jour. v. JOR.

Jurage, juree, jureis, commune, réunion d'habitants, coopérateurs.

Juree, fille accordée en mariage.

Juree, vente à l'encan.

Juret, redevance du vassal au seigneur.

Jurent (ils), ils furent couchés. v. GESIR.

Jurgieux, querelleur; lat. *jurgium*.

Juric, juré.

Jurt (il), il jure; lat. *jurat*.

Jus, Juif; lat. *judæus*. v. JEUS.

Jus, à bas, à terre. Duc. v. *jusum*, pour *deorsum*; ital. *giu, giuso*.

Jusarme, juserme, arme tranchante. Duc. v. *gisauma*. v. GUISARME.

Juscle, poisson de mer.

Jusier, gésier.

Juske, jusche, jusque; **jusc'n**, des-

e'a, jusqu'à ; lat. *de usque ad*. v. DUS-QU'A.

Jus, jeu. v. JOC.

Jusant, jussant, reflux ou abaisse-ment des eaux. v. JUS.

Juste, joste, auprès ; lat. *juxta*.

Justance, service, usage ; bas lat. *justantia*.

Juste, vêtement de femme.

Juste, juiste, mesure pour le vin, pinte ; **justelete**, petite tasse.

Justiere, chambre de justice.

Justeler, examiner si une mesure est juste.

Jusz, juste.

Just, jut, il se coucha ; lat. *jacuit*.

Jusbais, jusbas, juxbas, en bas ; **faire venir à jusbais**, et non comme on dit, à *jubé*.

Justichaule, justicheres, justicia-ble ; **justiciere**, exécuteur de la justice.

Juterie, quartier de Juifs.

Juyer, jueyer, jouer. v. JOER.

Juvente, jeunesse ; **juveignenr**, plus jeune. v. JOVANCE.

Juzarme, lance. v. JUISARME.

Jynguer, rire, s'amuser. v. JOGUER.

K [1]

Kaalto, châlit.

Kachevel, cervelle.

Kacier, chasser. v. CACER.

Kaene, chaine. v. CAENE, CADENE.

Kaï, barreaux, grille de fer.

Kaï, ké, quai.

Kaï, koï, quoi.

Kaïage, droit de quai.

Kaïaus, jouets d'enfants.

Kaïer, chandelle de cire.

Kaiere, kadere, kaielle, fauteuil.

Kaïllo, caillou.

Kaïr, chair; kaer, tomber, cheoir.

Kalendre, calandre, oiseau.

Kalure, chaline, chaleur.

Kan ke, kanques, autant que ; lat.
quantum quod.

Kanelius, kaneliers, kenelius,
nom d'un corps de soldats armés de
leviers ou de massues.

Kanon, canon.

Kar, car.

Kar, chair.

Kar, char, chariot.

Kardenal, cardinal.

Karef, terre couverte de productions.

Kare, visage. v. CHERE.

Karoler, danser, se réjouir. v. CARO-
LER.

Karl Kalles (suj.), Karlon (rég.),
Charles ; Kallemaine, Charlemagne.

Kat, chat. v. CAT.

Kaske, chaque.

Katre, quatre ; katorse, quatorze.

Kauclier, tumulte, désordre.

Kauf, chauve.

Kaure, monnaie, gros liard. v. CAUR.

Kavel, kaviaus, cheveu. v. CAVIOL.

Kavechel, kavecheul, traversin.

Kaze, cabane, case.

Ke, que.

Keillir, cueillir ; il keut, il cueille ;
il keudra, il cueillera. v. COILLIR.

Keïr, tomber ; il kiet, il tombe. v. CAÏR.

Keiri, girofflée.

Keitif, kaitis, captif, chétif, malheureux. v. CAITIF.

Kemant, kement, commandement ;
kemander, commander.

Kemand, mendiant ; kemander,
mendier.

Kemin, chemin ; keminee, cheminée. v. CEMIN.

Kemun, commun.

Kenee, coup sur la joue.

Kenelius, keneloigne, soldats. v.
KANELUIS.

Kenoistre, connaître ; kenu, connu.

Kenu, chenu. v. CANU.

Ker, car.

Kerme, carme.

Kernel, kerneal, créneau.

Kerole, danse, divertissement. v. CA-
ROLE.

---

[1] Presque tous les mots commençant par K étant écrits aussi avec un C, on cherchera à
la lettre C ceux qui ne se trouveront pas ici.

Kerra (il), il croira. V. CREIRE.

Kerra (il), il tombera; pat. poit. *il cheurra*. V. KEIR.

Kerre, kerrer, kerrir, chercher; **il kerra,** il cherchera.

Kersun, cresson.

Kernier, celui qui laboure pour son propre compte.

Kesne, chêne.

Keste, grille, barreaux.

Ketif, chétif. V. CAITIF.

Keu, keue, bout, extrémité, queue. V. COUE.

Keu, keus, kex, cuisinier, queux; **kemerie,** charge de grand-queux. lat. *coquus*.

Keudre, tomber; **keue,** chute; **keü,** tombé. V. CADEIR.

Keudre, coudre.

Keure, loi municipale; **keurbrief,** loi de la commune.

Keurir, courir.

Keute, kioute, matelas; lat. *culcita*. V. CUITE.

Keuvrir, couvrir. V. COVRIR.

Keval, cheval. V. CEVAL.

Kevreuil, chevreuil.

Ki, qui, lequel; **ki, ki,** quel que soit celui qui; **kikiunques,** quiconque.

Kief, chef. V. CIEF.

Kielt, kieult (il), il cueille. V. KEILLER.

Kien, chien; lat. *canis*. V. CAN.

Kierke, charge; **kierkier,** charger. V. CARGIER.

Kierke, recherche; **kierkier,** chercher. V. CERCIER.

Kieuetaille, partie d'une robe.

Kieute, kiolte, matelas. V. CUITE.

Kieute, espèce de bière.

Kievre, chèvre.

Kievre, cuivre; lat. *cuprum*.

Kil, qui le.

Kinkin, cousin.

Kiriele, kyrielle, de *Kyrie, eleison*.

Kirtel, sorte d'habillement, chemise; angl. *shirt*.

Kiter, quitter.

Kiute, matelas. V. KEUTE.

Klabaut, klabaudier, chien de chasse, aboyeur.

Koillir, cueillir. V. COILLIR.

Koint, agréable. V. COINT.

Koisir, apercevoir, choisir. V. COISIR.

Kok, coq (**kos,** suj., **ko,** rég.).

Koke, cuisinier.

Kolee, coup d'épée. V. COLEE.

Kop, petite mesure pour les grains.

Korie, peau, cuir; lat. *corium*.

Koste, côte.

Kranter, garantir. V. CREANTER.

Kuee, couvée; lat. *cubatio*.

Kukus, homme dont la femme est infidèle.

Kuidier, penser, estimer. V. CUIDER.

Kuite, couverture piquée. V. KEUTE.

Kynancie, esquinancie.

L

La lai, art; pron. pers. la.

La, lac, lait; lat. *lac, lactis.*

Labeau, sorte d'ornement.

Labor, travail; **laborer, labeurer, laburer,** travailler, se peiner; **laboreres, laboureus,** travailleur, et aussi trompeur.

Lac, pressoir.

Lacais, lacays, laquet, arbalêtrier; lat. *laqueator.*

Laceron, lacheron, laicteron, herbe d'où sort le lait quand elle est brisée.

Lacesse, lachesse, fatigue; **lachi,** paresseux.

Laci, lacié, lacé; **homme lacié,** homme lige; **lacier,** attacher, lacer; **lacon,** lacet; lat. *laqueus.* v. LAS.

Lacisses, haillons.

Lacorne, étoffe grossière.

Lacque, espèce de citerne; lat. *lacus.*

Lacrime, lacrimee, larme; **lacrimule,** petite larme; **lacrimeus,** larmoyant.

Laidre, lagre, Lazare, ladre; **ladresse,** femme ladre.

Laeur, leur, largeur. v. LET.

Laford, prodigue.

Lagaigne, chassie; bret. *lagad,* œil.

Lagan, beignet, gaufre; lat. *laganum.*

Lagan, largesse.

Lagan, espèce de droit d'épaves.

Laganiste, pain de millet.

Lagnier, murmurer, se lamenter; **il laint,** il se lamente. v. LAIGNER.

Lahem, Bethléem.

Lahut, barque, nacelle.

Lai, la, là.

Lai, loi; **laious,** loyal. v. LEI.

Lai, lais, laisse, laiz, lesse, chant, complainte; bas bret. *lais,* cri lugubre.

Lai, laisse.

Lai, laïc, lais, laïque.

Lai, lais, territoire laissé par l'eau qui se retire.

Laians, laiens, laens, leans, leens, là dedans; lat. *illic intus.*

Laictant, qui tette; lat. *lactans.*

Laid, lait, laiz, leid, leit, ledange, laidesce, laidure, laidance, laidange, insulte, mauvais traitement; **laidanger, laidoier, ledanger, leidir, leidenger,** injurier; anc. h. all. *leidôn,* outrager.

Laic, laigne, laignie, lais, layet, bois, forêt; lat. *lignum.*

Laier, laicier, laicher, lacever, laisser; **laiee,** bail, loyer, v. LASCIER.

Laies, lais, legs; lat. *legata.*

Laiette, alouette.

Laiette, liette, petit coffre; all. *lade.*

Laigne, laingne, bois, bûche; **laignier,** bûcher; **laignier,** charretée de bois. v. LEIGNE.

Laigner (se), se plaindre, gronder; ital. *lagnarsi.*

Lanier, lenier, lâche, fainéant; pat. poit. *lagnious.*

Laigne, lain, lange, laine; lat. *lana,* v. LANGÉAIS.

Laingue, langue.

Lair, loir.

Laire, espèce de bât.

Laire, leire, liarre, lierre. v. HIERRE.

Lairme, larme.

Lairre, voleur; **lairrenaille,** troupe de larrons; **lairechin,** larcin; **lairimet,** ouverture ménagée au faîte d'une maison. v. LERRE.

Lairris, lerris, champ v. LARI.

Lais, laist, quitté, laissé, baliveau conservé; **lais, laist,** ce que laisse la mer en se retirant. v. LAI.

Lais, legs. v. LAI.

Lais, insulte. v. LAID.

Lais, tâche imposée à quelqu'un.

Lais, pièce de vers. v. LAI.

Lais, lacet. v. LAS.

Lais, laïque. v. LAI.

Lais, ambassade, légation.

Lais, laisse.

Laisant, paresseux.

Laisard, laisarde, lesart, lézard.

Laischer, lame d'épée.

Laise, laize, largeur. v. LEE.

Laisse, lisse, attache; all. *litze;* ang. *leash.*

Laissier, laiscier, laisser; **laist,** qu'il laisse. v. LASCIER.

Lait, affront, outrage. v. LAID.

Laitise, fourrure, couleur de lait.

Laituaire, laituere, lettuaire, électuaire, médicament.

Laivaitre, ondée.

Lamenteux, qui se lamente; lat. *lamentari.*

Lambaulois, lambulois, fossoyeur.

Lambel, lambeau, lambeau, chiffon, haillon; **lambrequin, lambquin,** petit lambel, panache, écharpe; all. *lappen,* pièce d'étoffe.

Lambiquer, distiller, exprimer.

Lambre, lambrois, lambru, lambrius, boiserie, plancher, lambris; **lambroissier, lambrucher,** lambrisser.

Lame, lame, tombe, pierre tombale; **lamelle,** petite lame; lat. *lamina.* v. ALEMELLE.

Lame, roseau, canne.

Lampadaire, chandelier.

Lampese, phare, lampe.

Lampian, épée à lame luisante.

Lance, certaine mesure; lat. *lanx.*

Lancegé, blessé par une lance; **lanceor,** soldat armé d'une lance, créneau d'où l'on lance les flèches; **lance gaye, lance guaie,** javeline; **lancier, lanchier,** lancer.

Lancele, lancelee, plantin.

Land, terre. **landon,** petite lande; sax. *lande;* bret. *laun,* plur. *lannou,* landes.

Landit, landict, nom donné à la foire de saint Denis. v. LENDIT.

Landie, landye, parties naturelles de la femme.

Landier, chenet de cuisine. v. ANDIER.

Landiniere, seuil ou bord d'une porte.

Landon, bâton attaché au cou des chiens.

Landore, landreus, infirme.

Landrin, dandin, qui porte mal son corps.

Lanenlan, tout à fait ouvert.

Laner, lanier, paresseux. v. LAIGNIER.

Lane, laine; **laner,** apprêter la laine; **laneron, lanieur,** ouvrier en laine.

Langaige, lange, langue, langage; **langee,** langue de terre; **langoier, langueier,** examiner la langue d'un porc pour voir s'il est ladre.

Langoieur, langueyeur; **langageur, langagier,** bavard; **langoiement,** babil, caquet.

Langeais, langeau, langeul, longe, étoffe de laine, blanchet.

Lange, langette, langue.

Langeau, petit vase. v. LANCE.

Langnes, broussailles. v. LAIGNE.

Langoine, monnaie de Langres. Duc. v. *lingones.*

Langoste, langouste ; lat. *locusta.*

Langot, malade ; **langourir, languerrer,** être en langueur.

Languefriede, gardien des routes ; all. *landfried.*

Lanier, lent, paresseux. V. LAIGNER.

Langner, bûcheron. V. LEIGNE.

Laus, lansman, compatriote, ami ; **lausage,** aliénation de propriété ;

Lanskeneit, lanskneit, lansquenet, fantassin ; all. *lands knecht,* valet ou serviteur du pays.

Lanstringue, ami, camarade ; all. *landsman, zutrinken,* camarade à boire. (Le Duchat).

Lantrenier, faiseur de lanternes.

Lanu, laneux, couvert de laine.

Laoser, louer. v. LOER.

Lapue, pelote de grapelle.

Laqs, las, lais, filet, lacet; lat. *laqueus.*

Larbe, carrelet, poisson plat.

Larce, laye ; **larcesse,** largeur. lat. *largus.*

Larcineusement, subrepticement , en volant.

Lardage, impôt sur le lard.

Lardelle, larderelle, nom d'oiseau.

Larege, espèce de pin.

Largion, largee, largnesse, largition, largesse ; **largir,** faire des largesses. lat. *largiri.*

Largir, rendre plus large.

Lari, larris, lary, terre inculte ; all. *leer,* vide ; flam. *laer,* inculte.

Larmer, pleurer ; lat. *lacrymari.*

Larrecin, larrechin, larcin.

Larrecineusement, larrechineusement.

Lart, lard; **lardeus,** engraissé; **lardier,** impôt sur le lard; **lardouere,** lardoire.

Las, les.

Las, roturier, paysan.

Las, lasse, malheureux ; **las moi,** malheureux que je suis.

Las moi, que je suis malheureux, hélas ! **lascesse,** fatigue.

Las, lacet, filet. v. LAQS.

Lasardres, lésardes, fentes.

Lascier, lasquier, laisser, lâcher ; **lasceure, laschance, lassiere,** travée, séparation ; **laschement, lascheitement,** d'une manière relâchée ; lat. *laxare.* v. LAIER.

Lascivie, libertinage ; lat. *lascivia.*

Lasord, généreux, libéral. v. LARCE.

Lasser, lacer ; **lassiere,** lacet, filet ; **lassure,** attache d'un vêtement. v. LAQS.

Lassus, là sus. v. SUS.

Last, côté, bord ; lat. *latus.*

Laste, poids ; ital. *lasto ;* all. *last.*

Lasté, lasseté, lassitude.

Lataument, en cachette.

Latinier, savant en latin.

Laton, laiton.

Latte, sorte d'amendes ; **lattier,** registre de ces amendes.

Lattrer, aboyer.

Lature, ciselure ; lat. *cœlatura.*

Lau, laud, lod, lots et vente ; **laudaire,** registre des ventes ; **laude,** droit sur les ventes ; **laudisme, lauduminie, lausime,** droit seigneurial sur les mutations de fonds de terre.

Lauffaiz, fil préparé pour faire de la toile. Duc. v. *Laufetus.*

Laugier, léger.

Launce, launcon, branche. v. LANCE.

Laune, launestelluer, petit bras de rivière ; bas lat. *launa, launestellus.*

Lausset, droit d'aiguisage.

Laür, largeur. v. LET.

Laure, hameau, habitation isolée.

Laus, gloire. v. LOS.

Lausenger, flatter, **lausengeur,** flatteur, trompeur. v. LOSENGIER.

Laustic, rossignol.

Lautrier, laltrier, l'autre hier, l'autre jour ; lat. *alter heri.*

Lauvisse, grenier.

Lauze, espèce d'ardoise pour couvrir les toits.

Lauzeme, lausime, droit sur les mutations

Lavacre, lavadure, lavage ; **lavaiche,** lavoir ; **lavaille, lavasse,** crue d'eau ; **laveure,** mauvaise étoffe perdant sa couleur quand elle est lavée. v. LAUDIME.

Laxer, laisser, lâcher. v. LASCIER.

Laxare, Lazare.

Lay, loi. v. LEI.

Lay, chant. v. LAI.

Lay, legs. v. LÉ.

Layant, là-dedans. v. LEANS.

Laye, forêt. v. LAIE.

Layment, laïquement.

Layeur, largeur.

Laygnage, lignage.

Lays, auprès de. v. LÈS.

Laz, lacs. v. LAQS.

Lazcier, laisser. v. LASCIER.

Lazins, là-dedans. v. LAENS.

Lazur, lazurd, couleur bleue ; arabe *lazuli,* d'où l'on a fait l'azur.

Lé, lie, joyeux. v. LIE.

Lé, leis, lciz, lez, auprès de ; lat. *latus,* côté. v. LEIS.

Lé, lees, lés, lez, large ; lat. *latus,* large. v. LEIS.

Lé, lez, legs.

Leage, droit payé pour rebâtir un moulin.

Leal, leaul, leaus, fidèle, loyal, légal ; **lealté, lealted, leauté,** loyauté ; **leaument,** loyalement. v. LEI.

Leans, leens, là-dedans ; lat. *illic, intus.*

Lease, cession, abandon.

Leasse, peau de mouton.

Lebadis, levadis, pont-levis.

Lebre, lèvre ; lat. *labrum.*

Lebre, lebret, lièvre ; lat. *lepvs.*

Lecheor, leceor, leceour, gourmand, glouton ; **lescheor, lechierres, lecherelle,** femme débauchée ; **lecherie, lechure, licherie,** débauche ; anc. all. *leika* ; arm. *lic* ; all. *lecken.* Duc. v. LECATOR.

Lect, let, lait ; **leciere,** qui tette.

Lecte, choix ; lat. *electio.*

Lecticaire, porteur de litière ; lat. *lectica.*

Lectre, lectrin, lectrun, letrin, lieutrin, lutrin ; **lectrois,** lieu où on lit ; lat. *legere, lectum.* Duc. v. LECTRINUM.

Lectuaire, médicament. v. LAITUAIRE.

Led, let, large. v. LÉ.

Ledange, mauvais traitement, **ledanger, ledir,** maltraiter, injurier. ; v. LAID.

Leece, leesse, leesche, joie, liesse ; lat. *lætitia.* v. LIE.

Leel, leeus, loyal ; **leelté,** loyauté. v. LEAL.

Leens, leiens, là-dedans. v. LAENS.

Leffre, lèvre. V. LEBRE.

Legat, legs ; lat. *legatum.*

Legault, légat ; lat. *legatus.*

Lege, loi; legitre, légiste; lege, lige, vassal lié par serment à son seigneur; legee, serment ; tenir en legement, tenir en hommage-lige ; ang. *liege, a liege man,* un homme lige.

Legemdier, livre d'église ; legir, leir, lire ; legille, pupitre.

Legier, ligier, léger, facile; de legier, légèrement ; legerie, imprudence.

Legne, bois. V. LEIGNE.

Legue, lieue ; lat. *leuca.* V. LEU.

Legun, leun, légume.

Lehire (saint), saint Eleuthère.

Lei, loi; leial, loyal ; lat. *lex.*

Lei, lui.

Leidesec, leidesche, parties laides du corps. V. LAID.

Leigne, legne, laine. V. LANE.

Leigne, leingne, leine, bois; lat. *lignum.* V. LAIGNE.

Leins, là-dedans. V. LAIENS.

Leire, lesir, leisir, être permis ; lat. *licere.* V. LOIRE, LOISIR.

Leire, lire.

Leire, Loire ; lat. *Liger.*

Leis, leit, lit.

Leis, leiz, large. V. LET.

Leis, leiz, côté. V. LÈS.

Leis, leiz, Louis.

Leis, leit, leiz, laid, nuisible. V. LAID.

Leisse, lice, chienne ; lat. *lycisca.*

Leissier, laisser. V. LASCIER.

Leitre, lettre.

Lekier, laisser. V. LESCIER.

Lemaussé, orné, enjolivé.

Lembroisier, lambroissier, lambrisser.

Lemelle, lamelle, petite lame.

Lemnuncule, espèce de bateau de pêche ; bas lat. *lemnunculus.*

Lenchas, espèce de pieu, de lance.

Lendit, lendy pour l'endit, nom donné à la foire de Saint-Denis ; lat. *indictum,* V. LANDIT.

Lene, laine. V. LANE.

Lengage, langage.

Lenoine, entremetteur; lat. *leno.*

Lenifier, adoucir ; lat. *lenire.*

Lenner, tirer de la laine ; lennier, ouvrier en laine.

Lens, lente, œuf de pou.

Lente, lentille ; lentilleux, lentillus, taché de rousseurs; lat. *lens, lentis.*

Lentrongneur, conducteur de navire, passeur de bac; lat. *lentris.*

Leon, lion, lion; leoncel, petit lion ;

leonime, à la manière du lion; leonimer, faire le lion.

Leouge, sorte de vaisseau.

Lep, lepre, llepre, lèpre ; lepros, leprus, lépreux.

Lepart, léopard. V. LEUPART.

Lepe, lippe, grosse lèvre. V. LIPPE.

Leque, sorte de trape, de trébuchet.

Lere, lerres, lierres (sujet), laron (rég.), voleur, larron ; lererie, larcin; lat. *latro.* V. LAIRRE.

Lerme, larme; lermer, pleurer.

Lerre, lierre.

Lessier, laisser; je lerrai, je laisserai. V. LASCIER.

Lés, joyeux ; lat. *lætus.* V. LIE.

Lès, auprès.

Les, je laisse.

Les, legs.

Lesbin, lespin, prostitué, infâme.

Lese, jeune paysan.

Lesdaugier, laidangier, maltraiter.

Lesche, tranche mince, ver de terre.

Lesche, lesse, corde pour tenir les chiens.

Lescheor, lescherres, gourmand, glouton. V. LÉCHÉOR.

Lescier, laisser. V. LASCIER.

Leson, billot, lit. Duc. v. *Laiscum.* V. LISON.

Lesse, chant. V. LAI.

Lesse, lessee, cessation de travail; lat. *laxatio.*

Lessu, eau de lessive, suc, jus, v. LEXIE.

Leste, laite ou laitance; lat. *lac, lactis.*

Leste, adroit intelligent, rusé; anc. h. all. *listig.*

Leste, lestiche, sorte de casaque.

Let, vilain, nuisible. V. LAID.

Let, côté; lat. *latus.*

Let, fem. **lée,** large; lat. *latus.*

Letænie, litanie.

Leteri, leteril, letri, letrin, lutrin, lieu où on lit les spaumes. V. LECTRE.

Letiere, litière.

Letre, leitre, lettre, écrit; **letré,** couvert de lettres; **letreure,** science des lettres; **letreu, letru,** savant; **lettrier,** livre de lecture; **lettrine,** petite lettre.

Lettuaire, laitage; remède spécifique; lat. *lactuarium.*

Letue, letture, laitue; lat. *lectuca.*

Leu, lu. V. LEIRE.

Leu, loup; **leu wasté,** loup-garou.

Leu, permis. V. LEIR, LOISIR.

Leu, leuc, leus, liex, liou, liu, lou, lue, lieu; lat. *locus.*

Leu, leue, lieue; lat. *leuca.*

Leubart, léopard. V. LEUPART.

Leuce, blanc.

Leud, leude, sujet, vassal; **leuderie,** livre où l'on inscrit les redevances; **leudier,** receveur de la leude; all. *leute;* ang. sax. *leod, liod;* bas lat. *leudus.*

Leum, leun, légume.

Leum, lion; **leuncel,** lionceau.

Leumer, allumer.

Leupart, liepart, léopard.

Leure, éclairer, luire, lat. LUCERE.

Leurmel, droit sur les toiles.

Leus, luth.

Levier, liever, lever; **levadier,** celui qui a soin des levées ou chaussées; **levadis,** pont-levis; **levage,** droit sur les denrées; **levailles,** relevailles; **levee,** voiture; **levement,** nouveau plan; **leveur,** collecteur; **leveure,** élévation; **levein,** levain; lat. *levare.*

Levrer, lévrier; **levriere,** femme de mauvaise vie; **levretteau,** petit lièvre.

Levrus, levru, qui a de grosses lèvres. V. LEBRE.

Lexie, lessive, suc, jus; lat. *lexivium.*

Ley, ordonnance. V. LEI.

Ley, auprès. V. LES.

Leyance, légeance, hommage-lige.

Leye, lis.

Leyure, largeur. V. LET.

Leyve, rente, revenu.

Lez, largeur; **leze,** champ plus long que large.

Lez, à côté de; **lez a lez,** côte à côte. V. DALES.

Leze, loise, permission; lat. *licere.*

Lezin, Licinius, nom propre.

Li, art. m. s. le. lat. *ille.*

Li, pron. pers. pour lui, à lui; lat. *ille, illi.*

Liage, droit sur la lie de vin.

Lian, liance, legeance, lien; lat. *ligamentum.*

Liance, plaisir. V. LIE.

Liarre, lierre. V. YERRE.

Liar, liars, liard.

Liart, gris brun, gris pommelé ; kymr. *lidi* ; bret. *louel* ; gall. *lwyd*, (avec la suffixe *ard*.)

Liber, libers, libéral ; lat. *liber*.

Liberament, facilement.

Libert (S.), saint Leobert, ou Léobart.

Librarie, librairie, bibliothèque.

Lices, liches, lisse, bandes, barrières, frontières ; lat. *licium*.

Lice, liche, lyce, lice, femelle des animaux.

Licheor, lichar, gourmand ; **licharder.** faire le giouton. V. LE-CHEOR.

Liete, lit.

Licteau, linteau.

Lide, machine de guerre.

Lie, lie, boue ; lat. *lia*.

Lie, lies, liet, liez, content, joyeux ; **liement.**joyeusement;**leece,** liesse ; lat. *lætus*. V. LEECE, ESLEECER.

Liech, lit, couchette.

Liefres, lievres, lèvres. V. LEBRE.

Liege, liegece, lige, hommage, serment.

Licis (je), je lisais.

Liemier, loiemier, limier.

Lienage, louage.

Liener, loiener, lier, attacher; **liense,** lien, ligament. V. LOIEN.

Liepart, licupart, lipart, léopard.

Liepre, lèpre ; **liepreux,** lépreux.

Liepvre, lièvre.

Lier, laisser. V. LAIER.

Lier, attacher, ensorceler.

Liere, litre, ceinture.

Lierres, voleur. V. LERRE.

Liessage, droit sur les marchandises maritimes.

Lietard, lievrade, quart d'arpent.

Lietes, registre.

Licton, layette, coffre.

Lieuer, louer.

Licume, légume. V. LEUM.

Lieutrin, lutrin. V. LECTRE.

Liex, lieu. V. LEU.

Lige, ligeite, ligence, ligement hommage du vassal. V. LEGE.

Lignie, lignage, race ; **lignagier,** qui est de la même ligne ; **lignier,** ligner, aligner.

Ligne, bois ; **lignas, lignier,** fagot, lieu où l'on serre le bois.

Lignel, ligneul, lignioul, lignival, fil de lin ; **lignuis,** graine de lin ; **ligniere,** linière, terre semée de lin V. LIN.

Lignolet, galoche; bas lat. *lignambulus*.

Ligote, lien, attache ; lat. *ligare*.

Ligure, pierre précieuse.

Ligurge, ligurien.

Liliale, qui tient au lis.

Limause, limaçon, limace ; lat. *limax* ; bas lat. *limaca*.

Limande, pièce de bois plate et carrée.

Lime, pénitence, acte de piété.

Limecon, limechon, limcignon, lumignon ; lat. *lumen*.

Limer, regarder de travers.

Limeux, fangeux ; lat. *limosus*.

Limit, limité.

Limoges, pré, terre.

Lin, bateau ; lat. *linter*.

Lin, linage, line, lince, lingie, ligne, lignée ; **linagier,** de la même famille ; **enliné,** de haut lignage ; **lineal,** en ligne directe ; lat. *linea*.

Lin, ligne, lin ; **linuise,** étoffe de lin ; **linomple,** linon ; lat. *linum*.

Linselet, linsiculz, linsselet, lisselet, voile, mouchoir; lat. *linteolum*.

Lintel, linteau.

Lintier, chapelle, tombeau.

Lioral, liozel, mesure pour les liquides.

Lioue, lieue.

Liout, il liait, v. LOER.

Lipart, léopard, v. LEUPART.

Lippe, grosse lèvre, grimace ; **lippu,** qui a une grosse lèvre ; **lippee,** grosse bouchée ; all. *lippe* ; ang. *lip.*

Lique, sorte de vaisseau.

Liquet, loquet de porte.

Liquet, clair, liquide.

Lire, lyre.

Liron, lirot, loiron, loir ; lat. *glis, gliris.*

Lesarde, lézard.

Lisebette, petit lit, banc.

Lise, lisce, lice, chienne.

Lisible, ce qui est permis ; **lisir,** loisir ; **il lisoit** ou **loist,** il est permis ; lat. *licet.*

Lison, banc. v. LISEBETTE.

Lison, leçon ; lat. *lectio.*

Lisquette, lichette, lechette, petite langue de terre, petite bouchée.

Liste, listeie, lisière, liteau ; **listre, litre,** bande, bord, bordure ; **listel, listrel,** tringle de bois, tranche ; **listé, listré,** entouré de murs ; **liter, lister** (une étoffe) la border ; anc. b. all. *lista.*

Liter, effacer ; **liture,** rature.

Litoche, petit lit, berceau.

Liu, lius, lieu. v. LEU.

Liue, lieue. v. LEUE.

Liun, lion.

Liurce, tristesse.

Liut, leut, lut, luc, luth. Ital. *liuto.*

Liveche, levesche, plante ; lat. *ligustrum.*

Livel, niveau ; bas.lat. *libellus, livellus.*

Liver, livre ; lat. *libra.*

Livreire, libraire.

Livreison, livroison, délivrance ; lat. *liberatio.*

Livrot, livrouer, mesure pour les grains ; lat. *libra.*

Lixour, liseur.

Liz, lit.

Lo, lou, lu, le, lni, article, pronom relatif et pronom démonstratif.

Lo, élévation, colline.

Lo (je), je loue, je conseille ; **loaule,** louable. v. LOER.

Lobasser, pencher la tête, sommeiller.

Lobe, lobbe, lobes, tromperie, flatterie ; **lobere, lobeor,** trompeur ; all. *loben.*

Loc, lioc, lieu, place ; lat. *locus.* v. LEU.

Loc, serrure, fermeture de porte ; angl. sax. *loc,* verrou.

Locande, maison à louer ; **locatis,** cheval de louage.

Locaye, Leocade, Léocadie.

Locengnos, rossignol. v. LORSIGNOS.

Loceret, vrille, tarrière.

Loche, petit poisson, espèce de limace ; bret. *louch, louchie,* dérivé de *loutek,* vorace ; *louka,* dévorer.

Lochier, locier, placer ; lat. *locare.*

Lochier, locier, branler, mouvoir ; **locque,** lambeau, flocon ; **loche, lochet, louchet, luchet,** bêche, instrument pour fouir la terre ; anc. all. *loc, locke,* boucle ou flottement des cheveux. v. ESLOCHER.

Locque, bâton de défense.

Locu, chauve.

Locule, bourse.

Locuste, sauterelle.

Lode, espèce d'impôt. Duc. v. *laudaticum.*

Lodé, mouillé.

Lodier, couvre-pieds fait de laine; lat. *lodex.*

Loee, espace d'une lieue.

Locis, Loweis, Loys, Louis; all. *Hkludwig*; lat. *Ludovicus.*

Loer, souiller; bret. *li, liet,* vase.

Loer, loier, looer, louer, conseiller; **loement, loenge,** éloge, conseil; lat. *laudare.* v. DESLOER.

Loer, loier, lier, **liettes;** jarretières. lat. *ligare.*

Loer, loier, louer, prendre ou donner en location; **loiez,** homme loué, à gages; **loer, loier,** loyer, salaire.

Loer, être permis. v. LEIRE.

Loerre, leurre.

Loevesin, habitant de Laon.

Lof, côté que le navire présente au vent; ang. *loof.* plur. *looves.*

Loge, tente, cabane.

Logie, discours; entretien.

Logne, longe (de veau) lot, *lumbus.*

Logre, don fait par un des époux à l'autre.

Loherain, Loherayn, Lorrain; **Loherenge, loheriengue,** Lorraine; lat. *lothoringia.*

Lohy, gros morceau, bon à manger.

Loi, lui.

Loial, loiaus, loiax, loyal. v. LEAL.

Loidorer, locdorer, injurier mal-traiter v. LEDIR.

Loie, petite maison.

Loier, lier; **loien,** lien; **loiettes,** jarretières.

Loig, loing, loigniet, loingnet, loin; **loigner, loingner,** éloigner; **loignerie,** folie, éloignement de la raison.

Loigne, loge.

Loingtain, lointien, lointain; **loingtaincté, loingteincté,** éloigne-ment; **loinz,** long.

Loigne, diseur de choses inutiles.

Loigne, loingue, forêt, bois. v. LEIGNE.

Loige, longe, loge, petite hutte; anc. h. all. *lauba, laubja,* feuillée, berceau.

Loingaige, langage.

Loingaine, longaine, eau croupie, boue, latrine.

Loinjonneur, mesureur. v. LOING.

Loinselet, loissel, petit peloton de fil. Duc. v. *loisellus.*

Loir, loir, petit rat. v. LIRON, GLERON.

Loire, loirre, leurre, appât; **loirer, loirier.** leurrer, anc. all. *ludir;* ang. *lure.*

Loire, courroie. v. LORE.

Loire, être permis; **il loist, il loit,** il est permis; **je loisoit,** il était permis; lat. *licere.* v. LEIRE.

Loire, cuve de pressoir.

Loit, lié; **louire,** lien. v. LOIER.

Loite, lutte; **loister,** lutter. v. LUITE

Lumbes, reins; **lombar,** ceinture mise sur les reins.

Lonc, longe, lonche, lons, lune, long; **longhece, longheur, longor,** longueur.

Lonc, selon, v. SELONC.

Lomdinier, lambiner, temporiser.

Longement, longuement on disait de *longuement,* depuis longtemps; dont on a fait de *longue main*).

Longin, lent, pesant.

Longiere, nappe.

Longon, clou, cheville.

Longmamis, légume, fève longue.

Lons, long. v. LONC.

Lonz, loin. v. LOIG.

Loomes, loons, nous louons. v. LOER.

Loon, Laon, ville.

Loor, lueur, clarté.

Loouiz, loué. lat. *locatus.*

Lope, lop, lopin, pièce, morceau ; **lopiner**, partager ; all. *lumpen*, lambeau.

Loppin, coup.

Loquence, éloquence ; lat. *loqui*.

Loque, loquet, lambeau, guenille ; **loqueté, loucheté**, découpé ; **loquette**, bâton en forme de massuet.

Loquet, bois, forêt ; lat. *lucus*.

Lor, lour, leur ; lat. *illorum*.

Lor, lorier, laurier.

Lorain, lorein, rêne, frein.

Lorbeur, trompeur. v. LOBEUR.

Lord, lorde, lourd, lourde.

Lore, lores, lors, alors, *in illa hora*.

Lorgne, maladroit, gauche. Duc. v. *lunaticus*.

Lormier, lorimier, ouvrier qui fait des courroies ; **lorandier**, valet de chambre ; lat. *lorum*, courroie.

Loriner, lorgner ; all. *lauern*.

Lorilart, épieu. Duc. v. *lorilardum*.

Loriot, tresses, boucles de cheveux.

Lorsignos, rossignol. v. LOUSEIGNOL.

Los, sorte de pêcherie.

Los, loz, lot, part; **lotissage, lotissement**, part échue par le sort; **geter los**, tirer au sort; all. *loos*; anc. nor. *lutr*, sort ; anc. all. *hluz*.

Los, lods, octroi, consentement, aliénation d'héritage ; *laudes*.

Los, loz, louange, consentement, approbation ; **losange, losenge, lozenge**, fausse louange, flatterie ; **losongeor, losin, loseur**, trompeur ; **losanger, loser**, flatter, prier, tromper ; lat. *laus*. v. LOER, ALOSER.

Lose, louche. v. LUSQUE.

Losse, badin ; **losterie**, badinage.

Lot, boue, argile ; l. *lutum*.

Lou, le.

Lou, loup ; *lupus*. v. LEU.

Lou, louange. v. LOS.

Lou, je loue. v. LOER.

Lou, luth.

Louaige, louage ; **louagier, louandier**, celui qui loue ; **louade**, impôt sur les locations.

Louan, courroie. v. LORAIN.

Louceor, glouton. v. LECECR.

Loucerve, louve cervière. v. LOVE.

Louche, louce, louchet, louchette, soucoupe, cuiller ; **louchie**, contenance d'une cuiller; bêche, bâton de berger ; anc. all. *lochea* v. LOCHE.

Loudier, pauvre, misérable.

Loudier, couverture. v. LODEIER.

Louee, auberge ; ital. *locanda*.

Louec, lieue. v. LEUÉE.

Louette, crépuscule, heure dite entre chien et loup.

Lougaugues, langueur, faiblesse de cerveau.

Louge, loge.

Louier, lovvier, loyer. v. LOIER.

Lousche, louche ; **louscher, lousquer**, loucher ; lat. *luscus*, borgne.

Louppe, nœud, bosse, pierre précieuse. Duc. v. *loppa*.

Loure, sorte de musette ; **loureur**, celui qui en joue; anc. isl. *lûdr*, flûte de berger.

Lour, lur, leur.

Lours, privé d'un œil. v. LOUSCHE.

Louseignol, lousignol, rossignol ; lat. *lusciniola*.

Lousse, louche.

Loutrier, celui qui chasse le loutre.

Louvaige, louage. v. LOER.

Louvat, louvel, louvet, love, loviaus, petit loup; **louvetor**, louvetier ; **loviere**, piège ou tanière à loup, sac, vêtement fait d'une peau de loup; **louvis**, affamé comme un loup ; **louvessement**, cri du loup.

Lovendrans, lovendris, filtre amoureux. Angl. *love draught.*

Loverian, bas, terrestre ; cell. *claver* ; bas-fonds.

Lox, lou, loup. v. LEU.

Lox, approbation. v. LOS.

Lu, lui, le. v. LO.

Lu, lumière ; lat. *lux.*

Lube, lubie, caprice ; **lubieus,** capricieux.

Luberne, panthère. v. LEUPART.

Lubin, pour **lupin**, loup de mer.

Luc, petit bateau.

Luc, lue, lus, luth.

Lucer, luire.

Lucs, luz, brochet ; lat. *lucius.*

Lucet, broche, cuillère. v. LOUCHET.

Luchais, petit peloton de fil. v. LUISEL.

Lucher, luire ; lat. *lucere.*

Lucure, fabrique de paroisse ; **lucre,** profit.

Luer, louer, lot *laudare.*

Luer, louer ; lat. *locare.* v. LOER.

Luec, lues, luesc, lueus, lieu ; **luesk, lues,** aussitôt ; lat. *loco, locis,* sur lieu, sur place ; **lues que,** aussitôt que.

Luette, jeu de la fossette.

Lui, je lus.

Luict, luicte, lu, lue.

Lule, lieue, v. LEU.

Luier, loyer.

Luin, luinz, loin ; **luiner,** éloigner.

Luingtain, lointain.

Luisel, luiseau, cercueil ; (lat. *locellus*).

Luisel, luiseau, pelo e, peloton de fil.

Luiser, luire. **luist,** il luit ; **luiserne** lumière ; lat. *lucerna.*

Luit (il) il fut permis.

Luite, luiste, luicte, luiste, lutte ; **luictier,** lutter ; lat. *luctare.*

Luiton, luthon, lutin ; **luiton,** nom de poisson.

Lum, lun, luns, limon ; lat. *limus.*

Lum, lun, lumière ; **lumer,** éclairer ; **lumerette,** feu-follet ; **lumette,** allumette ; **lumichon,** lumignon ; **luminier,** officier d'église chargé du luminaire ; **luminos,** lumineux ; lat. *lumen.*

Lunage, fantaisie d'un lunatique ; **lunedi,** lundi ; lat *lunæ dies* ; **lunoison,** lunaison ; **lunette,** sorte d'armure de tête. Duc. v. *lunula.*

Lunc, lung, long.

Lupart, léopard ; v. LEUPART.

Luquenne, lucarne.

Luquet, cadenas. Duc. v. *luchetum.*

Lus, luz, brochet. **lusel, luseau,** petit brochet. v. *lucius.*

Lus, lumière. v. LU.

Luseau, lusel, lust, cercueil ; lat. *locellus,* cassette. v. LUISEL.

Lusir, éclairer ; **luisable,** qui éclaire ; lat. *lucere.*

Lusque, louche. v. LOUSCHE.

Lut, il fut permis ; lat. *licuit* ; v. LEISIR

Luts, lumière. v. LUS.

Luttis, petite cabane.

Luyter, lutter.

Luzette, ver luisant. v. LUS.

Ly, lui. v. LI.

Lymson, limaçon. Duc. v. *limaça.*

Luynnys, lin, graine de lin.

Lytowie, Lithuanie.

FIN DU PREMIER VOLUME.

www.ingramcontent.com/pod-product-compliance
Lightning Source LLC
Chambersburg PA
CBHW071556030726
47593CB00001BA/185